普通高等学校物流管理专业系列教材

物流信息系统
（第2版）

Logistics Information System
(Second Edition)

李波　王谦　丁丽芳　编著
Li Bo　Wang Qian　Ding Lifang

清华大学出版社
北京

内 容 简 介

随着先进信息技术的发展,现代物流系统开始进入无人化、智能化和智慧化时代。本书定位于这种发展变化,系统地介绍了物流管理信息系统的基本理论,包括 10 章内容,涉及相关概念、分类和相关信息技术,如标准化与数据采集技术、GIS 和 GPS、电子商务与决策支持技术等,还阐述了物流信息系统项目管理和安全与控制等过程。本书强调物流管理信息系统的实践性,在阐述过程中尽可能将理论与案例及发展趋势相结合,每章在介绍基本理论后都附有实际案例,通过对应用案例的说明分析,让读者参与思考和设计的过程,以加深对基本概念和理论的理解。每章最后的思考题和讨论题分别从基本理论和案例应用两方面来帮助读者加深对相关内容的消化和领会。

本书可作为高等学校本科生物流管理专业的教材,也可供其他专业的学生和从事物流领域工作的人员参考。

版权所有,侵权必究。举报: 010-62782989, beiqinquan@tup.tsinghua.edu.cn。

图书在版编目(CIP)数据

物流信息系统/李波,王谦,丁丽芳编著. —2 版. —北京: 清华大学出版社,2019(2024.12重印)
(普通高等学校物流管理专业系列教材)
ISBN 978-7-302-52357-4

Ⅰ. ①物… Ⅱ. ①李… ②王… ③丁… Ⅲ. ①物流-管理信息系统-高等学校-教材 Ⅳ. ①F252-39

中国版本图书馆 CIP 数据核字(2019)第 034398 号

责任编辑: 冯　昕
封面设计: 常雪影
责任校对: 赵丽敏
责任印制: 沈　露

出版发行: 清华大学出版社
　　　网　　址: https://www.tup.com.cn, https://www.wqxuetang.com
　　　地　　址: 北京清华大学学研大厦 A 座　　　　邮　编: 100084
　　　社 总 机: 010-83470000　　　　　　　　　　邮　购: 010-62786544
　　　投稿与读者服务: 010-62776969, c-service@tup.tsinghua.edu.cn
　　　质量反馈: 010-62772015, zhiliang@tup.tsinghua.edu.cn
印 装 者: 三河市君旺印务有限公司
经　　销: 全国新华书店
开　　本: 185mm×260mm　　　印　张: 21　　　字　数: 507 千字
版　　次: 2008 年 8 月第 1 版　2019 年 5 月第 2 版　　印　次: 2024 年 12 月第 7 次印刷
定　　价: 59.80 元

产品编号: 050347-02

编 委 会

顾　　问　盛昭瀚(南京大学)
主　　任　赵晓波(清华大学)
副 主 任　赵道致(天津大学)
委　　员　(按姓氏笔画排列)
　　　　　马士华(华中科技大学)
　　　　　王红卫(华中科技大学)
　　　　　李　波(天津大学)
　　　　　华中生(中国科学技术大学)
　　　　　周跃进(南京大学)
　　　　　赵忠秀(对外经济贸易大学)
　　　　　徐瑞华(同济大学)
　　　　　程晓鸣(上海交通大学)

丛 书 序

物流业正在成为我国新兴的快速发展的行业,对物流人才的需求也急剧上升。据人才市场需求信息统计显示,物流被列为我国 12 类紧缺人才门类之一。业内专家认为,在未来 7~10 年里,随着经济的高速增长和物流业的快速发展,我国将进入物流人才需求的高峰期,人才缺口会持续扩大。

当前,与我国物流业的迅速发展不相协调的是我国物流人才培养体系的滞后,主要表现为以下两个方面:一是物流人才的培养速度跟不上物流业的发展速度;二是物流从业人员大多数没有受过系统的物流教育,与发达国家相比,我国物流从业人员的素质有很大的差距。(据有关统计资料显示,美国物流管理人员大约 95% 拥有学士学位、45% 拥有研究生学位、22% 获得了正式的从业资格证书。)

可喜的是,我国有关教育部门已认识到物流人才培养的紧迫性,在本科专业目录中设置了"物流工程"和"物流管理"两个专业,各专业人才培养的定位如下:

物流工程专业——从工程和技术的角度,对物流系统的硬件进行设计、制造、安装、调试等,同时也需要规划软件的能力。

物流管理专业——应用管理学的基本原理和方法,对物流活动进行计划、组织、指挥、协调、控制和监督,使物流系统的运行达到最佳状态,实现降低物流成本、提高物流效率和经济效益的目标。

现在有条件的大学已纷纷设立了物流相关专业,着力培养物流领域的人才。到目前为止,超过 300 所高校设置了物流专业,其中超过 200 所高校设置的是物流管理专业。

为了促进物流管理专业人才培养体系的规范和完善,2006 年 8 月 26—27 日,清华大学工业工程系召开了"全国高校物流管理(暨工业工程)教学与实验室建设研讨会"。在这次会议上,教材建设问题是大家讨论的一个焦点。会上决定由清华大学和天津大学牵头组织国内一些在物流管理领域有丰富教学科研经验的专家学者编写一套体系合理、知识实用、内容完整的物流管理专业系列教材,以满足各兄弟院校本科人才培养的需求。

在此后的一个月,清华大学和天津大学进行了充分沟通,初步确定了教材定位与教材结构。为了使这套教材真正编出特色、编出水平,又进一步确定了南京大学、同济大学、上海交通大学、华中科技大学、中国科学技术大学、对外经济贸易大学等院校物流管理专业的教师组成"普通高等学校物流管理专业系列教材"编委会,共同完成这套教材的组织与编写工作。

2006 年 10 月编委会正式成立,并于 14—15 日在清华大学召开了编委会第 1 次工作会议,进一步明确了本系列教材的具体编写任务和计划。2007 年 3 月 31 日—4 月 1 日,编委会第 2 次会议在清华大学召开,对教材大纲逐一进行了审查,并明确了编写进度以及编写过程中需要注意的问题,整个教材编写工作进展顺利。

这套教材主要定位为普通高等学校物流管理专业以及其他相关专业的本科生。共有

11本主教材和1本实验教材，分别是《物流导论》《物流网络规划》《现代物流装备》《交通运输组织基础》《库存管理》《采购与供应管理》《企业生产与物流管理》《物流服务运作管理》《物流信息系统》《国际物流与商务》《物流系统仿真》和《物流管理系列实验》。在内容的组织和编排上，与学生已学过的工程管理类专业基础课程的内容成先后关系，一般要求学生在进入本系列的专业课程学习之前，应先修诸如"工程经济学""概率论与应用统计学""运筹学"（数学规划、应用随机模型）"数据库原理"等课程。

这套教材基本涵盖了物流管理专业的主要知识领域，同时也反映现代物流的管理方法及发展趋势，不仅适用于普通高等学校物流管理、物流工程、工业工程、管理科学与工程、交通运输等专业的本科生使用，对研究生、高职学生以及从事物流工作的人员也有很好的参考价值。

因水平所限，加之物流工程与管理发展迅速，故教材中不妥之处在所难免，欢迎批评指正，以便再版时修改、完善。

盛昭瀚

2008年元月于南京大学

第 2 版前言

改革开放四十年来,我国各行各业都取得了很大成就。随着先进信息技术的发展,云计算、大数据和人工智能成为当今时代的热点。在如今这个"e 化时代",电子化和无人化、智能化与智慧化也成为各行各业物流系统追逐的目标。现代物流系统是一个复杂的、集成的、各种功能的集合体,即使目前出现了很多无人化、智能化的先进物流技术,这些技术也需要"链接"进物流信息系统中,通过信息的及时共享,来很好地协调各方运营流程和功能,以达到现代物流管理的目标。

物流信息系统是实现信息采集、传输的共享与处理并进而进行管理决策的基于计算机网络系统链接的信息协同结合体。正是物流信息系统的发展,才促使现代物流系统思想从关注企业的低层转移到中层、高层,从关注企业的内部转移到企业外部供应链系统上。我国物流信息系统的建设从 2000 年起步,到目前已经逐步趋于成熟。然而,目前我们处在一个变化的时代,如外部市场环境一直在变、劳动力成本上升、消费者多样化需求日益增长,新的技术革新和市场创新层出不穷。这些都迫使企业不得不进一步加速研发新的物流技术(无人化、智能化)、布局新的物流设施或投资进行大的物流系统改造等,这些都对正在运营的物流信息系统提出了很大挑战。因此,不断维护、更新和升级物流信息系统,使其能更加适应当前实际运营变化的需求,成为未来企业应对变化的常态化趋势。

传统上,各种专业领域细分很清晰,如企业物流信息系统的建设和开发管理过程中,会涉及企业物流业务流程和管理流程的各个方面,即使在建设和开发过程中,企业物流业务人员和管理者会配合 IT 人员的设计过程,但他们大多数也认为物流信息系统的开发是 IT 人员的职责,而不是自己的职责。但这种清楚的专业界定在当前变化的时代已经成为桎梏。目前变化无处不在,领域交叉比比皆是,这些都对企业业务工作者和管理人员提出更高要求。显然,处在物流领域一线的工作人员和管理人员,应该更能感受到目前业务运营中发展变化的问题,若能同时熟悉信息技术领域的专业知识,就可以基于变化的业务需求快速提出基于信息技术解决问题的方案。也就是说,懂得物流领域的专业知识,同时熟悉先进信息技术知识的管理者更能适应目前这个时代。

事实上,变化的时代更加需要复合型、交叉型人才。尤其随着企业规模的不断扩大,企业内部业务繁多,业务流程复杂;同时在外部供应链上,和上下游企业、协作企业、监管部门、金融部门、政府等存在密切的合作关系。这些复杂的业务管理流程中涉及企业运营的方方面面,如市场、供应、生产、财务与金融等。企业内外部的管理信息系统中产生了大量相关的业务数据,通过对这些数据的分析处理和潜在知识的挖掘,可以产生更多有助于管理决策的深度信息。但这种数据挖掘,不仅需要信息技术和数据挖掘的专业知识,还需要企业运营过程中市场营销、生产调度、财务投资、供应链管理等方面的专业知识。由此可以看出,目前企业管理信息系统对企业的支持已经全面实现了"可视化",但若需要实现智能化、智慧化,还需要掌握更多领域知识的复合型人才。

为了适应目前这种外部的发展变化,展现出物流信息系统涉及多学科、交叉性大的复合性特点,一方面,本书遵循了物流管理信息系统是结合现代物流管理思想和先进信息技术的一门综合性学科的观点和思想,强调无论外界环境如何变化和信息技术如何发展,现代物流管理理论还是基础,利用管理信息系统实现信息采集、传输与共享、信息处理和应用还是其最基本的目标,这一点万变不离其宗;另一方面,也通过引入一些案例分析,如电子平台上的电子履单过程、顺丰的速度、物联网、全渠道配仓等概念与思想,将理论和实际相结合来阐述现代物流管理信息系统的发展方向。目标是在学习物流管理信息系统基本理论和专业知识的过程中,也能通过这些案例分析了解外界实际需求,了解这些专业知识如何与实践应用相结合的现实发展状况。

物流的概念从20世纪初的萌芽出现,到50年代提出的实体配送、80年代后发展起来的现代物流系统理念以及90年代的供应链系统思想,在很大程度上都得益于现代信息技术的飞速发展。而信息技术还在不断创新,智能化和智慧化的发展前沿给现代物流系统赋予了更多的开拓空间。但基本的理论、思想和方法都不会改变。本书将物流管理信息的基本概念、涉及的物流信息技术定义和新思想、物流管理信息系统开发管理理论展示给读者。一方面通过参考大量国内外相关教材和文献,尽量结合目前发展前沿,从管理角度突出信息技术在现代物流系统中的应用程度和影响程度;另一方面,在阐述过程中尽可能将理论与案例、发展趋势等相结合,通过一些实际应用案例和分析来进行说明。本书强调物流管理信息系统属于一门实践性强、交叉性大的学科,强调通过案例亲身参与、思考和设计分析,来实现对相关概念和理论的清楚领会,以及对其他课程知识的融会贯通。

本书是作者们长期从事管理信息系统教学的经验总结,突出了信息价值、信息管理与管理信息、信息系统等概念的理解阐述,并把物流管理应用领域与信息技术结合,来阐述各种类型企业物流系统的结构,从应用角度来阐述物流信息技术的作用,并强调了物流信息系统项目开发管理的过程。本书定位在现代物流系统上,强调物流信息系统交叉性、复合性的特点,同时着眼于信息技术为现代物流系统服务的应用视角,如物流系统的标准化、物流定位与跟踪技术、物流数据处理与挖掘技术等,突出从物流目标、物流管理和物流功能等角度来阐述不同企业类型下其物流管理信息系统的基本结构和组成。同时,通过案例分析,引入更多其他相关专业知识,扩大读者的知识面。

本书在2008年第1版的基础上进行修订,还是分为10章,其中第1~3章是概念篇,主要介绍物流信息价值、物流信息系统、物流管理系统等基本概念和基本思想,并将案例分析贯穿其中,来帮助对各个基本概念和思想的理解。第4~8章是技术篇,没有涉及计算机软硬件基础部分,主要通过介绍和物流相关的信息技术,如标准化技术、定位与跟踪技术、电子商务技术以及决策分析技术等,来阐述这些先进技术在物流管理领域的应用。最后两章是项目管理篇,对物流管理信息系统项目管理、物流管理信息系统的安全与控制问题进行了阐述。针对每章的内容与重点知识,在各章最后配有思考题与讨论题,以帮助读者进一步理解相关知识,提高综合分析能力。

本书结构和内容的修订由李波确定。第1~3章、第5章和第7、8章的修订工作由李波完成;第4章的修订工作由丁丽芳完成;第6、9、10章的修订工作由王谦完成。最后全文由李波进行统稿和修改。在本书的编写过程中,张明伟针对第5章和第7章的案例进行了大量整理和修改工作,黄华飞参与了第1~3章和第8章案例的收集与整理工作,在此表示感谢。

在本书的编写过程中,还得到了天津大学研究生院教材建设的大力支持;编委会成员也提出了很多宝贵建议和意见,清华大学出版社冯昕老师也给予了诸多帮助,在此一并表示衷心的感谢。

因为知识面和水平的问题,本书错误和不足之处在所难免。真挚地希望对此问题感兴趣的各位同行、管理者和正在学习的学生们给予批评指正。

李 波

2018年12月于天津大学

前　　言

21世纪是一个竞争激烈的时代,而把信息技术与先进的管理思想相结合是取得竞争优势的法宝之一。现代物流系统是一个复杂的、集成的、各种功能的集合体,没有信息技术的支持,就不可能很好地协调各方的利益,不可能达到现代物流管理的目标。因此,建立物流管理信息系统是企业成功运作的必然选择。

物流的传统功能从人类从事经济活动的开始就存在,但从20世纪50年代提出的实体配送、80年代后发展起来的现代物流系统理念和90年代的供应链思想,很大程度上都借助了现代信息技术的飞速发展。也就是说,正是信息技术的发展,才促使这些现代物流系统思想出现并得以成功实施,也促使物流系统从关注企业的低层转移到中层、高层,从关注企业的内部转移到企业外部,形成一个基于计算机网络系统链接的信息协同结合体。

在我国,物流刚刚从起步阶段进入发展阶段。很多组织对物流的认识还很肤浅,简单地把原来的物资部门更改成物流部门,认为物流运作门槛很低,还是沿用传统的运作模式,几辆卡车就可以完成运输运作,或把物料放在仓储设施里就实现了仓储运作。这在企业规模很小的创业阶段,如管理者的控制点仅有七八个的情况下,是可以通过手工实现物流管理目标的。但随着企业规模的扩大或物流专业化的发展,企业内部业务繁多,业务流程复杂,同时还和外部协作企业存在千丝万缕的联系,就使得管理者的控制点可能多达十几个或更多,这时再通过手工管理实现企业内外部物流运作的协调和有效控制就很困难了。尤其在目前日益加剧的市场竞争环境下,企业的时间响应性、动态应对性都很重要,再加上物流系统的很多运作环节,如运输、配送等都是远离物流管理者监控范围的。若没有先进的信息技术的支持,企业的管理者就可能变成"聋子"和"瞎子",变成一个应对一大堆紧急事件的"救火员"。

另一方面,降低物流成本和提高客户服务是现代物流管理的目标,但这两个目标是决策背反的。因此,企业局部物流系统目标的优化并不能保证企业全局物流系统的优化,而为了实现全局的物流系统目标,就需要在各个局部物流系统目标上进行权衡取舍。这种平衡的前提就是能在企业内部各个部门之间、企业和外部供应、需求及其他有业务关系的企业之间建立通畅的信息沟通渠道,就是能把企业内部业务流程、企业外部业务流程实现透明化。建立物流管理信息系统,使得企业的管理者能实时获知信息,能随时监控相关的物流运作,并能预测下一步可能出现的问题及分析采取的策略。

可以看出,物流思想的发展离不开信息技术的支持;反之,信息技术的发展也促使物流管理新思想的不断涌现。因此,物流管理信息系统是结合物流管理思想和先进信息技术的一门综合性学科。本书遵循了这样的观点和思想,强调物流管理理论是基础,信息技术是应用,通过理论和实际的结合来阐述物流管理信息系统的基本内容。

因为物流和信息都属于先进的学科和技术,都还处在不断的发展和变化中,因此,许多新颖的思想和方法目前在很多学者之间还有争论,但基本的理论、思想和方法都已经得到认可。本书尽量站在学科前沿,把当前物流管理信息的概念、很多的物流信息技术定义和思想、物流管理信息系统的理论方法展示给读者。内容上参考了大量国内外的相关教材和文献,并结合我国物流系统和物流管理信息系统发展的状况,更多地从管理角度,突出了信息技术在现代物流系统中的应用分析和影响作用分析。因为物流管理信息系统的实践性很强,若没有亲身操作或参与开发过这样的系统,就会对其中很多概念和理论感觉枯燥,不好理解。因此,本书在阐述过程中尽可能理论和实践相结合,在给出抽象概念理论的同时,配以一些实际应用的例子来进行说明。

目前单纯阐述管理信息系统的书籍有很多,但这些书籍更多定位在技术上,着眼于信息管理的一般技术介绍及其在管理中的应用。本书定位在现代物流系统上,着眼于为物流管理服务的信息技术应用,如自动识别技术、物流跟踪技术等;并从物流目标、物流管理、物流功能等角度来阐述不同企业类型下其物流管理信息系统的结构和组成。同目前已出版的物流信息系统方面的书籍相比较,本书结合多年从事信息管理教学的经验,突出了信息系统概念的理解阐述,很好地把物流管理和信息技术结合来研究描述各种类型企业物流系统结构,侧重从应用角度阐述物流信息技术的概念和作用,并强调了物流信息系统项目管理中的风险问题。

全书共分为10章,其中第1～3章是概念篇,主要介绍物流信息、物流信息系统、物流管理系统的概念、特点、分类和结构等。同时为了加深对这些概念的理解,在第3章从应用角度,按照企业不同类型详细阐述了其物流管理信息系统的发展特点、流程和需要实现的功能。第4～8章是技术篇,涉及了所有物流管理信息系统中应用的信息技术,考虑到目前我国已基本普及计算机基础知识,因此,这里不包括涉及计算机软硬件基础的部分,主要侧重于介绍和物流相关的信息技术。最后两章是项目管理篇,主要介绍了物流管理信息系统开发的方法、项目实施中的管理方法和后期的评价方法,并针对目前信息技术面临的日益严重的威胁,阐述了建设物流管理信息系统过程中的安全问题。每章后都配有各种思考题和讨论题,以增强读者学习理解和实际应用的能力。

本书的内容和结构是由李波构思和确定的。李波完成第1～5章、第7章和第10章;王谦完成第6章和第9章;赵志彦完成第8章。最后全文由李波进行通稿和修改。

在本书的编写过程中,郭美娜、刘文芳、卢萍、朱唯微、刘蕴、王维圳和周华南等研究生在收集、整理资料方面做了大量工作,其中郭美娜参与编写了第4章,刘文芳参与编写了第7章,卢萍参与编写了第10章,朱唯微和刘蕴参与编写了第5章,周华南参与了部分案例的整理,在此表示感谢。

在本书的编写过程中,编委会成员提出了很多宝贵的建议和意见,尤其是清华大学的赵晓波教授对本书内容结构提出了很多宝贵意见,清华大学出版社也给予了大力的支持,在此一并表示衷心的感谢。

因为知识面和水平的问题,错误和不足之处在所难免。真挚地希望对此问题感兴趣的各位同行、管理者和正在学习的学生们给予批评指正。

李　波

2008年3月于天津大学

目 录

第1章 物流信息与物流信息系统 1
1.1 物流与物流信息 1
    1.1.1 物流的概念 1
    1.1.2 物流信息及其特征 2
    1.1.3 物流管理中的信息分类 5
1.2 物流系统与物流信息系统 8
    1.2.1 物流系统与物流信息系统概述 8
    1.2.2 物流信息系统的分类 10
    1.2.3 常用的物流信息技术 11
1.3 物流决策与物流信息系统 14
    1.3.1 物流决策的概念 14
    1.3.2 物流决策过程的特征 17
    1.3.3 物流信息系统对物流决策的支持作用 18
本章小结 22
思考题 23
讨论题 23

第2章 物流管理信息系统 24
2.1 物流管理信息系统概述 24
    2.1.1 物流管理系统 24
    2.1.2 从物流管理信息到物流信息管理 26
    2.1.3 物流管理信息系统的定义 28
    2.1.4 物流管理信息系统的特征 29
    案例2-1：沃尔玛应用的物流信息技术及物流信息系统 31
2.2 物流信息系统中的数据管理与数据库系统 31
    2.2.1 数据管理的发展 31
    2.2.2 数据库系统概念 33
    2.2.3 数据模型 35
    2.2.4 数据库系统特征 37
2.3 物流管理信息系统的结构 39
    2.3.1 单职能物流管理信息系统 39
    2.3.2 横向集成物流管理信息系统 41

　　　　2.3.3　纵向集成物流管理信息系统 ·· 43
　　　　2.3.4　全面集成物流管理信息系统 ·· 44
　　　案例2-2：关注戴尔的物流管理信息系统的作用 ······································· 50
　2.4　"互联网+"下的物流管理信息系统 ·· 51
　　　案例2-3：线上线下结合改变传统物流运作模式 ······································· 55
本章小结 ··· 55
思考题 ··· 56
讨论题 ··· 57

第3章　物流信息系统的分类　58

　3.1　以第三方物流为核心的物流管理信息系统 ·· 58
　　　　3.1.1　3PL组织的特点 ··· 58
　　　　3.1.2　3PL组织的信息需求及其相互关系 ·· 60
　　　　3.1.3　3PL组织的信息结构 ··· 65
　　　案例3-1：物流信息系统支撑顺丰的快递速度 ·· 66
　3.2　以企业资源计划为核心的物流管理信息系统 ·· 67
　　　　3.2.1　以ERP为核心的组织特点 ·· 68
　　　　3.2.2　以ERP为核心的企业物流信息需求及关系 ·································· 70
　　　　3.2.3　以ERP为核心的企业物流信息结构 ·· 77
　　　案例3-2：海尔的ERP系统 ·· 79
　3.3　以客户关系管理为核心的物流管理信息系统 ·· 80
　　　　3.3.1　以CRM为核心的组织特点 ··· 80
　　　　3.3.2　以CRM为核心的企业物流信息需求及其相互关系 ······················· 82
　　　　3.3.3　以CRM为核心的企业物流信息结构 ·· 86
　3.4　以供应链管理为核心的物流管理信息系统 ·· 88
　　　　3.4.1　以SCM为核心的组织特点 ··· 88
　　　　3.4.2　以SCM为核心的企业物流信息需求及其相互关系 ······················· 90
　　　　3.4.3　以SCM为核心的企业物流信息结构模型 ··································· 92
本章小结 ··· 95
思考题 ··· 95
讨论题 ··· 96

第4章　物流信息标准化与数据采集技术　97

　4.1　物流信息标准化体系 ·· 97
　　　　4.1.1　物流信息的标准化 ·· 97
　　　　4.1.2　物流信息标准化体系建设 ··· 98
　4.2　物流中的数据采集 ··· 101
　　　　4.2.1　正确采集数据的重要性 ·· 101
　　　案例4-1：零售业的巨头——沃尔玛的标准化与供应链信息系统策略 ············ 102
　　　　4.2.2　自动识别数据采集技术 ·· 102

4.3 物流管理信息系统中的自动识别技术 ·· 103
    4.3.1 条形码识别技术 ·· 103
    4.3.2 射频识别技术 ·· 114
    4.3.3 电子产品标签系统 ··· 117
    案例 4-2：EPC 系统在可口可乐公司的应用 ··· 118
4.4 条形码技术在物流管理各个环节中的应用 ··· 120
    4.4.1 条形码技术在仓储作业中的应用 ·· 120
    4.4.2 条形码技术在配送管理流程中的应用 ··· 122
    4.4.3 条形码技术在零售管理流程中的应用 ··· 123
    案例 4-3：条形码技术在汽车行业中的应用 ··· 124
4.5 射频技术在物流管理各个环节中的应用 ··· 126
    4.5.1 射频技术在运输配送方面的应用 ·· 126
    4.5.2 射频技术在零售管理中的应用 ··· 127
    案例 4-4：RFID 技术在汽车生产流程中的应用 ·· 128
    4.5.3 射频技术在其他物流管理领域中的应用 ······································· 130
    案例 4-5：电子标签标准 ··· 131
本章小结 ··· 132
思考题 ··· 133
讨论题 ··· 133

第 5 章 地理信息系统 · 134

5.1 GIS 概述 ··· 134
    5.1.1 地理信息的定义及特征 ··· 134
    5.1.2 地理信息系统的定义及特征 ··· 135
    5.1.3 地理信息系统的组成和功能 ··· 137
    案例 5-1：基于 GIS 的新胜物流服务网点信息管理系统 ························· 141
5.2 空间数据的组织与管理 ··· 142
    5.2.1 空间数据的采集与编辑 ··· 142
    5.2.2 空间数据的管理 ·· 143
    案例 5-2：我国 GIS 的发展 ·· 149
5.3 GIS 的应用模式 ··· 150
    5.3.1 GIS 的空间分析应用 ··· 150
    5.3.2 GIS 空间数据的输出/可视化 ··· 153
5.4 GIS 在物流管理中的应用 ··· 155
    5.4.1 GIS 在物流分析中的应用 ··· 155
    5.4.2 GIS 与物流信息系统的集成应用 ··· 156
5.5 地理信息系统的发展趋势 ··· 157
    案例 5-3：某物流公司基于 GIS 的车辆配送路线优化系统 ····················· 159
本章小结 ··· 162

思考题 …………………………………………………………………………………… 162
讨论题 …………………………………………………………………………………… 163

第6章 全球定位系统 …………………………………………………………………… 164

6.1 GPS 概述 ……………………………………………………………………… 164
6.1.1 GPS 介绍 ……………………………………………………………… 164
6.1.2 GPS 的特点 …………………………………………………………… 165
6.2 GPS 的工作原理 ……………………………………………………………… 165
6.2.1 GPS 的构成 …………………………………………………………… 165
6.2.2 GPS 常用术语 ………………………………………………………… 166
6.2.3 GPS 的基本工作原理 ………………………………………………… 168
案例 6-1：我国的北斗卫星导航系统 …………………………………………… 169
6.3 GPS 在货物运输系统中的应用 ……………………………………………… 170
6.3.1 GPS 的应用流程 ……………………………………………………… 170
6.3.2 GPS 在物流系统中的应用 …………………………………………… 171
6.3.3 GPS 在货物运输系统中的应用 ……………………………………… 172
6.4 网络 GPS 在物流业中的应用 ………………………………………………… 173
6.4.1 网络 GPS 的概念与特点 ……………………………………………… 173
6.4.2 网络 GPS 的应用功能 ………………………………………………… 174
6.4.3 网络 GPS 的优势 ……………………………………………………… 175
6.5 网络 GPS＋GIS 在物流配送管理中的应用 ………………………………… 176
案例 6-2：基于 GIS 与网络 GPS 结合的 milk-run 汽车零配件
供应管理信息系统 …………………………………………………… 177
本章小结 ………………………………………………………………………………… 179
思考题 …………………………………………………………………………………… 180
讨论题 …………………………………………………………………………………… 180

第7章 物流电子商务系统与 EDI 技术 ………………………………………………… 181

7.1 电子商务和物流 ……………………………………………………………… 181
7.1.1 电子商务及其发展 …………………………………………………… 181
7.1.2 电子商务和物流的关系 ……………………………………………… 183
案例 7-1：让因特网去奔走 ……………………………………………………… 185
7.2 物流电子商务系统 …………………………………………………………… 185
7.2.1 物流电子商务系统的结构 …………………………………………… 186
7.2.2 物流电子商务系统的分类 …………………………………………… 187
7.2.3 物流电子商务系统的组成 …………………………………………… 188
案例 7-2：电子商务企业自建物流系统 ………………………………………… 190
7.3 EDI 概述 ……………………………………………………………………… 191
7.3.1 EDI 的概念 …………………………………………………………… 192
7.3.2 EDI 系统中部分物流数据的标准 …………………………………… 193

	7.3.3 EDIFACT 标准	194
	7.3.4 EDI 软件与硬件	196
7.4	物流 EDI 系统的构成	198
	7.4.1 物流 EDI 系统	198
	7.4.2 物流 EDI 中商务信息的流通方式	200
	7.4.3 物流 EDI 连接方式	201
7.5	EDI 与互联网	204
	7.5.1 互联网下 EDI 需解决的问题	204
	7.5.2 互联网和 EDI 的结合方式	205
	7.5.3 互联网电子邮件扩展方法	207
7.6	电子商务在物流系统中的应用	208
	案例 7-3：电子商务巨头亚马逊的平台＋物流集成信息系统	210

本章小结 211
思考题 212
讨论题 212

第 8 章　物流管理决策系统　　214

8.1	物流管理决策的重要性	214
	8.1.1 物流管理的实质	214
	8.1.2 基于信息的物流管理决策过程	216
	8.1.3 科学的物流管理决策	218
8.2	物流管理中的数据存储技术	219
	8.2.1 数据存储技术	220
	8.2.2 存储备份与异地冗灾	223
8.3	物流管理中的决策技术	224
	8.3.1 数据仓库	224
	8.3.2 数据挖掘	228
	8.3.3 数据仓库和数据挖掘的关系	232
8.4	人工智能和专家系统	233
	8.4.1 人工智能	233
	8.4.2 专家系统	235
8.5	管理决策技术在物流中的应用	237
	8.5.1 管理决策技术在零售业的应用	237
	8.5.2 管理决策技术在销售配送中的应用	238
	案例 8-1：大数据时代来临	240

本章小结 241
思考题 242
讨论题 242

第9章 物流信息系统项目管理 · 243

9.1 物流信息系统的开发 · 243
- 9.1.1 物流信息系统的开发原则和目标 · 243
- 9.1.2 物流信息系统开发的生命周期 · 245
- 9.1.3 物流信息系统开发和企业流程再造 · 250
- 案例9-1：制造业 ERP 中 MRP 模块开发的系统分析 · 251

9.2 企业规划目标下的物流管理信息系统规划 · 254
- 9.2.1 企业规划目标与物流管理信息系统规划目标 · 254
- 9.2.2 物流信息系统规划的内容 · 254

9.3 物流信息系统的可行性分析 · 256
- 9.3.1 物流信息系统的可行性评价 · 256
- 9.3.2 物流信息系统在企业管理方面可能面临的阻力 · 257
- 9.3.3 物流信息系统的管理适应度分析 · 258
- 9.3.4 物流信息系统的投入产出分析 · 259

9.4 物流信息系统实施过程的项目管理 · 260
- 9.4.1 系统开发的风险 · 260
- 9.4.2 系统实施的项目管理工具 · 262
- 9.4.3 系统开发过程中的质量控制方法 · 263
- 案例9-2：物流信息系统开发的项目管理 · 265

9.5 物流信息系统的项目后评价 · 273
- 9.5.1 项目后评价的概念和类型 · 274
- 9.5.2 项目后评价过程中需要考虑的因素 · 274
- 9.5.3 项目后评价方法和性能度量指标 · 275

9.6 物流信息系统项目监理 · 276
- 9.6.1 信息系统监理的引入 · 276
- 9.6.2 信息系统监理的目标和特征 · 277
- 9.6.3 信息系统监理的作用 · 278
- 案例9-3：信息系统建设项目监理 · 279

本章小结 · 280
思考题 · 281
讨论题 · 282

第10章 物流信息系统安全与控制 · 283

10.1 物流信息系统面临的威胁 · 283
- 10.1.1 信息系统的脆弱性 · 284
- 10.1.2 常见的信息系统威胁 · 286
- 10.1.3 物流信息系统的威胁 · 287

10.2 物流信息系统的安全性 · 288
- 10.2.1 信息安全的概念 · 288

    10.2.2 系统和数据的安全性 ⋯⋯⋯⋯⋯⋯⋯⋯⋯⋯⋯⋯⋯⋯⋯⋯⋯⋯⋯⋯⋯⋯ 292
    10.2.3 安全性防范措施和技术 ⋯⋯⋯⋯⋯⋯⋯⋯⋯⋯⋯⋯⋯⋯⋯⋯⋯⋯⋯⋯⋯ 292
  10.3 物流信息系统安全的控制方法 ⋯⋯⋯⋯⋯⋯⋯⋯⋯⋯⋯⋯⋯⋯⋯⋯⋯⋯⋯⋯⋯⋯ 295
    10.3.1 技术控制 ⋯⋯⋯⋯⋯⋯⋯⋯⋯⋯⋯⋯⋯⋯⋯⋯⋯⋯⋯⋯⋯⋯⋯⋯⋯⋯⋯⋯ 296
    10.3.2 管理控制 ⋯⋯⋯⋯⋯⋯⋯⋯⋯⋯⋯⋯⋯⋯⋯⋯⋯⋯⋯⋯⋯⋯⋯⋯⋯⋯⋯⋯ 301
  10.4 信息系统安全审计 ⋯⋯⋯⋯⋯⋯⋯⋯⋯⋯⋯⋯⋯⋯⋯⋯⋯⋯⋯⋯⋯⋯⋯⋯⋯⋯⋯⋯ 303
    10.4.1 信息安全审计的概念和体系结构 ⋯⋯⋯⋯⋯⋯⋯⋯⋯⋯⋯⋯⋯⋯⋯⋯⋯ 303
    10.4.2 信息安全审计的一般流程 ⋯⋯⋯⋯⋯⋯⋯⋯⋯⋯⋯⋯⋯⋯⋯⋯⋯⋯⋯⋯ 306
    10.4.3 信息安全审计的分析方法和数据来源 ⋯⋯⋯⋯⋯⋯⋯⋯⋯⋯⋯⋯⋯⋯ 307
    10.4.4 信息安全审计的标准和计算机取证 ⋯⋯⋯⋯⋯⋯⋯⋯⋯⋯⋯⋯⋯⋯⋯ 309
  本章小结 ⋯⋯⋯⋯⋯⋯⋯⋯⋯⋯⋯⋯⋯⋯⋯⋯⋯⋯⋯⋯⋯⋯⋯⋯⋯⋯⋯⋯⋯⋯⋯⋯⋯⋯⋯ 311
  思考题 ⋯⋯⋯⋯⋯⋯⋯⋯⋯⋯⋯⋯⋯⋯⋯⋯⋯⋯⋯⋯⋯⋯⋯⋯⋯⋯⋯⋯⋯⋯⋯⋯⋯⋯⋯⋯ 311
  讨论题 ⋯⋯⋯⋯⋯⋯⋯⋯⋯⋯⋯⋯⋯⋯⋯⋯⋯⋯⋯⋯⋯⋯⋯⋯⋯⋯⋯⋯⋯⋯⋯⋯⋯⋯⋯⋯ 312

参考文献 ⋯⋯⋯⋯⋯⋯⋯⋯⋯⋯⋯⋯⋯⋯⋯⋯⋯⋯⋯⋯⋯⋯⋯⋯⋯⋯⋯⋯⋯⋯⋯⋯⋯⋯⋯⋯ **313**

第 1 章 物流信息与物流信息系统

20世纪是新技术、创新理念层出不穷的时代,这些新技术、新管理思想正在逐步改变着我们的社会,推动着社会和商业模式的不断变革。尤其是信息技术的飞速发展,使得我们从工业经济时代跨入网络经济时代。物流是最近几十年出现的新的管理思想,是传统的后勤管理、物资管理、流通管理等战略上的一种整合延伸,而这种战略整合正是需要把先进的信息技术和传统的管理过程结合起来才能实现,进而实现物流、信息流和资金流的三流合一,最后实现现代物流管理的组织目标。

本章是全书的基础,首先引入了物流与物流信息、物流系统与物流信息系统以及物流决策与物流信息系统的概念,说明了它们之间的相互关系,最后介绍了物流信息系统的发展。

1.1 物流与物流信息

物流不是一个新概念,它一直伴随着人类的经济活动,存在于社会活动过程中。但对物流真正内涵的认识,是从20世纪60年代管理学大师Peter Drucker开始的,当时他并没有用物流(logistics)这个词,而是采用了配送(distribution)的概念;随后不久就扩展到了企业内部从原材料到产成品的物流管理,出现了综合物流(integrated logistics);到了90年代,供应链的概念又应运而生。可以看出,对物流内涵的认识是一个整合的过程,其活动覆盖的空间、时间跨度很大,并且其中的活动有静有动。如何控制和管理这个过程?其中信息的作用非常重要。

1.1.1 物流的概念

物流的定义目前并没有一个统一的表述,各个不同国家的专家、学者对其有不同的定义。目前,国际上比较普遍采用的对物流的定义如下:

Logistics is that part of the supply chain process that plans, implements, and controls the efficient, effective flow and storage of goods, services, and related information from the point of origin to the point of consumption in order to meet customers' requirements.

对应地,我国对物流的定义如下:

物流是供应链的重要组成部分,是为了满足消费者需求,有效地计划、管理和控制原材料、中间仓储、最终产品及相关信息从起始点到消费地的流动过程。

无论是哪一种定义,从总体上来讲,都强调了物流是一种管理技术,是物质实体从供给者向需求者的物理性移动;物指一切物质,如物资、物品、商品、原材料、零部件、半成品等;而流泛指物质的一切运动形态,既包括空间的位移,又包括时间的延续。可以是宏观的流动,如洲际、国际之间的流动;也可以是同一地域、同一环境中的微观运动,如一个生产车间内部物料的流动。

因此,物流是指物品在空间和时间上的位移,包括采购配送、生产加工和仓储包装等流通环节中的物流情况,它以满足顾客的需求服务为目标,尽量消除物流过程中各种形式的浪费,追求物流过程的持续改进和创新。

问题讨论:

当你在电子商务平台上购物时,你的网上购买行为触发了哪些物流活动?在网购界面上会有哪些物流相关的信息?哪些物流信息你是非常关注的,且作为你购买与否的一个重要标准?如图1.1所示。

图1.1 某电子商务平台上购买书籍时的界面信息

1.1.2 物流信息及其特征

当顾客在电子商务购物平台,如淘宝网、苏宁易购等搜索某产品时,经常在某商品展示图旁标注"库存24件"或者"18:00前完成下单,预计明天送达,免运费,15天无理由退换货"等信息。显然,这些信息涉及物流领域中的库存量、配送提前期、运费和逆向物流等管理活动,这些信息都是物流信息范畴。目前物流的大量信息已经被整合到网站平台的商品营销活动中,成为商品促销的一个有效策略。什么是物流信息?在物流管理活动中都涉及哪些物流信息?在阐述此概念之前,首先需了解信息的概念。

信息,广义地讲,是指物资和能量在时间、空间上定性或定量的模拟型或其符号的集合。

信息的概念非常广泛,从不同的角度可下不同的定义。在信息管理中,信息是指经过采集、加工处理、存储和传递、解释之后能够用于辅助决策的数据集合。这里数据是对客观事物记录下的、可以鉴别的抽象符号,本身没有含义。显然,信息通过数据来体现,而数据是信息的载体,但数据要成为信息,需要一定的劳动过程,并赋予人的解释,即赋予数据一定的知识来辅助决策过程。

物流信息指的是在物流活动过程中产生的情报、数据和知识的集合,也就是反映物流各种活动内容的知识、资料、图像、数据和文件的总称,主要由物流活动中的商务管理过程和决策管理过程组成。商务管理过程包括接收订单、订单处理、仓库管理、末端配送以及每一环节的异常处理和进行物流内部、外部的业务结算过程,如资金结算并提供报表以及各种统计资料,最后还有质量服务信息,如质量监察、用户投诉处理、货件的跟踪查询和客户关系管理等。而在物流活动的管理与决策中,如运输工具的选择、运输路线的确定、每次运送批量的确定、在途货物的追踪、仓库的有效利用、最佳库存量确定、配送提前期确定等,都需要详细和准确的物流信息,因为物流信息对出入库管理、流通加工、在库管理和配送管理等物流活动具有支持保证的功能。

更广泛一点讲,物流信息不仅包含与供应链上活动相关的信息,还包含与其他流通活动相关的信息,如商品交易信息和市场信息等。商品交易信息是指与买卖双方的交易过程有关的信息,如销售和购买信息、订货和接受订货信息、发出货款和收到货款信息等;市场信息是指与市场活动有关的信息,如消费者的需求信息、竞争者或竞争性商品的信息、促销活动信息、交通通信等基础设施信息等。广泛意义上的物流信息不仅能起到整合从供应商到最终消费者的整个供应链的作用,而且在应用现代信息技术的基础上还能实现整个供应链活动的效率化。历史上信息对物流活动的重要性并没有得到充分重视,目前信息技术的发展促使物流信息的传递媒体和途径发生很大变革,通过计算机网络传递的信息,包括文字、数据、表格、图形、影像、声音以及内容,这些都是物流信息的重要组成部分。表1.1总结了物流信息的主要体现形式及其主要组成。

表1.1 物流信息的体现形式和主要组成

组成	物流信息(包括文字、数据、表格、图形、影像、声音及内容)
商务活动过程	• 订单管理:订单接收、处理、跟踪和反馈等信息 • 仓储管理:进货、分类、简单加工和出货等信息 • 运输配送管理:运输单证、配送单、清关单证、中转单证 • 资金管理:物流报价、应收账、应付账、总账等费用信息 • 质量管理:质量监察、用户投诉处理、货件的跟踪查询和客户跟踪等
决策活动过程	• 供货商选择:供货商谈判、合同和评价活动中的信息 • 运输模式确定和路径选择:运输工具、运输路径、配送模式等活动中的信息 • 库存补货规则和订货策略:库存量确定、库存资源配置、订货提前期等信息 • 物流定价策略:运输、仓储中各项活动定价规则,应对需求变化的定价策略 • 客户关系管理:客户分类、客户需求变化、客户偏好等相关信息
其他相关活动过程	• 市场营销活动中的信息:促销时点、广告定位、价格波动等信息 • 竞争性产品或服务的信息:产品竞争特点、竞争的优势和劣势等信息 • 公共交通设施的信息:高速公路、铁路、港口等的运行状态信息 • 国家(国际)宏观经济政策等信息

围绕供应链上的企业,其物流信息具有以下一些特征。

1) 来源的广泛性且多样性

企业物流信息不仅包括企业内部的物流信息,如采购信息、库存信息等,还包括企业之间的物流信息和与物流活动有关的基础运作信息。企业竞争优势的获得需要供应链各参与企业之间相互协调合作,协调合作的手段之一就是协作的各个企业之间信息的及时交换和共享。另外,物流活动还往往利用道路、港湾、机场等基础公用设施,因此,为了高效完成物流活动,必须掌握与基础设施有关的信息,如在国际物流过程中必须掌握报关所需信息及港口作业信息等。同时从宏观角度来看,国民经济计划、财政信贷等情况也是物流信息的来源。

2) 数量的庞大性且快变性

物流信息随着物流活动以及商品交易活动的展开而大量发生。多频度小数量的配送方式使库存、运输等物流活动的信息大量增加。零售商应用 POS 系统读取销售时点的商品品种、价格、数量等即时销售信息,并对这些销售信息加工整理,通过计算机网络向相关企业传送。另外为了使库存补充作业合理化,许多企业采用电子订购系统。随着企业间合作倾向的增强和信息技术的发展,物流信息量在今后将会越来越大。同时,多频度小数量的配送、利用 POS 系统的即时销售使得各种作业活动频繁发生,从而要求物流信息不断更新而且更新的速度越来越快。

3) 多种处理性且复杂性

由于物流信息来源的多样化,造成物流信息不能像其他信息那样,可以直接指导实践活动。它通常需要经过反复的研究和多种技术的处理,才能成为有实用价值的信息。而在大量的多种信息面前,分析其与物流活动的相关程度,再把处理后的信息拿去指导物流活动,这也是一个复杂的过程。

4) 内外关联性且紧密性

来自于物流过程的各种信息之间存在十分密切的联系。如采购信息和库存信息之间存在一定的数量关系,订货信息和分拣配货信息、发货信息之间又存在因果关系等。物流信息与商流信息、生产信息等同样存在密切的联系。物流系统的这种联系性特征是研究物流与商流的关系、物流与生产的关系以及物流各系统之间关系的基础,是建立物流信息系统的基础。

通过以上对企业物流信息特征的分析可以看出,现代物流信息的时效性很强。早期的物流信息处理是批处理方式,积累一周甚至一个月的订单统一时间处理,而网络技术支持下的信息则可有效地避免这种情况。通过来自顾客的电子邮件或电子数据交换随时可以处理订单,由于网络信息更新及时、传递速度快,只要信息收集者及时发现信息,就可以保证信息的时效性,显然信息的时效性是实现物流低成本和及时交付的必要保证。另外,因为物流信息的来源广泛,信息质量好坏会给物流作业带来许多问题。订单信息的不准确会增加额外的物流成本,而物流预测是利用大量过去的、目前的信息估计未来的趋势,不准确的信息会引起存货的短缺或过剩。利用现代技术进行信息的收集,绝大部分是通过网络的方式获得的。在这个过程中,减少了信息传递的中间环节,大大减少了信息的误传和更改,有效地保证了信息的准确性。大量的物流处理产生大量的信息,如果仍然使用传统的信息载体,存储难度相当大,而且不易检索。利用现代信息技术,信息可以方便地从因特网下载到自己的本地计算机上,通过计算机进行信息管理;而且在各个物流中心,也有相应的信息存储系统,可以方便地根据顾客的需求进行信息的检索、收集或通过对大量信息的分析达到主动控制物流的目的,实现及时快速的响应。

信息流反映了一个物流的动态运作过程,任何不及时、不准确的信息和作业过程中的延迟都会削弱物流的效率,因此,对于物流管理活动来说,实现物流信息的采集、存储、使用和传递是整个物流系统的重要组成部分。

1.1.3 物流管理中的信息分类

信息的分类标准非常多。按照管理的层次不同可以划分为战略层信息、战术层信息和作业层信息;按照应用领域可以划分为管理信息、社会信息、科技信息等;按照反映形式可以划分为数字信息、图像信息、声音信息等;按照加工顺序可以划分为一次信息、二次信息和三次信息等。此外还应该看到,对信息进行加工和处理后得到的仍然是信息。

企业物流信息常常按照来源和不同的管理层次进行分类。按来源划分为物流系统内部信息和物流系统外部信息,按管理层次划分为战略层、战术层和作业层三层次信息。处在不同管理层次的管理者具有不同的职责,处理的决策类型不同,需要的信息也不同。因此,不同的信息对不同用户的使用价值(效用)也不同。

比如物流运作中的作业层信息主要用于启动和记录物流活动的业务情况,如记录顾客订货情况、安排存货任务、调度物流作业、资金支付及单证处理查询等。这一层次的信息是物流活动的最基本信息,是对整个物流活动起到支持作用的信息。这类信息的特点是:大多为结构化信息,便于计算机化处理、网络快速传递和实现批量处理过程。战术层信息属于管理控制范畴,主要进行监督和控制及反馈过程,是为提高物流效率服务的。包括一些综合性的信息报告,用于评估过去完成的业务情况,如评价供货商选择情况、运输模式选择和每单位的运输成本、仓库的补货和订货及其成本情况、存货的周转情况、每工时生产量及其供应比率和顾客的满意度等,通过这些信息的汇总来及时反馈运营中存在的问题并对下一步业务活动的控制起到辅助作用。需要注意的是:某些管理控制的信息是有非常明确定义的,如物流成本核算;而另外一些信息,如顾客满意度则很难测量。但是物流信息中有很大比例的这种类型的外部信息,因此,第二层次的信息属于半结构化信息,需要大量信息的采集和处理分析过程。而战略层信息主要用于辅助决策分析和制订战略计划。决策分析的信息主要协助管理人员鉴别、评估和比较物流规划战略和策略上的可选方案,如物流网络系统选址规划、供应链企业之间战略联盟关系的建立、成本收益分析等。这些战略计划的制订需要大量地获取外部信息的支持,如在物流系统选址中,就需要收集诸如社会、经济、交通、劳动力、资源、税收等各方面的信息。现代物流系统规划就是在物流系统外部信息和内部信息结合的基础上实现的,这些信息来源广泛、结构化程度很低、随机性强,且生命周期短,因此,这种情况下,人的作用仍然是最重要的。

物流信息是企业经营管理决策的重要依据。通过对各层次物流信息的获取和分析,管理者就能获得对物流运营过程的了解,相关物流信息掌握得越多,对整个运营状况的了解就越详细、越深入,控制和决策的准确性就越高,实施的效果就越好。信息在组织的经营活动中有着非常重要的地位和作用,不同层次物流信息的特点如表 1.2 所示。

表1.2 不同层次物流信息的特点

特点 层次	来源	生命周期	随机性	信息粒度	结构化程度
战略层	↑外部	↑短	↑强	↑粗	↑低
战术层					
作业层	↓内部	↓长	↓弱	↓细	↓高

从表1.2中可以看出,战略层的信息来源大多(70%以上)来自外部,而作业层的信息几乎全部来自内部;同样,战略层的信息粒度很粗,也就是描述信息的精细程度很差,比较模糊和不准确,但作业层都是精细描述的信息,也就是一个订单如何处理,其工作规程是清楚的、没有含糊的。其他特点这里不再赘述。注意不同决策层次的管理者所需要和面对的物流信息是很不同的。

在制造企业物流管理中,对物流信息的控制体现在信息搜集、鉴别整理、分析处理和决策过程方面。按照物流功能,可具体地把物流信息分成以下几类,见图1.2。

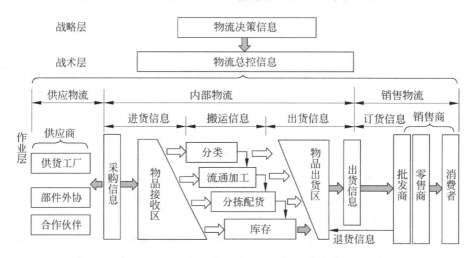

图1.2 企业物流管理中出现的物流信息类别

(1) 采购信息。采购信息伴随着企业的采购活动产生,由制造商或配送中心向供应商发出。采购活动为后序各项物流活动的开展提供了可能。采购单及相应的反馈信息构成采购信息,它是基本的物流信息。

(2) 进货信息。下达完采购单之后,是商品实物的真实流动,伴随商品的入库,产生进货信息。进货信息与采购信息关联密切。它详细记载到达物品的品种、数量、重量、规格、金额及供应商等情况。进货信息是制定采购计划的重要参考依据。

(3) 库存信息。这是表示库存商品的数量、结构、状态的信息。库存商品是构成商品供应资源的组成部分。库存信息也是制定采购计划、确定经济订货批量的重要依据。

(4) 订货信息。是由市场或销售部门得出的,它详细反映了市场对所订购商品的品种、规格、数量等的需求。正是订货信息触发了制造企业或物流企业的物流运转过程,没有订货,就没有采购、加工、配送等其他物流环节。

(5) 流通加工信息。流通加工过程产生相应信息,这些信息反映商品再加工的情况。流通加工活动是由销售需求得出的。

(6) 分拣配货信息。往往由订货信息汇总而来,用于事前控制分拣配货活动并反馈该活动的完成情况,它有助于实现准确高效的配送服务。

(7) 发货信息。是商品实物流动的信号,标志着配送活动的开始。发货信息反映了物流的形态、方向、规模以及与之相适应的各种运输手段,它与分拣配货信息内容有重叠。

(8) 搬运信息。由物料装卸信息和物料搬运信息组成,具体包括货物在存储设备的转进和转出信息及其在设备内的传递信息。目标是尽可能多地利用空间,使得仓储的运营费用最小化,减少货物的处理事件。

(9) 运输信息。运输信息反映了运输人员、运输车辆及运输路线优化等的详细情况。它常常夹杂在其他信息中,反映物流的具体运动形式。

(10) 物流总控信息和决策信息。物流活动中,控制是必不可少的管理手段。物流作业信息经汇总、分析、提炼,形成有关物流活动的各种控制和管理信息,用以指导协调物流活动,保证物流的正常高效运作。进一步对物流管理控制信息进行统计分析,结合大量外部信息,分析客户需求,可形成预测决策信息,来提高客户服务水平。

(11) 逆向物流信息。物流信息的流动是双向的,有正向流和逆向流。以上信息都是在正向流活动中产生的,而逆向物流信息也是很重要的一部分。一部分逆向流出现在物流的控制反馈活动中,如采购信息、库存信息、发货信息、服务信息等经管理人员的汇总分析,可以产生物流总控信息及合理的物流决策信息;而将物流总控信息反馈给采购、库存、发货等有关部门,又能很好地控制各物流作业的实施效果。另一部分是从客户返回的退货物流,指物品从正向流终点返回到起点,进行材料的回收处理和掩埋处理。不同于正向流的订货模式,逆向流中返回的是消费者不再使用或有质量问题的产品,需求有很大的不确定性。因此,逆向物流信息具有相当的分散性,包括在制造物品信息、可再用零件或原材料信息以及废弃物处理信息等。

行业视角:

目前,随着移动通信和互联网技术的飞速发展,人们获取各种各样的信息变得越来越容易。一方面人们陷入大量的数据海洋中,穷于应付;另一方面,大量的有用信息被泄露,成为威胁国家、企业或个人的重大安全隐患。

获取物流信息的渠道有很多,若需要获取国家、行业等宏观信息,可以访问国家权威部门或行业协会网站。如通过访问交通运输部的网站(www.moc.gov.cn)就可获得大量我国在交通运输行业中的相关信息,如每年、每季度或每月的公路、铁路、水路和港口、航空等货运运输情况。而通过访问国家统计局(www.stats.gov.cn)和中国物流与采购联合会的网站(www.chinawuliu.com.cn),可以获得采购经理指数(purchasing managers' index,PMI)数据来了解我国制造业和非制造业的经济发展动态。最近,我国电子商务发展迅速,催生了快递业务量的突破式增长。以"双11"为例,在2009年以前,11月11日就是一个普普通通的日子。但从2009年开始,这个日子就变成了电子商务企业"打折""促销"的盛大节日。随之而来的是,物流快递包裹量连年剧增。据国家邮政局(http://www.spb.gov.cn/)统计,2017年的快递包裹量为400亿件,而在2014年这个数字是120亿件,近十年来年均增长42%。通过访问这些国家权威部门的网站或者行业协会网站,可以获取很多物流领域相关的数据,这些宏观物流数据不仅可以反映我国物流行业发展的动态和发展的趋势,还为未来国家经济的发展预测打下良好的基础。同样,对于企业或者个人数据,大量的企业门户网站、社会网络网站(如微博、微信等)和移动端APP应用提供了大量信息获取的渠道。据零点调查,超九成大学生和白领群体最主要的信息渠道为互联网。

随着人们信息获取便捷程度的增加,信息的安全性也越来越成为一个很大的问题。比如企业或个人在网络上进行交易、交流的同时,会暴露大量的企业或个人相关信息,如一个顾客在电子商务平台购物过程中,商家会实时监控顾客的购买行为,并基于顾客购买的偏好给出未来购买的建议;而顾客在平台上留下的个人信息,包括地址、电话等会流转在物流配送系统中的各个环节。这些信息可能被非法人员窃取、买卖或进行其他非法活动等,目前金融诈骗、网上支付系统被盗取等事件频频发生。因此,网络环境下信息安全永远是一个重要的课题。

1.2 物流系统与物流信息系统

物流系统是指应用在物流环境中的一个特殊系统,而物流信息系统是为提高物流系统运行效率而建设的一个人造系统。系统、物流系统和物流信息系统三者之间是相互包含的关系,本节将详细阐述它们的含义及其相互关系。

1.2.1 物流系统与物流信息系统概述

物流系统一个具有目的性、相关性、结构性和适应性的集合。表1.3给出了一个物流系统的组成特征。

物流系统的目标是降低物流成本和提高服务水平,两者是决策背反的,如把运输服务水平提高,则相应的成本就会增加。因此,要实现物流系统的目标,就需要对物流系统的一系列活动进行控制和管理,包括运输、库存、包装、装卸、搬运、流通加工等。对不同的物流系统,由于所涉及的内容和范围不同,系统的大小也各异。如运输、包装、保管等在各自的活动中,可以是一个子系统,当一个或两个以上子系统组合起来时就构成了物流系统。

物流系统的功能是指物流系统所具有的基本能力,这些基本能力有效地组合、联结在一起,便构成了物流系统的总功能。但这些物流系统功能的实现需要许多结构平台作为支撑,最基本的是物流设施平台,如运输线路网络、路径上的节点或枢纽等;其次是物流设备平台,如存储货物的仓库、搬运货物的工具、输送分拣的设备等;第三是物流信息平台,物流系统涉及时间、空间因素,计算机信息管理平台是最有效控制和合理调配物流各种资源的工具;最后是物流政策法规平台,实现物流系统的集成性,最重要的是建立标准化的物流系统标准体系,同时还同国家的政策法规环境息息相关,如物流系统的运输功能就需要公路、铁路、航空或水路等的发展,而这些是和国家政策、经济政策密切相关的。

表1.3 物流系统的组成特征

物流系统的组成	含 义
目的性	(1) 降低物流成本; (2) 提高服务水平
相关性	由订单功能触发,产生相应的一系列物流功能活动,包括采购、仓储、搬运、包装、分拣、配送、运输和控制管理等,它们相互作用,相互联系
结构性	(1) 物流设施平台,由物流网络线路(路径)、节点(集货站、拆装站、配送中心)等组成; (2) 物流设备平台,由物料移动设备、存储设备、装卸设备、分拣设备、加工设备等组成; (3) 物流信息平台,由计算机硬件、网络设备、各种系统软件、应用软件组成; (4) 物流政策法规平台,由体制、制度、法律、规章、行政、命令和标准化系统等组成
适应性	为适应环境和竞争,物流概念一直在演变,出现了如一体化物流、供应链、供应商管理库存、企业联盟等新的管理思想和相关技术

为适应社会的发展,物流系统从经济活动中自然的"物"的流动到20世纪50年代前的后勤服务系统,直至80年代后发展起来的现代物流系统理念和供应链思想,物流系统逐步由早期生产制造的辅助从属地位上升到目前战略的管理地位。因此,物流系统一直在随社会的发展而发展,包括其概念的不断演变,目前出现的一体化物流和供应链物流,都是物流系统适应外部环境变化的必然结果。事实上,现代物流的管理就是对分散的物流作业进行集成,形成以服务客户为主的综合能力。这种集成将跨越本企业,联系最终用户以及原材料及服务提供者。这就是一体化物流(integrated logistics)或集成物流的内涵。它的本质是指不同职能部门之间或不同企业之间通过物流活动的合作,达到提高物流效率、降低物流成本的效果。一般包括垂直一体化物流、水平一体化物流和网络一体化物流3种形式。显然,一体化的物流系统实现离不开物流信息系统的支撑。

物流信息系统就是建立物流活动中各层次信息收集、整理、加工、储存与服务工作的信息系统。以制造企业为例,它是一个从物料采购、库存管理到商品配送全过程控制的信息管理系统,同时也是为物流管理人员及其他企业管理人员提供战略及运作决策支持的人机系统,它是信息系统在物流管理领域应用的系统。建立物流信息系统,提供迅速、准确、及时、全面的物流信息,是现代企业获得竞争优势的必要条件。物流信息系统是为物流系统的目标服务的,是由应用于物流领域的计算机软硬件技术和物流信息资源以及人所组成的。图1.3给出了一般物流信息系统的层次结构。

它与一般信息系统在社会环境、网络基础设施平台、计算机硬件设施平台及计算机软件开发环境平台等各方面层次结构都是相同的。但在物流信息系统中,由于物流应用的需要,各个层次都有一些特定的物流信息技术应用。主要包括两方面:物流设施自动化和物流经营网络化。物流设施自动化是指货物的接收、分拣、装卸、运送、监控等环节以自动化的过程

物流信息系统应用层
办公事务 物流订单 运输跟踪 仓储配送 包装加工、装卸搬运
计算机软件及开发环境层
操作系统　　　　　网络协议　　　　　开发语言
计算机硬件层（主机、外部设备、通信设备）
网络基础设施层（局域网、广域网等）
社会安全环境
法律法规、政策、道德等

图 1.3　物流信息系统的层次结构

来完成。物流设施自动化涉及的技术非常多，如条形码(bar code,BC)技术、射频(radio frequency,RF)技术、全球定位系统(global positioning system,GPS)技术、地理信息系统(geographic information system,GIS)技术等，通过这些自动化的技术设施，可以实现货物的自动识别、自动分拣、自动装卸、自动存取，提高了物流的作业效率。物流经营网络化是指将网络技术运用到企业物流运行的各个方面，它包括企业内部管理上的网络化和对外联系上的网络化。只有拥有了完善的企业内联网和外联网，货物运行的各种信息才能及时反馈到内联网上，这样物流信息系统就可以对数据进行自动分析和安排调度，自动排定货物的分拣、装卸以及运送车辆、线路的选择等；企业的外联网一般都与因特网对接，用户在因特网上可以下订单、进行网上支付，并且对自己的货物随时进行查找跟踪。而要做到这点就必须对与信息的搜集、存储、加工、传递、显示等方面有关的技术、方法和规程进行标准化，只有这样才能保证信息在整个物流过程中畅通，这里常采用的技术是电子数据交换(electronic data interchange,EDI)和 Web 技术。这些物流信息技术的发展应用，为实现物流信息系统的目标提供了基础。

因此，物流信息系统是物流组织利用各种物流信息技术和计算机软硬件技术实现物流设施的自动化过程和物流信息资源的采集、加工处理、使用、传递过程，以辅助实现物流系统的目标。

1.2.2　物流信息系统的分类

物流信息系统可以按照很多标准来分类，这里主要从处理的对象来进行分类。按照处理对象的不同，可以把一个组织的物流信息系统分成物流作业层面的信息系统和物流管理层面的信息系统。

1. 物流作业层面的信息系统

物流作业层面的信息系统主要处理物流作业过程中相关物流运作业务、控制物流运作过程和支持物流运作的办公事务，实时采集有关的数据，并更新、查询使用和传递、存储维护这些数据。这种物流作业层面的信息系统包括以下三种类型：

（1）物流业务处理系统(logistics transaction processing system,LTPS)。该系统是为及时、正确地处理日常物流运作中的大量信息而服务的，如客户订单处理系统、货物存储信息系统、仓储调度系统、运输分派系统等，目标是提高日常运作的管理水平和工作效率。

(2) 自动化设施系统(automation facility system，AFS)。采用各种由计算机控制的自动化设施，配合相关的业务处理系统，来提高物流作业的工作效率。如自动化仓库系统中配备有自动拣选设备、自动输送设备、自动搬运设备等自动化设施，配合企业资源计划(ERP)软件，可以实现企业仓库的"无人化"管理。

(3) 办公自动化系统(office automation system，OAS)。常采用先进的信息技术和自动办公设备来支持人的部分办公业务活动的系统，如文字处理设备、电子邮件、扫描系统、文字识别系统等。目前，在企业内部建设基于互联网协议的企业内联网(Intranet)，来实现企业内的日常办公事务、办公公文流转和签发、信息交流、公告发布等办公信息处理过程，而对外宣传、进行企业公共信息发布，依靠的是企业门户网站的建设。

2. 物流管理层面的信息系统

物流管理层面的信息系统是对一个物流企业进行全面管理的由人、物流信息资源和计算机结合组成的系统。它综合运用计算机技术、信息技术、决策分析技术与现代物流管理理论和方法，目标是辅助企业管理者进行各种物流运作的监控、管理和决策。这种物流管理层面的信息系统包括以下两种类型：

(1) 物流信息管理系统(logoistics information management system，LIMS)。该系统主要为物流组织的管理层服务，目标是实现管理层面上的计划、控制和决策等的制定过程。物流信息管理系统的数据主要来源于物流作业层面的信息系统，通过对组织日常业务运作的数据进行统计、汇总，使数据按照规定的时间、格式显示在分析报告中。

(2) 物流决策支持系统(logistics decision support system，LDSS)。任何对物流运作管理起到决策支持作用的系统都称为物流决策支持系统。同样，物流决策支持系统也是为物流组织的管理层服务，但它与物流信息管理系统的辅助决策方式不同，物流决策支持系统的数据有些来源于组织内部业务运作，但更多来源于组织外部，包括市场数据、客户数据、同行业数据、政策经济数据等。采用的分析方法有数学模型、各种智能的数据分析工具，如数据仓库、数据挖掘，大数据等。可见，物流决策支持系统比物流信息管理系统处理的对象更复杂，采用的方法更先进，目标是辅助物流管理者制定具有随机性、不确定性或需要快速反应的决策问题。

1.2.3 常用的物流信息技术

物流信息系统中存在一些物流应用领域广泛采用的信息技术，它们的广泛应用大大提高了物流的运作效率，降低了物流成本，下面简要阐述这些常用的物流信息技术。

1. 条形码技术和射频技术

条形码(bar code，BC)技术和射频(radio frequency，RF)技术是在计算机的应用实践中产生和发展起来的两种自动识别技术，是为实现对信息的自动扫描而设计的，是实现快速、准确而可靠地采集数据的有效手段。这些自动识别技术的应用解决了物流领域中大量数据录入和数据采集的"瓶颈"问题，为物流管理提供了有利的技术支持。

借助于条形码和射频、POS系统及EDI等现代技术手段，企业可以随时了解商品在供应链上的位置，即时作出反映。目前企业实施的有效客户信息响应(efficient customer response，ECR)、快速反应(quick response，QR)、自动连续补货(automatic consecutive entrance planning，ACEP)等物流管理策略，都离不开自动识别技术的应用。自动识别技术是实现 POS 系统、EDI、电子商务、供应链管理的技术基础，是提高结算效率、提高企业管理水平和竞争能力的重要技术手段。

近年来，射频技术发展迅速，因为 RF 技术有很多超越条形码技术的优势，如识别距离比条形码要远很多，这样可在较大范围内扫描进行读写操作。另外，射频识别卡具有一定智能性特点，本身可存储大量数据，读写能力大大增强且难以伪造，这些特点非常适用于配送中心仓储中的货物识别、运输中的货物跟踪等物流管理环节。

条形码技术和射频技术已经被广泛应用于交通运输业、商业贸易、生产制造业、仓储业等生产及流通领域。事实上，条形码技术和射频技术的应用是实现物流管理标准化的一个重要步骤，它们不仅在国际范围内为商品提供了一套完整的代码标识体系，而且为物流管理的各个环节提供了一种通用的语言符号。

2. 地理信息系统

地理信息系统(geographic information system，GIS)是在 20 世纪 60 年代开始迅速发展起来的地理学研究的新成果，是一个综合性的学科，综合了地理学、计算机科学、测绘遥感学、城市科学、环境科学、信息科学、空间科学和管理科学。GIS 系统以地理空间为基础，利用地理模型的分析方法及时提供多种空间动态的地理信息，为有关经济决策服务。

GIS 的作用主要体现在：

(1) 定位作用。研究的对象位于何处？周围环境如何？研究对象相互之间的地理位置关系如何？

(2) 条件问题。有哪些地方符合某项事物(或业务)发生(或进行)所设定的特定经济地理条件？

(3) 趋势问题。研究对象或环境从某个时间起发生了什么样的变化？今后演变的趋势如何？

(4) 模式问题。研究对象的分布存在哪些空间模式？

(5) 模拟问题。当发生假设条件时，研究对象会发生哪些变化？引起怎样的结果？

GIS 最明显的作用就是能够把数据以地图的方式表现出来，把空间要素和相应的属性信息组合起来就可以制作出各种类型的信息地图。GIS 不仅是一种查询信息的方法，也是一种挖掘信息模式的技术。由于上述原因，越来越多的商业领域已把 GIS 作为一种信息查询和信息分析工具。事实上，GIS 技术可以应用在任何涉及地理分布的领域，其经济管理方面的应用潜力非常巨大。

GIS 在物流领域中的应用主要是指利用 GIS 强大的地理数据功能来完善物流分析技术，合理调整物流路线和流量，合理设置仓储设施，科学调配运力，提高物流业的效率。目前，已开发出了专门的物流分析软件用于物流分析。完整的 GIS 物流分析软件集成了车辆路线模型、最短路径模型、物流网络模型、分配集合模型和设施定位模型等。如车辆路线模型用于研究解决在一个起始点、多个终点的货物运输中，如何降低物流作业费用并保证服务质量的问题，包括决定使用多少车、每辆车的行驶路线等；而物流网络模型用于解决寻求最有效的分配货物路径问题，也就是物流网点布局问题；分配集合模型可以根据各个要素的相似点把同一层上所有或部分要素分为几组，用以解决确定服务范围和销售市场范围等问题；设施定位模型用于确定一个或多个设施的位置。在物流系统中，仓库和运输线路共同组成了物流网络,仓库处于网络的节点上,节点决定着线路,如何根据供求的实际需要并结合经济效益等原则,在既定区域内设定每个仓库的位置、规模和仓库之间的物流关系,运用设施定位模型可以得到解决。因此,GIS 在物流领域的应用,可以使得企业合理调配和使用各种资源,提高运营效率和经济效益。

3. 全球定位系统

全球定位系统(global positioning system,GPS)最早是由美国军方在 20 世纪 70 年代初的"子午仪卫星导航定位"技术上发展起来的,是具有全球性、全能性(陆海空)、全天候性优势的导航定位、定时、测速系统。GPS 在物流领域的应用主要体现在以下几个方面:

(1) 货物跟踪调度,车辆定位。GPS 计算机信息管理系统可以通过 GPS 和计算机网络实时地搜集全路列车、机车、车辆、集装箱及所运货物的动态信息,实现对陆运、水运、航空货物跟踪管理。只要知道货车的车型、车号或船舶的编号就可以立即从铁路网或水运网中找到该货车或船舶,知道它们现在所处的位置、距离运输目的地的里程以及所有装运货物的信息。运用这项技术可以大大提高物流运营的精确性和透明度,为客户提供高质量的服务。

(2) 与 GIS 结合解决物流配送。物流配送功能中包括订单管理、仓储、装卸、递送、报关、退货处理、信息服务及增值业务。全过程控制是物流配送管理的核心问题。供应商需要全面、准确、动态地把握散布在各个中转仓库、经销商、零售商以及汽车、火车、飞机、轮船等各种运输环节中的产品流动状况,并据此制订生产和销售计划,及时调整市场策略。把 GPS 和 GIS 相结合,实现这种动态的监控和调配,可以建立面向全过程的物流管理服务体系。

4. 电子数据交换

电子数据交换(electronic data interchange,EDI)是指商业贸易伙伴之间,将按标准、协议规范化和格式化的经济信息通过电子数据网络,在组织的计算机系统之间进行自动交换和处理,俗称"无纸交易"。EDI 是电子商业贸易的一种工具,将商业文件如订单、发票、货运单、报关单和进出口许可证按照统一规定的标准格式,通过通信网络传输,在不同企业的计算机系统之间进行数据交换和自动处理。

EDI 最初由美国企业应用在企业间的采购业务活动中,随后从采购业务向其他业务扩展,如 POS 销售信息传送业务、库存管理业务、发货送货信息和支付信息的传送业务等。EDI 通信主要采用增值网(value added network,VAN)方式,VAN 是指通过利用(一般是租用)通信公司的通信线路,连接分布在不同地点的计算机终端形成的信息传递交换网络。EDI 的目的是通过企业间的信息传递交换网络,实现票据处理、数据加工等事务作业的自动化、及时化和准确化,同时通过有关信息(如销售信息、库存信息)的共享,实现经营活动的效率化。EDI 的主要功能表现在电子数据传输和交换、传输数据的存证、文书数据标准格式的转换、安全保密、提供技术咨询服务、提供信息增值服务等。

EDI 是在企业如制造商、供应商、物流公司和银行等单位之间传输商业数据文件的一种技术,如传输订单、货运单、通关单据、结算单据等。不同于 E-mail 或传真,传输的数据采用格式化的标准文件形式并具有格式检验功能;通过数据通信网络一般是增值网和专用网来传输,具有相当的安全保密功能;数据是从计算机到计算机自动传输,不需要人工介入操作。

5. Web 技术

Web 技术是基于互联网、采用互联网协议的一种体系结构,通过它可以访问遍布于互联网主机上的链接文档。它的内容保存在 Web 服务器中,用户通过浏览器来访问。

Web 技术的特点是:

(1) 超媒体信息系统。Web 上的文档(网页)是一种超文本信息。超文本就是用户在阅读文本信息时,可以从其中的一个文档跳到另一个文档,文档之间按非线性方式组织。不仅能连接到其他文本文件,还能连接到声音、图像和影视信号文件等超媒体信息。Web 浏览器的应用程序可以访问这些信息,如 Microsoft Internet Explorer,它可以搜索、查看和下载互联网上的各种信息。

(2) 分布式系统。超媒体文档可以存放在不同的 Web 站点上,通过超链接加以指向,使得物理上放置在不同位置上的信息在逻辑上一体化,Web 就是互联网上超媒体信息的集合。

(3) Web 网页的动态性和交互性。早期的 Web 网页大多是静态的,目前诸多面向网络服务的语言如雨后春笋般涌现,如 JScript、VBScript 等描述语言,HTML、SGML、XML 等置标语言,Sun 公司的 Java 语言、微软的 Visual Studio.Net 软件包的开发工具 C♯(C Sharp)语言及最近的 Python 等。这些语言的出现引起编程方法的变化,出现了"面向构件"或"面向 Web 服务"的方法。这是新一代的程序设计方法,大大提高了 Web 的动态性和交互性,提高了 Web 系统智能性、互操作性和灵活性,更能满足实际应用的需要。

Web 技术使得许多企业突破了传统的业务流程和运作模式,使厂家、商家和消费者通过互联网实现了开放式联结,不仅连通了企业内部的各个环节,包括制造商、物流中介、顾客和银行等上下游合作伙伴,在业务上都能通过网络相互协调,直接沟通,共同转向以服务增值为中心的流通过程管理。同样地,Web 技术也促进了以物流服务为核心的运输、配送、包装、加工等业务的发展。物流业是以顾客为中心的运营方式,顾客的需求是随时变化的,为适应这种快速变化的用户需求,必须以现代化的信息搜集、分析手段为基础。基于 Web 技术的电子商务运用新的业务模式和信息技术手段可以有效地实现这个要求。

1.3 物流决策与物流信息系统

决策科学的先驱者西蒙(H. A. Simon)教授认为,管理过程就是决策过程,管理的成功与失败,来自于决策过程的正确与否,但决策的质量来源于获得信息的及时性和准确性。物流信息系统是专门用于收集信息、处理信息和传递信息的一个系统,可以实现对组织中的各项活动进行管理、协调和控制的目标,这也就是实现组织中各项活动的控制与决策过程。从物流的全过程看,有需求预测、资源获得、场址选择、库存管理、运输、配送、包装、订货处理以及客户服务等各种活动,这些活动中存在着很多管理决策过程,且这些决策影响着整个组织物流运作的效率和竞争力。

1.3.1 物流决策的概念

决策就是人们为了达到某一种目标而进行的有意识、有选择的行动。在一定的人力、设备、材料、技术、资金等条件的制约下,人们为了实现特定的目标,从两个或者多个可供选择的方案中作出判断和选择。无论是问题的解决过程,还是任务的执行过程,都会不断产生有待决断的事情,都需要管理者频繁地作出决策。科学地进行决策是保证组织运作各种活动顺利发展的重要条件。

把决策的理论应用到物流的各种活动中便产生了物流决策。物流决策就是指在经济发展进程中,参与物流活动的各部门针对某些宏观或微观的问题,按预定的目标,在占有一定信息和经验的基础上,根据客观条件和环境的可能性,制定出若干可供选择的行动方案,然后借助科学的理论和方法,进行必要的计算、分析和判断,从中选取一个令人满意(称最优或最佳)的方案,并对方案的执行进行检查,直至目标的实现。

按照管理层次、管理职能、时间跨度、复杂程度等的不同,可以将决策划分为很多种类型。沿用西蒙教授提出的按照结构化程度的不同对决策进行分类,可以划分成结构化决策、非结构化决策和半结构化决策。

1. 结构化决策问题

结构化决策问题是指有固定的规律可以遵循,能用明确的语言或表达式进行描述,并可依据一定的模型或规则进行求解的问题。一般结构化决策问题常对应于企业日常业务的运作过程,因为这些作业都是很具体的、重复性的事务处理活动。

例如,一个制造企业的仓库出入库管理流程主要包括以下几个方面:

(1) 单据审核。审核员负责对产品入库单、出库单进行审核,不合格的单据分别返回车间或采购部,合格的单据转给记账员登记库存台账。

(2) 登录库存台账。记账员依据合格的入库单和出库单登记产品出入库台账。

(3) 库存统计。统计员根据库存台账定期统计分析各种产品每日、每月出入库数量等综合数据,产生需要的统计报表。

这些过程都是固定的、重复性的,但数据量可能很大,每天进出的频率很高,决策过程规律性强。由此,人工操作可能会发生很多失误。实现计算机化的自动数据处理,可以大大提高效率。

2. 非结构化决策问题

非结构化决策问题是指那些比较复杂,没有固定规律可循,不能用明确的语言或表达式进行描述,且没有任何一个模型或工具能够求解的问题。这种情况下,决策者依据的信息70%以上来自组织外部,获得的信息结构化程度低,很零散,不确定性强,决策者本人的直觉、经验、判断力、洞察力或个人决策风格等在决策过程中会起到关键作用。

物流企业的战略决策制定过程就是非结构化的决策问题。例如,差异化战略决策就是利用新颖的构思和先进的科学技术,设计出一种别具一格的物流服务形式,或者通过广告及包装来树立产品的独特品牌形象,达到差异化的效果。但什么是独特的物流服务形式,什么样的广告或包装能够吸引客户的注意力,这些没有一个固定的规律可以遵循,也不能够用清晰的语言或模型表达出来,且具有很大的不确定性。

美国联邦快递公司曾最早开发了一种称为 FEDEX 的软件系统,该系统可以用计算机查询每日在联邦快递寄送的包裹状态,追踪和确认包裹的运送情况,并辅助进行车辆调度计划。软件开发成功后,公司推出一种独特的服务模式,为 2 万名最佳客户免费提供连接位于孟菲斯公司总部的个人计算机,并安装该软件系统,帮助这些客户对自己寄送的包裹进行实时查询。

而对于一般用户,也可以得到免费的 FEDEX 系统,安装在用户自己的计算机上,来做以上的所有事情。这是一种非常成功的差异化物流服务战略。虽然现在所有的快递公司都已经有了类似的系统,但当时凭借这套系统,美国联邦快递公司争取到了更多的客户订单。

3. 半结构化决策问题

半结构化决策问题介于上述两类问题之间,其依据的信息有一些但不全面,决策的问题有一定规律可遵循但不能完全确定,可采用模型的方法求解,但一般得不出唯一最优解决方案,而只能得到次优解或可行解。

表 1.4 给出了不同结构化程度的决策问题概览。可以看出,结构化决策问题不仅仅出现在作业层,在战术层或战略层也同样有结构化问题,只不过相对于作业层来说,它出现的概率要少一些。同样,在作业层也会出现非结构化或半结构化问题,只不过这类问题大多出现在战略层或战术层。另外,决策问题的结构化程度是不断发展变化的,原来为非结构化的决策问题,随着掌握信息的增加或知识的增加,非结构化问题可以变为半结构化问题,甚至逐步演变为结构化问题。比如,在信息技术不发达的时期,跨区域物流配送服务或全球配送服务会因为信息传递困难,信息掌握不完全、不及时,使决策层进行非结构化决策的成分大大增加,从而造成决策失误。随着互联网技术的飞速发展,信息传递、信息搜集变得相对容易,目前还出现了物流云技术、大数据等来辅助解决非结构化决策问题。

表 1.4 不同结构化程度的决策问题

决策问题结构化程度	作业层	战术层	战略层
结构化	出入库管理	库存计划	库房选址
半结构化	运输配载	作业调度	需求计划
非结构化	选择销售对象	广告策划	管理体制变革

图 1.4 给出了支持不同决策类型的物流信息系统。结构化决策问题主要由物流业务处理系统来解决,实现手工自动化的过程,提高业务处理效率;而办公自动化系统能够解决很多结构化、半结构化的决策问题,实现信息快速流转和沟通,提高办公事务处理效率;物流信息管理系统主要解决结构化、半结构化的决策问题;物流决策支持系统主要解决半结构化、非结构化问题;物流云技术和大数据系统主要是通过数据的分析、预测来为中高层管理者辅助组织运营控制、协调与决策服务的。

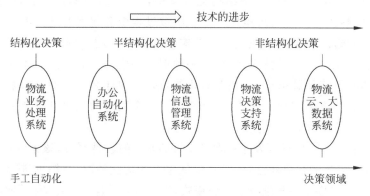

图 1.4 支持不同决策类型的物流信息系统

1.3.2 物流决策过程的特征

通过对以上物流决策概念和物流决策结构化程度的阐述,可以看出,物流决策和其他决策问题一样,具有一些相同的特点。

1. 物流决策的多目标性

物流决策一定要有预定的目标,没有目标就无从决策。这个目标可以是具体的数量指标,如利润最大或损失最小等;也可以是非数量化的指标,如解决某些定性的问题,这类问题要决策者(个人或群体)依靠人们的知识、智慧和经验,把心理学、行为科学和思维科学等各学科的成果应用到决策中来,对无法用数量表现的目标和未来行动方案作出决定。

从物流的定义可知,物流的目标属于多冲突目标,如降低物流成本和提高客户服务水平。一般降低物流成本的各项指标比较容易量化而且可以在短期内见效。例如,对企业库存进行控制,提高库存周转率,降低库存成本,这些都是可以用数字、表达式进行描述和计算的。但针对改善客户服务的衡量指标则往往难以量化,而且需要较长时间效果才能体现出来。例如,增加客户满意度和增加客户忠诚度等最终还是要通过增加赢利反映出来。所以,在制定降低物流成本的目标之前,首先需要对客户服务的目标进行明确的定义。

事实上,客户服务目标是物流系统管理决策过程中首先要考虑的问题,因为企业提供的客户服务水平比任何其他因素对物流系统的决策影响都要大。服务水平较低,可以在较少的存储地点集中存货,利用较廉价的运输方式。服务水平高则恰恰相反。但当服务水平接近上限时,物流成本的上升比服务水平的上升更快。因此,物流管理决策在战略上的首要任务是确定适当的客户服务水平。

2. 物流决策的实施性

物流决策总是要付诸实施的,不准备实施的决策是多余的。物流中涉及很多环节,如采购、运输、仓储、搬运、包装加工、配送等,每个环节的决策可能是比较单纯的、风险小的,但若各个环节整合起来进行协调决策并付诸实施,涉及的因素就很多,风险也会增大。例如,库存管理中订货量和订货批次的决策影响着库存水平的大小,进而决定着库存的成本高低。但事实上,订货量和订货批次的决策不仅和库存水平相关,还与采购流程相关,采购数量的大小、采购运输的频次都受订货量和订货批次的影响。因此,为了减少决策的风险性,进行计算机模拟决策就是非常必要的。而物流管理决策系统就是辅助管理者进行决策模拟的重要工具。

3. 物流条件的限制性

物流决策总是在某些条件,即现实条件或可争取到的条件下,寻找优化目标和优化实现目标的手段。不追求目标的优化,决策是没有意义的。例如,物流设施选址问题,除了考虑交通、原材料供应、土地和劳动力、动力资源等经济指标外,还需要考虑环境保护,甚至当地税收政策、经济发展状况等。这些问题就需要管理人员根据问题的要求和可能,把所有约束条件的数据搞清楚,制定满足这些条件的备选方案。

4. 物流效益的背反性

物流决策过程中存在"效益背反"现象。比如,对于库存,希望降低库存成本,但是这肯定要相应地增加进货次数,运输次数也会相应增多,运输费用就会增加。所以在物流决策过程中,有时候不能只单独考虑一个决策目标,要把它作为一个系统来考虑,使整个系统达到最优。

5. 物流决策的优选性

因为物流系统的目标不是单一的,物流系统运作过程中又包含很多约束条件,如设备、人员、线路、仓储空间等,再加上客户需求的不确定性,这些因素使得物流决策包含大量非结构化信息。因此,对这些决策问题作出一个确定性的、最优化的解决方案是很困难的,并且决策的问题和决策的时点也有关系。不同的时间点,即使对同样的约束条件,所考虑的目标也可能不一样。这样,根据收集到的有限数据,考虑各种限制条件,物流的决策方案总是在若干可行的方案中来进行选择的。选择的过程,也就是一种排序优化的过程。

1.3.3 物流信息系统对物流决策的支持作用

物流企业属于服务型企业,本身并不生产产品,而是为其他企业或组织提供服务。所以,物流利润的创造来自于服务的水平,如质量、速度、可靠性和灵活性等。通过这些方面的保证来获得竞争优势,即以相同的成本提供高水平的服务,或者以较低的成本提供相同的服务水平,从而获得利润。管理有四大职能:计划、组织、领导和控制,物流管理的过程就是物流决策的过程。因此,这里从管理职能的角度,尤其是计划职能和控制职能的角度介绍物流信息系统对物流决策的支持作用。图1.5显示了物流信息系统平台对物流整个流程上的计划与控制的支撑作用,具体阐述如下。

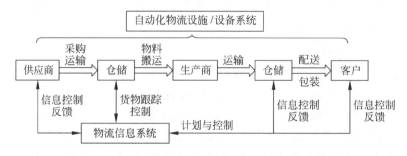

图1.5 物流信息系统对物流管理计划与控制的支持作用

1. 物流信息系统对管理计划的支持作用

任何组织的活动都有计划,计划是组织下一步工作的指南,也是对执行结果的评价依据。物流活动中很多都需要有周密的计划安排,如采购计划、物料运输计划、配送计划等。因为计划是基于客户需求和预测并考虑组织的约束条件而制定的,随着市场经济的迅速发展,客户需求的变化越来越频繁,要求也越来越严格和精细,管理者需要根据现有资源(资金、劳动力、设备等)的限制,快速编制各种计划。同时,随着时间的推移,制定的计划应该随着客户需求和资源约束条件的变化而不断修改,以适应变化了的市场需求和生产环境,这就是企业的灵活性战略。因此,物流信息系统在计划制定的过程中可以支持如下功能:

(1) 大量数据的存储和查询。物流计划制定过程中,需要大量历史的、当前的数据支持,主要包括客户订单数据、运输或库存的货物数据、各种物流设施能力数据、财务数据、物流服务水平指标数据等。

（2）大量的统计计算工作。计划制定过程中或计划调整过程中，都会涉及大量数据的计算、统计工作。因为数据量很大，比如，一个仓库存储了几百种货物，要计算各种货物的存储量及其存储成本，工作量就很大，若人工计算，耗时很长，还会出错，计算机在这方面是有很大优势的。

（3）预测分析工作。预测和计划不同，计划是在预测的基础上制定的，预测是研究对未来情况作出估计的专门技术和方法。预测的方法有很多，有定性的也有定量的。物流供需链上计划制定过程中需要进行大量的预测，预测得越精确，计划就会越准确，"牛鞭效应"的影响就会越小。比如，1995年沃尔玛和供应商及管理软件开发商一起开发的 CPFR（couaborative planning forecasting and replenishment）就是一个对零售供应和需求链工作进行分析、预测和控制的软件系统。

（4）计划的优化调整工作。前面已经讲过，物流中的很多决策属于半结构化或非结构化问题，因此在制订计划过程中，常常会遇到对有限资源进行调整分配的问题，如港口工程船舶柴油配送计划的制订问题。港口施工的工程船舶主要以柴油为燃料来驱动动力设备，需要海上油品配送公司的服务。油品配送公司的通常做法是根据工程船舶的柴油申请计划来安排油船进行配送。但实际情况并非如此。例如，每天都会有一部分工程船舶因为柴油用尽而发紧急订单到配送公司，要求在很短时间内得到服务。出现上述情况的原因主要有施工进度加快、工程船舶在不同港口进行调度等。由于存在众多动态的、不确定的因素，因而增加了配送计划制订的复杂性。为了满足实际需求，对于港口油品配送企业，减少配送运输费用是有效减少物流成本的一方面；另一方面还需要优化相关的作业流程，在合理范围内调整其运输计划，实现合理的路径运输，既可以有效地减少运输费用，又可以提高经济效益。这样的问题就可以通过建立优化模型，在计算机上模拟实验进行调整，指导具体社会实践。

2. 物流信息系统对管理控制的支持作用

管理控制是指对物流业务执行过程的监督、反馈和修正。事实上，计划属于前馈控制，但在计划执行过程中，为了能保证按照计划运行，需要不断进行检测、纠偏，这就是管理控制职能。由图1.4可以看出，在物流运作流程的采购、运输、仓储、搬运、销售配送等各个环节中，都需要实施控制职能，需要随时掌握反映运作过程中动态物流系统的监测信息并调控必要的反馈信息。在物流管理控制方面，物流信息系统的支持作用主要包括以下几方面：

（1）网上采购。EDI和互联网的发展，使得物流链上的供需各方能够通过网络快速进行沟通，传统的采购方式已经逐步被网络采购替代。国际上很多大的公司，如美国的通用公司，都是在网上实现全球采购的。也就是说，不以国家作为分界，无论在哪个国家采购，都是采用全球化采购模式，而且无论哪个国家的供应商，都要达到同样的标准、同样的程序、同样的流程操作方式。在全球采购过程中，因为时间关系，网上竞标是帮助公司采购取得最好效果的主要方法之一；其次是电子商务，包括订单、发票、支付等都不再有任何烦琐的过程。比如，在网上可以看到前6个月或者更多月份的订单表现，还有交货时的数据处理等。如海尔招投标网100%的采购订单由网上下达，使采购周期由原来的平均10天降低到3天。

（2）在线跟踪。控制的前提条件是掌握第一手情况并实时获得现场发生的所有数据。但物流是一个流动过程，从地域跨度上可能会相差很大，在时间跨度上会相隔很久，传统的管理模式下对它们的监控和管理就很困难,确实属于"将在外,君命有所不受"的状况。目前在物流信息系统的支持下,尤其是 GIS、GPS 等先进技术的应用,使得在线跟踪成为现实。例如,美国联邦快递公司开发的 FEDEX 软件系统就是一种在线跟踪系统。

(3) 运作进度控制。在库存、搬运、简单加工和配送各个环节中,都存在着大量的运作过程,对这些运作进行控制对物流流通的效率起着很重要的作用。例如,在库存管理中,操作层上每天都存在着大量的进出库操作,同时伴随着库房内货物的定位、查找、存储、清点等工作;在管理层上需要监控货物的存储量、重要货物的上下警戒线情况、订货的批次和订货的数量、订货提前期的情况等,这些都和库存的周转率、库存的服务水平密切相关。许多生产企业的库存管理系统都和企业的 ERP 连接在一起,随着 ERP 中根据订单和预测情况做出主生产计划,系统就会根据产品的物料清单(bill of material,BOM)和当时的库存情况,产生出各种物料或半成品的采购单或生产单。这些生成的采购单或生产单上不仅包括采购或生产什么、采购或生产多少,还包括什么时候采购或生产、什么时候完成采购或生产。ERP 系统在运行过程中,会及时汇集这些采购单或生产单的完成情况,出现问题立即反馈,并重新进行调整;同时发生的任何物流活动,管理数据都会并行生成一套财务数据,用财务控制的方式反映出来。

除了以上各个方面,物流信息系统对管理的组织职能和领导职能也有很大影响。管理组织的职能主要是建立相关的组织机构、配备相应的人员、制定工作职责和权限以及确定结构之间的关系。物流信息系统中办公自动化系统的引入,使得信息沟通便捷快速,并且能跨越时间、空间,避免了很多大大小小的烦琐会议,缩短了传统的管理链条,使得直接管理、直接销售成为可能,这极大地冲击了传统的管理组织职能思想。同样,采用现代的管理思想、方法和先进的信息技术来控制和协调人的行为,模拟发挥人的主观能动性成为当前人力资源管理中的主要内容。最重要的是,已经有越来越多的管理者认识到管理的领导职能需要人的艺术才能,但也不能缺少以信息技术支持的辅助科学决策工具的支持,这种工具是企业做大、做强的必备基础。

行业视角:

电子商务下的电子履单过程

我国商务部公布全国 2017 年电子商务交易额达到约 29.16 万亿元,其中网络零售额达到了 7 万亿元,占全球网售份额的 50%。伴随我国电子商务近年来的迅猛发展,相配套的物流配送行业也孕育着一个巨大的发展空间。但因为电子商务物流中具有"订单小而量大,物品多而杂,时间频率要求高"等特点,常常导致在电子商务高峰时段,如我国的"双 11",物流快递配送成为电子商务发展的瓶颈环节。

电子履单(E-fulfillment,order fulfillment)是指从顾客通过电子商务平台发出订单到最后收到货物的整个过程中的所有活动,目标是实现顾客对收到货物的时效性、物流配送质量的完全满意。在电子履单过程中,因为顾客在电子商务平台,如京东、苏宁易购等,随时随地下订单,这些订单呈现出零散化、个性化和长尾性等特征。这里长尾性指顾客购买的商品品类非常广泛,不仅有当前时尚的商品,也有已经不再畅销的多年前商品,虽然这部分商品购买量相比于时尚商品的购买量要少很多,但就好比"拖着一个长长的尾巴",其利润总量还是很可观的。这主要得力于网络平台上的"货架"是无限的,除了可以"摆放"时尚的商品,也可以通过超链接"摆放"多年前过时的商品,来满足不同年龄、不同个性和不同层次的顾客需求。面对这样的客户订单需求,配套的物流配送系统就需要快速整合资源,建立大型仓储中心,建立快速响应的物流配送系统网络。很多大的电子商务平台公司,如亚马逊、京东、淘宝、凡客等都积极自建了物流系统来实现电子履单过程,如亚马逊物流、京东物流、菜鸟物流等。但由于这些公司在物流配送领域的专业化程度受限,再加上目前电子商务发展的速度大大超出这些公司自建物流系统的速度,第三方物流快递公司发展壮大起来,如EMS、顺丰、申通等,已经成为目前电子商务环境下电子履单的主力军。

无论是电子商务平台公司自建物流系统,还是依靠第三方物流快递公司来完成电子履单过程,架构一个全国性,甚至全球性的物流配送网络系统是电子履单过程实现的基础。以世界上最早的电子商务平台公司亚马逊为例,其在全世界各地都自建了大型的物流配送中心,如在中国各地就建立了12个大型的电子履单中心,且这些中心会根据商品的不同类别建设得各有不同,以便提高不同商品的分拣速度,其中图书库是亚马逊物流配送中心配置最多的一种配仓。虽然亚马逊图书销量全球第一,但其配送中心的库存仅仅保持几百本畅销的图书,而对于非畅销的图书,若顾客下单购买,亚马逊就会和供货商合作,从供货商处满足顾客的需求,这样不仅可以降低配送中心的库存成本,也可以满足顾客多样化的需求。在商品配送方面,亚马逊采用和很多第三方物流合作的运营模式,如美国国内外包给UPS和美国邮政。同时,亚马逊的电子履单过程完全由先进的信息系统来管理和控制,如下单过程,订单转发配送中心过程,商品进库、上架、分拣、包装、出库等都拥有一套严密的信息管理流程,还能根据客户个性化的需求,设计出多种送货方式并对收货时间和相关收费标准进行准确的计算。亚马逊先进的物流信息系统在这个过程中起到了很大的支撑作用。

行业视角:

物联网的发展

物联网(internet of things)就是"物物连接的互联网",具体来说就是通过各种信息传感器设备,如无线射频技术(RFID)、全球定位系统(GPS)、红外感应器和激光扫描器等,根据约定的协议,把任何物品都连入互联网,形成一个物物连接的网络。互联网是计算机互连的网络,而物联网是互联网的延伸与扩展,连接的基础还是互联网。通过物联网,可以实现对物品的智能化辨识、定位、跟踪、监控和管理过程。

物联网的思想起源于1991年,由美国麻省理工学院的一位教授首先提出,随后在1999年该学院建立了"自动识别中心(Auto-ID)",明确提出了物联网的基本含义,即万物都可以通过互联网互连。然而，真正的物联网定义出现在2005年召开的信息社会世界峰会上，并且在此次会议上，指出物联网的范围不仅仅指基于RFID的物联网，还包括其他传感器技术下的物联网。随后，世界各国都纷纷开始制订物联网的发展计划，如韩国提出了U-Korea计划、欧盟提出了物联网行动计划。我国在2008年后开始关注物联网，2009年在无锡市首先成立了"感知中国"的研究中心，后又在江南大学设立了全国第一家实体物联网工厂学院。到2011年，我国的物联网产业规模已经超过了2500多亿元。很多专家预测：物联网将会是继互联网之后又一个推动世界经济快速发展的重要生产力。

本章小结

　　物品从供应地向接收地的实体流动过程称为物流。而在物流活动过程中产生的情报、数据和知识的集合就是物流信息，也就是反映物流各种活动内容的知识、资料、图像、数据和文件的总称，主要由物流活动中商务管理过程的信息和决策管理过程的信息组成。企业物流信息的特征是：来源广泛且多样化、数量庞大且快变性、多种处理且复杂性、内外关联且紧密性。物流信息的分类按照管理的层次不同可以划分为战略层信息、战术层信息和作业层信息，不同管理层次的物流信息在信息来源、生命周期、随机性、信息粒度和结构化程度上都是不同的。而按照物流功能，可把物流信息分成采购信息、进货信息、库存信息、订货信息、流通加工信息、分拣配货信息、发货信息、搬运信息、运输信息、物流总控信息和决策信息、逆向物流信息等。

　　物流系统是一个系统，它具有系统的所有条件。信息系统也是一个系统，是一个人造系统，由计算机硬件、软件平台和数据资源管理平台及人组成，目标是实现对组织中的各项活动进行管理决策、控制和调节。物流信息系统是为物流系统的目标服务的，是由应用于物流领域的计算机软硬件技术和物流信息资源以及人组成的，由物流设施自动化系统和物流经营网络化系统构成。按照处理对象的不同，物流信息系统分成物流作业层面的信息系统和物流管理层面的信息系统。物流作业层面的信息系统包括物流业务处理系统、自动化设施系统和办公自动化系统；物流管理层面的信息系统包括物流信息管理系统和物流决策支持系统。

　　决策就是人们为了达到某一种目标而进行的有意识、有选择的行动。把决策的理论应用到物流的各种活动中便产生了物流决策。决策问题常划分为结构化问题、半结构化问题和非结构化问题。不同的决策问题需要不同物流信息系统的支持。物流决策有多目标性、实施性、限制性、效益背反性和优选性等特点。物流信息系统对管理计划、管理控制等都有很大的支持作用。

　　物流信息系统的发展经历了分散管理的业务处理信息系统、物流信息管理系统、物流一体化信息系统和物联网4个阶段，这4个阶段从单一的功能处理到企业内部、外部的全面集成，进而实现全世界物物的互联互通，即物联网的实现，这不仅是计算机信息技术不断发展进步的结果，也是物流管理思想和方法不断创新应用的结果。

思考题

1-1 信息和数据的区别是什么?计算机处理的是数据还是信息?谈谈你的看法。
1-2 物流信息有哪些特殊的特征?从这些特征如何解释物流信息系统应用的必要性?
1-3 物流信息系统分成哪几种类别?信息系统的数据处理和管理决策功能有哪些不同?
1-4 不同管理层次上对物流信息有什么不同需求?
1-5 举例说明结构化、非结构化和半结构化决策的不同及其在各个管理层次上的应用情况。
1-6 举例说明一个物流信息系统中的输入、处理、输出和反馈等功能组成。
1-7 在企业的采购、库存等业务中都需要哪些信息?列举说明信息可能的具体内容。
1-8 利用物流信息系统,企业能获得哪些好处?

讨论题

1-1 调研一个电子商务平台公司,如京东、聚美优品、亚马逊等,描述其顾客的下单过程和电子履单过程。
1-2 基于1-1题,分析该平台公司在电子履单过程中会涉及哪些物流运作过程?分别列出这些物流运作过程中可能涉及的相关物流信息。
1-3 试分析在电子履单过程中,顾客、电子商务平台和第三方物流配送公司可能会分别关注哪些物流信息?为什么?
1-4 对于亚马逊的电子履单中心来说,哪些信息属于商务活动过程中的信息?哪些属于决策活动过程中的信息?哪些属于和物流相关的其他活动过程中的信息?
1-5 讨论先进的信息技术和物流信息系统对亚马逊公司的整个运作管理有哪些支撑作用。

第 2 章　物流管理信息系统

从第 1 章知道,物流信息系统包括物流设施自动化系统和物流经营网络化系统,建立一个有效的网络化物流经营系统就是建立企业内部各方面管理上的网络化系统和对外联系上的网络化系统,通过该系统的信息收集、处理和反馈,使得各级管理部门都能很好地掌握企业运营的一切经营活动,很好地调配企业的各种资源,包括自动化的物流设施资源,从而辅助企业管理者作出正确的决策。

本章主要阐述网络化基础上的物流管理信息系统,分别从技术层面、管理层面和综合层面给出它的概念及其特点,并结合案例分析从系统组成角度和实现功能角度分析其结构框架,包括最简单的单一结构系统、水平集成结构、垂直集成结构和全面集成结构。最后以案例分析的形式来说明物流管理信息系统在企业运营中的重要性。

2.1　物流管理信息系统概述

2.1.1　物流管理系统

物流是通过提供高质量、快捷、可靠性好的运输、仓储和配送等服务内容来获取价值的。这种具有服务特征的运营管理模式与制造业中生产有形产品的运营管理模式有很大的不同,主要表现在以下几点:

(1) 客户参与物流服务过程。大多数情况下,需要物流服务的客户和服务提供者必须亲自见面,可能是客户前往服务地点,也可能是服务人员前往客户所在地。例如,需要运输货物的客户或需要仓储的客户,都会亲临服务设施环境中,以把货物运送到运输装运的地点或去仓库送货、取货等。

(2) 物流服务的生产和消费是同时发生的。制造业中生产环节和市场环节是分开的,产品是先在生产车间中生产出来,然后再运送到市场上去消费,中间有配送仓储环节作为缓冲;而物流服务的生产和消费是同时进行的,接到一个物流客户的服务订单,就开始了完成该订单的相关运输、仓储、配送加工等生产过程,但同时也是客户的消费过程,这种服务不能储存,不能像制造业那样依靠库存来缓冲或适应需求的变化。

(3) 物流服务能力的充分利用性。物流服务不能存储,属于易逝性商品。如果来了一个客户订单,因为当时资源有限不能接受这个订单,就会发生机会损失成本。物流服务不能像制造业那样利用库存来适应市场需求的波动,如果市场需求波动大,企业就会因不能接受更多的订单而失去机会。因此,最大限度地利用已有的物流服务能力将是物流管理的一大挑战。

（4）物流服务的无形性。制造业产品都是有形的客观实体,在购买产品时,顾客可以在购买前观察、触摸和测试产品;而物流服务是一种无形性产品,是一种思想和概念,客户需要通过服务企业的声誉来作出判断和选择。物流服务的无形性要求物流企业提供服务的承诺,且这种服务承诺的兑现性是物流服务质量水平的体现。因此,物流企业的形象和服务品牌的树立就很重要。

物流服务的主体和对象都和人打交道,人是服务的中心,但是人是具有个性的。即使在同一天,同一位仓储工作人员也可能向两个不同的客户提供不同服务品质的物流服务,因为仓储工作人员在早晨的精神状态和到下午已经接近干了一天的精神状态会完全不同,表现出来的服务品质也会发生变化。没有两种服务会完全一致,也没有两个客户会完全一样,这就不可避免地会导致服务的异质性。

这种物流服务的异质性导致物流管理的困难性。一般客户基于对成本和服务预期的对比来决定价值,当物流服务质量满足或超过了客户对物流服务的认可时,就创造了价值。而客户满意度是特定交易确定的,满意或不满意发生在供应商和客户间特定的交易中。客户态度是指长时间内连续的满意确定的一个积极的态度,客户态度决定了物流服务供应商的长久性和赢利性,好的客户态度是由连续的客户服务质量来决定的,它决定了客户的再次购买行为。所以,物流企业需要发展和管理这种好的客户态度。一次做好是重要的,更重要是每次都做好,短期成功不能使企业获得高质量和积极的客户态度。因此,实时的监控和反馈、及时的沟通和调整是赢得良好客户态度的重要管理方法,这正是计算机网络通信技术和信息技术的优势之一。

通过以上对物流服务管理模式和制造业产品管理模式的比较,可以得出如下结论:物流管理系统中的产品(物流服务)是无形的,是通过在服务过程中赢得的一个个客户满意度来赚取利润的,而这些客户满意度又和服务者与被服务者的行为相关,因此是非标准化的,因为人在不同场合下反映出来的态度可能有所不同。这种情形下,如何定义和改进服务质量、如何有效地监测服务质量、如何最大化资源利用能力,来适应需求的变化;如何对组织内的员工进行管理,使得提供的服务保证客户的满意度和效率最大化;如何满足客户个性化的需求,向客户不断传递质量和价值信息,使客户不会发生转向竞争者的倾向,这些都是物流管理的挑战。

图2.1给出了客户接受物流服务时预期服务和感知服务的差别。服务的口碑、客户需求和过去经历导致客户选择该物流服务,根据服务的质量情况,会出现3种感知服务质量:超出期望、等于期望和低于期望。而保证服务质量的要素有5个方面:一是可靠性,指准确地履行所承诺服务的能力;二是响应性,指对客户需求快速反应并提供便捷的服务;三是保证性,指从员工到管理制度,赢得顾客信任的能力;四是移情性,就是处处为客户着想,并对客户的需求给予特别的关注;五是有形性,指提供必要、有形的物流服务设施、设备、人员和书面材料的外表。服务质量要素的重要程度从可靠性到有形性是逐步降低的。基于以上物流服务的特点,图2.2给出了物流管理系统的主要功能。图中物流管理系统的输入是客户需求和资源情况,输出是客户满意度。客户满意度越高,企业利润的长久性和竞争性就越强。物流管理系统首先根据服务的理念和方法建立物流质量测评系统,以便对运营过程进行监控、比较,发现问题,找出问题的原因所在,采取调整和纠偏的行动。因此,为了保证物

流服务质量,物流管理系统相对于制造管理系统来说,其计划、协调和控制的作用非常重要,需要及时监控运行中出现的种种问题,实时反馈并寻求快速解决方案。

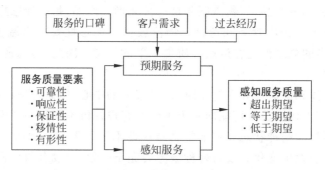

图 2.1 客户预期服务和感知服务的差别

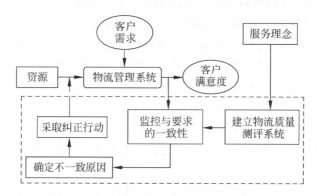

图 2.2 物流管理系统的控制协调功能

2.1.2 从物流管理信息到物流信息管理

在管理领域,人们对信息的认识有一个过程,在 20 世纪五六十年代,信息被认为是管理过程中的伴随物。比如,在企业的采购部门进行原材料或半成品的采购管理过程中伴随着供货商资料、采购单、报价单、采购合同、检验单、到货单、应付账等各种信息的产生。早期认为这些信息是为了说明管理过程的成果而存在的,并存入档案以便未来进行核对和查找,是管理等级的需要,这些信息称为管理信息。管理信息就是在管理活动过程中伴随管理决策产生的各种单据、数据、资料和其他文档的总和,它属于一种事后控制,起到对已经发生的管理活动进行记录的作用,是一种被动控制行为。在物流领域,由于采购、库存、销售运输等管理活动中存在大量的数据处理过程,就相应产生了大量的物流管理信息。因此,这一时代引入计算机的目标就是实现大量物流数据的手工自动化处理,降低出错率,提高工作效率。这样的信息系统被计算机技术业界称为电子数据处理(EDP),而被企业管理业界称为事务处理系统(TPS)。

到 20 世纪 60 年代,管理领域对信息有了不同的认识,逐步认识到信息可以用于综合管理决策支持,可以把统计、运筹学等管理数学方法引入计算机数据处理系统,以基于采集的日常运营数据为基础,汇总得出大量的周、月或季度、年度等报表,通过对这些报表的分析预测,来控制企业的日常运行管理,此时把信息系统称为管理信息系统(MIS)。事实上,应该称其为信息管理系统(information management system,IMS),只是因为当时的硬件和软件及其认识问题的局限性,还是称为 MIS,但它的含义已经出现 IMS 的思想,就是希望通过有意识地对管理活动中所产生的数据进行采集、加工整理和使用、传递及维护的信息处理过程,建立一个辅助管理决策的系统。到了七八十年代,随着计算机技术的进一步发展,如条形码的广泛应用,促进了对管理活动中大数据量的及时采集过程;存储设备的发展,使得把企业中大量的历史数据进行存储和长期使用成为可能;人工智能、数据库技术的发展,使得通过计算机对采集的信息能够进行精细提炼和模型分析,以改善和加快管理者的决策过程。此阶段的信息还是称为管理信息,但含义已经有很大改变,是信息管理的含义,也就是通过有目的地对信息进行采集、分类和处理,甚至对采集的数据进行统计分析和数学建模预测,来实现对企业管理控制和决策有辅助作用的一种信息资源转化过程,实现由事后控制到事中控制和事前控制的目标。因此,虽然计算机应用与管理领域,发展到今天已经半个多世纪了,管理信息系统的名称沿用传统也一直没有改变,但其本身的含义一直在随着技术和管理思想的发展而变化,目前所提的管理信息系统都应该是信息管理系统。

  2.1.1 节已经讲到,物流管理系统是一个服务性的服务,它有很多和制造业显著不同的特点,更重要的是物流管理的实质是提高客户满意度,这就要求物流信息的快速采集和反馈,以便进行事前控制和及时协调。所以,在物流管理领域,目前的物流管理信息指的是物流信息管理。物流信息管理就是对物流管理领域中的信息进行收集、整理、存储传播和利用的过程。也就是有目的地将物流信息从分散到集中,从无序到有序,从产生、传播到利用的过程,同时对涉及物流信息活动的各种要素,包括人员、技术、工具等进行综合管理,实现资源的合理配置过程。

  物流企业中,物料的采集、传递和加工处理的过程,就是信息的形成过程,所以信息流的采集与物流的过程同时发生。信息流是物流过程的流动影像,物流是信息流的载体。信息流伴随物流而产生,又反过来影响物流,因而快速反馈的信息能够用来控制和调节物流,这就使得管理层不仅能了解结果,更重要的是能了解过程,实现信息的可追溯性,从而辅助作出正确的判断和实时的决策。当信息流与物流同步时,也就是两者实现有效的融合时,管理层就实现了对操作层的透明管理。

  目前,信息和人、财、物一样是企业的重要战略资源,尤其对于物流企业,已经是获得竞争优势的战略武器。因为在通信网络技术的支持下,利用信息流整合物流,实现信息技术支持下的信息处理自动化优势及其相应的虚拟直接沟通管理模式,已经成为物流企业利润的增值源泉。

  因此,物流信息管理是企业物流管理中的主要内容之一。物流的管理过程就是一个个物流问题的决策过程。及时的信息流收集,能够对企业的物流和资金流过程给出记录和反映。通过加强对信息流的监控,可以对企业运营中的物流和资金流进行控制,当获取了有效的反映企业物流和资金流的信息后,就能辅助制定出有效、可行的运营策略和管理策略。目前的网络信息技术已经使得物流企业能够建立良好的信息流通道,实现物流、信息流和资金流三流合一的目标。

  表 2.1 总结了以上在管理领域不同阶段对信息的认识及其在物流管理领域的含义。可以看出,信息是一个不断发展的概念,从 20 世纪 50 年代的管理附属物,到 80 年代已成为企

业管理的一个重要资源。应该说,信息技术的发展为这种认识过程提供了一个前提条件,而全球市场化的竞争和面向客户的经营理念促使了这种认识的提升过程,出现了目前很多的现代管理思想,如一体化物流管理、供应链管理等。

表 2.1 不同阶段在物流管理领域对信息的认识

时 期	对信息的认识	物流管理领域	含 义
20 世纪 50 年代	管理的伴随物	管理信息	伴随物流管理过程产生的信息
20 世纪 60 年代	综合性支持数据	纵向信息管理	产生物流运营报表给管理层
20 世纪七八十年代	信息管理资源	全面信息管理	企业内横向、纵向协调和控制
20 世纪 80 年代中期以后	企业战略资源	一体化信息管理	企业内外的信息协调和控制

2.1.3 物流管理信息系统的定义

同物流管理信息的概念一样,物流管理信息系统也是一个不断发展和不断完善的概念,它同时随着计算机技术、信息技术和物流管理的发展而发展。20 世纪 60 年代,这个概念就已经提出来了,但当时计算机的软硬件技术还很受限制,只能产生按事先规定要求的各种物流运营状态报告。在 80 年代以后,随着计算机技术的飞速发展,尤其是微机的出现,使得计算机硬件价格大幅度下降,管理信息系统的概念无论是从认识上还是从功能上都开始进一步完善和发展。进入 90 年代以后,网络通信技术和多媒体技术的发展,以及互联网的广泛应用,使得管理信息系统又有了新的内容和含义。同样,物流管理的思想和方法在这 30 多年里,也从分散的物流功能管理到企业内部全面集成的物流信息管理,发展到目前的一体化物流管理。信息技术是现代物流管理思想形成的基础;反之,信息技术在物流管理中的广泛应用推动了信息技术的成熟和进一步发展。

目前,物流管理信息系统的概念还没有一个统一定义。本书从技术角度、管理角度和综合角度分别结合管理信息系统和物流的概念来给出物流管理信息系统的定义。

很多计算机公司及其软件开发商侧重强调信息技术在物流管理信息系统中的作用,给出的物流管理信息系统的定义为:企业在物流运营过程中,采用多种信息技术,包括自动获取数据技术(如条形码、射频技术、传感器等)、自动数据交换技术(如电子数据交换、电子邮件等)、自动跟踪技术(如 GIS、GPS)、数据管理技术(如数据库)和商业智能技术(如数据仓库、数据挖掘、云计算、大数据、人工智能等),来进行电子订单处理、在线数据传递、实时跟踪货物、电子资金或单证的转换及一些其他物流活动,提高管理效率。

在这个定义中,主要是强调物流信息技术在物流管理中的作用,目标是借助于这些物流信息技术,来达到物流管理中降低成本、提高客户服务水平的目标。

但物流管理者及其他很多管理领域的研究者认为:物流管理信息系统首先是一个信息系统,是由各级管理层的人、数据资源(信息)和计算机信息技术组成的,借助于先进的各种信息技术,进行物流管理中的数据收集、传递、存储、加工、维护和使用的信息管理过程。目标是实测企业物流的各种运行状况,利用历史的数据和信息来预测未来,从企业全局出发辅助企业进行物流决策,利用采集到的物流信息控制企业的运营行为,帮助实现企业的物流规划目标。这个定义侧重在企业管理中对信息流的采集、控制、反馈和预测,以便实现物流、信息流的统一。

目前人们越来越认识到,应该从综合的角度给出物流管理信息系统的定义。因为物流管理信息系统既不单单是一个技术概念,也不单单是一个管理概念,而是两者结合的综合体。它是一个具有高度技术复杂性、结合多门类学科的综合性的机器系统,也是一个有人参与、与人不断交互并影响人们决策或受人们思维约束的行为系统,是一个社会系统。综合而言,就是一个社会技术系统。

2.1.4 物流管理信息系统的特征

由上述物流管理信息系统的定义,可以描述物流管理信息系统的概念结构,如图2.3所示。物流管理信息系统的数据来源于作业层的诸如订单处理、运输管理、货物跟踪、资金结算等各个子系统,这些数据采集后通过网络传送到企业信息中心或网络中心的中央数据库中进行集中管理,系统技术人员对整个系统的运行维护进行管理,而系统设计人员通过对数据库中数据的分析和汇总,并应用商业智能工具实现数据的预测和知识提取,提供给中层管理者或高层管理者决策使用。

总结以上定义和给出的物流信息系统的概念结构,下面给出物流管理信息系统的特征。

1. 人机系统

物流管理信息是伴随着物流管理活动产生的,是可以不需要计算机来处理的。但物流信息管理是人们有意识、有目的地对大量物流信息进行收集、处理、传递和使用、维护的过程,没有计算机的高速度处理和高容量存储支持,以上功能是不可能实现的。尤其是物流系统中涉及的信息量一般都很大,来源也比较复杂,所以,目前的物流管理信息系统是以计算机为基础的。另一方面,物流系统是一种服务型系统,生产的过程就是消费的过程,因而运营过程中的控制和协调很重要。管理信息系统能够提供大量的信息,但协调决策需要人来做,人相对于计算机在速度和容量上是不能比拟的,但在决策设计、选择、判断等方面是离不开人的。另外,在和客户交流方面,人的作用也很重要。所以,正确界定其中计算机和人在系统中的地位和作用是很重要的。一般地,在图2.3中,处于作业层的各个子系统和中层的系统分析设计功能大都是基于计算机实现的;而部分中层管理人员和高级管理人员的控制决策过程是一种人的行为。

2. 数据库支持的系统

从图2.3可以看出,物流管理信息系统中采集的所有数据,都要传递进入中央数据库,属于一种集中式数据管理。下面的作业层中各个业务子系统都和中央数据库相连,能够及时地把基层运营中录入的或处理完的数据与其他子系统进行共享,同时系统分析人员也能把各个子系统发生的日常运营数据从中央数据库中按照各种需求进行实时查询提取。因为各个数据的格式可能不统一,如GPS和GIS采用空间数据,而订单处理、财务处理常采用平面数据,因此还需要进行格式转换和标准化处理,然后再进行统计汇总或进行复杂的数学计算,最后形成提供决策分析的数据。可见,数据管理功能是物流管理信息系统中的重要基础之一。

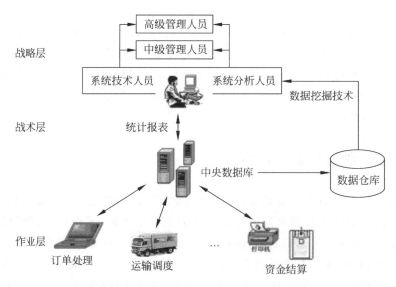

图 2.3 物流管理信息系统的概念模型

3. 管理集成性的系统

从前面管理信息系统的定义和图 2.3 都可以看出,物流管理信息系统是一个对组织物流运营过程进行全面集成的信息系统。一个企业在建设其物流信息系统时,可能会因为资金限制或业务流程限制不在组织内部全面实施信息化,而只是建设某一个局部系统,如制造企业中首先会把工作量大、内容繁杂的业务实现管理信息系统,如仓储、财务等。但因为组织内部所有业务流程之间都是密切关联的,任何子系统或一部分业务都不会独立存在。所以,综合考虑整个组织的物流信息系统架构,根据实际需求逐步实现企业内部各个子系统的管理信息系统过程,最终能够把各个子系统进行整体综合。这里的综合系统包括企业内各个业务部门之间的横向业务流程信息综合系统、不同管理层次上的纵向管理信息综合系统以及最终横向、纵向都实现全面集成的矩阵式物流管理信息系统,最终实现网络系统互联支持下的供应链上多个组织之间的一体化集成物流信息系统。

4. 现代物流管理方法和信息技术相结合的系统

第 1 章就已经阐述过,物流管理信息系统综合应用信息技术和现代物流管理思想,对物流设备的自动化过程和手工劳动自动化应用有很大的作用。但计算机系统是一个机器系统,在与人的沟通、进行管理协调决策方面作用是非常有限的。现代物流中的很多创新管理理念,如有效快速反应、越库作业、企业资源计划、需求资源计划等,不是简单的手工业务计算机自动化过程,而是一种基于计算机技术的先进管理思想的实现。例如,计算机网络通信技术的支持可以实现信息的快速传递和共享,但企业实现对客户的有效快速反应不但是信息的快速传递和共享问题,更重要的是得到信息后如何协调各个业务过程、如何作出反应的管理决策过程。因此,在目前的物流信息系统开发中,融入新的管理思想和方法是必须的。

5. 多交叉的综合性学科

管理信息系统和物流都是现代的新兴学科,都还处在不断地发展完善过程中,且也在和其他许多相关学科不断融合发展。由物流管理信息系统的综合性定义可知,它不仅是一个技术系统,还是一个行为系统,从而是一个社会技术系统。因此,从技术、理论和方法角度来看,它涉及计算机技术、信息技术、物流管理理论、决策理论、应用数学、人工智能等相关理论和方法;从人的行为学角度来看,它涉及组织行为学、心理学和政治学等学科,尤其是面向中、高管理层的决策问题,这些行为学的影响就更重要。所以,物流管理信息系统是一个多学科交叉的综合性系统,属于复杂系统。

案例 2-1:沃尔玛应用的物流信息技术及物流信息系统

沃尔玛(Walmart)是全球第一大零售商,相比很多利润丰厚的行业,如石油类、矿产类,其属于门槛低、利润薄的行业。但多年来却能蝉联财富榜的第一名,这其中的原因就和沃尔玛早期采用了先进的物流信息技术及物流信息系统密切相关。

1962 年沃尔玛成立,因为零售店所处位置比较偏,供应商都不愿意为其供货。为了解决此问题,1970 年沃尔玛在其美国总部地区建立了第一个配送中心。为了保证配送中心的运营效率,沃尔玛就以该配送中心为核心,在周围一天车程范围内开设了多家零售店。由此,沃尔玛形成了以配送中心为核心、供应多家零售店的一个创新的商业模式,并开始在其他地方复制,逐步发展成为世界级零售企业。事实上,除了以配送中心为核心的商业模式,沃尔玛发展壮大的另一大原因还在于其不断对先进信息技术和物流信息系统的投入。1970 年沃尔玛就开发了针对自己零售业务的零售链接系统(retail link),1983 年引入销售点系统(point of sales,POS),1985 年采用电子数据交换(electronic data exchange,EDI)技术成立自己的物流数据处理中心,1986 年基于快速响应(quick response,QR)技术成为全世界第一个 24 小时物流实时监控的零售商,保证了订购、供货、库存、配送和销售的全面集成化。80 年代末期,沃尔玛的配送中心已全面实现了自动化管理系统,1990 年后其车队全面配备了全球定位系统(global positioning system,GPS)。1995 年,沃尔玛及其供应商 Warner-Lambert,以及它的管理软件开发商一起联合成立了零售供应和需求链工作组,进行合作计划、预测与补给,即 CPFR(collaborative planning forecasting and replenishment)的开发和研究工作;在供应链运作的整个过程中,CPFR 应用一系列技术模型,对供应链不同客户、不同节点的执行效率进行信息交互式管理和监控,对商品资源、物流资源进行集中的管理和控制。

2.2 物流信息系统中的数据管理与数据库系统

2.2.1 数据管理的发展

物流系统中存在大量的数据资源,从图 2.3 中可以看到,物流信息系统的正常运营离不开中央数据库系统的支持。从数据管理的技术角度讲,其发展过程经历了人工管理、文件管理和数据库系统三个阶段。

1. 手工管理阶段(20 世纪 50 年代以前)

这个阶段最基本的特征是没有数据管理的概念,完全是分散的手工方式。它的具体表

现是:

(1) 数据不独立,是程序的一部分。修改数据必须同时修改程序。处理时,数据随程序一道送入内存,用完后全部撤出计算机,不能保留。数据大量重复,不能共享;数据与程序是一一对应关系,如图 2.4(a)所示。

(2) 只有磁带外存,输入输出设备简单。

(3) 没有操作系统,没有管理数据的软件。

(4) 程序员须自行设计数据的组织方式。

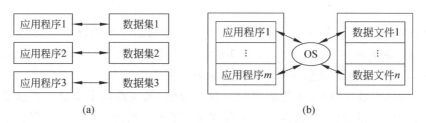

图 2.4 手工管理阶段和文件管理阶段程序与数据的对应关系
(a) 手工管理阶段;(b) 文件管理阶段

2. 文件管理阶段(20 世纪 50 年代后期到 60 年代中期)

这个阶段的基本特征是有了操作系统(operation system,OS),操作系统中的文件管理提供了面向应用的数据管理功能,工作方式是分散的、非手工的。其具体特征为:

(1) 数据管理方面,实现了数据对程序的相对独立性,数据不再是程序的组成部分,修改数据不必修改程序,数据有结构,被组织到文件内,由操作系统自动完成,系统开发和维护工作得到减轻。这时,数据与程序通过 OS 作为中介进行通信,如图 2.4(b)所示。

(2) 外存有了很大的发展,除磁带机外,还出现了大容量的硬盘和灵活的软磁盘。输入、输出能力大大加强。

(3) 系统软件方面除了出现操作系统(包括文件管理系统),还出现了多用户的分时系统和专用于商业事务管理的高级语言 COBOL,它们不仅用于文件处理,也可以用于非数值处理。

(4) 出现了多种文件类型。由于有了直接存取设备,就有了索引文件、链接文件、直接存取文件等,而且能对排序文件进行多码检索,并且数据是以记录为单位进行存取的。

这一阶段数据管理的不足之处表现在:

(1) 数据冗余度大,一致性维护困难。文件系统中数据是面向应用的,文件基本上对应于某个应用程序,不同应用程序所需数据有部分相同时,仍需建立各自的数据文件,不能共享,数据维护困难,一致性难以保证。

(2) 数据与程序独立性仍不高。数据与程序在文件管理系统中具有一定的独立性,比人工管理有了很大进步。但文件是为某一特定应用服务的,系统不易扩充。一旦数据逻辑结构改变,就必须修改文件结构的定义及应用程序;反之,应用程序的变化也将影响文件的结构。因而文件仍不能反映现实世界事物之间的联系。

3. 数据库管理阶段(20 世纪 60 年代后期开始)

60 年代后期,大容量磁盘已经出现,联机实时处理业务增多;软件价格在系统中的比重日益上升,硬件价格大幅下降,编制和维护应用软件所需成本相对增加;同时,计算机在管理中的应用更加广泛,数据量急剧增大,对数据共享的要求越来越迫切。在这种情况下,为了解决多用户、多应用共享数据的需求,使数据为尽可能多的应用程序服务,出现了数据库管理系统,其特点是:

(1) 面向全组织的复杂数据结构。数据库中的数据结构不仅描述了数据本身,而且描述了整个组织数据之间的联系,实现了整个组织数据的结构化。

(2) 数据冗余度小,减少了数据不一致现象。由于数据库是从组织的整体来看数据及数据之间联系的,数据不再是面向某一特定的应用,而是面向整个系统,由此,减少了数据冗余和数据之间不一致的现象。在数据库管理系统下,可以根据不同的应用需求选择相应的数据加以使用,使系统易于扩充。

(3) 数据的独立性强。数据库系统提供了数据的存储结构与逻辑结构之间的映射功能及总体逻辑结构与局部逻辑结构之间的映射功能,从而使得当数据的存储结构改变时,逻辑结构保持不变,或者当总体逻辑结构改变时,局部逻辑结构可以保持不变,从而实现了数据的物理独立性和逻辑独立性,把数据的定义和描述与应用程序完全分离开,这是由一个专门进行数据管理的系统软件数据库管理系统(data base management system,DBMS)实现的,如图 2.5 所示。

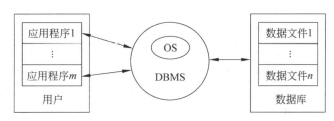

图 2.5 数据库管理阶段

(4) 数据控制功能大大加强。数据库系统提供了数据的安全性控制和完整性控制,允许多个用户同时使用数据库资源。

综上所述,数据组织的方式有三种:人工组织、文件组织和数据库系统,其中数据库中的数据按一定的规则存放,具有较小的冗余度、较高的独立性和共享性,较好地实现了数据管理的目标。

2.2.2 数据库系统概念

数据库系统就是为进行数据管理各元素(包括数据、计算机及其他相关部件)而组成的一个集合体。事实上,我们可以把数据库系统直观地理解为:在一个或多个企业组织中,能方便地为用户服务的、在计算机上运行的有结构的业务数据仓库。这里的业务数据是指在企业业务运行过程中产生的各种数据,如订单数据、仓储进出库物料数据、企业的生产计划调度数据、成本核算数据、银行账务数据等。我们知道在企业的物料仓库管理中,其基本组成有存放物料的库房、存放的物料、管理物料的规章制度及相应的管理人员 4 部分。而数据库系统是企业组织运作中发生的所有业务数据的仓库,类比企业仓库管理系统,其也由 4 部分组成,它们是计算机支持的软、硬件系统,数据库,数据库管理系统和用户,其与企业物料仓库管理系统各部分的对应关系如图2.6所示。而数据库系统各组成部分之间的关系可用图2.7来说明。下面详细阐述数据库系统的各个组成部分。

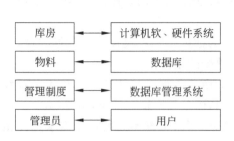

图2.6　数据库系统和企业物料管理系统的比较　　图2.7　数据库系统各组成部分之间的关系

1. 数据库（data base，DB）

数据库是某一企业组织中各种应用所需的大量业务数据的集合，且这些数据可为所有这些应用所共享。它存放在计算机的外存上，以一定的数据模型方式进行数据的组织，并尽可能地减少数据存储的冗余性。

数据库中数据一般具有如下特点：

（1）集成性。指若干不同性质数据文件的规范化。也就是说，为了便于管理和处理，必须统一考虑和规划所有的业务数据，数据存入数据库时必须具有一定的结构和组织方式，即满足某数据模型的要求。关于数据模型的知识将在2.2.3节中具体介绍。

（2）共享性。数据的规范化是实现数据共享的前提。在数据库系统中，数据的定义与应用程序是分开的，对数据库的描述是独立的，只有规范化的数据才能满足各种应用程序的需求，达到共享数据的目的。

（3）减少不必要的冗余性。在构造数据库时，可以完全地或部分地消除有关文件中大量数据的重复，减少数据的冗余存储。例如在企业物料管理的数据库系统中，物料编码、名称这样的数据项会出现在和物料相关的所有数据库文件中，如物料主文件、物料清单文件、采购文件、物料成本核算文件等，这些文件也分别出现在仓库、计划调度、采购、财务等多个部门，但这些文件中涉及相同属性的数据项（如编码、名称）是没有必要在多个文件中重复存储的，可将它们的对照关系存储在一个文件中，当需要时，可从该文件中查询到。由此，数据集成是减少冗余并实现共享的基础。

2. 数据库管理系统（data base management system，DBMS）

数据库管理系统是帮助用户建立数据库、使用数据库和维护数据库的一组系统软件，是操作系统在数据管理方面的功能扩展，是物理数据库本身（即实际存储的数据）和系统用户之间的界面。它的作用类似于企业物料仓库管理系统中的管理制度，负责处理用户（应用程序）存取计算机上数据库的各种请求，如检索、修改和存储数据等操作要求。也就是说，在DBMS的控制下用户不能直接接触数据库，而只能通过DBMS存取数据，这样，用户没有必要关心数据的逻辑或物理的表达细节，而只需注意数据的逻辑信息内容。数据库管理系统的另一功能是为管理员提供对数据库的维护手段，保护数据库中数据不受破坏。

一个组织的所有数据资源如果被集中存储在某个大容量的硬盘设备上，这种数据库系统称为中央式数据库系统。如果所有数据资源存放在位于多个不同地域的计算机硬盘上，用户通过网络通信设备来访问这些数据,这样的系统称为分布式数据库系统。目前很多跨地域的物流系统网络上各个节点的数据资源要么被集中存储,如沃尔玛;要么被分布式存储,如网络上的邮件系统。

3. 计算机支持的软、硬件系统

计算机支持的软、硬件系统指的是用于支撑数据库管理所必需的计算机硬件资源和基本软件资源。硬件资源包括中央处理机 CPU、用以存放系统软件和数据文件的大容量存储设备以及高速的数据通道能力等;软件资源包括操作系统、各种应用开发工具和高级程序设计语言(如 C++、Java、Studio.NET 等)。

4. 用户

用户是系统的服务对象。一般而言,一个数据库系统有三类用户:终端用户、数据库管理员(data base administrator,DBA)及系统分析与设计人员。

(1) 终端用户。通过联机终端设备,使用客户界面或浏览器界面,实现对数据库文件的各种操作,如检索、插入、删除和更新操作的用户称为终端用户。一般地,这类用户通常是企业中使用数据库的业务部门人员,如采购部门、生产计划部门、仓储及销售、财务部门等,还包括各级企业管理人员。

(2) 数据库管理员(DBA)。DBA 是数据库的系统工程人员,负责对整个数据库系统进行维护,以保证数据库系统的正常运行,DBA 具有对数据库的最高权限,在一个数据库系统的开发、设计、运行、控制及维护的不同阶段有不同的任务和职责。

(3) 系统分析与设计人员。他们是专业用户,拥有较多的计算机专业知识和信息系统开发的知识,能够利用信息系统开发和数据库开发的知识收集分析相关的大量业务数据、设计数据组织的方式,考虑数据存取的效率及空间的利用率等。同时,他们还能够使用计算机系统所提供的各种程序设计语言(包括嵌入式 DBMS 语言)编写各种应用程序,按应用需要对数据库进行检索、插入、删除和更新等操作(如工资计算程序、库存管理程序等)。

2.2.3 数据模型

数据库中的数据是按照一定结构和组织方式进行描述的,称为数据模型。为了真实地把现实世界中的数据转化成计算机中实现的组织方式,数据模型分成两类:一类是概念模型;另一类是数据模型。

概念模型是现实中发生的客观事物往信息系统中抽象的首要层次,主要是把实际管理流程中涉及的实体、实体属性、实体之间联系等通过一种实体联系(entity-relationship)图(简写为 E-R 图)来表征。如电子履单系统中有关订单管理流程中就存在商品、客户等实体,而某个客户针对某商品的订单属于商品和客户两个实体之间的联系。实体"商品"的属性可能有编码、名称、规格、价格、性质、供货商等,联系"订单"的属性可能是商品编码、客户登录账号、购买价格、数量、日期、配送地址等。图 2.8 给出了电子履单系统中采用 E-R 图描述的以上概念模型。

以上 E-R 图中每个客观实体的属性中都存在唯一标识实体的属性或属性集,称为码。如商品编码、客户的登录账号分别是"商品"和"客户"的码,而"订单"的码是"客户登录账号"

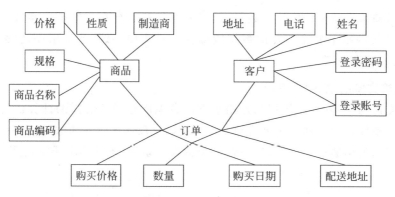

图 2.8 电子履单系统订单处理中涉及实体的 E-R 图

和"商品编码"。针对每个局部管理过程可以抽象得出一个局部 E-R 图,然后把局部概念设计部分进行合并,就形成全局的信息模型。如在电子履单系统中包括订单处理、仓储分拣和出货、商品配送等管理过程,因此,可以设计这三部分的局部 E-R 图,然后整合这三个局部 E-R 图,得出电子履单系统的全局信息模型。

第二类是从信息模型得出数据模型,不同的数据模型具有不同的数据结构模式,常用的数据模型主要有层次模型、网络模型、关系型模型。

层次模型是以记录类型(描述的是客观实体)为节点,满足仅有一个节点无双亲,称作"根";除了根之外,其他节点仅有一个双亲。如在采购管理系统中一个采购单和供货商、商品之间具有如图 2.9 所示的层次结构。可以看出,层次模型在表示一对多的客观实体关系中表示非常自然和简单,即一个采购单可能对应多个供货商和多种商品,这是层次模型表示数据模型的主要优势。

图 2.9 一个层次模型的例子

但在现实世界中,很多实体之间的关系还可能是多对多的,层次模型表示多对多关系就有限制。所以,就引入了网络模型。网络模型指的是以记录类型为节点的网状结构,既可有一个以上节点无双亲,也可有一个节点有多于一个的双亲。

图 2.10 给出一个客户购买书籍的电子履单系统中,涉及 3 个客观实体客户、书籍和订单的网络模型例子。可以看出,订单具有两个双亲:客户和书籍,所以,相比较层次模型,网络模型可以形成更为复杂的数据结构。

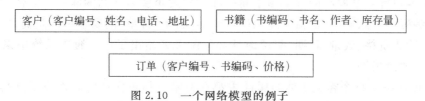

图 2.10 一个网络模型的例子

第三个数据模型是关系型模型,目前很多著名的数据库系统,如 Oracle、Microsoft SQL Server、IBM DB2 等都是以关系型模型为基础的数据库系统。关系型模型从用户角度出发是以一张平面二维表组成的,表 2.2 就给出了基于关系型模型的书籍的一个二维记录表。

表 2.2 以关系型模型为基础的书籍的记录表

商品编码	书　名	作　者	库存量
209001	数据库	盛友招	10
209002	数据库与数据库系统	王珊	50
209003	数据库重构	［加］安布勒等	20

在关系型模型中,表 2.2 这样的一张二维表被称为一个关系,而表中每一条具体的记录,如"209002、数据库与数据库系统、王珊、50"被称为一个元组,表中每一列被称作一个属性,如表 2.2 中有 4 个属性,分别是商品编码、书名、作者、库存量,其中商品编码"209002"称作该元组的码,是能够唯一确定一个元组的属性。关系模式就是对关系的描述,采用诸如"书籍(书编码、书名、作者、库存量)"的形式来表示。

关系型模型具有严密的数学基础,并且它的表示非常简单、实用。因此,目前大多数商业数据库系统都是以关系型模型为基础进行开发的。

2.2.4 数据库系统特征

从前述数据库系统的发展,可以知道数据库系统不仅能解决文件管理方法中存在的主要问题,而且能提供数据处理中强有力的数据管理能力和维护能力。因此,数据库系统具有以下主要特征。

1. 数据的标准化特性实现了数据的共享性

数据共享是促成数据库技术发展的重要原因之一,也是数据库最本质的特征。只有把相关各个业务部门的大量数据按相同的数据模型标准化,才能做到合理管理这些数据,使这些数据在统一的标准下实现信息处理的过程。事实上,每一个业务应用的都是数据库中大量数据的一个子集,但由于物流业务的交叉性,不同的应用程序对应的数据子集是可以相互重叠的,如采购和仓储都需要对物料文件进行查询;其次,不同的应用程序也可以在同一时刻去存取同一数据,这在数据库中称作"并发控制",如 ERP 中的主生产计划可能同时会被销售、生产、采购和仓储等多个部门调用查询,这就需要支持的计算机网络数据传输能力很强。数据库中的数据不但可供现有的各个业务应用程序共享,还可以累计若干计划周期的数据量,进行历史数据的分析统计和模型建立,辅助决策者进行分析决策。

2. 数据库的体系结构实现了数据的最大独立性

数据库系统是在传统的文件系统基础上发展起来的,但是数据库系统中的数据与应用程序之间不存在直接的相互依赖关系。也就是说,数据的逻辑结构、物理存储结构和存取方法等,不因应用程序的修改而修改,反之亦然。数据的独立性通常分为两级:第一级为物理独立性,数据库的物理介质发生改变时,如更新数据库服务器或由于业务数据量的增加更换大容量的存储设备、改变存储文件组织方式和存取策略等不会影响数据的逻辑结构,也不致引起应用程序的修改;第二级是逻辑独立性,这是指数据库总体逻辑结构的改变,如因为物流业务发生改变,需要修改数据的定义或增加新的数据类型、改变数据间的联系等,这时也无须修改原来的应用程序。同样,当用户需要修改应用程序时,也不强求数据结构作相应的改变。由此可见,数据独立性就是数据与应用程序之间以及与物理存取介质之间的互不依存性,数据库系统所具有的这种数据独立性是由它的体系结构所确定的。通常我们把一个满足数据独立性要求的系统,称为"以数据为中心"的系统,或"面向数据"的系统。

3. 数据的统一管理实现了最小的数据冗余度,避免了数据的不一致性

数据的冗余度最小是指存储在数据库中数据的重复性尽可能少。在文件管理系统中,每个应用程序有它自己的数据文件,从而造成存储数据的大量重复,这给数据管理带来了许多弊病:如占用大量的存储空间;为了避免数据的不一致性,不得不执行多次重复的更新操作,浪费大量的时间;同时由于存在数据的大量不同副本,从而在不同的更新阶段可能给出数据不一致的信息。而在数据库系统方式下,是从全局观点来组织和存储数据的,数据是集成化、结构化的,数据统一存放、集中控制,因而能够尽量减少数据的冗余。应该指出的是,在数据库系统方式下冗余度并不能完全消除。在许多实际应用中,有时为了某种原因而使用同一数据,在一定控制条件下的多次存储还是必要的。这时的冗余度被称作受控冗余度。

数据的不一致性是指本应相同的数据项在不同应用中出现了不同的值。当相同的数据出现在多个不同的数据副本文件中时,若其中某个数据文件中的数据发生了改动,则其他数据副本文件中的相应数据就应发生改动,否则就会发生数据的不一致性。如某一原材料的数据,若在仓库管理文件和采购管理文件中具有不同值,就会影响采购人员的运作。数据的不一致性主要是由于数据冗余引起的,数据库在理论上可以消除数据的冗余,因而也可以避免数据的不一致性。即使存在某些冗余,数据库系统也提供了对数据操作的各种控制和检查,保证在更新数据时,同时更新所有的副本数据,从而保证数据的一致性。

4. 实现了数据的统一管理和控制

数据库系统中的数据实现了数据的集成化,数据集成化又称数据管理标准化,它要求数据库系统中的数据按照一定的数据模型(如关系型模型)来组织和存储数据。集成化的数据不但反映了数据之间的自然联系,而且可实现对数据的集中控制和管理,由此解决了数据资源共享、减少冗余等诸方面的要求。同时它在数据的安全性、完整性等方面也提供了强大的管理功能,主要包括以下三方面:

(1) 安全性保护。数据的安全性主要指数据保密,防止数据的不合法使用。数据资源共享并不意味着向一切用户开放所有的数据资源,因为在实际应用环境中,每个工作人员都有自己的工作权限和工作职责,只涉及整个业务处理中的一部分数据,所以对每一个应用用户,数据库系统都将对他的权限进行安全性检查,只有合法的用户才能以规定的方式(如检索、修改等)对允许他使用的那一部分数据进行相应的操作。

(2) 并发控制。并发控制是指不同应用(应用程序、用户终端)在同一时刻期望存取同一数据时发生的事件。例如,在铁路或航空售票系统中,假设有多个售票点分别为 X、Y、Z。若数据库中有某车次(或航班)剩余票项为 15,当 X、Y 两点同时售票时,它们可以同时检索到有余票 15 张,X 点按需要售出 10 张,将修改余票为 5,但尚未将新值送入数据库时,Y 点又按余票 15 的情况售出 8 张,此时该售票业务必然出现差错。为了保证数据库的准确性,数据库管理系统的并发控制必须采用相应的封锁技术来避免上述错误的发生。

(3) 数据的完整性。数据的完整性也就是数据的相容性和正确性。数据的不一致性是失去完整性的一个例子。前面已经讲过数据的冗余性可能会引起数据的不完整性，除此之外，数据项取值的有效性，如其逻辑意义是否存在或其是否落在取值区间内等都是保证数据完整性的要求，例如表示月份的数据项出现大于 12 的值或一个月超过 31 天等。数据库管理系统的集中控制可以避免此类情况出现，它通过 DBA 定义相关的完整性检查，对每一次更新的数据进行相应的检查，保证数据的完整性。必须指出，数据完整性检查对多用户系统尤为重要，因为多个用户同时使用数据所引起对数据的更新是大量发生的，数据库系统必须在这种情况下对数据的完整性进行必要的维护。

(4) 数据库的再恢复。在数据库系统的运行过程中，由于软、硬件的故障、病毒或恶意袭击及用户操作的失误，随时都有可能使数据库遭到局部性的或全局性的破坏，并且其所涉及的数据往往是无法用书面复原的。数据库系统应提供一套设施和方法，来发现和警惕由上述各种因素所引起的故障，并迅速地把数据库恢复到故障以前的正常状态，使系统正常运行。

(5) 数据库系统的扩充性和开放性。一个实用数据库系统建立之后，需要逐步地扩充其功能，同时，又要根据实际应用的需要增添相关特定的需求，如根据某特定用户的实际工作需要开发适合于他们的数据库工具箱加挂在数据库系统上，进一步增强系统某一方面的功能，使系统具有一定的开放性。这就要求整个数据库系统在结构和组织技术上具有易于修改和扩充的特点。

2.3 物流管理信息系统的结构

数据库系统是物流信息系统的重要组成部分，其中数据资源的丰富程度随着物流信息系统面向企业各个业务过程和各个管理层面的综合性不同而有所差别。早期因为计算机技术发展历史的原因或企业资金投入的限制，目前实际应用中的物流管理信息系统有很多结构类型，按集成的复杂度可分为 4 种：单职能物流管理信息系统、横向集成物流管理信息系统、纵向集成物流管理信息系统和全面集成物流管理信息系统。下面分别进行阐述。

2.3.1 单职能物流管理信息系统

因为 20 世纪 80 年代和 90 年代，计算机硬件价格较贵，而计算机软件功能还有很多局限性，如内存和外存容量都不够大，同时考虑组织内部的资金约束，大多企业开发的是单职能物流管理信息系统，也就是简单业务职能式的信息系统。单职能物流管理信息系统就是按业务的职能结构原则来组织的信息系统。例如，第三方物流企业中的订单处理信息系统，仅有物流订单方面的信息处理功能，包括订单接收、订单处理、订单准备及其按订单备货。这种系统结构简单，较容易实现，但因为是从局部业务处理功能出发，没有考虑企业全局的总体功能，尤其是在信息系统开发的早期，使得系统只能局限于实现局部的手工自动化工作，集成度不高，扩展性能很差，形成企业内部一个个"信息孤岛"。

早期开发的物流管理信息系统均属于单职能的，如订货管理、仓库出入库管理、成本核算管理等。表 2.3 给出一个企业仓库出入库物料管理中涉及的物流信息与信息处理功能分析情况。这是一个中等规模的某制造企业的库存管理部门，主要负责物料或配件购入的入库管理、供应生产的出库管理和该库的保管管理等工作。通过对该仓库业务管理系统的需求分析，其业务处理功能主要包括入库管理、出库管理和库存管理统计 3 部分。主要业务功能如表 2.3 所示。可以看出，这是仓库业务管理的最基本部分，其中涉及的物流信息包括入库单、出库单、入库流水账、出库流水账、库存台账和库存统计报表等，而信息处理功能有入库单审核、入库单录入、出库单录入、入库流水账和出库流水账的汇总、库存台账的更新和统计，若是新物料则需更新库存物料表等。值得注意的是，因为在同一周期内，同一种物料可能发生多笔入库和出库业务，手工处理时，按照管理规章制度的要求，每天下班之前，统计分析人员要根据入库流水账和出库流水账，按物料编码分别累计汇总出各种物料当期累计入库量、累计出库量和实际库存结余量等数据，并把这些累计汇总后的数据正确填入库存台账中。但在计算机处理时，因为计算机的实时处理特性，它可以做到在进行物料的入库处理或出库处理的同时，统计到该处理时段的所有累计数据并更新库存台账。因此，在手工操作状态下，它需要入库单、入库流水账、出库单、出库流水账、库存台账、库存周期报表等表格或文档信息，而在计算机信息系统中只需要入库单表、出库单表和库存台账表就可以了，其他信息可以从这 3 个表中查询生成，并能实时实现。另外，为了便于对库存中的所有物料进行管理，还要设计一个库存物料表。这是一个手工自动化的最常见例子。

表 2.3　仓库业务管理系统的物流信息与信息处理功能分析

仓库管理	业务功能分析	物流信息	信息处理功能
入库管理	（1）对入库物料进行检验 （2）核对这些待入库的商品实物数量是否与入库单上的数据相符 （3）若是新物料，则在库存台账中建立新账页，同时在新账页中填写其代码、名称、单价和总价 （4）核对入库单上的物料代码是否正确，并根据入库单上的数据登记入库流水账	入库单表（入库单编号、物料编码、名称、单价、数量、日期、备注）	（1）入库单表录入修改 （2）更新库存物料表
出库管理	（1）每当发生一次出库业务，库存人员就填写相应物料的出库单 （2）同时登记物料出库流水账	出库单表（出库单编号、物料编码、名称、数量、出库单价、日期、备注）	出库单表录入修改
库存管理统计	（1）对于每天发生的多笔出入库业务，下班前根据物料入库流水账和出库流水账，按物料编号分别累计汇总出各种物料当日累计入库量、累计出库量和实际库存结余量等数据，并把这些累计汇总后的数据填入库存台账中 （2）物料进出存报表每周（月）末产生一次，制作这份报表的主要依据是库存台账，辅以入库流水账和出库流水账	库存台账表（物料编码、物料名称、入库单价、出库单价、日期、累计入库数量（日）、累计出库数量（日）、库存数量、备注） 库存报表（物料编码、物料名称、入库单价、入库数量、本期累计入库物料金额、出库单价、本期累计出库数量、本期累计出库物料金额、库存结余量、库存资金额、备注）	（1）更新库存台账表 （2）制作统计报表

企业早期实现的单职能物流管理信息系统中，除了以上的库存管理外，常见的还有采购或销售部门的订单处理信息系统、财务核算及工资系统等。这些系统的最大特点是实现了局部利益最大化，在短期内对改善企业某一方面的效率（如库存管理）起到很大的积极作用。

2.3.2 横向集成物流管理信息系统

从表2.3可以看出，单一职能的库存管理系统仅仅考虑了库存部门的主要业务操作过程，提高了其进库、出库和库存管理的作业效率。但是在一个企业中，任何库存系统都不是单独存在的。例如，在制造业中，库存系统的入库和出库管理同企业的生产计划、采购计划有很密切的联系；在需求链中，配送仓库的出、入库操作更是受市场需求及企业生产的制约。因此，为了能更好地适应市场，增强竞争力，考虑这种相互关系是非常重要的。

横向集成物流管理信息系统就是把同一组织级别上的几个物流职能部门的数据（信息）进行统一管理。例如，配送中心中把物流运输、物流仓储和物流配送几个物流活动的主要业务功能综合考虑，建立的管理信息系统既完成了各个物流活动中的功能，又实现了它们之间的各种信息共享和资源调度分配，这就是一种横向集成物流管理信息系统。它的优点是将与业务关联密切的同类信息集中管理，从而有效克服了信息的冗余性，提高了信息的共享度，实现了业务信息利用的最大效能。

与单职能物流管理信息系统相比，横向集成物流管理信息系统不仅实现了手工业务的自动化工作，而且加强了各个业务部门之间的横向协调和控制，主要作用表现在以下几个方面：

（1）数据直接源头获取。也就是数据采集在源头一次性输入，在网络中传递，避免孤岛信息和重复信息。很多业务信息在组织的各个业务部门都会用到，如采购单，由采购部门产生，但在仓储部门验收入库时也会用到。若是单职能物流管理信息系统，两个部门之间的管理信息系统建设的时间不同，所用的软硬件平台不同，数据库平台也不同，可能会造成一个采购单在采购部门录入一次，在仓储部门又录入一次，从而造成数据重复录入，且在多次录入过程中很容易出错。结果就是不仅数据重复存储，且很可能造成分布在不同部门的相同数据因为多次录入就不一致了。横向集成物流管理信息系统把各个部门业务发生的信息进行集成，形成一个统一的平台。所有原始数据都从数据采集的源点一次性录入，进入集成的数据库，所有部门都从集成的数据库中存取数据，避免了数据在不同部门之间的不一致性。

（2）数据共享性好，处理并行化。横向集成物流管理信息系统具有统一的软硬件架构和统一的数据库系统，可以实现各个部门的数据都在一个标准下进行操作，即实现信息的最大共享。另外，在单职能物流管理信息系统中，因为各个部门之间的联系和沟通还是手工或半手工的，所以整个运作处理还是串行的。例如，企业的销售部来了一个客户订单，它需要在本部门全部处理完后再手工传递到生产部和采购部，以决策生产排产计划和采购原材料的计划，这个周期往往需要几天或1周。但在横向集成物流管理信息系统的支持下，销售部的客户订单一录入系统的数据库，生产部和采购部就能在自己的系统界面上获知该客户订单的需求，并开始准备生产排产计划和采购物料计划。这个过程是在线实时进行的，可大大压缩沟通和传递的时间，从而实现处理的并行化，以及事前控制或事中控制的目标。

（3）便于实现灵活的业务过程重组。一般的组织结构都是层峰体制的等级制，如图 2.11 所示某服装公司的组织结构图。它具有 3 个等级：高层、中层和作业层，每个职能部门有明确的工作职责，制定标准的工作流程，能发挥各自最高的工作效率。但各个职能部门之间的沟通和联系比较模糊，没有任何一个部门对整个流程上的沟通和流转任务负责。比如，当研发部设计一款新的服装产品后，将送到生产部去生产，但若在生产过程中发现一个设计上的问题会造成生产效率低下，就需要返回研发部重新修改设计，这个信息沟通和流转的过程常常需要耗费 1 个月，而服装的季节性很强，耽搁一天上市可能会造成很大的损失。因此该服装公司为了解决这个问题，引入了信息技术，建立了管理信息系统。

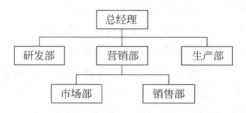

图 2.11　某服装公司的组织结构图

图 2.12 给出了该服装公司建立横向集成物流管理信息系统后业务流程重组的虚拟组织结构。现实的组织结构还是如图 2.11 所示，但在建立信息系统后，针对一个客户订单，相关的各个部门，如库存、采购、生产、财务和售后服务部门，其部分工作人员会通过网络组成一个针对该订单的网上虚拟组织。虽然人都在各自的职能部门，但在网络环境下他们组成了一个面向某客户订单的组织，这种工作不再与地理位置固定相关，形成了一个专业的联盟，称为虚拟组织。这种组织形式不再受空间或时间限制，沟通的信息可以在任何需要它的时刻发出，发到任何需要它的地方，而专业人员也可以很灵活地参加到各种任务中，在不同的虚拟组织中构成不同的角色，担负着不同的任务。对企业来说，这种组织形式更能面向外部客户，能充分共享企业的各种资源，实现资源利润和客户满意度的最大化。

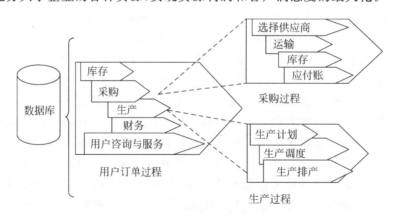

图 2.12　某服装公司组织的业务过程重组虚拟组织结构

由此，通过横向集成物流管理信息系统，可以把企业内部各部门之间长期存在的各自封闭的、"硬"的围墙推倒，组成一个以"软"的网络为基础的沟通和交互平台，加强部门间的协作，共同实现企业的目标。

2.3.3 纵向集成物流管理信息系统

物流管理信息系统的另一个目标是辅助管理决策。纵向集成物流管理信息系统就是考虑组织内部不同层次上的管理业务,按管理决策功能进行综合而形成的管理信息系统。按照物流信息的层次性,有作业层信息、战术层信息和战略层信息,不同的层次对信息的需求是不一样的,在第 1 章中已经讲过不同层次的物流信息和物流决策的特点,见图 2.13。作业层信息一般都是规范化的数据流,易于计算机的采集和处理实现;战术层信息是汇总性的信息,用以实现报表的规范化;战略层信息只有 30% 左右来自内部,大多信息来自外部,呈现高度的非结构化特性,高层管理者常常是在非完备信息支持下作出决策。但作业层采集的信息是中高层信息处理的基础,是作业层信息的汇总和经过高级加工处理(如进行统计分析或数学模型的优化处理)后得到的结果。

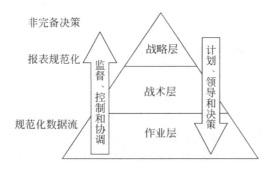

图 2.13 纵向集成物流管理信息系统的作用

纵向集成物流管理信息系统的作用首先是便于实现上下级之间的沟通,实现正确的控制、监督和决策。例如,组织中的办公自动化系统(OAS)就是一个最常用的纵向集成办公事务的信息系统。纵向集成物流管理信息系统的建立,可以拉近作业层和高层之间的距离,因为高层可以在网上直接监控作业层的运营状况,作业层也可以通过网络直接向高层反映下层作业中存在的问题,使得整个管理过程成本低、效率高。

其次,组织内的中高层是做出企业远期规划、近期计划、领导组织和管理决策的地方,而要作出正确的远期规划和近期的执行计划,及时掌握第一手信息是非常重要的。纵向集成物流管理信息系统就是一个帮助组织中的高层收集信息、分析信息和传递信息的有力工具。在第 1 章决策部分已经讲过,决策是一门艺术,但在目前竞争激烈、约束条件众多的情况下,光靠人的经验、判断、直觉等是不够的,进行科学决策是非常必要的。采用计算机技术,帮助高层管理者采集大量的相关信息,采用先进的技术和方法(如数据挖掘、数据仓库、大数据等),从中取掉冗余的、不需要的部分,提取有用的信息和知识,对决策者有很大的辅助支持作用。尤其目前计算机技术的飞速发展,使存储设备的容量越来越大,自动采集数据技术日益完善,企业获取的数据量也越来越大,但这些数据中哪些对决策者有用,哪些没有用,就需要进行仔细分析和研究。因此,在纵向集成物流管理信息系统中除了数据获取工具,还有数据分析工具、数据建模工具、数据优化工具等。

物流管理的目标之一是提高服务质量,而服务是一种特殊的商品,和客户的直接感觉相关(参见 2.1 节和图 2.2),这种感知服务质量和测评服务质量的系统更需要中高层对下层作业情况的全面及时了解,需要随时根据客户需求灵活变换经营策略,满足客户需求。如果物流企业没有纵向集成物流管理信息系统,就好比"瞎子摸象",一个时段摸着一条腿,就认为大象像一棵树;而另一个时段摸着象的耳朵,就说大象像一把大扇子。因为物流活动比较分散,比如全球配送,供需的链条可能很长或很宽,仅仅掌握一个局部情况,是很难对全局作出正确决策的,且因为物流的决策具有效益背反性,局部受益最大化可能全局是负效益的。

无论是横向集成物流管理信息系统还是纵向集成物流管理信息系统,它们只是一个方向上的信息综合,实现了信息在一定程度上的集成,相对于单职能式管理信息系统,系统功能有了很大提高,但也存在很多缺点。例如,它们还都是一个方向的信息集成管理,而且因为这种系统大多是在原有单职能管理信息系统基础上迎合实际需求强行合并而成的,因此,从技术角度或管理角度都会有隐患存在,如不同系统平台接口复杂困难、数据转换不顺畅,进而影响系统的效率。

2.3.4　全面集成物流管理信息系统

从整个物流组织角度出发建立的信息系统称为全面集成物流管理信息系统,或矩阵式物流管理信息系统。它指的是把同一组织级别上和不同管理层次上的物流数据进行全面集成的信息系统,也就是不仅横向集成而且纵向集成的物流管理信息系统。这种系统可以实现物流信息的集中管理和充分共享,所以不仅可以实现物流活动中的所有业务管理活动自动化,还可以起到控制、协调和分析、支持决策的作用。

对于全面集成物流管理信息系统,图 2.14 给出了其概念模型。可以看出,一个全面集成的物流管理信息系统从横向角度出发,应集成各个不同业务运作职能的信息流,包括订单、运输、配送、仓储、加工、质量、财务和人力资源等管理方面;在纵向上可针对不同层次上业务部门和人员的需求实现不同类型的信息。其中,数据文件层实现将收集、加工的物流信息以数据库的形式或文件形式进行存储管理的功能;作业处理层对发生在各个物流运作过程中的合同、表单、票据、报表等业务表现方式进行日常处理;战术运用层针对中高级管理人员进行业务活动的控制、监督和协调,包括仓库作业计划、最优路线选择、控制与评价模型的建立,根据运行信息反馈测评物流系统的状况等;最高层是战略计划层,目标是建立各种物流系统分析模型,辅助高级管理人员制定各种物流战略计划。在图 2.14 的最右边,有公共应用软件库和模型库,用于支持在各个职能运作处理中或在各层管理控制与决策活动中用

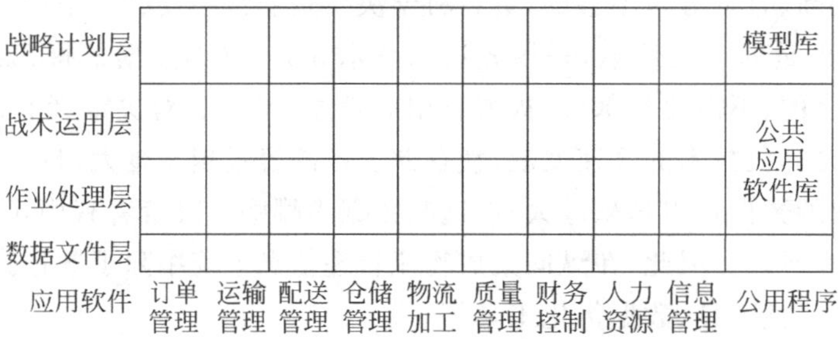

战略计划层								模型库
战术运用层								公共应用软件库
作业处理层								
数据文件层								
应用软件	订单管理	运输管理	配送管理	仓储管理	物流加工	质量管理	财务管理	人力资源管理	信息控制	公用程序

图 2.14　全面集成物流管理信息系统结构的概念模型

到的通用软件和数学分析、商业智能分析工具等。

下面按照物流系统的功能,以一个 3PL 企业为例,分别从订单管理信息子系统、运输管理信息子系统、仓储管理信息子系统、配送管理信息子系统和综合管理信息子系统等方面来阐述全面集成物流管理信息系统的功能。

1. 订单管理信息子系统

表 2.4 给出了订单管理信息子系统的信息需求分析情况。订单管理信息子系统的业务功能需求分析主要包括订单生成、订单处理、订单准备、按订单送货。具体的业务处理是订单的接收和录入,检查客户的信用和存货的可得性,根据客户信用和存货情况,处理延迟订单,实现订单的确认、修改和中止操作,同时检查定价,确认运输工具和装运地点,生成装运单据和拣货单,将订单传至存货或送货部门,查询订货状态、处理退货。在这些业务过程的运作过程中,中层需求实现对客户订单完成率、发货单审核确认情况、存货配送完成情况、缺货延迟订单和退货订单汇总情况等运作状态信息进行分析与控制。高层决策者关心的是客户订单需求分布趋势、客户信用审查方法及其合同管理、订单调度排序和调整安排等需求。订单管理信息子系统需要保持和客户的沟通,随时掌握客户需求信息;需要和运输部门、仓储部门协同运作,实现高效的运输能力检查、存货情况检查及其发运调度的功能。

表 2.4 物流系统中订单管理信息子系统的需求分析

业务需求分析	状态控制需求分析	决策支持需求分析	外界联系需求分析
订单生成 订单处理 订单准备 按订单送货	发货单审核情况 订单完成率情况 存货配送情况 延迟订单和退货情况	客户订单分析 客户信用审查和合同 订单排序标准 订单调度调整安排	和客户沟通;和运输部门(承运商)协调运输调度安排;和仓储部门沟通存货情况和出入货运作安排;和财务部门沟通客户信用情况

从对订单管理各个层次信息需求的分析可以看出,对订单处理的速度很重要,一般在订单处理周期中为送货而进行的订单准备时间是整个订货周期的瓶颈环节,因此,订单处理过程信息的实时共享可以有效压缩订单实现的周期。同时,通过对客户订单和客户信用分析,制定合理的订单安排调度也是很重要的,这可以满足客户需求,大大提高客户服务水平。

2. 运输管理信息子系统

运输是物流系统中的流动环节,受运输距离、运输工具、运输时间、运输费用和运输环节 5 个要素的影响。运输管理的业务处理部分主要指运输需求信息处理、运输信息查询、运输调度安排、货物跟踪、运输费用结算等功能。具体地,运输需求信息处理包括订货通知单、提单、运费清单和货运清单等的录入处理;运输信息查询包括对于运输工具状况、各个地区交通信息及规则、地理信息、运输货物信息、费用信息、运载能力信息等的检索分析;运输调度安排指通过对货物信息的来源地、目的地、其他需求的查询,选择合适运载能力的交通运输工具,如匹配额定能力、容积和载重等来满足货物运输需求,调度的安排还包括时间的分配,如运输开始的时间和到达时间;货物跟踪对在途的货物状态进行监督和控制,以应对紧急情况,避免损失;运输结算功能对运输需求处理直至运输任务完成所发生的费用进行自动核算和汇总。表2.5给出了运输管理信息子系统的信息需求分析。

表2.5 物流系统中运输管理信息子系统的信息需求分析

业务需求分析	状态控制需求分析	决策支持需求分析	外界联系需求分析
运输需求信息处理 运输信息查询 运输调度安排 货物跟踪 运输结算	承运商服务能力分析 运输费率分析 运输成本分析 运输调度计划 运输路径优化	运输模式选择 承运商评价选择 货运配载计划 运输报警分析 运输成本效益分析	和承运人的沟通;和采购部门或市场部门、仓储部门的交互;和客户的沟通;和财务部门的联系

由表2.5可以看到,运输管理信息子系统中的状态控制需求分析主要有承运商服务能力分析、运输费率分析、运输成本分析、运输调度计划和运输路径优化等方面。在组织中,对于运输功能,运输模式选择决策中首先要确定的就是自己运输还是外包,或者部分自己运输、部分外包,份额如何确定。如果选择了外包(包括部分外包),对于承运商的选择评价就是另一个重要决策。注意,这还不是运输状态控制中的承运商服务能力分析。承运商的选择评价指的是在组织决策物流运输外包后,选择承运商合作的高层决策过程。大的企业和承运商常常会形成企业联盟或企业合作伙伴关系;而承运商服务能力分析指的是在承运商日常运营过程中对其运作情况服务水平的反馈和总结。货运配载计划主要针对货物流向分析,考虑货物的路线选择和各种运输工具的实载率情况进行货物合并和配载决策,以便进行货运配载计划的制订和相应运输效率的测定。运输报警分析对运输中出现的问题、突发事件和不合理运输等进行分析,平衡成本和服务质量,并通过运输统计分析、运输成本效益分析实时配备合适的运输能力,来不断提高运输管理的效率。运输管理子系统需要和外部的承运商、企业内的采购部门或市场部门、仓储部门、财务部门进行信息共享,同时,用户可以实时查询货物运输途中的情况。

运输管理信息子系统通过信息技术生成所有的运输单证,并在生成提单的同时,就生成支付运费清单,通过电子方式传输订货通知单、提单、运费清单和货运清单等。实现以上功能需要物流管理信息子系统与移动通信、GPS定位系统配合应用。

3. 仓储管理信息子系统

仓储管理信息子系统主要是掌握组织仓库的库存及库存量变化情况、仓储作业记录与库存管理、分类物资仓储情况、用户库存控制服务等。表2.6给出了仓储管理信息子系统的需求信息分析。

表2.6 物流系统中仓储管理信息子系统的信息需求分析

业务需求分析	状态控制需求分析	决策支持需求分析	交互信息需求分析
入库出库处理 库存盘点管理 库存信息统计	库存管理 仓储调度管理 库存 ABC 分析 库存成本控制	仓储模式设计 库存周转率分析 库存服务水平分析 库存需求预测分析	和采购部门、市场部门交互;和运输部门(承运商)进、出货安排;生产仓库和生产部门的生产计划的协调;销售仓库和配送部门、销售部门的销售计划协调

关于仓储管理的业务需求在本节的单职能物流管理信息系统中已经详细分析过,这里

重点说明该子系统中的中高层以上信息的需求情况。状态控制需求分析中常涉及的问题有库存管理，就是决策订货策略、补货方式、最低库存量和最高库存量、安全库存量及其库存盘点控制；仓储调度管理涉及一定仓储面积情况下，仓容的利用率决策问题，有很多储货方式，如分类存储、按照 COI(cube-per-order index)原则存储。COI 原则就是指存储货物的进库、出库数量和其存储空间的比值。不同的存储方式和不同的存储定位方式，可以有效节约存取、查找和存放的时间，提高运作的生产率，降低成本。另外，合理的存储就需要对存货按照货物价值和数量进行 ABC 分析，对重要存货实施连续性的监控和管理，对次要存货实施周期性的监控和管理等。所有这些控制和管理活动都是为了实现库存成本的合理化。采用计算机管理信息系统的实时控制系统可以实现库存中只要发生了货物的进出和存放活动，就能在线计算出库存成本的变动情况。

高层决策支持信息需求分析中首先是仓储模式的设计，包括仓库是用自己的还是外包、仓库的定位和布局、仓储的经营模式是集中还是分散存储等。库存周转率分析是库存内部管理人员衡量其管理水平的一种标准，库存周转率越高，说明资金周转越快，管理水平越高。同时，库存周转率也常用来比较同行业不同企业之间的库存管理水平，高的库存周转率往往意味着高的库存投资回报。另一个衡量标准是库存客户服务水平，这是面向外部衡量其管理水平的一个标准，包括产品服务水平、订单服务水平和周期服务水平，用于评价库存系统在满足客户需求方面的性能。这些指标的测量都是对下层作业系统和中层状态控制的数据进行汇总分析、预测得出的。尤其是销售仓库，因为市场波动，需求常常是不确定的，库存量的预测、订货点的确定及其在一定客户服务水平基础上安全库存量的确定都需要进行分析和预测，以便指导管理者的决策过程。

仓储作业需要频繁地处理大量的数据，如存货货物的数据、存放货架的数据、进出货物的调度数据等，因此，自动识别技术(如条形码、射频技术、传感器等)对加速数据输入输出处理起到很重要的作用。同时，库存控制、分析和调度决策也发展了很多关于库存优化的管理模型，它们都是在计算机信息应用和现代通信技术的基础上实现的。

4. 配送管理信息子系统

配送管理信息子系统常常需要具有仓储管理信息子系统的功能，且随着其功能的进一步扩展，在配送中心还实现分类、分拣、简单加工等功能，因此，这里把配送和加工放在一起来阐述其信息需求。表 2.7 给出了配送管理信息子系统的信息需求分析。

表 2.7 物流系统中配送管理信息子系统的信息需求分析

业务需求分析	状态控制需求分析	决策支持需求分析	交互信息需求分析
订货处理 货物进出处理 货物分拣配送 货物加工处理	订货管理 配送作业调度 配送成本控制	订货预测分析 作业流程设计 成本战略分析	和供应链上游的联系；和供应链下游的沟通；和第三方物流承运商的沟通

配送管理信息子系统的业务需求主要是根据用户的需求信息来提供关于订购处理、货物进出处理、货物分拣配送、货物加工处理的功能。这里的订货处理类似于前面讲过的订单管理信息子系统的功能，是配送中心和其上游生产商或供需链上销售商的关系；而货物的进出处理类似于仓储管理信息子系统的相应功能，只不过是进出配送中心的货物存储时间很

短,属于暂时存储;进入配送中心的货物一般都需要通过分拣设备,按照产品流向或产品类别进入配送区或加工区;进入加工区的货物要根据加工要求(如要求是产品包装)、加工时间限制,通过一系列的加工流程来完成加工处理的任务,然后再进入配送区。进入配送区的货物根据配送目的地和承运工具、送达时间等条件来进行配载派车。

状态控制需求中的订货管理是指在决策支持需求中的订货预测分析的基础上,根据实际约束实施配送中心的补货控制决策,即什么时候订货,订多少货物;配送作业调度管理针对配送中心已经设计的作业流程,根据实际货物到达量,进行调度分配资源。因为配送中心作业量大,时间要求严格,因此灵活地进行作业调度是必需的,可大大提高配送中心的资源利用率。配送是供需链上一个周转的环节,目标就是降低货物运输销售的成本。因此配送加工管理信息子系统中的中层控制是很重要的。高层的作业流程设计、成本战略分析等都是一个长期的决策,为了实现这些战略目标,需要实时监控配送中心每一时间周期内货物进出、存储、加工、配送等各个环节的成本,以便实现资源配置的最优化。

货物配送服务信息系统是企业开发较多、成效十分显著的物流信息系统,它直接决定着配送经营的效率与效益,直接决定着经营部门对市场信息的了解程度,可以使经营者掌握市场的占有率并具有一定的控制能力。它包括很多类型,如制造企业的供应配送中心、产品销售的配送中心、区域型的配送中心、流通中转的配送中心等。不同的类型,可能业务流程和运作方式、运作目标也不一样,但涉及的基本信息、控制信息和决策信息基本相似,都需要强大的物流管理信息系统,如配送资源计划(DRP)系统的支持和辅助管理,需要具有强大的检索能力、制定配送方案的能力、调度配送车辆的能力与费用结算的能力等。

5. 综合管理信息子系统

物流系统要实现成本最低、服务水平不断提高的目标,就需要对其运营的成本进行监控和预测,同时还需要根据其服务的质量不断地进行考评。因此,集成的物流管理信息系统中最主要的部分还有质量管理信息子系统和财务管理信息子系统。因为物流系统中的工作人员几乎都要和客户直接面对面交流,如配送的司机需要把货物送到客户门前进行交接,仓库管理人员需要和前来送货或出货的客户、承运商直接会面,而客户的感觉是物流服务水平的直接反馈,因此物流系统的人力资源管理也很重要。这里把质量管理、财务管理和人力资源管理、信息资源管理组成一个系统称为综合管理信息子系统。表 2.8 给出了物流系统中综合管理信息子系统的信息需求分析。

表 2.8 物流系统中综合管理信息子系统的信息需求分析

业务需求分析	状态控制需求分析	决策支持需求分析	交互信息需求分析
客户满意度调查 查询结算管理 员工培训管理 薪酬激励管理	客户服务管理 物流定价分析 劳动力效益分析	客户服务水平制定 物流总成本效益决策 员工考核晋升管理	和组织内外全方位的联系和信息共享

物流系统质量管理中的业务需求主要是对客户的满意度进行分析,包括客户投诉情况、应急反应情况、客户需求满足情况、定期新客户增加情况和老客户"跳槽"情况等,以

监测组织物流业务的质量状况。中层的状况控制需求分析中需要对这些调查得来的数据进行分析,得出各种情形发生情况下物流服务管理现状。若偏离服务质量的目标,就需要及时作出调整和改善。物流服务的质量目标就是决策层制定的客户服务水平,因为客户服务水平越高,物流成本也会越高。所以,物流系统中的服务质量目标和物流总成本管理是密切相关的。这里的财务管理信息子系统就是预算、运行控制和核算物流系统中的成本,影响成本的最关键因素就是物流定价,也就是确定一定客户服务水平下的物流服务价格。制造业中的成本定价法不完全适用于物流的定价。物流定价方法中还常用服务价值定价法,即运送价值高的货物,运输价格就相应较高;反之,运输价格较低。物流的价格同需求弹性相关,也就是客户对价格变化的反应敏感性程度衡量,这些都会影响物流总成本效益的决策过程。

服务型的组织中员工的培训和薪酬激励管理是重要的。员工的定期学习培训对提高员工的综合素质,进而提高客户服务水平起关键作用。配合薪酬激励措施,可以有效提高员工工作的积极性和工作效率。定期的劳动力效益分析测评可以考察整个组织内人力资源分布状况,人员在物流运作中的使用、调配是否合理,薪酬激励措施应用效果等。最后,高层将基于对日常运作控制的分析来进行员工的提升计划管理,包括职称、职务、人才储备等各方面的决策管理过程。

通过以上从各个不同职能角度分析的管理信息子系统的阐述,可以有助于了解物流系统中不同业务过程相关的物流业务处理信息及其不同的信息需求、功能需求、状态控制需求和决策需求,以进一步理解全面集成物流管理信息系统的作用。图 2.15 给出了从全局角度看全面集成物流管理信息系统的信息流模型。

物流系统中的各个部分都是相互关联、相互作用的,在运用之中进行信息沟通和交互。图 2.15 表示了这样的含义:在水平方向,把所有的功能根据业务联系链接起来,形成水平信息流;在纵向上,实现了从作业层、战术层到战略层的信息流贯通,形成纵向信息流;在供应链上,和其上游、下游、各种商务中介、政府机关、银行、海关等实现网络信息共享,形成外向信息流。在这样的系统中,业务处理的自动化、物流调度的分析优化、物流经营辅助

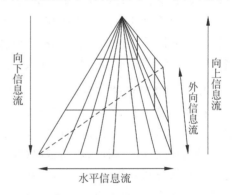

图 2.15　全面集成物流管理信息系统的信息流模型

决策等都需要一系列物流信息技术的支撑。总之,通过全面集成物流管理信息系统可以实现物流系统功能的信息管理、物流系统状态控制的信息管理、物流系统决策支持的信息管理、对外服务的信息管理、组织间物流共享信息管理等。

全面集成的物流管理信息系统是基于信息技术对企业从下到上、从左到右进行的一次全局业务过程进行信息模拟的系统,这需要打破企业已经存在的单一职能的管理信息系统或人工状态的业务处理流程,建立一个全新的、适应信息技术操作和运作的系统流程。比如,在企业建立 ERP 系统就是一个典型的例子,但这好比对企业动大手术,具有很大的风险,但实施成功也具有很大的收益。

案例 2-2：关注戴尔的物流管理信息系统的作用

信息技术（information technology，IT）的物流在实际运作中有一些行业的特殊性，因为 IT 行业的产品附加值相对都比较高，对时间的关注度比其他行业就更高一些，因此，在物流运输模式上不会像其他产品（如汽车）那样采用公路和铁路运输，而是会更多地采用空运的方法。戴尔被称作是一个真正的零式企业（lean enterprise），它非常成功地把所有的资源组合在一起。它的成功归功于很多方面，其中，全面集成的物流管理信息系统起到了至关重要的作用。从接受客户订单开始，到整个供应和生产调度的横向协作链，直至对供应商、客户的分析评价及其整个企业的经营策略这一纵向决策链，戴尔打造了一个成功的供应链。通过这个全面集成的物流管理信息系统，它创造了行业内乃至行业外都值得学习的很多运营特色，下面针对两个特色加以说明。

1. 横向协作链的特色

戴尔在这方面最突出的就是实现了全面的信息网络整合过程。与传统供应链相比，戴尔需求链中没有分销商、批发商和零售商，而是采用直销模式直接把产品卖给顾客。戴尔通过电话、面对面交流、互联网订购直接拿到客户的订单，客户的准确需求直接反馈到设计、制造等整个运营过程中，克服了传统渠道中常常出现的模糊订货信息现象。因此，直销模式是戴尔在业务层客户订单环节集成的第一步。另外，在业务层上，戴尔还有一个特别之处，就是设置了代理服务商。这些代理服务商并不是向顾客提供产品，而是提供服务和支持，即戴尔把服务进行了外包。外包服务策略的采用使得戴尔不仅能够提供售后服务支持，还使得整个公司组织结构不至于"过度庞大"。

2. 纵向决策链的特色

在直销模式下，戴尔接到订货单后，需要将计算机部件组装成整机，真正按顾客需求定制生产，这需要在极短的时间内完成；而不能像很多企业那样，根据对市场预测制订生产计划，批量制成成品。因此，灵活战略（速度）和精益战略（精度）是考验戴尔的两大难题。要在这两方面都做到尽善尽美，就需要在管理决策上达到很高的水平，需要管理人员随时掌握各方面的运营情况，如客户订单需求情况分析、供应商供货情况统计、企业内部组装调度安排等。事实上，戴尔非常成功地采用了基于计算机系统的数据化控制系统来全面管理生产过程和进行定量分析，以辅助中高层的管理决策过程，包括通过客户分析程序，分解客户需求，得出计算机机器组件按时间的整体供货需求计划；通过信息网络，实时和供货商进行沟通，以便迅速对客户订单作出反应；通过供货商评估矩阵，定期分析供货商的供货情况，分析存在问题的原因，保证一个高质量、高水平的供应商合作队伍。

目前，戴尔已经成为 IT 行业的领头企业，主要的战略就是定制化的客户服务和高水平的物流供应链管理过程。计算机组装属于发展比较成熟的一个行业，计算机产品的骨架都是标准化的，里面的主板、CPU 等都和其他企业的计算机一模一样，业务流程也相对简单，因此在产品的性能上戴尔没有优势。那么，它的优势在哪里？事实上，它的优势就在管理链上，而这个横纵交叉的管理链离开管理信息系统的支持，是不可能正常运作的。

2.4 "互联网+"下的物流管理信息系统

随着互联网引入各行各业,其运作模式在不断创新,这些创新也相应引起物流管理信息系统的深入应用。除了广泛采用的制造业物流信息系统,目前在服务业,基于先进信息技术的管理系统发展更为迅猛,如医药物流、旅游业物流、家庭物流等。尤其在"互联网+"环境下,一站式物流管理信息系统是实现企业跨区域发展、综合多阶段及多领域、实现服务创新的重要技术手段。下面将从供应链系统的视角出发来阐述在"互联网+"环境下物流管理信息系统的发展与应用。

供应链管理(supply chain management,SCM)的兴起缘于企业试图消除因信息传递太慢或错误而误导的生产及存货计划。20世纪90年代,一些计算机制造商如HP和生产家庭用品的宝洁(P&G)开始通过网络将信息系统作上、下游整合,希望通过正确和快速的信息传递、分析和整合,来达到对市场需求快速反应并降低库存的目的。

为了实现高质量和高效的信息共享,就必须建立企业间的供应链信息共享系统。这个系统的实现一般要分两步走:一是创建网络化的企业运作模式;二是建立统一的管理信息系统架构。第一点说明建立供应链管理信息系统需要通信网络的支持,包括企业局域网、企业外部网、互联网等;第二点说明供应链上下游企业之间及其他合作伙伴之间需要实现标准化过程,这不仅是网络基础设施、软件平台等部分的兼容性问题,更重要的是共享信息的标准化问题。

信息标准化包括很多方面,首先是供应链上采购、销售中的一项产品或服务,也就是在进行交易时,物流供应链上的贸易伙伴可以对其进行标价、订购或开具发票的项目。对这些项目进行编码,使每一个规格的产品包装都有一个唯一的代码,以此作为交易的共同语言。其次是供应链上互相打交道的厂商的标准化,使每一家往来的厂商也拥有一个唯一的代码,作为交易对象的识别。三是在供应链上运输配送的环节,作为供应商、配送商与客户端沟通的桥梁,需要一种物流单元编码,这些编码主要用于运输识别或仓储的任何包装单元,如一箱香皂、一箱饼干、一托盘香皂、一桶油等。实现以上这些信息的标准化编码过程并进行条码化,可以大大提高供应链作业中信息搜集的速度和精确度,例如对鲜活产品的追踪和追溯。如果实现了以上信息编码的全球唯一性,就可以对销售到全球的鸡、猪、牛、羊等从孵化、饲养、屠宰、加工到销售进行追踪和销售情况的追溯。这种有效的追踪和追溯系统能够查明食品安全问题出在什么地方,甚至对于农作物可以追溯到某块田地。更加具体的内容请参考第3章。

因此,本节将介绍供应链上的物流管理信息系统,即实现企业之间互通互联的采购管理信息系统、实现链上企业内部控制的管理信息系统(如企业资源计划系统)、分销配送的仓储系统和配送资源计划系统等。

1. 采购管理信息系统

采购是物流与供应链中上、下游企业之间进行相互联系的重要功能,如零售商需要基于市场波动情况不断从上游供货商处采买商品,来满足终端顾客的需求;而制造商也需要按年或按季制订生产计划,从供应商处购买原材料进行加工生产。采购是决定企业经营工作正常运作的基础,是保证产品质量和合理控制成本的重要环节。因此,借用先进的信息技术实现采购管理信息系统,一直都是供应链上各个企业不断完善的目标。尤其随着"互联网+"的发展,"互联网+采购"组成的信息平台已经是供应链上企业采购业务实现的主要途径。

1) 企业电子订货系统

电子订货系统(electronic ordering system,EOS)是指将批发商、零售商所需的订货数据输入计算机,通过通信网络系统把信息传输到总公司、批发商、商品供货商或制造商的系统。EOS 系统并不是指由单个零售商与批发商组成的系统,而是由许多零售商和批发商组成的大系统的整体网络化运作方式,也就是它通过计算机网络把商流的诸多批发零售商和供货商连接成一个整体,各方交换的信息不仅仅是订单和交货的单据,还包括订单更改、订单回复、变价通知、提单、对账通知、发票、退换货等很多信息,涉及的相关物流业务主要是按照订单备货的仓储作业管理和递送的配送作业管理,也就是供应商接单后按订购单上的商品和数量组织货物,并按订购单指定地点送货,可以向多个仓库或配送中心送货,也可以直接送到指定的零售店。

2) 电子采购交易平台系统

电子采购交易平台一般用于制造企业进行原材料的采购功能,如海尔的电子采购平台(www.haierbid.com)。进一步,很多专业性的第三方采购交易平台也属于这种类型的信息系统,如中国物资采购网(http://www.xwzcn.com/)就是一个涉及钢铁、煤炭等采购的综合性第三方交易平台。

电子采购可以由采购方发起(逆向采购),也可以由卖方发起(正向采购),一系列采购流程如招标、竞标和谈判议价等活动都可以通过网上进行。以逆向采购为例来阐述其具体流程:首先,在电子采购交易平台上,采购的企业通过发布各种拟采购的信息,吸引很多供货商来参加竞标;然后对进入竞标序列的供货商再进一步进行价格谈判,谈判成功后,签订供货合同;在供货过程中,可以利用平台跟踪供货商的订单和发货情况,并及时评估供货商的供货绩效,包括产品质量、时效性和相关服务等;通过平台数据的积累,可以分析每个时期或阶段的采购策略,决策战略性的供应商合作伙伴并了解市场相关重要原材料或商品的行情信息等。通过这种电子采购平台的运作,企业可以降低采购或销售成本,跟踪供货环节,保证商品质量,并建立企业之间长期联盟的合作关系,如通用电气公司估计通过电子采购将每年节约 100 亿美元。

2. 企业资源计划系统

供应链上的企业包括供应商、制造商和零售商等,每个企业内部日常的运作流程包括三大部分:物流、资金流和信息流,企业资源计划(ERP)系统就是一种对企业内部这三种资源进行全面集成的管理信息系统。什么是 ERP 系统? ERP 不仅是一个管理信息系统,更是一种先进的管理思想和管理理念。它利用企业的所有资源,包括企业内外部各种资源,基于信息技术,为企业制造产品或提供服务创造最优的解决方案,实现企业的最终经营目标。

ERP 是从库存订货点理论、物料需求计划(material requirement planning,MRP)和制造资源规划(manufacturing resource planning,MRP Ⅱ)发展起来的,在 MRP Ⅱ 之前关注的核心就是物流,通过物料计划的推动过程,同时存在信息流和资金流。ERP 系统不仅继承了 MRP Ⅱ 的管理思想,更重要的是把重心转移到财务管理上,并且把这种财务成本控制的概念贯穿到整个企业的经营运作过程中。不仅如此,ERP 还大大扩展了业务管理的范围,如运输、分销配送、质量、设备、人力资源、多工厂管理等。可以说,ERP 系统涵盖企业所有的业务管理范围,并以供需链为主线,把企业的所有价值链环环紧扣在一起,形成一个全方位和系统化的企业管理平台。详细的内容请参考第 3 章。

3. 仓储管理信息系统

随着企业规模的扩大,产成品结构越来越复杂;随着电子商务平台的发展,整个市场对产品的个性化要求也越来越高。面对遍布全球的产品供应链系统和顾客网上购买后的全球化配送需求,生产制造的仓储管理或网络销售的仓储管理就成为供应链管理中重要的一环。涉及的问题包括在何时、何地、如何存储相关物料或产成品;在需要这些物料或产成品的时候如何快速找到它们;如何采用有限的仓储面积存储更多的物料或商品;以及如何合理配置产品品项,以最低的品项数和库存数满足市场的需要;如何安排仓库门口(docking)的装卸作业,使该作业能够迅速准确地完成;等等。下面介绍两种类型的仓储管理系统。

1) 企业级仓储管理系统

仓储管理系统(warehouse management system,WMS)是现代仓储系统基于信息技术设计的一个货物管理和处理的先进计划系统,它可以根据现场情况变化而实时调整作业计划,使整个作业计划安排达到最佳。WMS 在计划自动生成时,所考虑的因素主要有品项特性(是否对存储和搬运有特殊要求)、储位分布及储位分配情况、仓储作业面积、分拣操作模式及操作人员的训练程度、作业允许的时间和客户给定的服务时间及仓储设备的运行状况等。另外仓储作业管理系统还支持仓储内的所有自动化设备,如出入库的输送设备、升降设备、分拣自动识别设备等。它可以实现本地一个仓库的精益化管理,也可实现制造企业、物流企业、连锁业在较大范围内、异地多点仓库的管理;它可以对货物存储和出货等进行动态安排,还可以对仓储作业流程的全过程进行电子化操作;可以与客户服务中心建立数据接口,使客户通过互联网实现远程货物管理,也可以与企业的 ERP 系统实现无缝连接。

按照服务对象的不同,仓储管理系统一般可分为生产型仓储管理系统(production warehouse management system,PWMS)和流通型仓储管理系统(distribution warehouse management system,DWMS)。生产型仓储管理系统是为工厂生产服务的,主要存储原材料、半成品、工具等,并存放企业生产的产成品,其中有些物品可能需长期存放。流通型仓储管理系统主要是为分销领域服务,一般存放的是种类繁多的产成品,并呈现单一品种数量较少、产品存放周期较短等特点。流通型仓储管理系统的功能和生产型仓储管理系统的基本一致,但流通型仓储管理系统面对的客户需求具有多样性,并且货物管理模式的复杂性和不确定性都使流通型的 WMS 与生产型的 WMS 有很多区别,因为它们的客户、货物、需求差别也很大。比如,流通型仓储是供应链供需流转过程中的一个节点,与生产型仓储相比较,最大的特点是以分拣存储、临时保管和流通加工为重点。因为目前的高新技术产品在生产至销售过程中,对存货的管理都是以少量和快速为特点的,这就从客观上要求流通型仓储管理系统必须能适应和支持快速的货物运转过程。因此,流通型仓储的工作重心在于流通服务,而不在于存货服务,它通过提升货物流通速度来提升各项物流作业的效率,从而提高物流服务的水平和收益。

2) 扩展型仓储管理系统

(1) 无水港

无水港(dry port),又称陆港(land port),主要是指港口深入到我国内陆各个地区去建立能够帮助顾客进行报关、报验、签发货物提单等港口服务功能的物流中心。在无水港内不仅设置有为客户通关的相关服务,如海关、检验检疫等,而且帮助客户订仓的各种货代、船代或者船公司也会在无水港内设置相应分支机构。一般内陆无水港和沿海港口之间采用集装箱多式联运模式把客户的货物在内陆无水港和沿海港口之间进行运输。因此,无水港实现了沿海港口装拆箱、中转保管和海关检验等多种功能的内陆化延伸。在这种功能的延伸中,需要各方面信息的及时互通,如进出口企业、海关、检验检疫、工商、交通、代理企业等。所以,强大的区域级物流信息系统支持是必需的。无水港一般通过电子数据交换系统(electronic data interchange, EDI)把各个部门、地区和行业进行连接,实现数据的交换和信息的共享;同时建立物流信息系统,实现进口商和出口商关于国际贸易和国际运输的各种信息处理,包括多式联运模式下各部分运输功能的实现、查询、跟踪和支付,如一个集成的海铁联运电子商务平台,可以实现网上查询、内陆运输代理服务、海运代理订舱、仓储服务和支付管理、物流服务咨询及个性化服务等。

可以看出,若没有物流信息系统的支持,无水港运作模式将不可能真正实现沿海港口的延伸服务,从而实现拉动内陆经济发展的目标。

(2) 空港物流管理系统

空港物流就是在机场进行的物流活动。一般把通过飞机进行的货物运输称为"黄金运输",因此,空运主要进行旅客运输。但近几年,随着我国快递量的迅猛增长以及一些高精端制造业的飞速发展,如航空业、电子业等,空运货物的量正在日益剧增。虽然空港物流刚刚起步,但其中物流信息系统的作用也是不可或缺的。比如在2013年3月深圳机场海关空港物流信息系统(称为"ALMS")就已经上线运行,该系统可以实现机场物流各个货运环节的信息采集,生成相关的生产数据、运单数据和舱单数据,并与海关系统连接,进行报关、报检工作,完成报关流程。该系统属于一站式信息化控制系统,减少了人为干预,提高了运作效率。

4. 配送资源计划系统

配送资源计划(distribution resource planning, DRP)是在分销或配送环境下的一种计划信息管理系统。一个制造企业需要各种生产计划信息,需要企业资源计划(ERP)系统的支持;同样,一个配送中心或分销系统也需要考虑需要什么货物、何时进货、何时出货等信息。尤其进货来源多、货物量大时,这种计划控制就更重要,这都靠DRP系统的支持。

通过DRP系统可以了解整个分销配送网络的运营情况,它可以监控整个配送中心或整个分销网络的产品需求情况。因为客户需求总是波动的,进货过多可能造成产品积压在分销网络链上,但进货少了就不能满足客户需求,会造成机会损失。因此,DRP系统联系着销售配送系统和企业的制造规划及控制系统(manufacturing plan control, MPC),它实时控制现有的存货状况,并且预测销售配送系统对于制造生产计划和物料规划的需求。DRP系统也能提供为支持分销配送计划所需的产品运输装载和调度信息,通过以体积、重量和货盘数来记录运输需求方案并配合其他分析工具,来制订有效的车辆运输计划。同样,DRP系统在多厂运营环境中或多配送中心运营中的作用也一样,通过信息网络系统,销售链上各个分销节点或配送中心能够和生产企业及时通信,使得各方对市场需求、产品需求、运输需求及需求时间、数量等信息清晰可见,实现整个销售网络的效益最大化。具体的内容请参考第3章。

案例 2-3：线上线下结合改变传统物流运作模式

随着"互联网+"时代的到来，多种线上到线下的运作模式变得很流行。如 O2O (online to offline)模式就是将线下商务的机会与线上互联网相互结合，使互联网成为线下交易的前台。O2O 的核心是通过网上平台进行服务的营销，提供多样化、个性化的服务信息，实现客户数据的搜集和消费"预支付"，从而把顾客带到线下的实体店中。O2O 常用于服务业，如餐饮、影视、租车、健身等行业，其中基本不涉及物流运作。但从 O2O 衍生出的另一种运作模式是 O2P(online to place)模式，针对很多大型商品物流运作不便的问题，O2P 运作模式提出利用移动终端设备，将网上平台通过二维码"植入"当地的实体门店，且把经销商、厂家和实体门店连接，组成一个巨大的商品销售、配送和服务网络，其中每个门店就是这个网络中的最终"配送点"。一般地，通过电子商务下的 B2C(business to customer，企业到顾客)平台购买的商品是由快递公司配送到客户手中；而 O2P 运作模式中涉及的物流运作不同于 B2C 模式，是顾客在线上购买商品后，商品被配送至顾客所在地附近的加盟门店，顾客自行上门取货或者顾客直接在附近门店体验商品后，再扫描平台的二维码登录网站购买付款，然后取货或要求送货到家，这种模式非常适合中大型商品的电子商务发展。

O2P 运作模式在实际中应用很多，如成立于 1966 年的美国百思买(Bestbuy)集团经营着全球最大的家用电器及电子产品的零售、分销和服务等业务。该公司通过网上超市和分布在美国、加拿大等的 1900 多家零售商场为顾客提供服务。在互联网平台上，Bestbuy 集团应用数字化订单管理系统来服务顾客各种不同需求的订单。接收到顾客订单后，再根据顾客要求的交货方式，把相关订单分发到最合适的交付零售店。实现了顾客在网上购买，在其任一零售门店提货和退货的服务，顾客也可以要求送货上门和安装。Bestbuy 集团通过多种销售模式和物流配送模式的结合，最大限度地满足了顾客的需求，保证了产品的库存准确性和服务水平，获得了较好的经济效益。

本章小结

物流服务的运营管理模式与制造业中生产有形产品的运营管理模式有很大的不同，体现在客户参与物流服务过程、物流服务的生产和消费是同时发生的、物流服务能力的充分利用性和物流服务的无形性。因此，物流管理系统中的产品(物流服务)是非标准化的，体现为客户接受物流服务时的预期服务和感知服务的差别。为了保证物流服务质量，物流管理系统相对于制造管理系统来说，其计划、协调和控制的作用就更为重要。物流管理信息是在管理活动过程中伴随管理决策产生的所有物流单据、数据、资料和其他文档的管理，属于一种事后控制；而物流信息管理是对物流管理领域中的信息进行有意识的采集、加工整理、存储传播和利用维护的过程，属于事中控制和事前控制。

物流管理信息系统的定义还不统一，有从技术角度给出的定义，也有从管理角度给出的定义。其综合性的定义为：物流管理信息系统既不单单是一个技术概念，也不单单是一个管理概念，而是一个两者结合的综合体。它是一个具有高度技术复杂性、结合多门类学科的综合性的机器系统，也是一个有人参与、与人不断交互并影响人们决策或受人们思维约束的行为系统，因此，它是一个社会技术系统。物流管理信息系统的特征主要包括人机系统、数据库支持的系统、管理集成性的系统、现代物流管理方法和信息技术相结合的系统、多交叉的综合性学科。

数据库系统是物流信息系统中进行数据存储、管理和使用的系统，其经历了人工管理、文件管理和数据库管理3个阶段。数据库系统主要由计算机支持的软、硬件系统，数据库，数据库管理系统和用户4部分组成，它们克服了文件管理在数据管理上的缺点，更适应现实应用中的数据组织与管理需求，如体现在数据的规范化、共享性、独立性、保持数据的一致性及其数据的维护等方面。数据库系统为物流信息系统中的大量数据进行有效管理提出了技术支撑。

物流管理信息系统有很多结构类型，按集成的复杂度分为4种：单职能物流管理信息系统、水平集成物流管理信息系统、垂直集成物流管理信息系统和全面集成物流管理信息系统。在互联网+的环境下，物流管理信息系统在企业中的应用已经比较成熟，如采购管理系统、仓储管理系统、配送资源管理系统等。

思考题

2-1 物流系统的管理运营模式和制造企业的管理运营模式有哪些不同？如果收集相应的管理信息，哪种模式比较容易实现？为什么？

2-2 物流管理信息和信息管理从含义上有哪些不同？如何理解它们在实际应用中的重要性？

2-3 物流管理信息系统从技术角度、管理角度和综合性角度的定义有什么不同？

2-4 为什么说物流管理信息系统是一个社会技术系统？如何解释它的社会性？

2-5 从物流管理信息系统的特征，说明该系统对企业管理各个层次的支持作用有哪些。

2-6 为什么说数据库系统是物流信息系统中进行数据管理的有效技术？相对于文件管理，其主要优势是什么？

2-7 讨论单职能、横向集成、纵向集成和全面集成物流管理信息系统的不同及其相应的特征。

2-8 试举一个横向集成或纵向集成的物流信息系统的例子，并说明它们实现了哪些功能的综合。

2-9 在电子商务物流信息平台上，可以实现采购管理、仓储管理和供应链分析与预测管理等功能，它们的功能互相覆盖吗？讨论它们的联系和区别。

2-10 流通型仓储管理系统中的功能相对于生产型仓储管理系统比较复杂，为什么？

2-11 实现企业信息化系统对企业的组织流程会有很大影响，你如何理解这种影响？

讨论题

2-1　O2P 模式相较于 B2C 模式，其在商务运作角度具有哪些优势？两者物流运作的相同点和不同点是什么？

2-2　2015 年 8 月阿里巴巴集团与苏宁云商集团股份有限公司宣布全面进行战略合作，两家分别利用阿里巴巴的淘宝网平台和苏宁丰富的线下门店，打通线上线下（O2O）资源，实现资源和信息的共享。请通过调研两家公司资源状况，分析战略合作后，其中物流运作将会带来哪些改善？

2-3　调研目前我国 O2O 和 O2P 模式的发展现状，举例说明中国这些新型模式运作中的主要问题有哪些。

2-4　讨论实际应用中还有哪些先进信息技术和互联网支持下的创新性物流运作模式。

第 3 章 物流信息系统的分类

第 2 章已经从理论角度给出了物流管理信息系统的概念,并从功能组成方面阐述了物流管理信息系统的几种结构形式,包括最简单的单职能式系统、横向集成或纵向集成系统及全面集成系统。本章将从实际应用和企业的运营模式出发,如第三方物流服务企业、制造企业、销售服务业等,来阐述企业物流信息系统的特点,包括其中的物流、信息流状况和相互之间的关系以及企业物流信息结构模型等。通过本章的学习,可以熟悉和了解物流管理信息系统在社会生产实践中的具体应用领域和实现功能。

3.1 以第三方物流为核心的物流管理信息系统

物流活动的当事人涉及物流服务的需求方和物流服务的提供方。物流服务的需求方通常是指生产方和消费方,即产品流通过程的起点和终点,又称为物流的第一方和第二方。物流服务的提供方则是为物流的第一方和第二方提供产品在两者之间进行有效移动各环节所发生的一切服务,因此又称为第三方物流(third-party logistics,3PL)。概括起来讲,就是指由物流劳务的供方、需方之外的第三方去完成物流服务的运作方式,是物流专业化的重要形式。

3.1.1 3PL 组织的特点

普通的物流运作模式是 3PL 企业独立承包一家或多家生产商或经销商的部分或全部物流业务。这些 3PL 服务提供者或者拥有自己的资产,如运输工具队伍、仓库和仓储设备;或者为无资产基础的 3PL,这里又包括两种,第一种是独立的 3PL,它们一般定位于细分市场,专注于某一个领域的物流服务,如 FedEx 的子公司 FedEx Custom Critical 专门从事机器零件、器械、电子设备和其他大型商品的快速运输,它们接受客户订单,并和航空等承运商签订运输合同完成客户需求;第二种是专注于 3PL 软件的开发,为物流行业客户的物流管理和供应链管理提供 3PL 软件的开发、销售、实施与支持等。

20 世纪 90 年代以来,因特网技术以及各种信息技术的发展,为企业建设高效率高质量的信息技术网络创造了条件。信息技术实现了数据的快速、准确传递,一方面提高了 3PL 企业在仓库管理、装卸运输、采购、订货、配送发运、订单处理上的自动化水平,促使订货、包装、保管、运输、流通加工一体化,使大规模、高质量、高服务水平处理物流作业成为可能;另一方面,方便实用的信息技术也使 3PL 企业与其他企业间的信息沟通交流、协调合作变得快捷,并能有效地跟踪和管理物流渠道中的货物和精确计算物流活动的成本,这就使得客户可以随时跟踪自己的货物,因而放心地把自己的物流业务交由 3PL 企业处理。这些环境条件促使了 3PL 企业的高速发展。因此,可以说信息技术的发展是促使 3PL 出现的重要因素,而专业物流软件的出现更使 3PL 事业的发展如虎添翼。这种情况下,出现了第三种形式的 3PL:基于互联网的参与者。这种 3PL 设计出一些电子商务业务来满足物流服务的需求,如配送路径优化选择、基于作业的成本分析方法等,为 3PL 提供了一些控制成本的附加增值方法。另外,这种基于电子商务的物流服务提供者在处理销售交易、跟踪监控物流活动方面也具有很大的优势。

3PL 具有很多细分的特征,包括规模、提供服务的方式、提供服务的类型、范围及覆盖的地理区域等,如仓储服务、运输服务,甚至包括增值服务(如分拣、包装和简单加工服务等);还有的一些 3PL 专门提供特定类型的运输服务,如快速运输或标准化运输服务等。但无论是哪一种形式的物流服务提供者,他们的目标都是降低成本,提高物流资产的效率。对于企业来说,把物流业务进行外包,可以精简部门、集中资金、专心于核心业务,提高企业竞争力。显然,互联网的发展为多个物流参与者之间的信息共享和物流活动的协调提供了一个公共的平台,从而进一步缩短了物流运作周期,为提高物流服务质量和降低物流成本提供了基础。表 3.1 总结了 3PL 的 3 种类型及它们在资产构成、提供服务方式和产生价值方面的不同。可以看出,目前 3PL 的经营模式与传统的有固定资产的经营模式相比已经有很大的不同,没有任何一辆卡车或仓库设施,也能从事 3PL 的服务,甚至创造的价值更大。因为仅靠物流设备的改进来提高效率是很有限的,且企业之间的差别化也不会很大。因此,如何改善运作模式、优化能力需求计划或进行运输路径优化等就成为 3PL 进一步提高运营效率、提高资产利用率和产生增量利润的源泉。

表 3.1 3PL 的类型及其主要特征

3PL 类型	资产构成	提供服务方式	价 值
有资产基础的	拥有一定资产所有权	运输、仓储、流通加工、配送等	资产创造价值
无资产基础的	不拥有资产所有权	诸如多式联运、空运或多种运营组合的物流服务	经营模式创造价值
基于信息服务的	互联网	全球跟踪、运费支付、客户关系管理、卸货成本估价、物流服务优化、协作能力计划、道路选择方案等	基于信息技术和通信网络技术的信息系统创造价值

目前,很多 3PL 企业都是以上 3 种类型的混合体。例如,UPS 就是从最初的一个快递公司,逐步转变为一个以上 3 种类型混合的国际著名物流服务公司。一般地,它们的业务运作过程具有环节多、信息量大、动态性强等特点,并且要求其经营模式要贯彻准时制(just-in-time, JIT)和有效客户反应(ECR)准则。因此,3PL 企业一般具有以下特点:

(1) 信息网络化。信息流服务于物流,信息技术是物流企业发展的基础,在物流服务过程中,信息技术发展实现了信息实时共享,促进了物流管理的科学化,提高了物流服务的效率。

(2) 关系合同化。首先,物流企业是通过合同的形式来规范物流经营者和物流消费者之间的关系的。物流企业根据合同的要求,提供多功能直至全方位一体化的物流服务,并以合同来管理所有提供的物流服务活动及其过程。其次,物流企业发展物流联盟也是通过合同形式来明确各物流联盟参与者之间的关系。

（3）功能专业化。物流企业所提供的服务是专业化的服务，对于专门从事物流服务的企业，它的物流设计、物流操作过程、物流管理都应该是专业化的，物流设备和设施都应该是标准化的。

（4）服务个性化。不同的物流消费者要求提供不同的物流服务，物流企业根据消费者的要求，提供针对性强的个性化服务和增值服务。

（5）产品同质化。不同物流企业的产品具有相同的性质，且具有易解释性、易被用户接受、单价较低、大量重复消费的特点，因此客户忠诚度是企业的命脉。

这些特点说明，基础设施、规范流程和优质服务是3PL组织赢得市场竞争的重要因素，但快捷的反应速度和完善的信息化平台将是3PL企业赢得持续竞争优势的基础。

3.1.2 3PL组织的信息需求及其相互关系

物流管理信息系统是物流组织发展3PL的重要基础。物流企业可以利用管理信息系统来规范各物流业务运作的过程、优化运力配置和仓储资源，完善订货单证、存货信息、仓库作业命令、货运单证、各种发票内容，并向客户及时反馈物流信息，提供实时的统计汇总和辅助决策。同时，客户可以通过物流网络信息平台及时了解各类物流动态信息，建立与物流企业的联系，利用物流企业的信息服务，及时调整和改进采购、生产和销售等活动。3PL组织通过物流管理信息系统将整个物流整合起来，见图3.1。

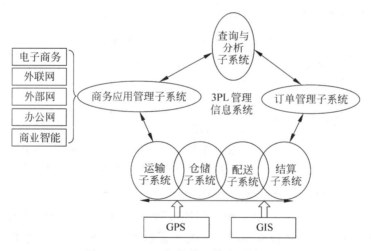

图3.1 3PL组织的管理信息系统组成

由图3.1可以看出，3PL为客户提供从发货到收货的整个物流活动服务。其中，订单管理子系统是其业务活动的起点；仓储、运输、配送和结算是其最主要的业务活动；查询与分析子系统为业务活动的灵活处理和实时分析提供了便利；商务应用管理子系统是对企业运营过程中的客户与订单、设施资源分配与调度、物流服务绩效等进行管理和控制的基本模块。这些子系统的顺利运行依赖于内部部门之间沟通的办公网和与外部客户、合作伙伴及中介等组织进行信息交互的外部网，还有对外界进行宣传、和客户进行商业交易的电子商务网络与移动网络,如手机、手持终端和其他便携式工具等,最后还有支持进行深层次分析决策的商业智能系统。3.1.1 节中给出了 3 种类型的 3PL,其业务处理功能是不同的,即使是同一种类型的 3PL 组织,因为它们的资产规模、提供服务的方式等不同,其管理信息系统的组成也会有所不同。这里主要阐述一般情况下的系统组成。主要从 3PL 的业务活动,包括订单处理、运输、仓储和结算等业务活动过程来阐述 3PL 的信息流及其相互关系,其中配送子系统将在 3.3 节中详细阐述,而商务应用管理子系统和查询分析子系统可参看第 4 章和第 7 章的内容。

1. 订单管理子系统

3PL 组织在服务于客户的过程中,从托运人处接受订单或从网上受理订单便开始了业务处理过程,如托运人通过互联网或其他通信手段(如传真、语音信箱、电话等)向 3PL 服务企业委托货物托运。3PL 企业接到客户订单后,订单处理过程逐步演变为物流各环节的单证处理而贯穿于整个物流的各环节,其业务处理流程如图 3.2 所示。

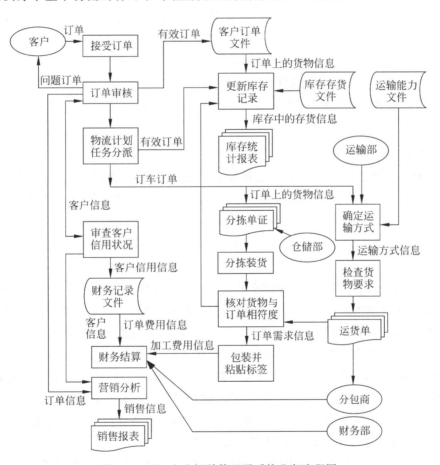

图 3.2 3PL 企业订单管理子系统业务流程图

图 3.2 中,椭圆形框表示订单管理子系统的外部实体,矩形框表示业务处理的过程,文件记录存放在库存数据框中,输出的单证或报表等用多文档框(卡片形框)来表示。箭头线上的文字表示流转的信息。表 3.2 给出了图 3.2 中订单业务流程中涉及的所有信息流、信

息处理等关系情况。

表 3.2　订单业务管理流程中涉及的信息处理、信息流、信息存储查询及信息输出关系

外部实体	信息处理	信息流	信息存储查询	信息输出
客户（市场部） 仓储部 运输部 （分包商） 财务部	订单接收、检验、任务计划分派、市场调研定价、销售分析、库存记录更新、库存统计、简单加工、搬运出货、确定运输方式、出具运输单证、服务费用结算	订单信息,客户信用信息,价格信息,出货信息,存货信息,加工信息,运输设备、数量、路径选择等信息,运输方式信息（包括外包信息,合同、监控和费用等信息）	客户订单文件 财务记录文件（客户信用文件） 库存存货文件 加工能力文件 运输能力文件（交易合同文件、服务项目价格文件等）	备货单 拣货单 订车单 加工单 库存统计报表 财务报表 销售报表

从表 3.2 可以看到,来自于客户（市场部）的订单信息,联系着仓储部门、运输部门（分包商）、财务部门等各个组织结构,通过订单信息的流转,引起一系列信息流的生成、更新、输出等操作,如仓储部门的存货信息更新、运输方式的生成操作等。显然,订单管理子系统和仓储、运输、财务等管理子系统的主要共享信息流是:客户订单文件、存货记录文件、客户信用文件（财务记录文件）、运输能力文件、加工能力文件等,这些信息流一方面通过网络进行实时传递,也可通过输出各种单据,如加工单、订车单或备货单等信息作为触发业务处理的凭证来实现。

2. 运输管理子系统

大多 3PL 组织都不拥有如运输工具或仓储等实体性的资产,但其可以依靠物流管理信息系统将整个物流功能集成起来,为客户提供从发货到收货为止的整个物流过程服务。当托运人委托 3PL 组织进行货物运输时,物流组织经过周密的物流规划,选择合适的运输伙伴如汽车运输分包商、火车或海运承运商等,其业务处理流程如图 3.3 所示。

从图 3.3 可以看出,市场部传递过来的订车订单信息触发运输管理子系统的功能,运输部门需要对订车订单中的运输需求进行分析,包括自有运输工具、协作运输工具和确定运输方式。通过配载计算和路线选择等分析,生成运输计划,安排得出运输调度计划。自有运输工具不能承担的调度任务或本身不具有相关运输工具等实体资产,如铁路、水路运输等任务,就需要根据运输调度计划和运输分包商协作,基于委托合同转给运输分包商来进行运输。在货物运输途中,运输部门需要通过 GPS 和 GIS 实现运输工具的跟踪、监控和调度,并能给客户提供网上实时货物跟踪查询功能。运输部门和财务部门定期对运输的作业情况进行统计汇总,从业务和财务角度编制统计报表工作。

运输是物流成本中耗费比较大的一个环节,有效的运输管理可以为客户和 3PL 组织节省大量的成本,如运输路径的选择优化、运输工具的选择和配载及货物的有效跟踪,但这些都需要依靠物流管理信息系统的支持才能有效地实现,表 3.3 给出了运输业务管理流程中涉及的信息处理、信息流、信息存储查询及信息输出的关系。运输管理子系统中的主要处理功能就是运输计划和运输调度的生成,其中涉及客户订单信息、运输资源信息（包括运输工

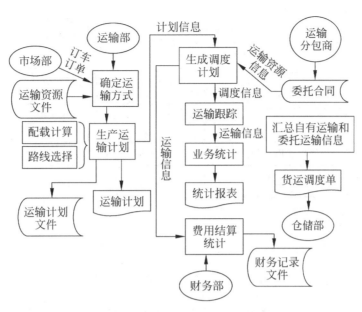

图 3.3 3PL 企业运输业务流程图

具、路径和地理信息、交通信息等)和运输分包商信息。运输部门需要和市场部、仓储部、财务部及运输分包商进行信息共享和沟通。

表 3.3 运输业务管理流程中涉及的信息处理、信息流、信息存储查询及信息输出关系

外部实体	信息处理	信息流	信息存储查询	信息输出
市场部 仓储部 财务部 运输分包商	确定运输方式 生成运输计划 运输调度安排 运输跟踪查询 运输报表统计 运输费用结算	订单信息(客户信息、货物信息) 运输资源信息(包括运输工具信息、路径和地理信息、交通信息) 运输分包商信息	运输资源文件 运输计划文件 委托合同文件 财务记录文件	运输计划 运输调度单 运输业务统计报表 运输费用报表

3. 仓储管理子系统

仓储的主要功能围绕着仓库作业进行,因此信息系统的设计要以货物的入库、出库和在库管理为主。在库管理指的是对库中作业的管理,即针对货物包装、拆卸、库中调配再加工等物流服务的管理。这部分在第 2 章的单职能物流管理信息系统及其仓储管理系统中都给予了介绍,这里简单给出其业务流程情况。仓储管理子系统的功能主要包括入库管理、在库管理和出库管理的作业功能,其仓储业务流程如图 3.4 所示。

从图 3.4 可以看出,仓储管理的主要流程是围绕货物和订单进行的。在进货管理中,包括进货检验录入和仓位分配;而存货管理中,包括库存预测、分拣理货、库存调整、包装拆卸、流通加工、粘贴标签、拆箱拼箱和盘点作业等;最后的出货管理主要包括选货出货功能。因为对于 3PL 组织,持有一定的存货会有很大的风险性,如存储成本、机会成本、折旧成本、损耗成本等,因此,一般的 3PL 组织都会尽量提高仓储管理的周转率,以避免积压或缺货。其

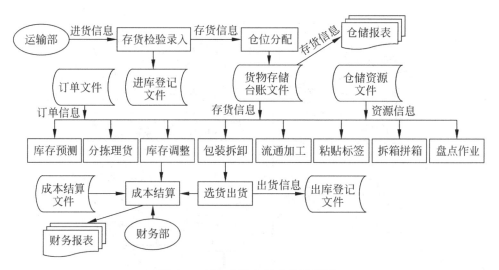

图 3.4 3PL 企业仓储业务流程图

中涉及的信息流主要是进出的货物信息、存货信息和客户的订单信息,也需要进行大量的信息查询操作,如对仓储内货物台账、订单文件、出入库货物文件、仓储资源文件等的查询。表 3.4 给出了仓储业务管理流程中涉及的信息处理、信息流、信息存储查询及信息输出的关系。

表 3.4　仓储业务管理流程中涉及的信息处理、信息流、信息存储查询及信息输出关系

外部实体	信息处理	信　息　流	信息存储查询	信息输出
市场部 财务部 运输分包商	入库、出库处理 库存处理	订单信息 存货信息 资源信息	出入库文件 存货台账文件 仓储资源文件 订单文件	仓储统计报表 仓储财务报表

4. 结算管理子系统及其与其他部门之间的关系

在 3PL 组织的结算管理中,对组织提供的所有物流服务项目实现基于订单的统一管理,从客户订单生成开始,一系列的相关物流服务项目,如仓储、运输、搬运装卸、流通加工和管理费用等,都可以随着业务流程的进行,同步实现费用的计算,自动生成应收账款和结算凭证,因为结算功能是和业务流程同步的,这在前面阐述的订单管理、运输管理、仓储管理等子系统中都已经得到了体现。注意,结算管理子系统仅仅是实现一般账务功能和简单的财务报表功能,为 3PL 组织的成本核算提供数据基础。

以上业务流程贯穿于一般 3PL 组织中,3PL 组织从接受货物订单开始,经过一系列环节的运作,最终将货物实现运输、仓储或配送递交收货人。在这一过程中,信息流的控制和协调,对 3PL 组织的作用是很重要的,因为它实时掌握着物流的运作动态。正是通过对物流各阶段信息的收集、传输、分析、处理和整合,才可以及时将信息提供给客户、员工和合作伙伴。可见,信息流对 3PL 组织的正常运营起到了中枢神经的作用。

3.1.3 3PL组织的信息结构

基于以上关于3PL组织中信息流的分析可见,构建物流管理信息系统,依靠现代化手段帮助管理物流组织,提供准确、实时、丰富的物流信息,是3PL组织发展现代物流的基本要求。

建设一个3PL管理信息系统,其总体设计思想应该适应当前基于互联网/内联网的信息结构,以网络经济为发展方向,根据现代物流的发展特点,开发出广度上与客户相连、深度上具有决策支持功能的物流信息系统。表3.5描述了3PL组织管理信息系统的基本功能。这里给出的是一个3PL管理信息系统的一般框架,针对不同的物流企业,因为其业务中心不同,则相应的物流管理信息系统的侧重点也会有所不同,也就是所对应的信息系统软硬件的复杂程度不同。了解了3PL管理信息系统的一般框架,对于业务侧重点不同的3PL企业,可以方便地进行模块的添加和删除,以进行功能的重组。可以看出,表3.5中的信息模块并不是完全照搬前面的业务功能,而是根据3PL管理信息系统设计的总体目标和功能需求分析,兼顾程序设计的思想,设计得出相对独立、功能单一的若干模块。例如,基本信息模块中汇总了企业运营过程中所有的基本信息或公共信息,可能这些信息在完成不同的业务功能中或仅应用在局部的部门中会起到作用,但在管理信息系统中,从操作的角度,把它们组成一个相对独立的模块。这里增加了客户关系管理和业绩管理模块,可能很多系统把客户关系管理放在订单管理模块中,但对于3PL组织来说,客户是其生命线,把客户管理单独设计成一个模块,可以更加体现对客户的重视程度。

表3.5 3PL管理信息系统的功能组成

一级模块名称	二级模块名称	实现的功能描述
基本信息查询	区域地理信息查询 物流服务价格查询 客户资料查询 仓位资料查询 报表查询	包括系统的基本或公用的信息资料查询,如区域地理信息、物流服务价格信息、客户资料及仓储中仓位资料、各种历史或当前的报表资料等
订单管理	服务选择 订单处理 物流任务分派 订单查询	客户可浏览3PL组织提供的物流服务,并通过各种方式(如互联网)把托运或托管的货物清单送到市场部门,市场部人员对订单进行处理,如审核客户信用度,并进行物流服务的任务分派或查询等
运输管理	运输单证查询 运输计划调度 路线智能优化 货物动态跟踪 运输成本控制	通过查询从订单管理模块传递过来的订车信息,制订相关的运输计划和调度,并根据订单需求和区域地理信息,来确定优化的运输路线和配载计算方案。实现客户和3PL组织对货物运输的动态跟踪和监控,从而实现运输成本的最大效益

续表

一级模块名称	二级模块名称	实现的功能描述
仓储管理	入库作业管理 货物库内管理 出库作业管理 仓储成本控制	仓储管理子系统要根据企业的实际仓储状况进行设计,一般包括:货物检验、入库管理、货物在库移动、取货单管理、普通加工及出库管理等。在出入库管理过程中,要使用先进的无限通信技术(RF)和激光识别条码技术对货物的条码进行扫描和校对,并一次性地将数据传入系统,使仓库货物的进库、出库、库存盘点、货物的库位调整、分拣理货、现场库位商品查询等数据实现实时双向传送,以提高效率,降低仓储成本
客户关系管理	客户管理 客户服务管理 客户合同管理 客户信誉评估 客户资料查询 客户反馈管理	客户是 3PL 组织生存的基础。3PL 管理信息系统需要注重对客户及信息的跟踪管理,以制定出合理的销售策略,帮助 3PL 组织获取客户、赢得市场。客户管理集中在把客户的一个订单当作项目全程跟踪,包括对客户提供的服务类型、与客户签订的合同、对客户信用的评价及客户在服务过程中的反馈等各个方面
财务管理	账单管理 物流计费管理 利润结算管理 财务统计报表	和物流服务业务同步,3PL 管理信息系统对发生的每一项业务进行成本和利润核算,通过资金流体系来控制物流的运作。财务管理功能主要用于管理物流业务中和费用相关的各种数据,并建立物流管理信息系统与专业财务系统的接口
业绩管理	人力资源管理 部门绩效管理	系统通过提供预算分析、业绩评估及按各种标准进行的业绩统计,使经营者充分了解企业的整体运营情况,并迅速地获取企业的各项统计指标。主要管理模式有:销售人员业绩统计、部门业绩管理、整体业绩管理

  3PL 是整个物流供应链的组织者,每个 3PL 组织如果都建立了企业内联网,这些企业内联网互联在一起即构成整个供应链的企业外联网。因此,3PL 管理信息系统最好采用互联网/外联网/内联网结构来满足这种物流网络化管理的需要。信息系统的结构可以采用典型的浏览器/应用服务器/数据库服务器的分布式三层体系结构,数据库服务器提供数据库的管理与服务;应用程序集中于应用服务器中,专注于应用业务处理;客户端通过浏览器以 Web 方式与用户交互,从而满足企业网络化应用的需求。

  建设物流管理信息系统,可以合理配置储存、运输、设备、人力等各种资源,保证企业各个环节的有效衔接和高效运转,建成集运输、储存、配送、包装、装卸、搬运、流通加工和信息处理为一体的网络化物流运作体系。同时,建设完善实用的物流管理信息系统,可以规范业务流程,减少中间损耗,达到节约物流成本的目标。

案例 3-1:物流信息系统支撑顺丰的快递速度

  随着我国近年来电子商务的飞速发展,特快专递物流业务量猛增,其中十多家专业特快专递公司迅速发展壮大。如顺丰速运集团有限公司,其 2012 年速递业务营业收入达到 320 亿元人民币。公司拥有 1 万多台速递营运车辆、40 架自有货机与包机,全国布设了超过 5000 个营业网点和 150 多个各级中转场。2014 年顺丰航空货运量实现 83 万 t,几乎占到整个国内航空货运量的 20%,超过中国邮政集团公司(EMS),全国排名第一。

客户对快递业务评价的标准首先为速度,根据调查,有超过50%的客户因为速度而选择某家速递公司。其次,客户也很关注物流的服务质量,如客户能否在网上方便地跟踪快件、方便地进行接收件等。顺丰公司多年来在这两方面都做得不错,这主要归功于其强大的物流信息系统。

顺丰的速递运作管理信息系统主要由收发件的信息采集、资源调度、仓储分拣及运输配送的路径选择4部分组成,这4部分是公司主要功能实现的核心控制与管理信息系统。

首先,整个业务的起点在于收发件的业务信息采集,这主要通过智能化的手持终端设备来完成。即假设一个客户需要从天津发一个快件到武汉,顺丰的收件员到达客户那里进行收件工作,就都配备有手持终端设备。通过该设备,能够进行客户信息的快速采集、编辑处理生成客户订单,并通过无线网络快速传输回公司的物流信息系统中。同样,快件到达武汉,由派件员送达接收人手中,也是通过该设备扫描,把快件送达完成的信息传回公司物流信息系统中。智能化、快速化的信息采集是顺丰公司进行物流调度和资源优化配置的重要基础。

其次,面对客户的订单,顺丰需要在其5000多个营业网点和150多个各级中转场之间进行资源的安排和优化调度工作,这是由其资源调度模块来实现的。涉及的资源主要有运输车辆(飞机)、仓储中心、人员等在配送网络干线或支线上的运力配置,最后一千米的调度等。该资源调度子系统采集在货物速递过程中所有资源调配的业务信息,并经过网络快速反馈至公司物流信息系统中。通过这些反馈信息来平衡全公司物流系统的资源调度情况,进一步优化公司资源的配置,实现最大效能。

在客户订单实现过程中,会涉及货物在各个中转场或分拨中心的出入库工作和运输路径选择工作。自动分拣功能就是基于客户递送货物目的地的地址编码,来自动分类需要经过哪些分拨中心,如从天津发出的物品需要经过华北干线的分拨中心,然后再送往下一级配送中心,甚至下两级支线的中转场进行分拣中转。而运输路径功能就是计算从各级分拨中心或中转场出库的物品经过哪些干线运输或直线运输能够到达客户手中。为了监控物品的运输状态,公司信息系统还集成了全球定位系统(global positioning system,GPS)和地理信息系统(geography information system,GIS)的电子地图来实现快件沿途的定位跟踪,并把这些运输状态信息反馈给公司总部或客户。如客户可以在自己下订单的界面中实时查询已下订单的配送情况,包括出入库地点及时间、沿途中转情况与最后配送点及时间等;而公司也可以基于这些信息的反馈,有效地了解各种资源的运作情况,包括各个分拨中心、干线或支线的进度情况,进而合理调配、优化资源,对可能出现的问题进行提前预防和控制,来提高运作效率。

3.2 以企业资源计划为核心的物流管理信息系统

20世纪90年代初,美国著名的IT分析公司Gartner Group Inc.根据当时计算机信息处理技术的发展趋势和企业对供应链管理的需要,对信息时代以后的制造业管理信息系统发展趋势和即将发生的变化作出了预测,提出了企业资源计划(enterprise resource planning,ERP)的概念。

ERP是指建立在信息技术基础上,通过对企业销售、生产、采购、物流等各个环节,以及人力资源、生产设备、资金等企业内部资源的有效控制和管理,实现企业内部资源的优化配置,提高企业生产效率和市场响应能力的管理平台。对企业来说,ERP首先应该是管理思想,其次才是管理手段和信息系统。

3.2.1 以ERP为核心的组织特点

ERP是整合企业管理理念、业务流程、基础数据、人力物力、计算机硬件和软件于一体的企业资源管理系统。它最早是由离散制造业发展起来的,主要解决多品种、小批量离散制造业中的库存管理问题。它的发展经历了4个阶段:20世纪60年代是物料需求计划(MRP)阶段,主要用于采购管理和库存计划,也就是利用物料清单、库存数据和主生产计划来预测物流计划的需求情况。70年代后进入闭环MRP(closed MRP)阶段,就是在MRP基础上集成了粗能力计划、能力需求计划,并对生产和采购环节实施监控,形成反馈调节回路,构成封闭的循环,这种闭环使得系统能够更加适合市场波动的需求变化。第三个阶段是80年代的制造资源规划(MRPⅡ),它进一步在闭环MRP基础上集成财务管理、供销链管理和制造管理,构成了完整的企业管理流程。90年代初,ERP概念的出现,使得这种先进的管理思想在更广阔的领域得到应用。它采用更先进的计算机技术,支持多种制造类型和混合制造,集成更多功能模块,连接了供应、制造和销售过程,且系统延伸到供应商和客户,应用扩展到电信、石油、金融等非制造行业。

从ERP的发展阶段看,它是一个不断整合的概念,从最初的企业库存管理、采购管理和制造生产整合,发展到整个企业内部信息、物流、资金流三流合一,然后从企业内部扩展到外部,实现供应链上和供应商、客户的全面整合。配合这种不断整合思想和理念的ERP系统建设,企业中(如制造业)的物流组织结构上出现很多新的特点。表3.6给出的是随着信息技术和信息系统的发展,企业中物流组织发展变化的情况。

表3.6 信息技术发展对企业中物流组织结构变化的影响

信息技术	组织变化	附属化的物流组织(20世纪前期)	职能化的物流组织(20世纪中期)	专业化的物流组织(20世纪中后期)	过程化/联盟化的物流组织(20世纪90年代后)
数据收集与处理		手工	集中、批处理	批处理或实时处理	网络化处理
数据存储		分散	主机式	文件式	分布式/云存储
数据共享		不共享	不共享	相对共享性	组织内外共享

企业中的物流组织发展演化经历了附属化的物流组织、职能化的物流组织、专业化的物流组织和过程化/联盟化的物流组织4个阶段,这种转变过程和信息技术的发展是分不开的。20世纪前期,没有信息技术的支持,企业的物流组织只是作为企业制造生产的一个附属化过程而存在,它的信息收集、处理和使用水平很低下,关于它的成本控制问题靠手工操作。到了20世纪早、中期,工业大革命的蓬勃发展,导致制造业中的库存矛盾非常突出,如何解决企业库存占压资金的问题,库存理论和解决方法开始受到重视,而企业中的物流组织,如库存、采购等部门的重要性开始显现。20世纪后期,随着计算机技术的进一步发展,

数据库技术和通信网络技术的普及,数据采集、处理能力的提高,组织内部开始实现物流功能的合并或有目的地把物流部分外包,实现了物流的专业化管理,从而降低成本,提高生产率。这是物流组织功能归并阶段和功能一体化阶段,但企业内部各个部门之间、企业与供应商、与客户之间信息仍然不能充分共享,导致诸如"牛鞭效应"的问题经常出现。所以,互联网的广泛应用和电子商务物流技术的发展,引出了网络化的供应链组织结构,该结构基于企业内联网、外联网、互联网等,在企业内部、企业之间、企业和客户之间架起了快速采集信息、处理信息的桥梁,形成了面向客户订单的过程化物流组织或内外结合的物流联盟化的组织,最大限度地实现了物流利润源泉的挖掘。

图 3.5 给出了企业 ERP 系统和其他系统的关系。可以看出,ERP 系统集成了企业内部除了办公自动化系统(OAS)和知识管理(knowledge management,KM)或商业智能(business intelligence,BI)的所有资源,外部应该有进行宣传的企业门户网站(enterprise information portal,EIP)以及和客户、供应商联系的物流电子商务(logistics electronic commerce,LECS)系统、供应链管理(supply chain management,SCM)系统和客户关系管理(CRM)系统。另外,ERP 系统都留有与产品设计、工艺流程设计的计算机辅助设计(computer aided design,CAD)、计算机辅助制造(computer aided manufacturing,CAM)及计算机辅助工艺规划(computer aided process planning,CAPP)的接口。需要企业内联网(intranet)、企业外联网(extranet)、互联网(Internet)或 EDI 网络的支持来实现以上所有系统的协同。

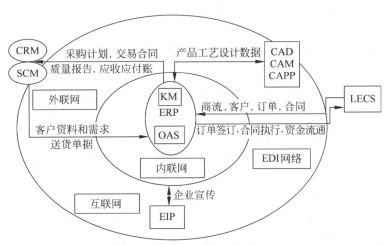

图 3.5 企业 ERP 系统和其他系统的关系

ERP 的实质是数据集成,即将企业中各个部门的数据以及外部信息集成在一起,实现更有效的数据分析,加速信息流动的效率和效果,降低信息噪声,提升管理的及时性和有效性,为集中决策提供依据。可见,ERP 的成功运用有助于提升企业的管理水平和竞争力,因而被许多企业视为管理变革的捷径。ERP 的思想体现在以下 3 个方面。

1. 是整合企业信息资源的集成平台

ERP 整合企业信息资源,包括企业内部的信息资源和企业外部的信息资源。从表 3.6 和图 3.5 可以看出,ERP 系统对企业的作用,不仅从组织结构上实现了一体化的管理,而且在数据资源和信息共享方面也搭起了一个集成的平台。这个平台的搭建，使得企业可以从综合、统一的角度最大化利用现有信息资源，提高数据的使用率，从而为实现个性化服务打下基础，提高工作效率。同时，通过这些信息资源的有效管理和综合利用，也为企业管理者提供了一个定制信息、综合经营报表、多种数据展现方式的管理决策平台。

2. 体现精益生产、同步工程与敏捷制造的思想

ERP 系统支持对混合型生产方式的管理，其管理思想表现在两个方面：其一是精益生产的思想，即企业按大批量生产方式组织生产时，把客户、销售代理商、供应商、协作单位纳入生产体系，企业同其销售代理、客户和供应商的关系，已不再是简单的业务往来关系，而是利益共享的合作伙伴关系，这种合作伙伴关系组成了一个企业的供应链，这即是精益生产的核心思想。其二是敏捷制造的思想。一旦市场发生变化，企业有特定的市场和产品需求时，企业的基本合作伙伴不一定能同步满足新产品开发与生产的需求，这时，企业会组织一个由特定的供应商和销售渠道组成的短期或一次性供应链，形成虚拟工厂，把供应和协作单位看成是企业的一个组成部分，运用同步工程组织生产，用最短的时间将新产品打入市场，时刻保持产品的高质量、多样化和灵活性，这即是敏捷制造的核心思想。

3. 体现事先计划与事中控制的思想

ERP 系统中的计划体系主要包括主生产计划、物料需求计划、能力需求计划、采购计划、销售执行计划、利润计划、财务预算和人力资源计划等，而且这些计划功能与价值控制功能已完全集成到整个企业经营的战略规划中。

3.2.2 以 ERP 为核心的企业物流信息需求及关系

随着市场竞争风险的增加，尤其是制造业的竞争日益加剧，信息对企业管理的重要性与日俱增，目前企业管理活动中最重要的内容就是信息管理，企业对物流和资金流的管理要依靠信息管理来完成。信息技术的发展和广泛应用使得信息获取的渠道逐渐多元化，信息成本也逐渐降低，而信息的数量却在成倍增长，这就对企业信息管理提出了更高的要求。

ERP 从一开始就具有全局观，且在 ERP 的理论和系统设计过程中涵盖了企业整体数据集成应用的思想。随着互联网的发展，ERP 系统获得了获取数据信息的便捷通道，实现了更高层次的数据管理和企业辅助决策管理。ERP 的基本工作原理如图 3.6 所示。

ERP 系统的核心是 MRP 功能，也就是根据预测和订单情况得出的主生产计划，配合物料清单（BOM）和库存记录（inventory record）来进行 MRP 计划展开。MRP 计划输出两个结果：生产订单和采购订单，这些订单上包括了生产或采购什么、生产或采购多少、什么时候开始生产或采购、什么时候结束生产或采购 4 个方面的内容。因此，MRP 计划就是根据企业的主生产计划，考虑产品组成和产品工艺之后，为生产车间和仓储、采购部门分解得出的具体生产作业计划和采购作业计划。在下达计划的同时，可以根据物料、生产和销售的物流情况，自动生成应收、应付账单，最后按订单汇总生成总账，实现资金流和物流的统一，这种统一可以监控和调节计划实施前或实施过程中的问题、变化和错误，达到最佳效率。

图 3.6 中主要表示了 ERP 系统和物流相关的主要功能，而诸如企业经营计划、粗能力计划、

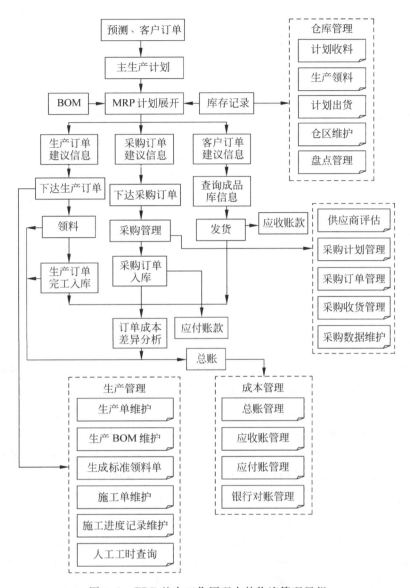

图 3.6　ERP 基本工作原理中的物流管理思想

能力需求计划、车间作业及其一些质量、设备和人力资源等模块,这里没有涉及,并不表示 ERP 系统中不包含。事实上,目前的 ERP 系统功能很强大,除了以上模块功能,还包含商业智能决策、电子商务等多种附加功能。但无论是功能强大的 ERP 系统还是功能一般的 ERP 系统,其核心是不变的,从主生产计划分解的采购管理、库存管理和生产作业计划决定了企业的主要物流管理流程,而财务管理是对这些物流管理活动引起的资金流的监控过程。

　　因为 ERP 系统的主要功能范围是根据需求预测(包括销售订单、库存以及采购订单等信息)排出的一系列生产控制车间作业管理和采购作业管理等方面的分解计划,且 ERP 系统的核心模块实现了物流和资金流的统一,下面就从采购、库存、生产和财务 4 个方面分别阐述企业 ERP 中物流信息需求及它们之间的关系,如图 3.7 所示。

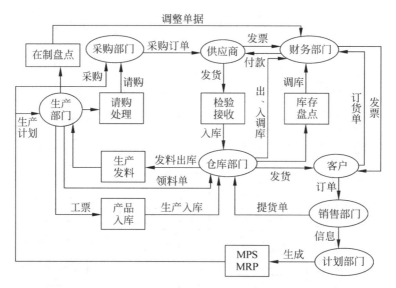

图 3.7 以 ERP 为核心的采购、库存、生产和财务具体业务关系图

1. 采购管理子系统

采购流程通常是指有需求的厂家选择和购买生产所需要的各种原材料、零部件等物料的全过程。在这个过程中作为物料的购买方,首先要寻找相应的供应商,调查其产品在数量、质量、价格、信誉等方面是否满足购买需求;其次,在选定了供应商之后,要以订单方式传递详细的购买计划和需求信息给供应商并商定结款方式,以便供应商能够准确地按照客户的性能指标进行生产和供货;最后,要定期对采购物料的管理工作进行评价,寻求提高效率的采购流程创新模式。所以,采购作业流程体系是涵盖从采购计划的制订、供应商的认证、合同的签订与执行,到供应商管理的全过程。图 3.8 给出了详细的采购作业流程。

整个采购过程分成 3 个阶段。第一个阶段是采购计划阶段,首先汇集来自生产调度部门由主生产计划和 MRP 生成的各种用料请购单,进入采购订单管理流程,生成采购订单文件;通过查询供应商资料文件,根据采购订单请求,制订采购计划,生成采购计划文件并打印输出采购计划。第二个阶段是采购实施阶段,首先向供应商发出订单,和供应商进行信息沟通,包括采购的时间需求、数量需求、运输需求和质量需求等,并实时监控采购过程中的各种情况,与供应商、第三方承运商等进行反馈沟通;物料到货后协同质检部门、仓储部门进行质量检验、入库的管理,质检部门和仓储部门分别生成物料检验单文件和收货单文件,同时采购部门根据请购单、检验单和收货单生成物料应付账文件并传递到财务部门。最后一个阶段是采购监督管理,即供应商评价管理阶段,多个部门,如财务、采购和质检等,协同定期对供应商的供应服务状况作出评估,这可能需要从多个指标来衡量,如反应速度、服务质量、物料质量等,使得采购部门同计划部门、供应商等联合,研究缩短采购提前期的措施,提高针对市场波动的灵敏度。通过供应商评价管理,帮助采购部门选择正确的供应商,并根据系统提供的供应商评价报告,在实际采购运作中作为依据进行供应商的筛选。表 3.7 给出了企业采购管理流程中涉及的信息处理、信息流、信息存储查询及信息输出关系,这是对图 3.8 采购管理流程中涉及的所有信息化要素的总结。

表 3.7 企业采购管理流程中涉及的信息处理、信息流、信息存储查询及信息输出关系

外部实体	信息处理	信息流	信息存储查询	信息输出
用料部门 供应商 仓库部门 财务部门 质检部门	采购订单合并、采购计划生成、采购过程监控、物料接收检验、采购成本控制、供应商评价	采购订单信息、采购计划信息、供应商信息、市场价格信息、运输(承运商)信息、验收收货信息、应付账信息、供应商评估指标结果信息	采购订单文件、供应商资料文件、采购计划文件、物料检验文件、收货单文件、应付账文件、供应商评估文件	采购计划供应商评价报告

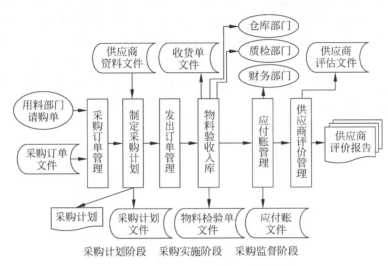

图 3.8 企业采购管理的业务流程图

2. 库存管理子系统

目前企业的库存管理系统功能已经逐步向仓储管理系统(WMS)的功能转变,WMS 系统分成生产型的 WMS 和流通型的 WMS。ERP 系统就是在库存管理基础上发展起来的,因此,库存管理子系统是 ERP 系统中的物流核心子系统。同在第 2 章中讲到的 WMS 系统的很多功能相同,ERP 系统中的库存管理子系统功能主要有:

(1)出入库、移动管理。对日常的生产领料、销售发货、采购入库、生产半成品/产成品入库、物料库位移动等工作进行管理,产生出入库和移动单据。

(2)订单拣货管理。订单拣货包括生产订单拣货和客户订单拣货。生产订单拣货作业主要是根据生产计划所生成的供应生产订单进行拣货作业,并将所需物品配送至生产线上的作业过程。在生产订单作业处理中,订单信息来源于主生产计划及当前的库存。它是从 ERP 系统的物料需求计划出发,在考虑生产工艺及当前仓储作业调度后设定的,并通过仓储管理系统生成拣货计划。因此,生产订单拣货计划功能必须通过和 ERP 系统生产计划功能的联动才能实现最佳作业效果。客户订单的拣货作业与生产订单不同,其主要作业内容是根据客户订单需求,组织已经生产完成的产成品,并根据需要组装成客户需要的产品,保证最终将产品送到客户手中。随着客户对产品个性化要求的日益增高,仓储拣货作业也逐渐从量拣到批拣甚至单拣的作业方式。为了适应这种作业需求,就需要有一套完整的仓储作业管理系统对其进行支持,告诉仓储管理人员应该在什么地方、什么时候去拣什么货,拣

多少,并告诉仓储作业人员如何将拣出的货物组装和装运到客户所在地。

(3) 盘点管理。根据企业物料的分类(如 ABC 分类法)确定盘点周期,固定对库存物料进行盘点。盘点工作的目标是做到实物数量和账面数据相符合,并及时根据实盘数量来调整库存物料数量。

(4) 库存物料的信息分析。根据需求进行企业库存物料信息的统计分析,如物料占用资金分析、物料周转率分析、物料库存数量分析、物料来源、去向分析和物流分类构成分析等。

库存管理子系统的以上作业特性,说明采购作业所产生的管理作业最终将全部体现在库存管理中。在和 ERP 系统的其他信息整合方面,主要是通过库存管理子系统来实时更新 ERP 系统的存货信息,使 ERP 系统的实际存货信息与库存管理子系统内的实物库存信息保持同步。这里不再描述库存管理子系统的具体作业流程,只是在图 3.9 中给出企业 ERP 系统中库存管理子系统的作业流程图。表 3.8 总结了库存管理子系统中涉及的所有信息及关系。进入库存管理子系统的所有单据代表了它们来自的外部实体,如生产任务单来自生产部门,其他部分前面章节已经阐述过,这里就不详述了。

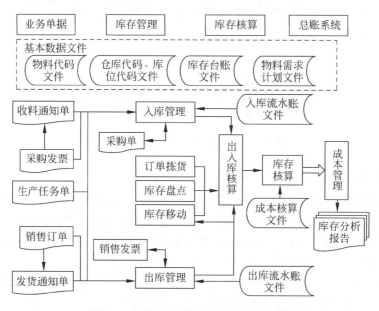

图 3.9 库存管理子系统的作业流程图

表 3.8 企业库存管理流程中涉及的信息处理、信息流、信息存储查询及信息输出关系

外部实体	信息处理	信息流	信息存储查询	信息输出
采购部门 生产部门 销售部门 财务部门 质检部门	出入库管理、移动管理、库存盘点、库存控制	收料通知单、采购单与发票、生产任务单、销售订单、发货通知单	物料代码、仓库代码、库位代码等文件,出入库流水账文件,库存台账文件,库存成本核算文件	库存信息分析,如物料占用资金分析,物料周转率分析,物料库存数量分析,物料来源、去向分析和物流分类构成分析

3. 生产物料管理子系统

生产管理的对象是生产过程。生产过程是指围绕完成产品生产的一系列有组织的生产活动的运行过程,也就是向生产系统投入各种生产要素,经过一系列的加工,直至成品生产出来。所以生产管理子系统就是对生产过程进行计划、组织、指挥、协调、控制和考核等一系列管理活动的总称。

从广义的生产管理看,其管理内容一般可分为 3 大部分:生产计划管理、车间生产控制、生产改进等,其中生产改进主要包括技术更新、设备更新、管理更新。车间管理的目标是按物料需求计划的要求,按时、按质、按量、低成本地完成加工制造任务,提高车间业务管理效率与生产效率,减少车间在制品,降低损耗与成本,提高产品质量与客户满意度。车间管理的过程主要是依据 MRP、制造工艺路线与各工序的能力编排工序加工计划,下达车间生产任务单,并控制计划进度,最终完成入库。图 3.10 给出了车间管理业务流程图。该图中没有考虑生产改进部分,主要是根据主生产计划(master production scheduling,MPS)和 MRP 及各种数据资源,如工作中心、工艺路线、BOM 等来得出生产任务计划文件,然后分解生成生产工票文件,考虑资源能力负荷排出生产的工序过程。这时就需要从仓储部门领料、搬运、分配等车间物料管理过程,得到车间物料文件。最后就是生产过程中的监控和成本核算过程。因此,ERP 系统中的车间管理系统是在财务会计、物流管理、生产管理各子系统的基础上,采用先进管理思想,同时吸收 JIT、精益生产的思想,为企业提供从生产计划制订、投料与领料、工序计划与派工、生产检验与汇报,到产品入库全过程监督与控制的企业管理系统。

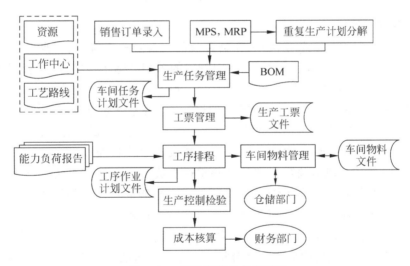

图 3.10 车间管理业务流程图

车间物料管理作业流程如图 3.11 所示。整个流程主要包括车间任务用料管理、工票用料管理及定期的车间物料盘点管理,根据下达的生产任务,记录生产过程中领用的物料、消耗的物料、浪费或损坏的物料,分析物料投入和产出的情况,从而分析领料批量、控制在制品库存、预计是否出现物料短缺或拖期现象,若有问题应采取调整措施。车间的用料分析主要基于订单统计的生产中实耗物料情况、在制品情况,分析物料在各工序的利用和损耗情况,计算相应的物料核算成本情况。表 3.9 总结了车间物料管理流程中涉及的信息处理、信息流、信息存储查询及信息输出的关系。

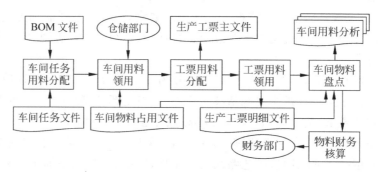

图 3.11　生产物料管理业务流程图

表 3.9　生产物料管理流程中涉及的信息处理、信息流、信息存储查询及信息输出关系

外部实体	信息处理	信息流	信息存储查询	信息输出
仓储部门 财务部门	车间任务用料分配、车间任务用料领用、工票用料分配、工票领用分配、车间物料盘点	按车间或工票的用料计划信息、按车间或工票的用料领用计划信息	BOM 文件、车间任务文件、车间物料占用文件、生产工票主文件、生产工票明细文件	车间用料分析（生产中实耗物料分析、在制品分析、物料在各工序上的利用和损耗分析、物料财务核算分析）

4. 财务管理子系统

ERP 是一个整合企业信息流、物流和资金流的三流合一系统，这一点在图 3.6 介绍的 ERP 基本工作原理中可以看出。同样，在前面阐述的采购管理子系统、库存管理子系统及生产管理子系统中也都存在财务核算的功能模块。一般 ERP 系统的财务管理分成财务管理、成本管理和固定资产管理 3 大部分。和物流管理相关的主要是财务管理和成本管理两部分。

ERP 中的财务管理主要包括账务管理、应收账、应付账、工资核算、现金管理、材料、销售核算等企业日常业务。ERP 中的成本管理包括成本预算管理、成本监控管理、成本核算管理 3 部分。ERP 中的成本预算管理就是确定标准成本。标准成本法是预先制定企业生产中各种产品应该发生的各项成本标准，是企业成本控制的目标；同时，成本预算控制还包括成本预算的审核，确保成本预算的准确性和科学性。成本监控管理就是在企业生产运作过程中，基于标准成本和实际发生的成本，实现成本监控、成本差异调整和偏差纠正措施等成本控制的管理过程。最后的成本核算分析按照差异分析法揭示成本差异，分析原因，并明确责任归属，以约束和激励职工在以后的工作中予以改进。

ERP 的成本管理功能伴随着企业的实际物流、资金流、事务流等同步发挥作用。如各项应付及预收账款都是在生产经营过程中形成的，应付账是企业在生产经营过程中因购置商品、材料和劳务而发生的各种债务，如应付账款、应付票据、预收账款等；应收账是指企业因赊销产品或劳务而形成的应收款项，是企业与其他有关单位之间相互提供的信用。根据应付应收账款进行总账的计算。总账是会计核算的核心，通过总账的汇总集合，生成企业的财务报表，包括资产负债表、利润表等。企业通过对这些报表的分析，可以及时汇总企业财务信息,并动态分析、评价财务经营状况。

3.2.3 以 ERP 为核心的企业物流信息结构

通过 3.2.2 节的阐述可以看出,以 ERP 为核心的物流管理信息系统就其和物流相关的应用范围,主要包含以下几个子系统,如表 3.10 所示。

表 3.10 以 ERP 为核心的物流管理信息系统的基本功能

一级模块名称	二级模块名称	实现的功能描述
基本信息查询	BOM 查询 主生产计划查询 库存记录查询 企业资源情况查询	对 ERP 系统中的基本信息,如物料清单、库存记录、物料编码、资源数据等进行查询
采购管理	采购基础数据管理 采购计划管理 采购订单管理 采购收货管理 供应商评价管理	采购方式、交货方式、退货方式、采购人员等数据的管理;请购单录入、合并和生成采购计划;采购订单下达、采购合同、额外情况(合同终止或取消)及采购订单结束管理;采购订单收货单处理、退货处理、采购修正处理和过账处理等;供应商资料、供应商类别、供应商报价和供应商评价等管理
库存管理	库存基础数据管理 库存业务处理	仓库代码、仓位代码、物料代码、往来单位代码、库存人员代码、库存操作权限代码等基础数据的管理;入库、出库、移库、盘点、库存控制(订货点、安全库存、最低最高警戒线等)等管理
生产物料管理	任务用料分配 任务用料领取 工票用料分配 工票用料领取 车间物料盘点 车间物料分析	根据下达的生成任务,生成各个车间和各个工位上的用料计划,并进行物料的分配、领取和使用的监控,分析物料使用情况
财务管理	基础数据管理 应收账管理 应付账管理 总账管理 成本差异分析 成本分析报告	科目代码、科目级别设置、凭证类型设置、货币设置、汇率、往来单位代码等基本信息的处理;对采购系统或其他系统发生的应付账款进行处理;对销售系统或其他系统发生的应收账款进行处理;汇总应收应付账款生成总账;根据设置的标准成本等信息进行成本差异分析,并产生各种分析报告

1. 采购管理子系统

采购管理中建立供应商资源是首要的功能,包括供应商本身的联系信息(地址、电话、联系方式等)、供应商供应物品的明细信息(物品名称、规格、种类、价格、提前期、运输方式等)以及供应商的有关账务信息(银行账号)。其次是根据 MRP 及库存记录、BOM 和主生产计划生成采购计划,同时需要考虑物料的订货批量、采购提前期、运输方式及计划外物料申请,以进行物料的合并,修改生成采购订单。随后是采购合同签订、下达订单和订单跟踪管理,企业在每年的采购活动中会根据需求进行采购物料的询价、比价和谈判及其合同签订过程,在合同签订后,把采购订单下达给各个供应商或网上发布订单。为了生产计划的顺利执行,采购人员在下达采购订单后,需要设置跟踪时间周期,形成订单采购跟踪计划,以便及时了解供应商的生产、质量、运输等情况。最后是来料验收和财务核算管理,根据来料通知单,核对采购订单与发票进行来料验收,生成收货单;若有质检部门的工作人员进行质量检验,同时还生成质检单。若来料超出计划供应周期,如发生拖期、提前,则进行记录,以便协调控制;根据采购部门的采购单和收货单,财务部门完成采购货款及其管理成本分摊的计算,生成物料的采购成本。

2. 库存管理子系统

通过对企业库存物品的入库、出库、移动和盘点等操作进行企业物料、再制品、产成品的管理和控制。目标是降低库存,减少资金占用,同时杜绝物料挤压与短缺现象,提高客户服务水平,具体内容不再详述。

3. 生产物料管理子系统

车间管理模式分成两大类:离散型生产模式和连续型生产模式。离散型生产模式也就是单件小批生产模式,特点是产品品种多,生产数量少,生产作业按照任务单下达的批量在不同的生产车间和工作中心移动,这样车间生产过程中的物料、半成品(work in process,WIP)就需要大量的搬运、临时存储和等待的时间,相应的物料管理比较烦琐和复杂;而连续型生产模式就是大批量流水生产模式,特点是产品品种少,生产数量大,生产作业按照某一固定生产节拍和顺序流动,生产设备也是按照加工顺序(生产流水线)进行布置的,这样它的物料搬运、临时存储和等待的时间都是计算好的,是采用最高效率实施生产运作的,相应的物料管理简单。根据 3.2.2 节的分析,生产物料管理系统主要是按车间或工票的用料计划和按车间或工票的用料领用计划管理及其在实际运作中用料的消耗控制和分析管理等。

4. 财务管理子系统

财务管理中,成本控制是企业的一项重要工作内容,也是 ERP 系统中的一个重要管理模块。成本管理子系统与生产、采购、库存、销售和财务等子系统密切相关,在 ERP 系统中设置了 3 种成本类型:标准成本、实际成本和模拟成本。标准成本是基于历史数据的反复测算、分析模拟后确定的;而实际的生产成本是在生产运作过程中随着物流、资金流、事务流等发生相应生成的成本数据;模拟成本是在制定计划或决策时通过分析模拟得出的近似成本。成本管理子系统就是通过标准成本和实际成本、实际成本和模拟成本等之间的差异来进行生产过程的控制和决策。

除了以上在企业物流业务处理方面的功能外,ERP 系统还具有模拟决策功能。如在库存管理方面,其管理目标有两个:一是保证生产所需原材料的及时供应,生产半成品的合理周转及保证产品销售的及时供给;另一个是库存资金占用尽量要少,资金周转要快,也就是达到最优库存。ERP 系统采用了查询和分析模拟两种方式来辅助决策过程,既能满足一般用户对库存物品的数量、库存成本和资金占用等情况,从级别、类别、货位、批次、单件、ABC 分类等不同角度进行查询,又能满足管理者对企业深层次的相关问题进行分析,如呆滞物品分析、根据盘点结果及时间进行库存调整及优化等。同样,采购物品的价格以及质量问题直接影响到产品的质量与成本,采取正确的采购策略是企业不容忽视的问题,一个好的全面的采购分析对于管理者制定下一步采购策略是至关重要的。采购分析主要包括:供应商信用等级分析,从交付日期、质量、数据和价格等方面评估供应商的表现;采购价格变动分析、采购成本差异等。而财务管理中的成本分析目标就在于加强成本的事前控制,因此,进行成本分析更为重要,如盈亏平衡分析、管理成本分析、库存成本分析、采购成本分析等可以实现企业管理者对生产、库存、采购等过程的监控,还可以与销售过程中发生的费用和销售收入一起进行量本利分析,得出诸如保本成本、保本价格、目标成本、目标价格等决策信息,指导未来的成本控制和定价决策。

案例 3-2:海尔的 ERP 系统

为了和国际接轨,建立起高效、快速响应的现代物流系统,海尔先是采用了基于 SAP 公司的 ERP 系统和 BBP 系统(原材料网上采购系统),后又通过 GVS(global value systems,海尔全球增值系统)对企业内部供应链进行全面流程改造。这一系列项目的实施,使得海尔的现代物流管理系统不仅大大提高了运作效率,而且其电子商务平台还拓展到包含客户和供应商在内的整个供应链管理,极大地推动了海尔网络化战略的发展。

海尔集团提出"人单合一"的管理理念,即现代企业运作的驱动力只有一个:客户订单。没有客户订单,现代企业就"无米下炊"。所以,围绕订单而进行的采购、设计、制造、销售等一系列工作,都贯穿了一个重要的流程,即物流。没有现代物流系统的支持,企业的采购与制造、销售等行为就会带有一定的盲目性和不可预知性。因此,海尔基于 SAP 的 ERP 系统,建立了以订单信息流为中心的物流信息系统,使其能在物流角度一方面紧抓客户的需求,另一方面紧抓满足客户需求的全球供应链。

通过分析,海尔集团在实施物流信息系统中认识到:现代物流系统区别于传统物流系统的主要特征之一是响应速度。因此,海尔物流信息系统的建设注重以订单信息流为中心,使供应链上的信息同步传递,保证以速度取胜。因此,海尔梳理和优化了公司 50%~60%的管理流程,首先基于 SAP 公司提供的 ERP 系统搭建了自己的 ERP 物流管理系统,主要包括物料管理(MM)、制造与计划(PP)、销售与订单管理(SD)、财务管理(FI)、成本管理(CO)五大模块。进一步,在 GVS 项目中,努力实现在白家电事业部的采购功能中实现购买即支付(purchase to pay,P2P),在生产线事业部实现生产功能中的计划即生产(plan to product,P2P),在销售功能部分实现订单即现金(order to cash,O2C)。

这些系统的实现使信息同步集成,提高了信息的实时性与准确性,加快了对供应链的响应速度。如原来订单由客户下达传递到供应商,需要 10 天以上的时间,而且准确率低。使用这些系统后订单不但 1 天内完成"客户—商流—工厂计划—仓库—采购—供应商"的过程,而且准确率极高。另外,还可以实现不同类型的采购功能,实现供应商的协同,且支持各类通用件的采购,采购成本大大降低。在生产部分,提高了各种物料的预测精度,实现了制造生产过程投入产出的闭环反馈,降低了产成品的库存时间,节省了制造成本,提高了生产效率。同样,在销售功能中可以支持多种模式的销售,如特殊流程、逆向流程等。在财务管理方面,对于每笔收货,扫描系统都能够自动检验采购订单,以防止暗箱收货,同时在财务模块自动生成入库凭证,实现了物流和资金流的合二为一,发挥了真正的财务管理与财务监督职能。

海尔集团在实施这一系列 ERP 物流信息系统后效果显著。采购成本降低,呆滞物资降低 73.8%,库存减少 50%。优化整合了很多大的供应商,提高了国际化大集团组成供货商的比例,达到71.3%。同时,海尔的物流速度大为提高,订单量因此得以增加,增幅在50%以上。外部使用B2B(企业对企业)采购平台,100%的供应商订单从网上获得,网上付款达80%以上。仅此一项,每年可为供应商节约上千万元费用。实现了信息替代库存,国内零部件的库存量在3天以内就可以保证每天数十万台产品的生产。

3.3 以客户关系管理为核心的物流管理信息系统

无论是第三方物流企业,还是制造业或零售等各类服务业,只要是趋利性的组织,市场和客户都是它们的生存基础。早在1918年,美国的《幸福》杂志就得出这样的结论:美国500强企业只有不到10%能存活50年以上,而50%的新建私人企业会在5年之内经营失败。这些组织失败的主要原因是什么?就是不能适应快速的环境变化,最主要的就是不能适应客户的需求改变。由此,客户关系管理(customer relationship management,CRM)从20世纪90年代中后期提出,并受到很多企业、学者的关注,而国内外的很多软件商也适时推出了以客户关系管理命名的软件系统。

3.3.1 以CRM为核心的组织特点

CRM的定义有很多,目前还没有形成统一的概念。最早发展CRM的国家是美国,Gartner Group首先提出了CRM的概念,认为CRM就是为企业提供全方位的管理视角,赋予企业更完善的客户交流能力,最大化客户的收益率。CRM的核心思想就是通过赢得、发展、保持有价值的客户,增加企业收入,优化赢利性,提高客户满意度。进一步就是通过获得更多的客户线索,更广泛地共享客户信息,协同工作,增加收益,提高给客户的价值,实现企业和客户的双赢。

CRM是一种旨在健全、改善企业与客户之间关系的新型管理系统,也是建立在信息技术平台上,分析客户行为的管理技术。客户关系指客户与企业发生的所有关系的综合,是企业与客户之间建立的一种相互有益的关系。客户关系的理念是CRM成功的关键,信息系统与信息技术是CRM成功实施的手段和方法。

表3.11给出了信息技术发展下企业CRM思想的逐步演化过程。在20世纪80年代以前,没有CRM的概念,在组织结构上关于客户的信息分散存储在销售、制造、库存、服务等多个职能部门中,信息不共享。即使有信息技术的辅助存储和信息系统的管理,客户信息也分解成多个部分。如在销售部门,有客户的订单信息;在服务部门,有客户的请求维护信息;在生产制造部门,有客户的特殊需求信息等。整个客户信息被割裂存储在不同部门、不同应用范围、不同文件中。到80年代初,有了接触管理(contact management,CM)的概念,也就是专门收集客户与组织联系的所有信息,但这个职能主要放在组织的销售部门,存放在销售管理信息系统中。90年代初期,随着市场竞争的加剧,营销和客户服务的思想开始出现,传统的仅仅有销售部门接触客户的管理思想开始演化为营销、销售和客户服务3个部门,并开始认识到客户关系的重要性。采用先进的信息技术实现客户订单、客户资料、客户服务等的自动化、实时化成为必然,信息系统主要为销售力量自动化(sales force automation，SFA)系统和客户服务系统(customer service system，CSS)。到 90 年代中后期，随着互联网的普及和网络通信技术的发展，CRM 理论进一步蓬勃发展，如出现了集销售、服务于一体的呼叫中心(call center)和把组织客户信息全面集成管理的 CRM 系统软件平台。目前随着电子商务的兴起，CRM 开始向电子化的客户管理(E-CRM)方向发展。在 21 世纪初，随着移动终端(如智能手机)的迅猛发展，社交网络成为联系现代人沟通和交流的主要平台，如微信、QQ、Twitter、LinkedIn 等，使得零售跨入了全渠道(omni-channel)时代。因此，为了提供最优化的客户服务体验，移动 CRM 成为发展的必然。

表 3.11 信息技术发展对企业 CRM 思想的影响

时间 \ 组织变化	组织特点	管理思想	信息技术	信息系统
20 世纪 80 年代以前	没有专门组织机构，客户信息分散在销售、客户服务、制造、库存等部门中	按职能管理，客户信息分散、不共享	客户信息分散存储在不同职能文件中	单职能管理信息系统
20 世纪 80 年代初	销售部门	接触管理	收集客户与公司联系的所有信息	销售管理信息系统
20 世纪 90 年代初	销售部门演化成营销、销售、服务三部分	客户服务理念	信息自动化技术	销售力量自动化系统、客户服务系统
20 世纪 90 年代中后期	围绕客户的营销、销售、售后服务、技术支持等全面服务	客户关系理念	信息技术、网络通信与电子商务	CRM E-CRM
21 世纪初	借助互联网工具和社交平台，实现全渠道化的营销策略	提供最优化的客户服务体验	移动终端和以上技术的结合	移动 CRM

由此可以看出，CRM 是借助先进的信息技术和管理思想，通过整合组织中所有的客户信息资源，并在组织的内部实现客户信息和资源的共享，为客户提供个性化服务，改进客户价值、满意度、赢利能力以及客户的忠诚度，保持和吸引更多的客户，最终实现企业利润最大化；同时，CRM 应用系统通过对所收集的客户特征信息进行智能化分析，为组织的商业决策提供科学依据。

CRM 的核心管理思想体现在以下 3 个方面。

1. 客户是组织生存发展的最重要资源之一

目前正在从产品导向时代转变为客户导向时代，客户的选择决定着一个组织的命运，因此，客户成为当今企业最重要的资源之一。信息技术和网络通信技术的发展使得客户掌握信息的程度越来越高，客户也就变得越来越挑剔，保持客户的忠诚度就变得很不容易。比如，对于一个制造业，如何把客户"套牢"在企业的产品上。通过 CRM 系统，可以对客户的所有信息进行整合，并集中管理，这样可以体现出将客户作为企业重要资源之一的管理思想。事实上，对于企业，完整的客户档案或数据库就是一个企业颇具价值的资产，通过对这些客户资料的深入分析并应用销售理论中的 2/8 法则将会显著改善企业营销业绩，也就是实现了把客户，尤其是大客户，紧紧"套牢"在企业的产品上。

2. 对组织和客户发生的各种关系进行集成化管理

从表 3.11 可以看出,企业与客户之间发生的关系,不仅仅是销售过程中如合同签订、订单处理、发货、收款等和客户所发生的业务关系,而且还包括在企业营销过程中、售后服务过程中发生的各种关系,比如,在企业市场活动、市场促销推广过程中与潜在客户发生的关系;在与目标客户接触过程中,内部销售人员的行为、各项活动及与客户接触全过程所发生的多对多关系;售后服务过程中,企业服务人员对客户提供的关怀活动、各种服务活动,以及服务内容、服务效果的记录等。CRM 借助信息技术对组织与客户之间可能发生的所有关系进行集成管理,客户信息是 CRM 的基础,这种集成管理将会最大限度地整合客户各种数据资源,提高客户信息的共享度,并能够及时针对客户的需求、客户的抱怨等各种行为迅速作出反应,同时通过深入分析客户数据,如通过数据仓库、商业智能、知识发现等技术的应用,使得收集、整理、加工和利用客户信息的质量大大提高,从而辅助确定企业产品的发展方向,提升企业的市场竞争能力。

3. 进一步延伸企业供应链管理

ERP 系统是一个帮助企业实现内部资金流、物流与信息流一体化管理的系统,它的应用局限在企业内部,对供应链下游客户环节的应用具有很大的局限性。CRM 系统作为 ERP 系统中销售管理的延伸,借助互联网技术,突破了供应链上企业间的地域边界和不同企业之间信息交流的组织边界,建立起企业自己的 B2B 网络营销模式,这样,CRM 与 ERP 系统的集成运行才真正解决了企业供应链中的下游链管理,将客户、经销商、企业销售部门全部整合到一起,实现了企业对客户个性化需求的快速响应;同时也帮助企业排除了营销体系中的中间环节,大大缩短了响应时间,降低了销售成本。

3.3.2 以 CRM 为核心的企业物流信息需求及其相互关系

无论对于制造企业、服务业还是各种其他行业,客户都是企业生存发展的基础。只要有了客户需求,生产、配送、库存和运输就可以开始运行,这就是物流拉动模式。物流拉动模式是相对于传统意义上的物流推动模式来说的。物流推动模式是指先生产后库存,然后依据客户订购信息使产品进入物流系统,经过必要的运输、流通加工和配送,到达销售门店,最终销售给消费者的供应链模式,如图 3.12 所示。物流拉动模式是指生产企业在特定的历史时期该生产什么样的产品、生产多少这样的产品,完全取决于客户多变和多样的个性化需求,客户的购买力是该类产品的配送量、运输量、库存量、生产量的源头依据,生产企业需要不断从销售点获得个性化需求信息,不断创新改造自己的产品,并将最适当数量的产品通过物流系统运送到销售点的供应链模式,如图 3.13 所示。

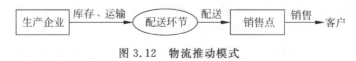

图 3.12 物流推动模式

由此可以看出,目前的现代物流系统是一个动态的网络系统,它由一系统物流连接点、连接线、连接工具组成。连接点包括生产企业、物流中心、配送中心、销售点等,连接线主要

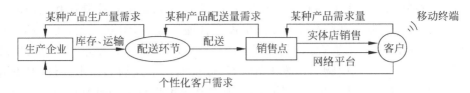

图 3.13　以客户需求为核心的物流拉动模式

是指连接从生产地到消费地的公路、水路、铁路和空中航线等,连接工具有各类的运输工具,如汽车、货运列车、飞机、船舶等。这个特殊的动态网络系统的推动力起源于生产企业,拉动力是最终客户的个性化需求。

由图 3.13 可以看到,把客户的需求、配送运输网络上节点的各种特定需求快速、有效地传递给生产企业,信息技术的辅助作用是必需的;另外,对于销售链条上的各节点,销售商品和服务客户是其首要任务,库存只是一种为了确保运营连续性的辅助性业务,并且库存成本也必然成为销售节点所售出商品成本的一部分。同样,物流系统中的配送中心也需要根据需求把配送环节中流通的货物库存降到最低,提高库存周转率。目前流行的准时制配送理念就是实现销售点和配送中心的信息共享,充分利用供应链管理系统的协作优势,把库存量降低到最低点,甚至将库存量降为零的物流操作方式。同样目标,对于生产企业和供应商来说,降低原材料或物资库存可以减少资金积压,并可以降低仓储费用。因此,无论对供应商、生产企业还是零售商,满足客户特定化需求的同时,降低配送环节和库存环节的成本是他们需要实现的目标。

分销或配送资源计划(distribution resource planning,DRP)是在分销或配送环境下的一种计划信息管理系统,属于库存管理的计划范畴。DRP 联系着物流配送系统和制造规划及控制(manufacturing plan control,MPC)系统,它阐明现有的存货状况,并且预测配送系统对于制造生产计划和物料规划的需求。配送资源计划是一种既保证有效地满足市场需要,又使得物流资源配置费用最省的计划方法,是 MRP 原理与方法在物品配送中的运用。

图 3.14 给出 DRP 和生产企业 ERP 之间的关系。DRP 和 ERP 中的 MRP 一样都是需求管理(demand management,DM)的一部分,DRP 是由客户的需求所决定的,企业无法或

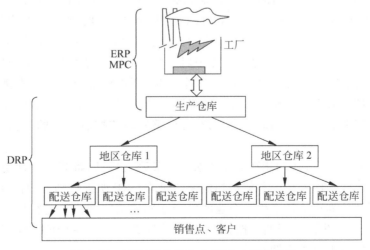

图 3.14　DRP 和生产企业 ERP 之间的关系

者很少能加以控制；而 MRP 是生产计划所决定的，生产计划是由企业制定和控制的。从库存管理的角度来考虑，制造和装配完成之前的库存管理是由 MRP 进行的，而一旦制成品到了工厂的仓库，就由 DRP 来管理销售链上的存货。DRP 是指在流通链上配置物资资源的技术，它能够实现流通领域内物流资源按照时间、数量的需求计划和需求到位，但不适用于生产领域。如果一个企业既搞生产又搞流通，则需要运用物流资源计划（logistics resource planning, LRP）。也就是以物流为基本手段，打破生产与流通界限，集成制造资源计划、能力资源计划、分销需求计划以及功能计划而形成的物资资源优化配置方法。

和 ERP 中的 MRP 原理一样，DRP 在应用过程中，最基本的工具是产品明细表，这些表给出了客户需求链上产品的存货和周转情况，是整个产品数据库的一部分。不断更新的关于存货和客户需求的信息在地区仓库和配送仓库之间周期性地或实时地进行传递。表 3.12 给出了某库存单位在地区仓库的明细表。

表 3.12 某库存单位在地区仓库的明细表

（安全储备：20 个；订货批量：150 个；订货周期：2 周）

预测时间周期/周	0	1	2	3	4	5	6	7
预测需求数/个		120	100	110	90	130	130	130
已订货到达数/个				150	150	150		150
预计现有库存数/个	250	130	30	70	130	150	20	40
计划订货数/个		150	150	150		150		

表 3.12 中"预计现有库存数"的计算方式为：预计现有存货数＝上一时间周期末的存货数＋已订货到达数－本周期的预测需求数。最后一行是计划订货数，它是为避免存货数量低于安全储备而向供给源，如生产仓库提出的补给需求数。显然，计划订货数和已订货到达数在时间上相差的是一个订货周期。此外，DRP 明细表还给出了安全储备、订货周期和订货批量，作为 DRP 计划中的参考数据。

因为需求经常波动，所以 DRP 在实施过程中需要不断进行调整。在表 3.12 中的 DRP 明细表中，每个时间周期的需求数是根据以往经验进行预测得出的，实际需求一般会在预测值附近波动，这样经过几个时间周期，原 DRP 明细表中的内容就需要进行调整，尤其是计划订货的时间，如表 3.13 所示。在表 3.13 中，第 1 周的实际需求为 106 个，比原来预测的 120 个少了 14 个，这样一连串对后面几周的产品库存数据都产生影响。尤其是在第 2 周，因为实际需求比预测的多了 20 个产品，则连锁反应造成原来排的预定产品计划可能有问题，即在第 6 周的剩余库存已经降到安全库存量以下。若后面几周再出现需求大的波动，就可能造成缺货。因此，这种动态的调整实时监控着需求的变化，以便及时作出应对措施。

另外，当所有的配送仓库 DRP 明细计划列出来后，就可以将其中的计划订货数信息传送到地区仓库，地区仓库进行汇总就得到地区仓库的 DRP 明细计划；然后，各个地区仓库把制定的 DRP 明细计划再传送给生产企业的生产仓库或销售部门。这些计划订货的数据能作为制定生产企业主生产计划的依据，即主生产计划必须保证各个地区仓库的订货得到及时的满足（其中要考虑订货周期）。

表 3.13 某库存单位在地区仓库需求计划实施中的调整情况

(安全储备：20 个；订货批量：150 个；订货周期：2 周)

预测时间周期/周	0	1	2	3	4	5	6	7
预测需求数/个		120	100	110	90	130	130	130
已订货到达数/个				150	150	150		150
预计现有库存数/个	250	130	30	70	130	150	20	40
计划订货数/个		150	150	150		150		

第 1 周的实际需求为 106 个

预测时间周期/周	1	2	3	4	5	6	7
预测需求数/个		100	110	90	130	130	130
已订货到达数/个			150	150	150		150
预计现有库存数/个	144	44	84	144	164	34	54
计划订货数/个	150	150	150		150		

第 2 周的实际需求为 120 个

预测时间周期/周	2	3	4	5	6	7
预测需求数/个		110	90	130	130	130
已订货到达数/个		150	150	150		150
预计现有库存数/个	24	64	124	144	14	34
计划订货数/个	150	150		150		

DRP 的优点就是能对供需链上的存货进行有效的管理，使存货水平得到降低，同时也减少了仓储费用。另外，还可以对生产企业的主生产计划起到指导协调的作用，降低产品的制造和物流环节成本。动态调整的配送计划可实现即时配送，提高预算能力，改善客户服务水平，保证顾客的需求得到满足。因此，DRP 技术有助于企业提高连接市场需求和制造活动的能力。因为一个设计完好的 DRP 系统可以帮助管理层预测将来的需求，匹配物料的供给与需求，有效地应用存货满足客户的服务需求，并对市场的波动作出快速调整。但也可以看出，DRP 需要对客户需求有相对准确的预测，如果需求波动范围过大，就可能导致存货不能满足实际需求或者低于安全储备的情形。另外，DRP 对订货周期也有很大的依赖性，而订货周期受很多不确定因素的影响，这样也可能导致已经订购的货物不能在订货周期内按时到达，从而造成缺货。

由此可以得出，在以 CRM 为核心的企业物流信息需求中主要是对客户需求信息的分析，也就是客户需求预测分析。涉及的信息包括企业内部和外部、宏观和微观等，如客户本身信息、产品信息、行业信息、市场信息、国家经济信息，甚至自然灾害、突发事件等都会对客户需求造成影响。采用信息技术不仅可以实现信息共享、信息传递，还可以通过数据仓库、数据挖掘和商业智能等工具软件辅助分析和决策过程，这部分将在后面章节进行详细阐述。

3.3.3 以 CRM 为核心的企业物流信息结构

支持以 CRM 为核心的企业物流管理信息系统主要包括 3 部分：首先是与客户直接接触的销售、服务、技术支持和市场调查等相关的业务工作自动化过程；其次是用来管理客户和企业进行相互交流的方式，比如，通过门户网站、电子商务、企业外联网或互联网等支持接入服务，使得客户能够辅助自助服务、完全自助服务或全能服务，主要是支持企业进行渠道管理，也就是各级客户能够方便地和制造商、配送商、销售商进行信息沟通和交互。它能使一个企业的日常运营按各自的业务规则进行，但又独立于该企业的整体运作之外，即一个有效的渠道管理应能将与客户的交互接触点上的所有渠道需求进行全面集成。通过理解客户的渠道使用习惯、客户行为和需求，建立正确的设施来支持客户变化的需求，如呼叫中心、网上浏览和交易、APP 交易等。进一步是建立和客户之间的协同关系、联盟关系和双赢关系，这需要企业与客户建立长期的合作关系。最后是通过应用数据仓库、数据挖掘技术和复杂的分析功能，随时分析客户的种类和偏好，掌握客户的各种需求，以便较为准确地预测客户的需求变化。

和前面类似，以 CRM 为核心的企业物流管理信息系统如 DRP 中的信息功能模块仍然包括订单管理、库存管理、运输管理、采购管理、服务管理、成本管理等。表 3.14 给出了以 CRM 为核心的企业物流信息系统结构。但这里区别于前面的功能是，主要强调和 CRM 有关的功能。如客户订单管理中，客户订单的分类方式和标准（大、中、小不同的客户，管理方式可能不同）、订单的跟踪等都是重要的，以保证服务过程透明、稳定和可靠。再如配送调度管理子系统中，为了实现快速响应客户需求，主要侧重在日常运输资源的调度优化上，通过对包括车辆、驾驶员以及允许的运输范围和线路资源等进行安排，生成运输计划、运输执行口令等，并同时提供优化的配载计划，使车辆车型的使用和搭配达到最优，包括装载优化、路径以及站点顺序优化，提供站点顺序合理性建议以及优化的路径路线指引等。又如库存搬运、分拣管理子系统中，引入准时制生产思想，服务提供方依据需求方的具体要求，以最短的时间、最合理的方式满足需求方的需要。服务管理子系统是基于物流系统具有峰值服务量并发的基础上提出的，也就是物流服务的量有高峰、低峰时期，通过对所服务的地区、时间进行分类和分析，平衡作业资源，使得企业以更快的速度和更高的效率来满足客户的独特需求，同时向服务人员提供完备的工具和信息，并支持多种与客户的交流方式，帮助服务人员

表 3.14 以 CRM 为核心的企业物流管理信息系统结构

结构层次	信息技术和管理信息系统	实现的内容
业务作业自动化	客户订单分类管理子系统，配送调度管理子系统，库存搬运、分拣管理子系统，服务管理子系统，订购预测子系统，成本管理子系统	日常业务活动的运营和管理优化过程
接入管理自动化	门户宣传网站、电子商务网站、企业外联网	提供各种便利的渠道和客户进行沟通
智能决策分析	数据仓库、数据挖掘、商业智能、大数据	挖掘深层次客户的需求

更有效率、更快捷、更准确地解决用户的服务咨询,还可以根据用户的背景资料和可能的需求向用户提供合适的产品和服务建议。3.3.2节中介绍的DRP系统就是一个订购预测子系统,在深入分析客户需求变化的基础上,定期作出关于产品订购的计划,并随时根据客户实际需求修改调整这个计划的执行过程。成本管理子系统是实现以上客户订单、运输配送、库存搬运、分拣、服务等各个部分所发生费用的分析和核算过程。

时间可以用来衡量客户收到一个给定产品和服务必须要等待多久。这段时间的长短可以从零(产品即时可得,如超市货架上的货物)到一天、数天或者数月。因为客户一般不想等待,甚至可以为节省时间,多花一些钱,因此,企业可以用时间赢得竞争优势。比如,海尔在实施ERP系统的基础上,又建设了原材料采购平台BBP和全球配送系统。通过3个JIT,即JIT采购、JIT配送和JIT分拨物流来实现同步流程。目前通过海尔的BBP采购平台,所有的供应商均在网上接受订单,并通过网上查询计划与库存,及时补货,实现JIT采购;货物入库后,物流部门可根据次日的生产计划利用ERP信息系统进行配料,同时根据看板管理4小时送料到工位,实现JIT配送;生产部门按照B2B,B2C订单的需求完成订单以后,满足用户个性化需求的定制产品通过海尔全球配送网络送达用户手中。海尔在中心城市实现8小时配送到位,区域内24小时配送到位,全国4天以内到位。

表3.15进一步描述了关于接入管理自动化功能模块的内容,分别从企业宣传,客户和企业交易,企业和大的客户、外部供应商、外包商、执法机关等信息沟通、资源整合方面来实现整个管理过程。从信息技术角度,实现这种接入管理功能是很容易的;但从管理角度,和客户、外部资源供应商等进行信息协作是有很大挑战性的。最后的智能决策分析功能是在前面业务作业自动化基础上实现的,对业务作业采集的数据进行分类、统计或深层次的数学模型、智能模型的建模计算,如运输路线优化模型的计算或各种预测方法的应用,如指数平滑预测、移动平均预测等,并通过反复的模拟分析,得出合理、优化的决策执行策略。

表3.15 关于接入管理自动化功能模块的内容

功能模块	实现的内容
门户宣传网站	满足企业在线宣传的需求,包括企业静态信息的宣传和企业动态信息的宣传以及局部的企业移动办公事务处理
电子商务网站	支持用户与企业的信息交互;支持用户在线向企业进行业务委托;支持用户远程实时获知物流服务的进展情况,用户就可能的服务变更与企业取得联系和磋商并及时获取企业的反馈,用户和企业在线了解发生的成本费用情况并进行结算和提供交付信息
企业外联网	帮助企业和供应商、客户、中介机构、外包服务商等建立资源合作者;可使得企业实时了解协同资源的类别、使用状况等信息,并能从目录中寻找、推荐外部资源合作者,记录和查询外部提供的资源及其使用情况,并进行费用结算等
移动APP	提供移动应用服务功能,主要是针对智能手机等终端产品快速接入互联网的应用,广泛出现在社交平台的应用中

3.4 以供应链管理为核心的物流管理信息系统

在供应链和物流之间的关系上物流就像是供应链体内的大动脉。但更深层次上,从理论角度来看,供应链理论是物流理论的延伸;从应用角度来看,供应链是物流的系统化和集成化。任何一个组织都会处在某个或某几个供应链中,它们都会和链中的企业之间存在着物流、信息流和资金流的相关活动,因此,分析这种以供应链管理(supply chain management,SCM)为核心的物流管理信息系统就是很必要的,也是一个趋势。

3.4.1 以 SCM 为核心的组织特点

供应链是围绕核心企业,通过对信息流、物流、资金流的控制,从采购原材料开始,制成中间产品以及最终产品,最后由销售网络把产品送到消费者手中的一个网链结构模式。用形象的话讲就是在供应商、制造商、分销商直至最终消费者的经济运行和系统运动中形成一条贯穿其首尾的链条。它实际上是从最初的原材料供应商到最终消费者物资运动过程中环环相扣的一种紧密依存关系,既包括一个企业内的生产流程,又包括供应商和客户的相关流程,还包括供应商的供应商、客户的客户的相关流程,从而构成一个完整的、有机的供需链,见图 3.15。

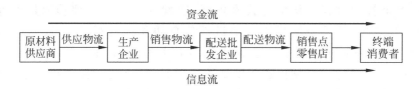

图 3.15 SCM 概念图

从供应链的定义可以看出,物流活动从采购开始经过生产、分配、销售最后到达用户,不是一个孤立的行为,而是具有一定物资流量的环环相扣的"链",物流活动是受这一供应链的决定和制约的。由于每个企业的上游企业和下游企业往往不是单个,这就使得链式结构互相关联、交错形成了网络结构。这一网络内部包含有物流系统的各个要素,这些功能要素虽然同处一个物流大系统,但它们各自又是相互独立的。供应链上各环节都有各自不同的利益,它们在物流过程中都需要通过获得利润而生存,这些功能要素之间往往存在效益背反和互相矛盾的现象,也就是各功能之间经常存在各种利益的冲突,这就需要物流决策者在这些相互联系的主要功能要素之间权衡利弊、协调关系。

现代物流管理理念的发展和现代信息技术的支持,提供了供应链上各个环节信息的共享,使管理者们能从总体上看到整条链活动的情况,能够管理整条"链",而不是像过去那样只管理各链节之间的"接口",或只管理其中一部分"链节"。SCM 实际上就是把参与物流活动的企业作为一个统一的过程来管理。通过 SCM,可以将参与物流活动的企业在合作的信念上整合为一个企业群体,不同的企业能够通过分享信息和共同制订物流计划使得整体物流效率得到提高,使得各自追求其经济利益的原动力集合为一个提高物流效率和增加企业竞争力的合作力量,最终达到双赢或者多赢。

供应链中的信息共享策略有信息集中(information centralization，IC)、供应商管理库存(vendor management inventory，VMI)以及协同计划、预测和补货(collaborative planning forecasting and replenishment，CPFR)，见图 3.16。它们共享信息的内容和方式存在差异。信息集中指零售商与供应链的其他成员共享实际市场销售数据，从而减少供应链中的牛鞭效应；VMI 指供应商等上游企业基于其下游客户的生产经营、库存信息，对下游客户的

图 3.16 供应链中的信息共享策略

库存进行管理和控制，也就是将管理零售商销售点库存的权限交给供应商，从而提高库存周转率和顾客满意度；CPFR 不仅共享需求信息，还共享诸如历史销售数据、预测等信息，通过这些标准化的共享信息可以进行精确的市场预测，根据需求动态及时补货，进行有效的库存管理，以减少成本，实现共赢，提高整个供应链的业绩和效率。

信息协同是实现供应链目标的最高境界，涉及供应链上企业之间信息共享的策略、共享的模式、信息技术对供应链协同支持等各个方面。但信息共享是信息协同的基础，而信息技术是供应链上不同企业之间实现信息共享的支撑。

表 3.16 中给出了供应链上各方存在的关系类型。市场买卖关系最多发生在终端消费者和零售商之间，关系的长度很短，决定交易的主要要素是价格和服务质量。因为发生关系的长度短，了解的情况就很少，就不可能对未来的交易提供承诺。所以，加长发生关系的时间，增加相互的需求了解是进一步加强关系的基础。客户关系管理利用先进的信息技术来支持从各个环节增长和客户发生关系的长度，实现信息的收集和反馈功能。传统的供应商和合同关系发生在供应链上的很多上、下游企业之间，它们之间有一段较长时间的合同关系，如 2 年或 5 年，合作双方可能需要投资，但活动范围有限。如联合库存，仅仅在库存方面进行协作，双方交易的基础是数量，需要两方的信任和承诺。诸如订单管理系统、企业外联网、电子商务等信息系统可以加速这种传统供应商和合同关系信息流转的速度。目前很多的合同关系已经演变成上下游之间长期的、全面的协作关系，这就是特定关系和协作联盟关系。供应商管理库存实现了供应链上游企业为下游企业进行存货管理，而下游企业不再拥有自己的仓库。进一步还完成集货、送货、分类成批、零散整合、流通加工、装配、处理回收材料等各种业务，进行长期的投资，属于高投资高风险，但可以带来竞争优势，如协同计划、预测和补货系统(CPFR)。1995 年，国际著名的商业零售连锁店沃尔玛及其供应商 Warner-Lambert、世界最大的企业管理软件商 SAP、国际著名的供应链软件商 Manugistics、美国著名的咨询公司 Benchmarking Partners 等 5 家公司联合成立了零售供应和需求链工作组(retail supply and demand chain working group)，进行 CPFR 研究和探索，其目的是开发一组业务过程，使供应链中的成员利用它能够实现从零售商到制造企业之间的功能合作，显著改善预测准确度，降低成本、库存总量和现货百分比，发挥出供应链的全部效率。在实施 CPFR 后，Warner-Lambert 公司零售商品满足率从 87% 增加到 98%，新增销售收入 800 万美元。在 CPFR 取得初步成功后，组成了由 30 多个单位参加的 CPFR 理事会，与 VICS(自愿行业间商业标准，Voluntary Interindustry Commerce Standards)理事会一起致力于 CPFR 的研究、标准制定、软件开发和推广应用工作。美国商业部的资料表明，1997 年美国零售商品供应链中的库存约为 1 万亿美元。CPFR 理事会估计，通过全面成功实施 CPFR

可以减少这些库存中的 15%～25%,即 1500 亿～2500 亿美元。由于 CPFR 巨大的潜在效益和市场前景,目前很多著名的企业软件商如 SAP、PeoplSoft 和 Synara Software 等公司正在开发 CPFR 软件系统和从事相关的服务。

表 3.16 供应链上各方的关系类型

供应链上的关系	内　　容
市场买卖关系	上下游双方之间维持一种单项交易,不对未来的交易提供承诺
传统供应商	上下游企业之间的一种关系,包含一个可延续时间段上的承诺以及对信息、风险和报酬的共同承担,如一个采购订单周期
合同关系	合同期限较长,需要信任和承诺,一定时间区间内,双方可能会有投资,对双方的潜在投资损失会增加风险,但回报也很大,如联合库存
特定关系	在某一个管理和控制功能方面实现长期的、全面的投资和协作,如供应商管理库存
协作联盟	长期的合作,并需要从最初投资获得回报,进行持续投资、持续改进,如协同计划、预测和补货

通过以上阐述可以看出,以 SCM 为核心的组织主要有以下特点:

(1) 更关注供应链上的关系问题。以企业为中心的商务方式向以客户为中心的商务方式的转变,使得企业组织需要一种外部处理的观念,尤其是关注与所处供应链有直接关系的企业之间的关系问题,这也是日益激烈的全球竞争迫使的结果。

(2) 向专业化组织转化。顾客对服务要求的增加,如更快、更便宜、更好,需要产品和信息在整个供应链中传送速度的提高。一个企业很难全方位实现客户的需求,因此,专业化组织逐步发展起来,如第三方物流、OEM、外包协作等。这种趋势增加了组织间的合作和协调,并逐步通过合作行为日益加强其战略合作关系,各个组织基于双方利益建立合作战略关系,选择贸易伙伴,分享利益。例如,发展基于合作水平的数据分享战略,研究更有效的分割数据策略,从而把有选择的、安全的信息同供应链伙伴共享。

(3) 充分发挥信息技术的支撑作用。信息技术的支撑作用加速了以上的组织转变过程,传统的发票处理方式正在被一种新型的、多样化的订单方式所替代。电子交易平台、电子报价系统以及因特网寻找客户方式的运用为一些产品创立了一种全新的"开放资源"环境。任何追求 SCM 的组织必须运用先进的技术去适应贸易伙伴的多样化,而不是去仅仅追求建立一种商务运作的模型。

比如,戴尔供应链高度集成,上游或下游联系紧密,成为捆绑的联合体。SCM 已成为成功应用到组织物流管理领域的崭新理念,它摒弃了各个企业局部管理的思想,利用系统论的观念和方法以及先进信息技术的支持实现对物流系统的整合,以达到整个物流大系统的全局最优。目前市场的竞争不再局限于企业与企业的竞争,而是逐步开始转变为供应链和链之间的竞争,一条供应链上的原材料厂商、制造厂商、物流企业、批发商、零售商结成战略联盟,共同抵御市场竞争风险是未来企业发展壮大的趋势。

3.4.2 以 SCM 为核心的企业物流信息需求及其相互关系

第 2 章中已经讲过,建立企业间的供应链信息系统需要分两步走:一是创建网络化的企业运作模式;二是建立统一的管理信息系统架构。因此,在以 SCM 为核心的企业物流信息需求管理中,互联组织系统(interorganizational system,IOS)起到了很大的作用。互联组织系统就是在一个供应链的上下游企业之间搭建信息交互和沟通通路的系统,目标是开发商业伙伴之间的相互关系并改善他们相互之间的信息交互流程。要实现 IOS,显然计算机通信网络是必不可少的技术基础。借助于先进的信息网络技术,目前的 IOS 不仅可以实现一对一的企业之间互联,还可以同时实现一对多或者多对多供应链上企业之间的互联。

下面以生产企业为例,说明企业在供应链上和外界信息交互的关系情况,如图 3.17 所示。一般企业通过市场和销售、采购、客户服务以及运输与配送等环节和外界供应链上相关企业进行信息交互,而企业内部的生产计划、库存管理、生产运作以及会计和财务也会基于因特网参与部分功能相关的信息沟通,如会计和财务管理部分需要和供应链上企业关于应收账、应付账进行信息沟通;同时和监管及协作部门,如工商、税务、银行等也有很多信息交互关系。

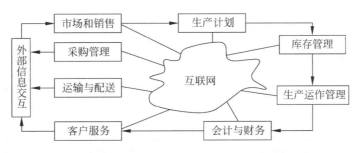

图 3.17 企业在供应链上和外界信息交互的关系

表 3.17 给出了和供应链上有直接物流活动的业务关系、信息需求和相关业务对象的情况。供应链上的物流活动主要包括销售物流、采购物流、运输与配送、客户服务以及会计与财务等。销售物流从业务关系角度会涉及各种不同的客户,如行业销售者、内部消费者、终端消费者、订单消费者、第三方订单消费者等。面向订单生产(make-to-order,MTO)是指按照客户订单安排生产和采购的生产计划方式;而第三方订单处理指企业和客户之间通过第三方实现产品的销售活动,这也需要记录对客户的处理情况。围绕销售过程中的信息,如订单、报价/询价、客户本身及其定制产品的物料清单等,都是在和客户交易中涉及的主要信息,由销售组织、销售团队、销售办事点及其和销售密切相关的市场、运输等对象一起协同实现该物流活动。同样,采购物流中针对不同的物料采购,实现不同的供应商关系。重要物料的采购(如库存 ABC 分类中的 A 类或 B 类)和供应商之间采用信息合作伙伴关系,如联合管理库存、供应商管理库存等;而对于廉价消耗性物料采购,可以实现随时需要随时采购,然后直接进入生产运营过程。生产过程中部件或半成品的转包可以帮助生产者减少产品的成本和提高客户服务能力,但转包物流中涉及的物料预订、发货和收货都需要和企业其他标准的采购管理过程一样,和转包商进行及时信息交互,实现集成化管理。服务采购指采购中的供应商选择、供应商报价、供应商投标、与供应商合作的合同等管理过程。信息需求主要包括采购单、供应商、价格和合同协议等,会涉及相关采购组织、仓储和车间等对象。运输与配送可能是通过自己的运输组织或团队,也可能是通过合同的第三方运输企业,通过对运输需

求信息进行计划归并和调度优化,发出运输派车单,在仓储协作下进行货物的装载,并通过运输跟踪管理系统的监控,实现货物的安全、及时运输。

表 3.17 供应链上物流活动的业务关系、信息需求和相关业务对象

供应链上的物流活动	业 务 关 系	物流信息需求	业 务 对 象
销售物流	直接销售给行业消费者 直接销售给内部消费者 直接销售给零售企业 客户订单处理(MTO) 第三方订单处理	业务伙伴信息 销售订单信息 客户询价信息 客户报价信息 物料清单信息	销售组织 销售办事点 销售团队 运输地点 市场组织
采购物流	库存物料采购 消耗性物料采购 转包采购处理 服务采购	采购请求信息 采购单信息 报价请求信息 供应商信息 协议信息 服务合同信息	车间 采购组织 采购团队 仓储组织 存储地
运输与配送	自有运输/配送处理 第三方运输/配送处理	运输单信息 运输计划信息 运输派车信息 运输合同信息 运输跟踪信息	仓储组织 仓储地 运输组织 运输装卸团队
客户服务	现场服务处理 长期服务协议处理 内部修理处理 备件交货处理 通知接收和处理	设备信息 物料清单信息 服务信息通知 服务订单信息 服务合同信息	销售区域 维修计划团队 维修计划车辆 存储地点 加工中心
会计与财务	供应商处理 客户处理 合并处理 特定分类账户处理	账户一览表信息 供应商账户 客户账户信息 客户信贷限额 应付账分类账	公司代码 业务领域 信誉控制领域 功能领域

客户服务、会计与财务两个活动在表面上与企业物流活动没有关系,因为它们并没有直接参与企业生产运作中贯穿供应链的所有物流活动,但它们的作用是很重要的,是属于对前面生产运作物流活动的支持活动。具体地,客户服务是对整个企业生产物流活动的进一步完善和补充,而会计与财务是对整个企业生产物流活动的控制和管理。在 3.4.1 节中已经看到,信息协同是实现供应链目标的最高境界,因此,以 SCM 为核心的企业物流信息需求就不应该是一个个功能割裂的节点,而是以供应链为核心的一个统一集成体,这种集成要求企业的整个物流需求通过客户服务构成一个闭环,并且通过会计与财务实现全面的监控和管理。

3.4.3 以 SCM 为核心的企业物流信息结构模型

以 SCM 为核心的企业物流信息结构模型是指供应链上为了实现各个企业之间信息的

共享和协同搭建的一个集成的、一体化的信息系统,它不仅仅局限在一个企业内外及其环境,而是从整个供应链来考虑,因为供应链上涉及很多企业且存在各自利益竞争关系,因此,这种信息系统是 3.1 节～3.3 节中介绍所有局部信息系统(相对于供应链大系统来说)的一个集成体,属于一个复杂大系统。

图 3.18 是一个基于供应链的管理信息系统概念结构。供应链上每个企业通过以通信网络技术为基础的集成电子商务平台连接,成为一体化的互联组织系统。它们在协同计划、协同组织、协同指挥和协同控制的统一管理下,实现协同的生产与运作过程,实现供应链上物流与信息流的统一。表 3.18 总结了供应链上的物流系统及其相关的信息管理系统。协同计划、预测和补货(CPFR)是供应链上实现图 3.18 上 4 个协同的关键系统。这里重点阐述 CPFR 的功能,其他系统前面各章节均已讲过,不再赘述。

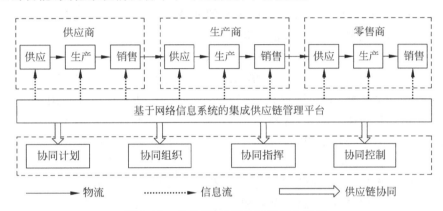

图 3.18 集成 SCM 信息系统概念结构

表 3.18 供应链上的物流系统及其相关的管理信息系统

供应链物流系统	信息管理功能	涉及的管理信息系统
协同计划、预测和补货(CPFR)	需求计划 需求预测 补货计划	商业智能、数据挖掘、数据仓库、人工智能
销售系统	电子商务 客户订单处理 客户关系管理	配送需求计划(DRP)、门户宣传网站、移动 APP 接入、电子商务网站、企业外联网、企业内联网、商业智能、数据挖掘、数据仓库、人工智能
生产系统	生产计划 物料需求计划 能力需求计划 车间作业计划	ERP 系统、MRP Ⅱ 系统、仓储管理系统(WMS)
采购系统	电子订购 采购单处理	电子订购系统(EOS)、电子商务系统、EDI
运输与配送系统	运输计划 运输合并调度 运输跟踪	GIS、GPS、运输优化系统

CPFR 的主要业务活动划分为计划、预测和补给 3 个阶段。第一个阶段为计划,主要包括供应链伙伴达成协议和创建联合业务计划两部分;第二个阶段为预测,包括创建销售预

测、识别销售预测的例外情况、销售预测例外项目的解决/合作、创建订单预测、识别订单预测的例外情况、订单预测例外项目的解决/合作；第三个阶段为补给，包括订单产生。

第一阶段的主要功能包括供应链合作伙伴，如零售商、分销商和制造商等为合作关系建立指南和规则，共同达成一个通用业务协议，包括合作的全面认识、合作目标、机密协议、资源授权、合作伙伴的任务和成绩的检测等；然后创建联合业务计划，如供应链合作伙伴相互交换战略和业务计划信息，以发展联合业务计划。合作伙伴首先建立合作伙伴关系战略，然后定义分类任务、目标和策略，并建立合作项目的管理简况（如订单最小批量、交货期、订单间隔等）。

第二阶段在创建销售预测功能中，主要利用零售商销售数据、因果关系信息、已计划事件信息创建一个支持共同业务计划的销售预测系统，同时也要识别分布在销售预测约束之外的项目，每个项目的例外准则需在创建销售预测功能中得到确认。然后是通过查询共享数据、E-mail、电话、交谈、会议等解决销售预测例外情况，并将产生的变化提交给销售预测系统。通过合并销售数据、因果关系信息和库存策略，产生一个支持共享销售预测和共同业务计划的订单预测，提出分时间段的实际需求数量，并通过产品及接收地点反映库存目标。订单预测周期内的短期部分用于产生订单，在冻结预测周期外的长期部分用于计划。这时也需要通过查询共享数据、E-mail、电话、交谈、会议等调查、研究订单预测例外情况，并将产生的变化提交给订单预测。同样，这种例外准则需在创建销售预测功能中得到确认。

最后一个阶段就是将订单预测转换为已承诺的订单。订单产生可由制造厂或分销商根据能力、系统和资源来完成。

CPFR 为供应链上的所有企业建立了一个相互交易的伙伴框架结构，并能用于创建一个消费者需求的单一预测、协同制造企业和零售商的订单周期，最终建立一个企业间的价值链环境，在获得最大赢利和消费者满意度的同时减少浪费和成本。因此，CPFR 系统是供应链上物流管理系统的统一领导者和指挥控制者，其他系统如销售、采购、生产和运输配送都是在它的指导下进行实施的，否则它们就会成为供应链上一个个孤立的"信息小岛"。

但是，因为 CPFR 在供应链上实施时，涉及很多企业，各个企业组织结构不同、管理基础不同、企业文化和价值观等不同，因此，实现 CPFR 是很困难的。实施 CPFR 的关键因素，一是以双赢的态度看待合作伙伴和供应链的相互作用；二是为供应链成功运作提供持续保证和共同承担责任；三是抵御转向机会；四是实现跨企业、面向团队的供应链；五是制定和维护行业标准。

以上关于 CPFR 系统成功实施的因素可以说更多的是和企业的价值观、企业管理思想和企业人员素质等相关的。例如，制定行业标准，才能使供应链协作的企业之间在一个信息系统平台上、以相同的语言来进行信息共享和交互。没有统一的标准，信息共享是不可能实现的，要实现信息协同更是海市蜃楼，这就是信息系统的社会性。在第 2 章中讲到管理信息系统的概念时曾讲到，管理信息系统既是一个技术系统，又是一个社会系统，而且它们在系统实施过程中所占的比例为 3∶7。供应链上的物流系统整合是通过计算机通信网络信息系统实现的，但这些先进的技术只能实现信息的快速共享，而企业之间哪些信息可以共享、信息共享的时间周期是多少、企业之间的利益如何分配等还需要由企业之间的社会性来决定，如实施 CPFR 所要求的企业协作态度、企业的责任感等，这种社会性同样说明了 SCM 信息系统是一个复杂的系统。

本章小结

第三方物流是物流专业化的重要形式，它有多种类型：有资产基础的、无资产基础的和基于互联网参与的。第三方物流组织的信息网络化、管理规范化和服务个性化等是赢得市场竞争的重要因素。因此，一般的第三方物流管理信息系统包括订单、仓储、运输、配送和结算等主要信息处理活动、相应的查询与分析控制决策活动及其和外界、内部进行交流的信息处理活动等。

ERP 系统是一种基于信息技术的先进管理思想在企业中的具体应用实现，它把企业的物料库存、采购和制造生产进行整合，通过信息流控制物料流和资金流，并把这种思想从企业内部扩展到外部，实现供应链上和供应商、客户的全面整合。涉及的物流信息处理功能主要包括物料库存记录、采购订单、生产订单、管理成本等。

CRM 系统是一种基于信息技术的全方位客户服务信息管理系统。以 CRM 为核心的信息需求就是精确预测市场和客户需求，并能根据市场波动及时作出调整，如 DRP 就是这样一个资源计划管理的系统。为了实现 CRM 的目标，其管理信息系统主要是从业务作业自动化、接入管理自动化和智能决策分析 3 个方面来实现支持作用的。

SCM 系统是最大的管理信息系统，它由供应链上各个参与企业的多个不同管理信息系统组成，包括企业内部的 ERP 系统、内联网系统或 OA 系统、CRM 系统等和企业之间的电子商务系统，外联网或 EDI 系统等。因此，实现信息标准化、网络化是实现供应链上企业之间互联的第一步，也是实现信息共享的前提条件。信息协同是供应链信息系统的最高目标，如实现协同计划、预测和补货系统。

思考题

3-1 什么是第三方物流？第三方物流的类型有哪些？

3-2 哪些特点是第三方物流企业赢得市场竞争的重要因素？

3-3 管理信息系统支持的第三方物流企业和业务处理的第三方物流组织有什么区别？

3-4 终端客户系统和业务人员信息系统有什么不同？

3-5 企业资源计划系统的核心模块是什么？如何实现物流、资金流和信息流的统一？

3-6 企业资源计划系统中如何辅助管理者进行模拟决策过程？

3-7 企业资源计划系统中成本管理功能和一般的会计核算功能有什么区别？

3-8 客户关系管理系统的主要功能是什么？分析分销资源计划系统对客户关系管理系统的贡献。

3-9 试讨论第三方物流系统、企业资源计划系统和客户关系管理的联系和区别。

3-10 试讨论供应链关系中从单纯的市价交易到企业联盟，信息技术对它们的支持作用有哪些。

3-11 怎样理解协同计划、预测和补货（CPFR）是 SCM 信息系统的最高目标？

讨论题

3-1 针对案例 3-1,请分析哪些物流信息系统和技术支撑了顺丰的速度。

3-2 结合案例 3-1,讨论在电子商务时代,顺丰应如何进一步基于 IT 技术和信息系统来提供增值服务,实现创新性服务?

3-3 结合案例 3-2,查阅海尔的信息系统建设资料,分析给出海尔 10 年来 ERP 与相关物流信息系统的发展状况。

第4章 物流信息标准化与数据采集技术

从对前面章节的学习已经知道,基于信息技术实现供应链上下游企业之间物流活动的协调,必须以统一的语言和方式来进行沟通和交互,否则上下游企业之间物流活动中就会出现很多重复操作。例如,一个采购订单如果被多个企业部门重复录入计算机系统,就会造成结果准确性差、可靠性低等问题。因此,为提高整个物流供应链的运作效率,实现上下游企业之间快速、及时和透明的信息传递和共享机制,就需要建立物流信息的标准化体系。只有在信息系统标准化体系的支持下,才能应用物流信息的自动采集技术,也才能实现信息的准确采集、快速传递和充分共享。

4.1 物流信息标准化体系

物流标准是为物流系统服务的,物流的标准化是保证物流系统统一协调的必要条件。其中,物流信息标准化的建设是有效实施物流系统的科学化管理、促进企业内部及供应链企业之间或与其他组织之间信息沟通和衔接的首要条件。

4.1.1 物流信息的标准化

物流标准化是指以物流为一个大系统,制定系统内部设施、机械装备、专用工具等的技术标准,包括包装、仓储、装卸、运输等各类作业的标准以及作为现代物流突出特征的物流信息标准,并形成全国及其和国际接轨的标准化体系。

物流标准化可以包括三个层次的内容:首先是制定物流系统内各分系统的设施、装备和工具的技术标准,以及作业和管理标准;其次是研究各分系统技术标准、作业和管理标准的配合性,统一整个物流系统的标准;最后是研究物流系统与其他相关系统的配合性,实现物流大系统的和谐一致。

从物流标准化所包含的三个层次的内容可以看出,物流标准化的目的就是协调和理顺物流各分系统之间,以及物流系统与其他相关系统之间的关系,保障物流环节畅通,最终达到降低物流成本、提高经济效益的目标。由于我国物流管理存在着严重的条块分割现象,致使各物流节点独自开发的信息系统普遍存在着结构上的差异。因此,物流标准化的核心任务应该是为这些异构的物流信息系统建立统一的信息平台,并在此基础上建立高效率的多式联运体系和物流管理的协同工作机制。

所以,物流信息标准化是物流标准化的重要组成部分,是指制定出不同物流系统之间信息交流与处理的标准协议或规则,作为跨系统、跨行业和跨地区物流运作的桥梁,来顺利实现企业间物流信息的交流、不同地区间物流信息的交流以及供应链系统间信息的交流和不同物流软件系统之间的信息交流,最终达到物流系统集成和资源整合的目标。也就是借助现代物流的核心技术,主要是计算机网络和信息通讯等先进技术,可以将原本分离的采购、运输、仓储、代理、配送等物流环节,以及资金流、信息流、实物流等进行统一的协调控制,实现一体化的物流管理过程。将原属于不同行业部门、不同产业领域的、运作体系相对独立的节点进行有效的整合,提高整个物流系统的运作效率。

良好的物流信息标准化可以推动物流管理信息系统的发展。事实上,物流信息标准化的工作不是简单的一个企业的事情,而是一个供应链整体或一个行业或全社会的事情。一个企业的信息标准化指局限在实现本企业内部信息平台和各种信息的规范化,如企业内部的所有信息,包括物料信息、工件信息、产品信息、钱票信息、人员信息等都进行唯一性编码,实现在企业内部把所有业务处理和物料流转中存在的每个客观实体进行唯一标识和记录。这是较为容易实现的,因为这个过程只涉及一个利益主体。但供应链上企业之间信息的标准化就需要考虑各个企业物流管理信息系统的结构、功能以及信息处理工具等的统一性,包括硬件和软件两个方面,这样才能保证它们之间传递的电子单证格式和认证标准是统一的,才能实现各个企业之间信息交流时不再需要人工或其他大工作量的单据格式的转化过程,从而大大降低供应链上企业之间信息共享的成本。但因为这个过程涉及很多利益主体,实现起来是有较大困难的。最后就是实现全社会信息的标准化,因为任何一个物流系统不可能独立存在,它会涉及港口、海关、银行、工商、税务和商务中介等,实现全社会应用信息系统的标准化,甚至实现全球各国信息系统的标准化,可以大大促进信息技术的推广应用,缩小企业之间、各国之间的经济差距,但这个过程不仅涉及企业利益,还涉及国家利益,需要各国共同努力。

4.1.2 物流信息标准化体系建设

目前物流系统的标准化体系建设已经从早期的企业各自为政的系统转变为以国家、国际统一的复杂系统。为了有效地推动现代物流系统的发展和信息技术在其中的广泛应用,我国《标准体系表编制原则和要求》(GB/T 13016—2009)中对标准体系表的研究和编制提出了要求。现代物流是一个大系统,各环节都存在着物流信息问题。2015 年 4 月全国物流信息管理标准化技术委员会编制了《物流信息标准体系表》,为我国物流信息标准化建设提供了一系列科学依据。

物流信息标准化体系主要由基础标准、工作标准、管理标准和技术标准以及单项标准组成,构成一个三层次结构,其中基础标准为第 1 层,工作标准、管理标准和技术标准处于第 2 层,各单项标准处于第 3 层。其结构如图 4.1 所示。

具体分析物流信息标准化体系的 3 个层次,又可以细分为 10 个方面的内容:

(1) 物流术语标准。物流用语常常因国家、地区、行业、人员的不同而具有不同含义,在传递物流信息时可能引起误解

图 4.1 物流信息标准化体系

和发生差错,因此,必须为物流信息交流提供标准化的语言,这是物流信息标准化的基础工作。

(2) 物流信息分类编码标准。该标准是物流信息标准化工作的领域和分支,核心就是将大量物流信息进行合理化的统一分类,并用代码加以表示,构成标准信息分类代码,便于人们借助代码进行手工方式或计算机方式的信息检索和查询,这是物流信息系统正常运转的前提。物流信息分类编码标准体系分为3个门类。第1门类为基础标准,这些标准是制定标准时所必须遵循的、全国统一的标准,是全国所有标准的技术基础和方法指南,具有较长时期的稳定性和指导性;第2门类为业务标准,它是针对物流活动(包括装卸、搬运、仓储、运输、包装和流通加工等)的技术标准,对物流信息系统建设具有指导意义;第3门类为相关标准,它是伴随人类社会技术进步(特别是通信和信息处理技术进步)而产生的专门领域标准,其中EDI应用于商业贸易和政府审批,如报关等,它与物流活动密切相关,而GPS提供对运输工具,包括运输物品的动态实时跟踪和导航的工具系统,也与物流活动密切相关。

(3) 物流信息采集标准。该标准是对物流信息的采集方法、手段、格式等进行统一规定。例如,在条形码标准中,对使用条形码的种类、使用范围以及每种条形码的排列规则、起始符、终止符、数据符、校验符和空白区等参数进行规定,并统一条形码的阅读和处理程序标准等;在射频识别(radio frequency identification,RFID)的电子标签(TAG)标准中,对电子标签的信息存储格式、外形尺寸、电源形式、工作频率、阅读方式、有效距离、信号调制方式等进行统一规定;在GPS技术标准中,对覆盖范围、可靠性、数据内容、准确性以及多用性等指标进行规定。

(4) 物流信息传递与交换标准。该标准是对物流信息的通信协议、传输方式、传送速度、数据格式、安全保密、交换程序等进行统一规定。例如,在EDI标准中,国际物品编码协会(EAN)对数据格式和报文标准进行了制定,在联合国的UN/EDIFACT标准基础上制定了流通领域的EANCOM标准,通信标准在ISO-OSI国际标准化组织是开放系统互联参考模型的基础上,针对不同的对象采取不同的标准:对于食品杂货采用UCS标准(uniform communication standards),对于大多数贸易伙伴采用VISC(Voluntary Inter-Industry Standards Committee,自发的行业内通信标准委员会)标准,对仓库采用WINS标准(warehouse information network standards,仓库信息网标准),对运输经营者采用TDCC(Transportation Data Coordinating Committee,运输数据协调委员会)标准,对汽车行业采用AIAG(Automotive Industry Active Group,汽车行动小组)标准,通信方式采用点对点(PTP)、增值网络(VAN)和报文处理系统(MHS)3种方式。

(5) 物流信息记录与存储标准。该标准是对物流信息的记录、存储和检索模式等进行规定。例如,对存储介质、存储形式、存储过程、数据库类型、数据库结构、索引方法、压缩方式、查询处理、数据定义语言、数据查询语言、数据操纵语言、完整性约束等制定统一标准。

(6) 物流信息系统开发标准。该标准是对物流信息系统从需求分析、设计、实现、测试、制造、安装检验、运行和维护到软件引退(为新的软件所代替)等建立起标准或规范,如过程标准(如方法、技术、质量等)、产品标准(如需求、设计、部件、描述、计划和报告等)、专业标准(如职别、道德准则、认证、特许、课程等)以及记法标准(如术语、表示法、语言等)。

(7) 物流信息安全标准。该标准是为防止或杜绝对物流信息系统(包括设备、软件、信息和数据等)的非法访问(包括非法用户的访问和合法用户的非法访问)而制定的一系列技术标准,如物流信息系统中的用户验证、加密解密、防火墙技术、数据备份、端口设置、日志记录、病毒防范等。

(8) 物流信息设备标准。该标准是对物流管理信息系统中所使用的所有硬件设备如交换机、集线器、路由器、服务器、计算机、不间断电源、条形码打印机、条形码扫描仪、存储器、数据终端等一系列物流信息设备所制定的通用标准和技术规范。

(9) 物流信息系统评价标准。该标准是对物流信息系统产品制定测评标准,给出评价的统一规定和要求。

(10) 物流信息系统开发管理标准。该标准是对物流信息系统开发的质量控制、过程管理、文档管理、软件维护等一系列管理工作所制定的统一标准。

目前,国际上在物流信息编码、物流信息采集、物流信息交换等方面已经建立了一套比较实用的标准,为企业物流信息系统的建设创造了良好的环境。而我国由于关键的物流信息标准尚未制定或普及,不同信息系统的接口成为制约信息化发展的瓶颈,物流企业在处理订单时,有时数据交换要面向七八种不同的模式。因此,加快我国物流标准化特别是物流信息标准化步伐,是推进我国物流信息化的基础。

我国目前比较权威的物流信息标准化体系,是依据全国物流信息管理标准化技术委员会编制的《物流信息标准体系表》而制定的框架,如表 4.1 所示,其中许多标准尚未制定,详细内容可参看其他相关书籍,这里不再详述。

表 4.1 我国物流信息标准化体系表结构

第1层:	物流信息基础标准,是物流信息系统建设中通用的标准(该标准目前尚未制定),包括物流信息技术术语、物流信息管理术语、物流信息服务术语的定义
第2层:	按照物流信息标准化对象特征分成技术标准、管理标准、服务标准和其他
第3层:	物流信息技术标准分为信息分类编码标准、信息采集标准、信息交换标准和信息系统及信息平台标准; 物流信息管理标准分为电子产品代码(EPC)系统管理标准和其他管理标准(该标准目前尚未制定); 物流服务标准中包括物流信息从业人员服务标准和其他服务标准(该标准目前尚未制定)
第4层:	第4层由第3层扩展而成,共分成若干方面,每个方面都可以继续扩展为若干个更小方面,每一个更小方面都可以组成本专业的一个标准系列或是一个标准。例如,物流信息分类编码标准可以分成产品与服务分类代码、贸易单元编码标准、物流单元编码标准、物流参与方与位置编码标准、相关信息编码标准等方面。其中每一个标准又可以分成应用标识码、物流单证编码标准、物流设施与装备编码标准和物流作业编码标准等

关于物品编码的管理与组织机构主要有以下几个:

(1) 国际物品编码协会(International Article Numbering Association,IAN)。1981 年成立,是一个不以营利为目的的国际标准化组织。

(2) 美国统一编码委员会(Uniform Code Council,UCC)。UCC 是负责开发和维护北美地区包括产品标识标准在内的国际标准化组织,创建于 1972 年。

(3) 欧洲物品编码协会(European Article Numbering Association,EAN)。是 1977 年

成立的非营利组织。2002年EAN和UCC合并为一个全球统一的标识系统——EAN/UCC系统。

（4）中国物品编码中心（Article Numbering Center of China，ANCC）。是我国商品条形码工作的组织、协调、管理机构，于1988年12月28日经国务院批准正式成立，并于1991年4月19日加入国际物品编码协会。

4.2 物流中的数据采集

随着物流活动的日益复杂，物流信息量呈现爆炸式增长态势。原来靠手工记录、查找和加工信息的方式，已经远远不能满足物流管理的需要。计算机的发展和应用使物流信息处理速度加快，为物流信息的自动化提供了可能性。但快速的计算机处理速度与人工信息输入的缓慢，形成了物流信息采集的瓶颈，致使物流管理信息系统的作用没有得到充分发挥。自动识别技术则从根本上解决了物流管理中信息采集的瓶颈，带来了物流管理过程的变革。它通过自动（非人工）手段识别项目标识信息，不采用键盘即可将数据直接输入计算机，实现了自动数据采集，彻底消除了人为错误，使数据具有高度的准确性，且可实现与信息管理系统的无缝连接。

4.2.1 正确采集数据的重要性

对任何存在的管理信息系统，如果最开始的数据输入就是错误的，那么无论这些数据在系统中经过什么处理过程，最终输出的数据都不可能正确，这就是常说的GIGO，也就是"垃圾进垃圾出"。如果进入管理信息系统的是"垃圾"，那么出来的肯定也是"垃圾"。计算机系统不是人，不能把垃圾数据变成有用的决策信息。可以看出，对于一个管理信息系统，数据的输入设计对系统质量起着决定性的作用。物流数据的采集设计需要数据规范和数据准备两个过程，但采集时提高效率和减少错误是两个最根本的原则。以下是物流管理信息系统数据采集时需要注意的几个方面：

（1）数据源头采集。因为很多物流数据在企业可能流经多个部门，需要多个业务处理，但它的采集一定要在唯一的源头进行。例如，客户订单数据要在销售部门起始点接收并采集录入系统，不能因为它们还需要流转生产计划部门、仓储部门等，就分别在这些部门也进行采集录入，这样会因为多次采集录入而造成数据不一致，并且数据采集效率低下。

（2）简化采集过程。要保证采集录入数据过程简单易用。例如，采用自动识别技术，不能因为差错、纠错使得数据采集复杂化，造成大量的工作量。自动数据采集技术在物流作业中的广泛应用大大简化了数据采集过程，减少了工作负担。

（3）减少采集延迟。目前数据采集的速度已经成为提高物流管理信息系统运行效率的瓶颈。采用键盘或鼠标录入方式，远远不能满足类似高周转量物流配送中心的需求。因此，采用自动识别的实时数据采集技术和远距离的射频识别技术来跟踪和定位运输的货物，是提高物流效率的方向。

因此，对于物流管理信息系统，源头的数据采集阶段是非常重要的，保证它的正确性，就在很大程度上保证了物流管理信息系统建设的成功性。这种正确性主要依靠数据的自动识别和采集技术。

案例 4-1：零售业的巨头——沃尔玛的标准化与供应链信息系统策略

零售业赚钱之道分三个阶段：一是进销差价；二是在供应商那里找利润；三是优化供应链，降低物流成本。随着竞争的加剧，靠第一种方式取利的时代已基本结束。从供货商手里找钱是第二种方式，例如向供应商收上架费、咨询服务费甚至条码费等，这是目前大多数中国超市所采用的办法。因为不断举行的促销活动与价格战，使得进销差价越来越小，沃尔玛则一直钟情于第三种。

在信息标准化方面，它是领头羊。最早在 1980 年就使用了条形码，在 1985 年建设了 EDI 系统，开始与供应商建立自动订货系统，1988 年使用无线扫描枪，1989 年与宝洁公司 (Procter & Gamble) 等大供应商实现 VMIECR 产销合作，即供应链的雏形。目前公司总部与全球 2400 多家分店、100 个配送中心以及数千家供应商通过卫星和共同的计算机系统进行联系。它们有相同的补货系统、相同的 EDI 条形码系统、相同的库存管理系统、相同的会员管理系统、相同的收银系统。位于全球的门店通过全球网络可在 1 小时之内对每种商品的库存、上架、销售量全部盘点一遍。20 世纪 90 年代初，沃尔玛在总部建立了庞大的数据中心，全集团的所有店铺、配送中心每天发生的一切与经营有关的购销调存等详细信息，都通过主干网和通信卫星传送到数据中心；数据中心还与全球供应商建立了联系，实现了快速反应的供应链管理库存。

沃尔玛还花费 4 亿美元从休斯公司购买了商业卫星，实现全球联网。现在，沃尔玛每一间连锁店都能通过卫星传送信息，每一辆运货车上都配备全球定位系统。通过卫星和计算机互联，公司总部可以随时清点任一家连锁店内库存、销售和上架的情况，并通知货车司机最新的路况信息，调整车辆送货的最佳线路。这样，沃尔玛最大限度地发挥了公司的运输潜能，提高了工作效率。据调查，沃尔玛的库存周转速度是美国零售业平均速度的 2 倍。通过降低成本，沃尔玛超市所售货物在价格上占有绝对优势，从而成为消费者的最佳选择。

4.2.2 自动识别数据采集技术

自动识别数据采集技术是指对计算机系统、可编程逻辑控制器或其他微处理设备进行非键盘输入的数据输入方法。它提供了非常可靠的自动识别和物品追踪方法，所存储、传递的信息量很大，包括基本的关于人和物品的识别信息以及关于它们详尽的、人们可以理解的信息。下面主要从物流和供应链管理领域来看自动识别技术的发展。

1. 自动识别技术的发展

1) 20 世纪 40 年代——条形码时代

条形码技术是 20 世纪中叶发展并广泛应用的集光、机、电和计算机技术为一体的高新技术。它是使数据信息被自动识读、自动实时输入计算机的重要方法和手段。零售业是我国条形码技术最先广泛应用的领域，当前企业的内部管理、供应链管理、连锁经营和电子商务，也开始应用条形码技术。近年来，我国物流业飞速发展，促使条形码技术的应用从起步阶段走向快速发展阶段。

2) 20 世纪末——射频时代

射频识别技术是 20 世纪 80 年代出现,90 年代后进入实用化阶段的一种自动识别技术。其最突出的特点是可以非接触识读,识读距离可以从 10 厘米至几十米,可识别高速运动物体并可同时识别多个识别对象,抗恶劣环境能力强。一般情况下,污垢覆盖在标签上不影响标签信息的识读,保密性强,应用领域广泛。常用于识别车辆的自动识别、资产跟踪、生产过程控制等。由于射频标签的成本比条形码标签的成本高,目前很少用于消费品标识,多数用于物流器具,如可回收托盘、包装箱标识等。

3) 21 世纪——条形码与射频技术共存

射频技术与传统条形码技术共存是我国物流领域自动识别技术未来的应用方向。如何在现有物流管理信息系统的基础上完成对企业流程管理的改造,实现条形码系统与射频技术的集成应用,是每一个企业物流管理所关心的问题。

4.3 物流管理信息系统中的自动识别技术

物流管理信息系统中广泛采用的自动识别技术就是条形码技术和射频技术,尤其是射频技术,是目前发展迅速的物联网的基础技术之一。其采用全球唯一识别的电子产品标签(electronic product code,EPC)标识每一个客观存在的实体,如货物、厂区位置、存储设备或工作人员等,存储在 RFID 上,来实现物联网中信息的标准化过程。

4.3.1 条形码识别技术

条形码是由美国的 N. T. Woodland 在 1949 年首先提出的,它是由一组按一定编码规则排列的条、空符号,用以表示一定的字符、数字及符号组成的信息。条形码系统是由条形码符号设计、制作及扫描阅读组成的自动识别系统。条形码技术对于物流信息系统开发来说,主要包括条形码对象的编码规则、条形码符号设计、条形码输出印刷打印、条形码识别、计算机管理等方面的技术。

条形码按其符号排列方式可以分为一维条形码和二维条形码,它们的原理不同,识别设备也不同。

1. 一维条形码

一维条形码是由一组规则排列的条、空以及对应的字符组成的标记,"条"指对光线反射率较低的部分,"空"指对光线反射率较高的部分,这些条和空组成的数据表达一定的信息,并能够用特定的设备识读,转换成与计算机兼容的二进制和十进制信息。一维条形码只是一个方向(一般是水平方向)表达信息,而在垂直方向不表达任何信息,其一定的高度通常是为了便于阅读器的对准。

对于普通的一维条形码来说,还要通过数据库建立条形码与商品信息的对应关系,当条形码的数据传到计算机上时,由计算机上的应用程序对数据进行操作和处理。因此,普通的一维条形码在使用过程中仅作为识别信息,它的意义是通过在计算机系统的数据库中提取相应的信息而实现的。

1) EAN 码

EAN 码是国际物品编码协会制定的一种商品条形码,通用于全世界。商品条形码是 EAN/UCC 系统以及 ANCC 系统的核心组成部分,同时也是这两个系统发展的根基,是商业上最早应用的条形码符号。商品条形码中使用最多是 EAN 码和通用商品代码(universal product code,UPC)。

EAN 码符号有标准版和缩短版两种。标准版商品代码由 13 位阿拉伯数字组成,称为 EAN/UCC-13,简称 EAN-13 码。缩短版商品条形码的代码由 8 位数字组成,称为 EAN/UCC-8,简称 EAN-8 码。为保证商品标识代码在全世界范围内的唯一性、通用性和标准性,厂商应根据需要选择申请适宜的代码结构,遵循唯一性、无含义性、稳定性 3 项基本的编码原则来编制商品标识代码。我国的商品条形码与其等效,我们日常购买的商品包装上所印的条形码一般都是 EAN 码。

EAN-13 码和 EAN-8 码的前 3 位数字叫前缀码,是用于标识 EAN 成员的代码,由 EAN 统一管理和分配。不同国家和地区有不同的前缀码,中国的前缀码目前有 3 个,分别是 690,691 和 692。

(1) EAN-13 码

EAN-13 码的代码结构如图 4.2 所示。其中,当前缀码为 690,691 时,EAN-13 的代码结构组成为图 4.2(a);当前缀码为 692,693 时,EAN-13 的代码结构为图 4.2(b)。

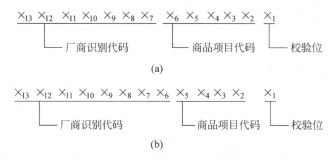

图 4.2　EAN-13 码的代码结构
(a) 前缀码为 690,691 时 EAN-13 的代码结构;
(b) 前缀码为 692,693 时 EAN-13 的代码结构

图 4.2 中的厂商识别代码是由中国物品编码中心统一向申请厂商分配,厂商识别代码左起 3 位是国际物品编码协会分配给中国物品编码中心的前缀码,由 7~9 位数字组成,任何厂商不得使用其他厂商的厂商识别代码,不得共享和转让,更不得伪造代码。只有具有企业法人营业执照才可以申请注册厂商识别代码。当厂商生产的商品品种很多,超过了"商品项目代码"的编码容量时,允许厂商申请注册 1 个以上的厂商识别代码。商品项目代码由厂商根据有关规定自行分配,由 3~5 位数字组成。3 位数字组成的商品项目代码有 000~999 共 1000 个编码容量,可标识 1000 种商品;4 位数字组成的商品项目代码可标识 10 000 种商品;由 5 位数字组成的商品项目代码可标识 100 000 种商品。最后的校验位用来校验其他代码编码的正误,是根据条形码字符的数字按一定的数学方法计算得出的。

一个实际应用中的 EAN-13 商品条形码的符号结构如图 4.3 所示。

图 4.3　一个实际应用中的 EAN-13 商品条形码的符号结构

(2) EAN-8 码

EAN-8 码的代码结构如图 4.4 所示。其中,商品项目识别代码是 EAN 编码组织在 EAN 分配的前缀码($X_8X_7X_6$)基础上分配给厂商特定商品项目的代码。为了保证代码的唯一性,商品项目识别代码须由中国物品编码中心统一分配。校验位用来校验其他代码编码的正误。

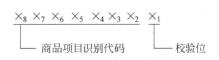

图 4.4　EAN-8 码的代码结构

图 4.5 和图 4.6 给出了 EAN-8 商品条形码的符号结构和构成。EAN-8 商品条形码由左侧空白区、起始符、左侧数据符、中间分隔符、右侧数据符、校验符、终止符、右侧空白区及供人识别字符组成。

图 4.5　EAN-8 商品条形码的符号结构

图 4.6　EAN-8 商品条形码符号构成示意图

EAN-8 商品条形码的起始符、中间分隔符、校验符、终止符的结构同 EAN-13 商品条形码。EAN-8 商品条形码左侧空白区与右侧空白区的最小宽度均为 7 个模块宽。为保护左、右侧空白区的宽度,可在条形码符号左下角加"<"符号,在条形码符号右下角加">"符号,"<"和">"符号的位置见图 4.7。其中,左侧数据符表示 4 位信息,由 28 个模块组成;右侧数据符表示 3 位数字信息,由 21 个模块组成;供人识别字符是与条形码相对应的 8 位数字,位于条形码符号的下方。

通常情况下,用户应尽量选用 EAN 商品条形码,尤其是选用 EAN-13 条形码。但在以

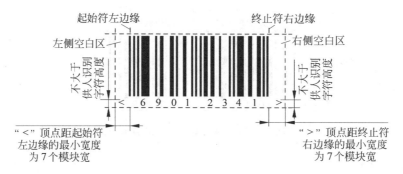

图 4.7 EAN-8 商品条形码符号空白区中"<"和">"的位置及尺寸

下几种情况下可采用 EAN-8 条形码：一是 EAN-13 商品条形码的印刷面积超过印刷标签最大面积的 1/4 或全部可印刷面积的 1/8 时；二是印刷标签的最大面积小于 40 cm² 或全部可印刷面积小于 80 cm² 时或产品本身是直径小于 3 cm 的圆柱体时。

2) UCC/EAN-128 码

UCC/EAN-128 条形码是一种可变长度的连续型条形码。它用一组平行的条、空及其相应的字符表示。由起始符、数据符、校验符、终止符及左右空白区组成，见图 4.8。每个条形码字符由 3 组条、3 组空共 11 个模块组成，每组条、空由 1～4 个模块构成。UCC/EAN-128 条形码有 A,B,C 3 套字符集，覆盖了全部 128 个 ASCII 码字符。

图 4.8 UCC/EAN-128 条形码的组成

UCC/EAN-128 条形码由国际物品编码协会和美国统一代码委员会共同设计而成。它是一种连续型、非定长、有含义的高密度、高可靠性、两种独立的校验方式的代码。我国制定的《贸易单元 128 条形码》国家标准等效采用了 UCC/EAN-128 条形码。UCC/EAN-128 可编码的信息范围广泛，包括项目标识、数量、计量、日期、交易参考信息和位置等。条形码应用标识由应用标识符和数据两部分组成。应用标识符是标志编码应用含义和格式的字符，其作用是指明跟随在应用标识符后面的数字所表示的含义，应用标识符由 2～4 位数字组成。应用标识符标准规范不仅是一个标准，更是信息交换的工具，它将物流与信息流紧密结合起来，成为连接条形码与 EDI 的纽带。表 4.2 是摘录的部分条形码应用表示的含义。其中，n 表示数字，a 表示字母。例如，在应用标识符"11"的格式"n2＋n6"中，n2 表示该应用标识符"11"是 2 位数字格式，"n6"表示应用标识符"11"后跟定长(6 位)的全数字型代码；再如，在应用标识符"400"的格式"n3＋an…30"中，n3 表示该应用标识符"400"是 3 位数字格式，"an…30"表示应用标识符"400"后跟不定长的字母或数字型代码，代码最长不超过 30 位。由表 4.2 可知，图 4.9 所示的条形码含义是保质期为(20)02 年 10 月 12 日。

表 4.2　条形码应用标识的含义

应用标识符	含　　义	格　　式
11	生产日期	n2+n6
15	保质期	n2+n6
30	数量	n2+n…8
400	客户购货订单代码	n3+an…30
410	以 EAN-13 表示的交货地点的(运抵)位置码	n3+n13

UCC/EAN-128 条形码在物流单元上放置的位置：一般在相邻面上放置两个标签，如图 4.10 所示，一个放在短面的右边，另一个在长面的右边。

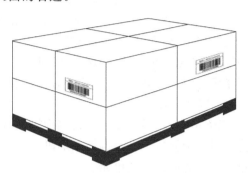

图 4.9　应用标识符在条形码中的应用　　　　图 4.10　物流单元上标签的位置

3) 交插二五条码

交插二五条码在仓储和物流管理中被广泛采用。1983 年，交插二五条码完整的规范被编入有关物资储运的条形码符号美国国家标准《ANSI MH 10.8》中。1997 年，我国制定了国家标准《交插二五条码》(GB/T 16829—1997)，并于 1998 年 3 月开始实施。

交插二五条码是一种连续、非定长、具有自校验功能，且条和空都表示信息的双向条形码，它由左侧空白区、起始符、数据符、终止符及右侧空白区构成。它的每一个条形码数据符由 5 个单元组成，其中 2 个是宽单元(用二进制"1"表示)，其余 3 个是窄单元(用二进制"0"表示)。组成条形码符号的字符个数为偶数。当字符个数是奇数时，应在左侧补 0 使其变为偶数。条码字符从左到右，奇数位置上的字符用条表示，偶数位置上的字符用空表示，如图 4.11 所示。

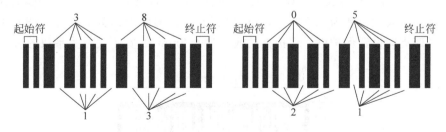

图 4.11　交插二五条码的组成

交插二五条码的字符集包括数字 0～9，字符集的二进制表示如表 4.3 所示。

表 4.3　交插二五条码的字符集

字　符	二进制表示	字　符	二进制表示
0	00110	5	10100
1	10001	6	01100
2	01001	7	00011
3	11000	8	10010
4	00101	9	01010

交插二五条码中元素的二进制代码表示方法相同,宽元素为"1",窄元素为"0",起始符为"0000",终止符为"100"。为了防止扫描产生错误,交插二五条码的符号经常采用托架条,即在符号数据条的顶部和底部各加一个横条,其宽度和宽条相一致,如图 4.12 所示。为了提高交插二五条码的识读可靠性,在需要的时候可以在数据字符的后面加上一个校验字符。

图 4.12　带有托架的交插二五条码

4) ITF 条形码

ITF(interleabed two of five)条形码是目前最常用的储运单元条形码。储运单元条形码是专门表示储运单元编码的条形码,储运单元是指为便于搬运、仓储、订货、运输等,由消费单元组成的商品包装单元。

ITF 条形码是在交插二五条形码的基础上扩展形成的一种用于储运包装箱上的固定长度条形码。ITF 条形码是一种连续型、定长、具有自校验功能,且条、空都表示信息的双向条形码。在物流系统中,常用 ITF-14 条形码来标识商品的储运单元。

ITF-14 条形码的结构如图 4.13 所示,是由矩形保护框、左侧空白区、条形码字符、右侧空白区四部分组成的。

图 4.13　ITF-14 条形码结构

ITF-14 条形码符号的放大系数范围为 0.625～1.200,条形码符号的大小随放大系数的变化而变化。当放大系数为 1.000 时,ITF-14 条形码符号各个部分的尺寸如图 4.14 所示。条形码符号四周应设置保护框。保护框的线宽为 4.8mm,线宽不受放大系数的影响。

图 4.14　ITF-14 条形码符号(单位:mm)

ITF-14 条形码常常用于标识非零售的商品。ITF-14 条形码对印刷精度要求不高,比较适合直接印制(热转换或喷墨)于表面不够光滑、受力后尺寸易变形的包装材料,如瓦楞纸或纤维板上。

当采用 ITF-14 条形码标识 13 位的标识代码时,需要在 13 位的代码前添加一位"0",以满足 ITF-14 条形码 14 位标识代码的需要。

每个完整的非零售商品包装上至少应有一个条形码符号。包装项目上最好使用两个条形码符号,放置在相邻的两个面上——短的面和长的面右侧各放一个。在仓库应用中,这样可以保证包装转动时,人们总能看到其中的一个条形码符号,如图 4.15 所示。

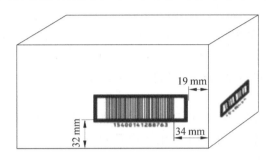

图 4.15 ITF-14 条形码符号印刷位置

2. 二维条形码

一维条形码自出现以来,发展速度很快,极大地提高了数据录入和采集的效率。但是,一维条形码所携带的信息量有限,在应用中,更多地是对"物品"进行标识,而不是对"物品"进行描述,必须依赖数据库的支持才能表达更多的信息。为了适应条形码在有限的几何空间内表示更多信息的需求,二维条形码于 20 世纪 90 年代产生于日本。

二维条形码是指采用某种特定的几何图形,按一定规律在平面(二维方向)上分布的黑白相间的图形规律数据符号信息的一种条形码技术。在代码编制上巧妙地利用构成计算机内部逻辑基础的"0""1"比特流的概念,使用若干个与二进制相对应的几何形体来表示文字、数值信息,通过图像输入设备或光电扫描设备自动识读以实现信息自动处理。简单地说,在水平和垂直方向的二维空间存储信息的条形码,称为二维条形码。它具有条形码技术的一些共性:每种码制有其特定的字符集,每个字符占有一定的宽度,具有一定的校验功能等。此外,还具有对不同行的信息自动识别功能以及处理图形旋转变化等特点。

二维条形码介于一维条形码与 RFID(射频识别系统)技术之间,具备成本低、稳定可靠、简单易用等特点,因其能够在横向和纵向两个方位同时表达信息,因此能在很小的面积内表达大量的信息,数据容量非常大,包含非常强大的信息纠错功能。通常一个二维条码能够存储多达上千字符。主要用于以下方面:电子商务中的单证、证件(如护照、身份证、驾驶执照等);物流中心、仓储中心等的物品盘点;商业秘密、政治情报、军事机密、私人信函等。二维条形码的研究在技术路线上从两个方面展开,一是在一维码基础上向二维码方向扩展;二是利用图像识别原理,采用新的几何形体和结构设计出二维码。

1) 二维条形码的特点

(1) 信息密度大。二维条形码利用垂直方向的尺寸来提高条形码的信息密度。通常情况下,其密度是一维条形码的几十倍到几百倍,这样就可以把产品信息全部存储在一个二维条形码中,要查看产品信息,只要用识读设备扫描二维条形码即可,不需要依赖数据库,真正实现了用条形码对"物品"的描述。

(2) 纠错能力强。二维条形码可以表示数以千计字节的数据。通常情况下,所表示的信息不可能与条形码符号一同印刷出来。如果没有纠错功能,当二维条形码的某部分损坏时,该条形码便变得毫无意义了,因此二维条形码引入了错误纠正机制,使其成为一种安全可靠的信息存储和识别的方法,这是一维条形码无法相比的。

(3) 编码范围广。多数二维条形码都具有字节表示模式,即提供了一种表示字节流的机制。能够设法将各种数字化信息(如文字、图像、声音、指纹等)转换成字节流,然后再将字节流用二维条形码表示。

(4) 保密性能佳。加密机制的引入是二维条形码的又一优点。在用二维条形码表示照片时,可以先用一定的加密算法将图像信息加密,然后再用二维条形码表示。在识别二维条形码时,再加以一定的解密算法,就可以恢复所表示的照片。这样便可以防止各种证件、卡片等的伪造。

(5) 成本低廉。利用现有的点阵、激光、喷墨、热敏/热转印、制卡机等打印技术,即可在纸张、卡片、PVC 甚至金属表面上印出二维条形码。

2) 主流二维码的分类介绍

二维码可以分为堆积式/行排式二维条码和矩阵式二维条码。堆积式/行排式二维条码形态上是由多行短截的一维条码堆叠而成,堆积式二维条码在实现原理、结构形状、检校原理、识读方式等方面继承了一维码的特点,识读设备与条形码印制兼容一维条形码技术,但由于行数的增加,行的鉴别、译校算法与软件不完全等同于一维条形码。具有代表性的堆积式二维码有 Code49 码、PDF417 码、Code16K 码和 UPS Code SM 码等。

矩阵式二维条码也叫点阵码,是用几何形状为实心圆的图形(图点)以矩阵的形式排列而成。在矩阵相应元素位置上,用"1"表示点的出现,"0"表示没有点呈现,其中点可以是方点、圆点或其他形状的点。点的排列组合确定了条形码所代表的意义,矩阵点阵就可以转换为矩阵的二进制字阵,经过译码解码反映出所代表的信息。矩阵码是建立在计算机图像处理技术、组合编码原理等基础上的图形符号自动辨识的码制,已不适合用"条形码"称之。具有代表性的矩阵式二维条形码有 Data Matrix、Maxicode、Vericode、Softstrip、Code1、Philips Dot Code 等。

目前世界上已有 200 多种二维码码制,常用的主流码制有:Data Matrix、QR Code、PDF417 等,在中国主要有汉信码、中国移动定制开发的 T-code 等。

(1) Data Matrix

图 4.16 是 Data Matrix 的一个图例,Data Matrix 原名 Data Code,由美国国际数据公司(International Data Matrix,简称 ID Matrix)于 1989 年发明。Data Matrix 又可分为 ECC000-140 与 ECC200 两种类型,ECC000-140 具有多种不同等级的错误纠正功能,而 ECC200 则通过 Reed-Solomon 算法产生多项式计算出错误纠正码,其尺寸可以依需求印成不同大小,但采用的错误纠正码应与尺寸配合,由于其算法较为容易,且尺寸较有弹性,故一般以 ECC200 较为普遍。

(2) QR 码

QR 码是 1994 年由日本 Denso Wave 公司发明的。QR 来自英文 quick response 的缩

写,即快速反应的意思,源自发明者希望 QR 码可让其内容快速被解码。QR 码最常见于日本、韩国,并为目前日本最流行的二维空间条码,见图 4.17。

图 4.16 Data Matrix 图例

图 4.17 QR 码图例

(3) PDF417 码

PDF417 码是目前常用的一种二维条形码,由留美华人王寅敬博士发明。PDF(portable data file)的含义为便携数据文件。因为组成条形码的每一符号字符都是由 4 个条和 4 个空共 17 个模块构成的,所以称为 PDF417 码,见图 4.18。

PDF417 码可表示数字、字母或二进制数据,也可表示汉字,一个 PDF417 码最多可容纳 1850 个字符或 1108 个字节的二进制数据,如果只表示数字则可容纳 2710 个数字。PDF417 的纠错能力分为 9 级,级别越高,纠正能力越强。由于这种纠错功能,使得污损的 417 条形码也可以正确读出。我国目前已制定了 PDF417 码的国家标准(GB/T 17172—1997)。

PDF417 码是一种高密度、高信息含量的便携式数据文件,是实现证件及卡片等大容量、高可靠性信息自动存储、携带并可用机器自动识读的理想手段。

(4) 汉信码

汉信码是一种矩阵式二维条码。从形状上,它呈正方向,有深色和浅色数据模块分布其间。它由中国人自主研制,也是中国人完全拥有自主知识产权的二维条码,见图 4.19。

(5) T-code

T-code 是中国移动拥有自主知识产权的创新型二维码,T-code 能够在横向和纵向两个方向、两个维度同时存储和表达大量高安全性信息,并结合条码识别、无线网络,带来大量应用。

T-code 的不同之处在于,它是用文本组成的矩阵型条码,无须终端适配,即可通过 SMS 发送,信息到达率 100%,见图 4.20。

图 4.18 PDF417 码图例

图 4.19 汉信码图例

图 4.20 T-code 码图例

3) 手机二维码

手机二维条码是二维条码与移动增值业务的结合,是指将相关信息用二维条码进行编码,使二维条码信息以彩信的形式在手机里存储、阅读、传播。手机同时作为二维条码信息的载体、识读设备,进行识读应用和被读应用。使用的前提条件是要拥有一部30万像素以上的具有拍照功能的手机并且要将二维条码软件安装于手机上,然后才可通过手机终端拍摄二维条码,并解析出其中信息。

手机二维码是用特定的几何图形按一定规律在平面(二维方向)上分布的黑白相间的矩形方阵记录数据符号信息的新一代条码技术,它由一个二维码矩阵图形和一个二维码号,以及下方的说明文字构成。手机扫描二维码技术简单地说是通过手机拍照功能对二维码进行扫描,快速获取到二维条码中存储的信息,进行上网、发送短信、拨号、资料交换、自动文字输入等。手机二维码是二维码的一种,它不但可以印刷在报纸、杂志、广告、图书、包装以及个人名片上,用户还可以通过手机扫描二维码,或输入二维码下面的号码实现快速手机上网功能,并随时随地下载图文、了解企业产品信息等。手机二维码具有信息量大、纠错能力强、识读速度快、全方位识读等优点。它的最大优势在于实现了精准信息的直达。

4) 二维码的应用

二维码主要可以应用于票务、营销及证件等,用于票务主要有电影票、景区门票、演唱会门票、车票等;用于营销主要是打折卡、抵金券、提货券、消费卡等;用于证件主要有公司名片、签到卡、餐费卡、借书卡等。其表现形式可以是附带二维码的印刷品形式——具有防伪、承载信息量大、易识别等特点和附带二维码的电子票形式(手机彩信、图片)——具有防伪、承载信息量大、操作简便、携带方便、客户针对性强等特点。其操作流程为附带二维码的信息生成——选择传输渠道——识别验证。

二维条形码在物流中的应用也很多,下面给出一些应用的领域:

(1) 资产跟踪。美国一些比较大型的钢管公司在各地拥有不同类型的管道需要维护。为了跟踪每根钢管,他们将钢管的编号、位置编号、制造厂商、长度、等级、尺寸、厚度以及其他信息编成一个PDF417条形码,制成标签后贴在钢管上。当钢管移走或安装时,操作员扫描条形码标签,数据库信息得到及时更新。另外,工厂可以采用二维条形码跟踪生产设备,医院和诊所也可以采用二维条形码标签跟踪设备、计算机及手术器械。

(2) 运输行业中的应用。典型的运输业务流程为供应商—货运代理—货运公司—客户等几个过程,每个过程中都牵涉发货单据的处理。发货单据含有发货人信息、收货人信息、货物清单、运输方式等。单据处理的前提是数据的录入,人工键盘录入的方式存在着效率低、差错率高的问题,已不能适应现代运输业的要求。二维条码在这方面提供了一个很好的解决方案,将单据的内容编成一个二维条形码,打印在发货单据上,在运输业务的各个环节使用二维条形码阅读器扫描条形码,信息便录入到计算机管理系统中,既快速又准确。

比如在美国,虽然EDI应用革新了业务流程的核心部分,但许多EDI报文因不能及时确认准确的装运单信息而影响了货物运输和客户单据的生成。美国货运协会(ATA)因此提出了纸上EDI系统。发送方将EDI信息编成一张PDF417条形码标签提交给货运商,通过扫描条形码,信息立即传入货运商的计算机系统,大大提高了整个运输过程的效率。

3. 复合码

复合码(composite symbology,CS)是EAN与UCC于1999年初联合推出的一种全新的适于在各行业应用的物流条形码标准。复合码的应用可以加强对物流商品的单品管理,提高物流管理中商品信息自动采集的效率。

复合码是将一维条形码与二维条形码有机地叠加在一起,以实现在读取商品单品识别信息的同时,还能够获取更多描述商品物流特征的信息。复合码作为一种新的条形码码制,很好地保持了国际物品编码体系(EAN/UCC 系统)的完整性及兼容性。

1) 复合码的构成及种类

复合码是由一维条形码和二维条形码叠加在一起而构成的一种新的码制,主要用于物流及仓储管理。复合码中的一维条形码可以是任何形式的采用缩小面积的条形码符号(reduced space symbology, RSS),也可以是普通的 EAN/UCC 条形码。其作用一是单品标识;二是作为二维条形码的定位符,用于成像仪识别时的定位。RSS 的目的在于减少商品条码占用的面积,增加条码所含的商品信息容量。RSS 标准的颁布旨在解决微小物品标识问题而非取代现有的一维条形码。RSS 包括 4 种不同的形式:①RSS-14,由 14 位的 EAN/UCC 编码构成,用于物品的单品标识。②RSS-14 限制型,包装指示符为"0"或"1"的 14 位商品单品编码。③RSS 扩展型,由商品的单品识别码加附加码诸如"重量""最佳使用日期"等构成,如果条形码太宽时,可以叠加为两层。④RSS-14 层叠码,它是 RSS-14 的变体,用多层一维条形码表示。

复合码中的二维条形码部分由 PDF417 条形码构成,用于表示附加的应用标识符的数据串,诸如产品的批号、保质期等商品的描述性信息。

根据所编信息容量的不同,复合码符号有 3 种不同的变体,以适应不同的应用:①CS-A,76～106 个字符,为一维条形码加微型 PDF417 变体。②CS-B,359～391 个字符,为一维条形码加微型 PDF417 二维条形码。③CS-C,2378～2410 个字符,为一维条形码加 PDF417 二维条形码。

在设计复合码时,应使一维条形码数据内容与二维条形码 PDF417 的数据内容相关联,以免扫描条形码时造成张冠李戴的错误。在一维条形码的数据与二维条形码的数据之间建立一种绝对的联系是多年来编码工作者一直考虑的问题。因为用户有时需要既扫一维条形码,即录入商品或包装箱的单品标识信息;又扫二维条形码,即录入商品或包装箱的描述性信息。

2) 复合码在物流领域中的应用

目前,复合码的应用主要集中在标识散装商品(随机称重商品)、蔬菜水果、医疗保健品及非零售的小件物品以及商品的运输与物流管理中。采用复合码以后,有效地增加了单位面积条形码的信息容量。复合码的出现,为商店散装商品及蔬菜水果等的条形码标识提出了理想的解决方案。借助于复合码,不但可以表示商品的单品编码,还可以将商品的包装日期、最佳食用日期等附加商品信息标识在商品上,便于零售店采集,以对保质期商品实施有效的计算机管理和监控。

在物流系统中,越来越多的应用证明,采集和传递更多的运输单元信息是非常必要的,而目前的一维条形码受信息容量的限制,无法提供满意的解决方案。物流管理所需要的信息可分为两类:运输信息和货物信息。运输信息包括交易信息,诸如采购订单编号、装箱单及运输途径等。复合码中包含这些信息的好处在于供应链的各个环节都可以随时采集所需信息而无须在线连接数据库。将货物本身信息编在二维条形码中是为了给电子数据交换(EDI)提供可靠的备份,从而减少对网络的依赖性。这些信息包括包装箱及所装物品、数量以及保质期等。掌握这些信息对混装托盘的运输及管理尤其重要。采用复合码后,这些复合码可将 2300 个字符输入条形码中,从而解决了物流管理中条形码信息容量不足的问题,极大地提高了物流及供应链管理系统的效率和质量。

4.3.2 射频识别技术

射频识别技术(radio frequency identification,RFID)是一种基于射频原理实现的非接触式自动识别技术。它以大规模集成电路和无线通信技术为核心,利用相隔一定距离内的读写器发射的射频信号及其空间耦合、传输特性,驱动电子标签电路发射其储存的编码信息,通过对编码信息的读取,来识别电子标签代表的物品、人或器具的身份,并且获取它们的相关信息。由于 RFID 电子标签的存储容量可以达到 2^{96} 以上,世界上所有的商品都可以拥有独一无二的电子标签。商品在贴上电子标签以后,可以从生产、销售、配送直到回收的各个过程对其进行跟踪管理。

射频系统的优点是不局限于视线,识别工作无须人工干预,识别距离比光学系统远,可达几十米以上;射频识别卡可具有读写能力,可携带大量数据,具有难以伪造和智能化等特性,具有极高的保密性,可以同时识别多个对象。射频识别技术比较适用于要求进行非接触式数据采集和交换的场合。

1. RFID 系统的构成

射频技术是对条形码及扫描技术的补充和发展。它规避了条形码技术的一些局限性,为大量信息的存储、改写和远距离的识别奠定了基础。下面主要阐述 RFID 系统的组成和基本工作原理。

1) RFID 系统的工作原理

RFID 系统通常由电子标签、读写器、编程器、天线等几部分组成,如图 4.21 所示。

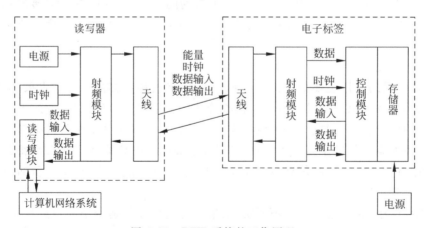

图 4.21 RFID 系统的工作原理

(1) 电子标签:在 RFID 系统中,信号发射机为了不同的应用目的,会以不同的形式存在,典型的形式是标签(TAG)。标签相当于条形码技术中的条形码符号,用来存储需要识别的传输信息。另外,与条形码不同的是,标签必须能够自动或在外力的作用下把存储的信息主动发射出去。标签一般是带有线圈、天线、存储器与控制系统的低电集成电路。

(2) 读写器:在 RFID 系统中,信号接收机一般叫做读写器。根据支持的标签类型不同与完成的功能不同,读写器的复杂程度显著不同。读写器的基本功能就是提供与标签进行数据传输的途径。另外,读写器还提供相当复杂的信号状态控制、奇偶错误校验与更正功能等。标签中除了存储需要传输的信息外,还必须含有一定的附加信息,如错误校验信息等。识别数据信息和附加信息按照一定的结构编制在一起,按照特定的顺序向外发送。读写器通过接收到的附加信息来控制数据流的发送。一旦到达读写器的信息被正确地接收和翻译后,读写器就通过特定的算法决定是否需要发射机对发送的信号重发一次,或者知道发射器停止发信号,即"命令响应协议"。采用这种协议,即使在很短的时间、很小的空间阅读多个标签,也可以有效地防止"欺骗问题"的产生。

(3) 编程器:只有可读可写标签系统才需要编程器,它是向标签写入数据的装置。编程器写入数据一般来说是离线完成的,也就是预先在标签中写入数据,等到开始应用时直接把标签粘附在被标识项目上。也有一些 RFID 应用系统,写数据是在线完成的,尤其是在生产环境中作为交互式便携数据文件来处理时。

(4) 天线:天线是标签与读写器之间传输数据的发射、接收装置。除了系统功率、天线的形状和相对位置影响数据的发射和接收外,还需要专业人员对系统的天线进行设计、安装。

(5) 计算机网络系统:在射频识别系统中,计算机网络系统通常用于对数据进行管理。读写器可以通过接口模块与计算机网络系统连接,以实现通信和数据传输功能。

2) RFID 系统的基本工作流程

(1) 读写器通过发射天线将无线电载波信号向外发射;

(2) 当电子标签在发射天线的工作范围内时,电子标签被载波信号激活,并将自身的代码通过天线向外发射;

(3) 射频识别系统的接收天线接收电子标签发出的信号并传递给读写器,读写器再对信号进行解调解码,传输给计算机主机;

(4) 计算机主机根据读写器传来的信息作出相应的处理和控制,发出信号给执行系统,执行系统根据信号执行指定动作;

(5) 各个监控点通过计算机网络连接起来,构成了一个总控信息平台。

2. RFID 系统的性能指标

(1) 电子标签存储容量。电子标签容量是 RFID 系统的重要指标之一。随着产品信息量的飞速增长,对系统存储容量的要求也越来越高,不断扩大系统的存储容量有利于 RFID 得到更广泛的应用。只读载码体的存储容量为 20 B;有源读/写载码体的存储容量为 64 B~32 KB,无源读写载码体的存储容量为 48~736 B。

(2) 数据传输速率。产品的生命周期不断缩短,要求系统读取、更新电子标签数据所用时间也越来越短。数据传输速率可分为只读速率、无源读写速率和有源读写速率3种。

(3) 多标签读写特性。在实际应用中,经常出现在系统的识别区域中同时出现多个电子标签的情况,因此,对多个标签同时读写的能力也是系统的一个重要指标。

(4) 读写距离。现有读写系统的读写范围从小于 1 in[①] 到超过 29 in 不等,使用频

[①] 英寸,1 in=2.54 cm。

率 13.56 MHz 的读写系统读写范围可达到 8 ft[①]。在实际应用中,通过对天线的适当选取来实现系统对远距离的读写。

(5) 连通性。作为自动化系统的发展分支,RFID 必须能够集成现存的和发展中的自动化技术。重要的是,RFID 系统可以直接与个人计算机(personal computer,PC)、可编程逻辑控制器(programmable logic controller,PLC)或工业网络接口模块(现场总线)相连,从而降低了安装成本。

RFID 和条形码技术是两种不同的非接触式识别技术。两者之间最大的区别在于:条形码扫描仪在人的指导下工作,只能接收它视野范围内的条形码;射频识别技术不需要看见目标,只要在读写器的作用范围内都可以被读取。射频识别技术的诸多特点确定了其应用领域的广泛性。近年来,它逐渐被广泛应用于生产制造、物流与供应链管理、交通运输、医疗卫生、防伪和安全控制等领域。

3. RFID 系统的分类

不同的射频识别系统所实现的功能也不同。射频识别系统大致可分成 4 种类型:EAS 系统、便携式数据采集系统、物流控制系统和定位系统。

1) EAS 系统

EAS(electronic article surveillance,电子物品监视系统)是一种设置在要控制物品出入的门口的射频识别技术。这种技术的典型应用场合是商店、图书馆、数据中心等地方,当未被授权的人从这些地方非法取走物品时,EAS 系统会发出警告。在应用 EAS 技术时,首先在物品上贴上 EAS 标签,当物品被正常购买或者合法移出时,在结算处通过一定的装置使 EAS 标签失活,物品就可以取走。物品经过装有 EAS 系统的门口时,EAS 装置能自动检测标签的活动性,如果发现活动性标签,EAS 系统就会发出警告。EAS 技术的应用可以有效防止物品被盗,不管是大件的商品,还是很小的物品。应用 EAS 技术,物品不用再锁在任何玻璃橱柜里,可以让顾客自由地观看、检查商品,这在自选日益流行的今天有着非常重要的现实意义。

典型的 EAS 系统一般由 3 部分组成:

(1) 附着在商品上的电子标签、电子传感器;

(2) 电子标签灭活装置,以便授权商品能正常出入;

(3) 监视器,在出口造成一定区域的监视空间。

EAS 系统的工作原理是:在监视区,发射器以一定的频率向接收器发射信号。发射器与接收器一般安装在零售店、图书馆的出入口,形成一定的监视空间。当具有特殊特征的标签进入该区域时,会对发射器发出的信号产生干扰,这种干扰信号也会被接收器接收,再经过微处理器的分析判断,就会控制警报器的鸣响。

2) 便携式数据采集系统

便携式数据采集系统利用带有 RFID 读写器的手持式数据采集器来采集 RFID 标签上的数据。这种系统具有比较大的灵活性,适用于不宜安装固定式 RFID 系统的应用环境。手持式读写器可以在读取数据的同时,通过射频数据采集(radio frequency data communication,

---

① 英尺,1 ft=30.48 cm。

RFDC)方式实时地向计算机网络系统传输数据,也可以暂时将数据存储在读写器中,再批量地向计算机网络系统传输数据。

3) 物流控制系统

在物流控制系统中,固定布置的 RFID 读写器分散布置在给定的区域,并且读写器直接与数据管理信息系统相连,电子标签是移动的,一般安放在移动的物体、人上面。当带有电子标签的物体、人通过读写器时,读写器会自动扫描标签上的信息,并把数据信息输入计算机网络系统存储、分析、处理,达到控制物流的目的。

4) 定位系统

定位系统通常用于自动化加工系统中的定位,以及对车辆、轮船等进行运行定位。电子标签放置在移动的车辆、轮船上,或者自动化流水线中移动的物料、半成品、成品上,读写器嵌入操作环境的地表下面。电子标签上存储有位置识别信息,读写器一般通过无线或者有线的方式连接计算机网络系统。

4.3.3 电子产品标签系统

电子产品标签(electronic product code,EPC)系统是在当今贸易全球化、信息网络化的背景下产生的,是 EAN/UCC 系统的新发展。美国麻省理工学院 Auto-ID 中心正从事 EPC 和 RFID 的应用技术研发。EPC 系统是对单个产品的全球唯一标识,是对 EAN/UCC 系统全球产品和服务的唯一标识的补充。它旨在提高全球供应链的管理效率,其用户群体和 EAN/UCC 系统一样,核心技术仍是编码体系。

新一代的 EPC 编码体系是在原有 EAN/UCC 编码体系的基础上发展起来的,与原有 EAN/UCC 编码系统相兼容。在数据载体技术方面,EPC 采用了 EAN/UCC 系统中两大数据载体技术之一的 RFID 技术。

EPC 系统是一个非常先进的、综合性的复杂系统,其最终目标是为每一单品建立全球的、开放的标识标准。它由全球产品电子代码的编码体系、射频识别系统及信息网络系统 3 部分组成,主要包括 6 个方面,见表 4.4。

表 4.4 EPC 系统的构成

系统构成	名 称	注 释
EPC 编码体系	EPC 代码	用来标识目标的特定代码
射频识别系统	EPC 标签	贴在物品之上或者内嵌在物品之中
	读写器	识读 EPC 标签
信息网络系统	EPC 中间件	EPC 系统的软件支持系统
	对象名称解析服务 (object naming service,ONS)	
	EPC 信息服务(EPC IS)	

1) EPC 的特点

(1) 开放的结构体系。EPC 系统采用全球最大的公用互联网系统。这就避免了系统的复杂性,同时也大大降低了系统的成本,并且还有利于系统的增值。

(2) 独立的平台与高度的互动性。EPC 系统识别的对象是一个十分广泛的实体对象,因此,不可能有哪一种技术适用所有的识别对象。同时,不同地区、不同国家的射频识别技术标准也不相同。因此开放的结构体系必须具有独立的平台和高度的交互操作性。EPC 系统网络建立在互联网系统上,并且可以与互联网所有可能的组成部分协同工作。

(3) 灵活的可持续发展体系。EPC 系统是一个灵活的、开放的可持续发展体系,可在不替换原有体系情况下做到系统升级。另外,EPC 系统又是一个全球的大系统,供应链的各个环节、各个节点、各个方面都可受益,但对低价值的识别对象,如食品、消费品等来说,它们对 EPC 系统引起的附加价格十分敏感。EPC 系统正在考虑通过本身技术的进步,进一步降低成本,同时通过系统的整体改进使供应链管理得到更好的应用,提高效益,以便抵消和降低附加价格。

2) EPC 射频识别系统

EPC 射频识别系统是实现 EPC 代码自动采集的功能模块,主要由射频标签和射频读写器组成。射频标签是电子产品代码(EPC)的物理载体,附着于可跟踪的物品上,可全球流通并对其进行识别和读写。射频读写器与管理信息系统相连,通过读取标签中的 EPC 代码并将代码所代表的产品资料信息输入网络信息系统相关的设备中。EPC 系统射频标签与射频读写器之间利用无线感应方式进行信息交换,其特点是:非接触识别,可以识别快速移动物品,可同时识别多个物品等。

EPC 射频识别系统为数据采集最大限度地降低了人工干预,实现了完全自动化,是"物联网"形成的重要环节。

(1) EPC 标签:是产品电子代码的信息载体,主要由天线和芯片组成。EPC 标签中存储的唯一信息是 96 位或者 64 位产品电子代码。为了降低成本,EPC 标签通常是被动式射频标签。EPC 标签根据其功能级别的不同可分为 5 类,目前所开展的 EPC 测试使用的是 Class1/GEN2。

(2) 读写器:是用来识别 EPC 标签的电子装置,与管理信息系统相连实现数据的交换。读写器使用多种方式与 EPC 标签交换信息,近距离读取被动标签最常用的方法是电感耦合方式。只要靠近,盘绕读写器的天线与盘绕标签的天线之间就形成了一个磁场。标签就利用这个磁场发送电磁波给读写器,返回的电磁波被转换为数据信息,也就是标签中包含的 EPC 代码。读写器的基本任务就是激活标签,与标签建立通信并且在应用软件和标签之间传送数据。EPC 读写器和网络之间不需要计算机作为过渡,所有读写器之间的数据交换可以直接通过一个对等的网络服务器进行。

读写器的软件提供了网络连接能力,包括 Web 设置、动态更新、TCP/IP 读写器界面、内建兼容 SQL 的数据库引擎。

案例 4-2:EPC 系统在可口可乐公司的应用

信息的准确性和及时性是物流及供应链管理的关键因素,EPC 系统使供应链的透明度大大提高。物品能在供应链的任何地方被实时追踪,同时消除了以往各环节上的人工错误。安装在工厂、配送中心、仓库及商场货架上的阅读器能够自动记录物品在整个供应链——从生产线到最终消费者的流动过程。下面以可口可乐采用 EPC 系统的生产销售过程为例,来说明 EPC 系统的应用。

1. 可乐产品出厂过程

可乐生产完成后,首先要给产品加上射频识别标签,该电子标签含有一个独一无二的产品 EPC,存储在标签的微处理器里。有了这些标签,公司可以用全自动、成本效益高的方式,对可乐罐进行识别、计数和跟踪;可乐包装箱上也有自己的电子标签;可乐货盘出厂时,装货站门楣上的 RFID 读写器发出的射频波射向电子标签,启动这些标签同时供其电源。标签"苏醒"过来,开始发射各自的 EPC,读写器每次只让一个标签"发言",它快速地轮流开关这些标签,直到阅读完所有标签为止。

2. 后台计算机管理信息系统的工作

RFID 读写器完成标签识读后,与运行 Savant 软件的计算机系统相连接,它将收集的 EPC 传给 Savant,随后 Savant 软件进入工作状态。系统通过互联网向对象名解析服务(ONS)数据库发出询问,而该数据库以类似倒序式电话查号服务方式运行,可以根据收到的号码提供对应的名称。也就是 ONS 服务器将 EPC 号码与存有大量关于该产品信息的服务器的地址相匹配,世界各地的 Savant 系统都可以读取并增加这样的数据。这里 Savant 软件属于软件应用系统生成器,可使没有任何计算机编程知识的业务人员很方便地设计、开发自己的应用系统。该系统集数据库管理、检索、报表、电子邮件、系统开发为一体,被 *PC Magazine* 杂志评论为第五代计算语言系统(5GL)。Savant 软件在欧美国家有着巨大的市场。

第二台服务器采用物体标记语言(physical markup language,PML)存储有关该厂产品的完整数据。它辨认出收到的 EPC 属于某生产的罐装可乐,由于该系统知道发出询问的读写器的位置,因此它现在也知道哪个工厂生产了这罐可乐。如果发生缺陷或不合格事件,有了这个信息就可以很容易地找到问题的来源,便于回收有问题的产品。这里 PML 被设计成人和机器都可使用的自然物体的描述标准,是物联网网络信息存储、交换的标准格式。

3. 高效的产品分销体系

可乐货盘抵达装运公司的集散中心后,由于在卸货区有 RFID 读写器,因此不需要开包检查里面的货。Savant 提供货物说明,这样这批可乐就可以很快地装上卡车,形成高效的产品分销体系。

4. 零成本存货盘点

送货车抵达某零售店,而零售店一直在通过自己的 Savant 系统,跟踪这批货的运送。零售店也有装货站读写器,可乐一送到,零售店的零售系统马上自动更新,将送到的每一罐可乐记录下来。这样,零售店就可以自动确认它的可乐的存货量,精确可靠,没有成本。除此之外,零售店的零售货架装有集成式读写器。罐装可乐进货时,货架能"认识"新添的货物,若有顾客拿走六罐装的可乐时,该货架就会向零售店的自动补货系统发出一个信息,该系统就会向可乐公司订购可乐。有了这样的系统,就不需要在外面的仓库高成本维持"安全存货量"了。

最后,自动识别技术还能方便顾客。顾客不需要长时间排队等候付款,只需推着所送物品出门,装在门上的读写器可以通过货物的 EPC 辨认购物车里的货物,顾客只要刷一下付款卡或信用卡就可离去。

4.4 条形码技术在物流管理各个环节中的应用

通过前面关于仓储管理系统的介绍,我们知道,随着企业生产规模的扩大和越来越多的异地经营,现代企业仓库作业和库存控制十分复杂,采用人工记录和处理将难以胜任。如果不能保证准确的进货、验收、盘货及发货,就会导致库存积压、延迟交货等问题,从而影响服务,最终失去客户。仓库作为物流管理的一个重要环节,涉及各种资源、空间的综合利用,合理的库存分布、高效的仓库运作、有效的存货控制是保证企业交货能力的基础;同时又需要尽可能提高管理效率、降低成本。条形码技术的广泛应用为此问题的解决提供了可行的途径。条形码可对仓库中的每一种货物、每一个库位做出标记,可定期对库区进行周期性盘存,并在最大限度减少手工录入基础上确保将差错率降至零,且实现了高速采集大量数据。

4.4.1 条形码技术在仓储作业中的应用

条形码技术与信息处理技术的结合可以帮助企业合理、有效地利用仓库空间,以最快速、最正确、最低成本的方式为客户提供最好的服务。应用中可将仓库划分成若干个库房,每一个库房划分成若干个库位,明确定义存货空间。按仓库的库位记录仓库货物库存,在产品入库时将库位条形码号与产品条形码号一一对应;然后通过采集入库、出库、移库、盘库数据使仓库货物库存更加准确。同时,通过后台应用软件的处理完成信息记录、查询、汇总和各种账册报表功能,并通过对仓库结构、库存量、有效期等方面的控制,提高管理效率。

具体的仓储作业流程中,条形码的应用主要体现在以下几个方面:

(1) 货物编码。仓储中的所有作业一般都会根据货物的品名、型号、规格、产地、牌名、包装等划分货物品种,并且分配唯一的编码,也就是货物编码。仓储作业都是根据货物编号来管理货物库存和管理货物编号代表的单件集合所涉及的各种操作。

(2) 仓储库位编码。仓库库位管理是对存货空间的管理。仓库被分为若干个库房,库房是仓库中独立和封闭的存货空间,库房内空间又细分为库位,细分能够更加有效地利用存货空间。给仓储库位分配唯一的编码,也就是库位编码,可使得货物在入库时将库位编码与产品编码一一对应,从而实现库位条形码与产品条形码一一对应;在出库时按照库位货物的库存时间可以实现先进先出或批次管理等库存策略。

(3) 货物单件编码。进入仓储的货物可以按照包装物进行编码,如一个托盘分配一个货物编码;但也可以对托盘上包装物中的一个货物单品进行作业,这时就需要对货物单件分配编码。这在销售链上的配送中心很常见。条形码技术不光可以按货物品种管理货物的库存,而且还可管理货物库存的具体每一单件。为每一单件进行编码,采用产品标识条形码记录单件产品所经过的状态,就可实现对单件产品的跟踪管理,更加准确地记录仓储的出入库操作。

一般根据人机交互输入信息,仓储管理只能监控出库、入库发生的货物运输差错。而采用条形码进行仓储管理,不仅可以直接监控出库、入库处理中发生的运输差错,同时还能够根据采集的单件信息,及时发现出入库的货物单件差错(如入库重号、出库无货),并且提供差错处理。

物流仓储配送过程中采用的条形码码制主要有通用商品条形码,如 EAN-8 码、EAN-13 码、UPC-A 码、UPC-E 码等;而储运单元条形码常采用交插二五条码、ITF 条码;贸易单元 128 码常常用于储运条码不足以表达商品内容的情形下,如在国际贸易中货物进、出口时报关、清关需要大量的信息,这时一般的代码可能不能表达商品所有的信息,则会采用贸易单元 128 码。

仓储作业的流程包括 3 大环节:货物入库、货物保管和货物出库。仓储作业过程中,各个作业环节之间存在内在联系,并且需要耗费大量的人力、物力及财力,因此必须对仓储作业流程进行准确高效的信息采集。

1. 条形码技术在入库验收过程中的具体应用

在货物入库前,首先应根据订货合同(或订货单)将相应的货物数据输入到条形码手持扫描终端。货物到达后,卸下货物。对原包装上没有条形码的商品,应先将准备好的内部条形码标签贴到相应商品包装上。收货部员工利用条形码无线数据采集终端扫描商品后,手持终端的显示屏上将自动显示出此次入库商品的名称、数量、货号等资料,通过扫描货物自带的条形码或后贴的内部条形码确认货号,再输入此次货物的实际数量,无线手持终端便可马上显示此货物是否符合订单要求,经核对无误后可直接确认。货物入库后按照它的分类和属性,将其放到相应货位上。用条形码手持终端扫描要放置货物的条形码后再扫描一下货架上的位置条形码,所有基础数据采集完毕后,将条形码手持终端放到与计算机系统相连的通信座上,就能够将商品的到货和库存位置数据传送给计算机,此次入库数据采集作业完成。

2. 条形码技术在仓库盘点中的具体应用

盘点是仓储收集数据的重要手段,也是仓储必不可少的工作。以前的盘点,必须进行手工清点,盘点周期长、效率低,而且会影响仓储的正常出库和入库。基于条形码管理的 WMS(仓储管理系统)库存管理功能为库存管理和操作人员提供了很方便的工具。仓库管理员通过条形码无线数据终端得到主机上的指令,到几号货架,清点什么商品,然后用手持无线数据终端扫描指定商品条形码,确认货物后对其清点,再将资料通过无线手持终端传输到主机进行数据分析,做出各种损益报告和分析报告。通过条形码技术的应用,使得仓库管理员只要手持终端就可清点库存状况,从而避免了用货对单或用单对货的麻烦,减少了手工处理的漏盘和重复盘货的现象。

3. 条形码技术在出库过程中的具体应用

条形码管理的仓储管理系统出货过程中,首先要根据提货单或配送单查验取货,选择相应的货物出库。操作员取货时,手持无线数据终端,扫描指定货物条形码,确认货物并根据提货单或配送单查对货号和数量。为出库备货方便,可根据产品的特征进行组合查询,打印查询结果或生成可用于移动终端的数据文件。系统可以在取货的同时,更新后台库存数据。也可以先使其进入出货暂存区,扫描货物上的条形码,对出库货物的信息进行确认,同时更新后台库存数据,货物出库时打印出装箱单和出库运输标签。

4.4.2 条形码技术在配送管理流程中的应用

当今物流行业面临的一个突出问题是如何降低货品在流通环节中的物流成本。商品在从制造商传送到顾客手中的整个物流过程中,配送中心日益成为商品物流的一个重要环节,其运营成本在整个物流成本中所占的比例也越来越大。因此,降低配送中心的经营成本,提高配送中心的经营效益,就显得尤为重要。一般而言,降低配送中心经营成本可通过两大途径来实现:一是降低商品的库存;二是减少商品的损失。

为了降低运营成本,配送中心大量采用了自动化识别技术。因为自动识别技术倡导的是数字化管理思想,使用这些先进技术能大大提高工作速度。比如在数据输入、核算等工作中,能加快工作速度,节省人力和开支,增加生产能力。同样,把自动识别技术引进到配送中心的业务处理过程中,包括从订货、收货、入库、理货,到库管理、配货、补货等所有的作业流程,可以有效增强配送中心的作业效率,使物流行业实现真正的现代化管理。

1. 订货

配送中心向供应商订货时,可以根据订货簿或货架牌进行订货。操作人员可以先用条形码扫描设备,将订货簿或货架上的条形码(其中包括商品名称、品牌、产地、规格等信息)输入到计算机,然后利用通信网络等方式通知供货商自己订哪种货、订多少货等信息,对方可按要求及时发货。

2. 收货

当配送中心收到从供应商处发来的商品时,接货员就会通过条形码打印机打印条形码,在商品包装箱上贴一个条形码,作为该种商品对应仓库内相应货架的记录。同时,对商品外包装上的条形码进行扫描,将信息传到后台管理信息系统中,并使包装箱条形码与商品条形码形成一一对应关系。

3. 入库

应用条形码进行商品入库管理,是指商品到货后,操作人员通过条形码输入设备将商品的基本信息输入计算机,告诉计算机系统哪种商品要入库,要入多少数量。计算机系统根据预先确定的入库原则、商品库存数量,确定该种商品的存放位置。然后根据商品的数量发出条形码标签,这种条形码标签包含着该种商品的存放位置信息。最后在货箱上贴上标签,并将其放到输送机上。输送机识别箱上的条形码后,将货箱放在指定的库位区。

4. 理货

传统的人工理货方式要求作业人员把收到的商品搬运到仓库的货架上,往往费时费力。应用条形码技术,可以在搬运商品之前首先扫描包装箱上的条形码,计算机就会提示作业人员将商品放到事先分配的货位,作业人员将商品运到指定的货位后,再扫描货位条形码,以确认所找到的货位是否正确。商品以托盘为单位入库时,把到货清单输入计算机,就会得到按照托盘数发出的条形码标签。这样,在商品从入库、搬运到货位存放整个过程中,条形码都起到了相当重要的作用。

5. 库存管理

仓库管理系统是按仓库的库位记录仓库货物库存,在产品入库时将库位条形码与产品条形码一一对应；在出库时按照库位货物的库存时间可以实现先进先出或掌握批次管理的信息。条形码仓库管理，包括货物单件管理，可以实现对货物库存或单件产品的跟踪管理。

6. 配货

在配货过程中，也可采用条形码管理。在传统的作业流程中，分拣、配货要占去全部所用劳力的 60%，且容易发生差错。如果在分拣、配货中应用条形码，则能使拣货业务迅速、正确。配送中心在接到客户的送货要求后，将汇总各客户的货物需求信息，并分批打印具备条形码的拣货标签。这种条形码中包含这件货物要发送到哪一城市或街道等信息。分拣人员根据计算机打印出的拣货单，在仓库中进行拣货，并在商品上贴上拣货标签（在商品上已有包含商品基本信息的条形码）。将拣出的商品运到自动分类机，放置于传输机上。在传输带边上，设置条形码扫描枪，自动对商品上的两个条形码进行识别，检验拣货有无差错。如无错误，则将不同分店的商品装入不同的货箱中，并在货箱上贴上印有条形码的送货地址卡，这种条形码中含有商品到达区域的信息。当发现拣货有错时，商品流入特定的滑槽内，重新进行配货处理。

7. 补货

查找商品的库存，确定是否需要进货或者商品是否占用太多库存，同样需要利用条形码来实现管理。另外，由于商品条形码和货架是一一对应的，也可通过检查货架达到补货的目的。通过计算机对条形码的管理，可以及时了解商品信息、库存进出状况和货架上商品的存量情况，因此可以做到及时补货，减少由于缺货造成的经济损失。

4.4.3 条形码技术在零售管理流程中的应用

条形码自动识别技术在零售业的应用最为广泛和深入。现在国际国内的许多连锁企业都已广泛使用条形码和 EDI 技术，应用此技术完成从商品进货、出货、供应商选择、库房管理到售后服务及客户管理的全部过程。大型连锁超市的日常工作主要包括商品流通环节管理、商品仓储和配送管理、售后服务管理等。

1. 商品流通环节管理

商品销售时，商品印有 EAN 商品条形码，扫描器识读后，可从计算机的数据库中查出此件商品的名称和价格，比传统的键盘输入既快捷又准确。尤其在销售高峰时，利用条形码销售商品比传统的手工销售效率明显提高。同时，现代大型连锁超市的销售规模巨大，各连锁店和加盟店每天汇总来的销售数据极大，手工方式统计销售数据根本达不到快速、准确的要求。而使用条形码销售商品后，各种销售数据可准确、快捷地进入计算机的数据库，被严格地管理起来。另外，商品的各种销售记录还可作为超市管理者对商品进货的依据，为商品高速流通和减少库存奠定基础。供货商也可通过这些销售信息了解本企业产品的销售情况，及时调整生产结构和送配货周期，可做到超市只保存很少库存，而较少出现缺货现象。美国宝洁公司便是成功的范例，它将企业的信息采集点直接设于沃尔玛的收银台上，快速、准确地利用这些信息制订自己的生产和配送计划。建立这套快速反应的信息系统虽然投入较高，但回报是巨大的。

2. 商品仓储和配送管理

销售规模扩大后，总部对各连锁店和配送中心的管理就成为主要问题，而条形码和 EDI 在这些方面可起到很好的作用。

1) 仓储方面

配送中心的仓库多由计算机管理系统、通信系统、立体货架、运输系统等方面组成，而关键是对商品的种类、数量及摆放位置的监控管理。利用条形码技术，使用识读设备对商品条形码进行扫描，可获得货物的各种详细信息；通过计算机系统的支持，可很方便地在计算机屏幕上获得货物的摆放位置。配送中心通过这套系统能方便、灵活地调配货物，清查仓库中各种货物的余量，保证货物及时配送。

2) 配送方面

连锁店销售商品时，用扫描器识读所获得的销售数据信息全部存入自己店内的计算机数据库，然后通过互联网或企业内联网定时将信息传向企业总部和配送中心，总部将一段时间的销售数据进行汇总、分析，作为超市进货的参考数据，尽量避免购进滞销的商品。配送中心获得这些数据后，与中心的数据库进行比较，就可及时发现各家分店所有货物的销售情况。超市所有分店和加盟店的销售、库存、经营情况，都在总店和配送中心的监控之下。

3. 售后服务管理

随着市场竞争的加剧，售后服务已被越来越多的企业所重视。随着连锁超市的规模不断扩大，商品的销售数量也很巨大。当售出商品出现问题时，可根据计算机数据库中存储的商品信息，很快查到哪些是有问题的商品，解决退货和换货问题就十分方便。此外，各分店的销售数据都通过网络定时传至总店的数据库，各分店也可随时查询总店数据库的信息，为在全超市网络内做到异地退货、换货提供了必要的条件。这种退换货方式也是连锁超市今后发展的一个趋势。

一般零售业中采用简单的一维条形码，成本较低，如 EAN-8 码、UPC-A 码、UCC/EAN-128 码等。但在需要记录较多信息的零售业中，如珠宝、名表、饰品或文具、眼镜、服装等都采用二维条形码。比如，在珠宝商店，顾客会询问珠宝的一些详细信息，传统的方法是给顾客看各种印刷资料，因此店方需要保存并管理大量的文字图片资料等。而目前技术比较先进的商店会把这些信息全部储存在二维条形码中，需要时用终端读取信息，便可以正确、方便、迅速地回答顾客的询问。二维条形码只用一张小小的标签制作数据文件，就可管理大量信息，提高商品的品位。

案例 4-3：条形码技术在汽车行业中的应用

许多国际性的汽车公司都把条形码技术应用到汽车生产管理控制系统上，用来提高生产过程的效率和准确性。比如美国福特汽车公司的工厂就在生产汽车时把条形码刻在车体底部的金属件上，通过装配线上某扫描装置可以对车辆自总装开始到发货出厂的全过程进行跟踪。福特汽车公司的竞争对手通用汽车公司，用条形码来区分动力机各主要部件，如阀门、汽化器等。这些部件可组成 1550 万种不同型号的动力机，但通用公司只需要其中的

438种,通过向计算机输入条形码,则可以避免出现那些无用的机型结构。

下面进一步通过两个国内汽车公司的应用案例来看条形码技术在汽车行业中的应用。

1. 二维条形码在天津丰田的应用

天津丰田汽车有限公司是丰田汽车公司在中国的第一个轿车生产基地。在丰田公司,早先所有汽车都是在小批量、多品种混合生产线上生产的,写有产品种类的生产指示卡片安装在产品生产台上,每台汽车的组装命令被各个作业操作人员读取并完成组装任务。但使用这些卡片存在严重的问题和较大的隐患,如速度慢、出错率高、数据统计难以进行、工人之间协调管理困难、产品极易出现质量问题等。

为了解决这些问题,保证汽车生产的顺利进行,天津丰田汽车有限公司引入了二维条形码来对汽车的整个生产过程进行控制与协调。这种二维条形码是一种被称为 QR 码(quick response code)的码制,它具有超高速识读特点,这一点可以从它的英文名字看出。

天津丰田汽车有限公司用二维条形码来取代手工卡片,实现了组装生产线的数据实时采集和管理,建立了高可靠性的生产系统。具体的应用过程为:首先在生产线的前端,根据主控计算器发出的生产指示信息,条形码打印机打印出 1 张条形码标签,贴在产品的载具上;然后在各作业工序中,操作人员用条形码识读器读取载具上的条形码符号,将作业的信息输入计算机,主系统对作业人员和检查装置发出指令;随后的各个工序用扫描仪读取贴在零部件上的条形码标签,然后再读取贴在载具上的二维条形码,以确认零部件安装是否正确。同时,各工序中二维条形码的生产指示号码、生产线顺序号码、车身号数据和安装零部件的数据、检查数据等,均被反馈回主控计算机,用来对进展情况进行管理。

天津丰田汽车有限公司通过实施 QR 码来管理生产线,使得原来无法条形码化的品名、规格、批号、数量等都可以自动对照,出库时的肉眼观察操作大幅减少,降低了操作人员人为识别验货的错误,避免了误配送的发生;真正做到了二维条形码数据与出库单数据及实际出库的物品属性特征的统一,加快了出库验收作业的时间,缩短了工作过程,并且验收的信息量大大增加,从而提高了效率,降低了成本。

2. 东风汽车的整车仓储电子化管理

东风汽车股份有限公司整车仓储电子化管理项目涉及的业务部门有汽车分公司生产部的总装作业部和销售公司的检查储运部及营销部。从总装作业部产品下线开始至商品车发车为止,是一条完整的仓库管理业务线。早期困扰东风公司的主要问题有信息滞后、销售公司营销部不能及时准确地获取来自检查储运部的可销售商品车信息;另外,整车仓库面积大、车型多,因库内信息不准确,为取出指定的车而频繁倒车。

解决方案是在 ES/1 Logistics 产品的强大物流管理系统基础上,使用 ES/1 自身的开发平台,通过全方位的条形码扫描替代人工录入来管理所有仓库库存,实现根据规则自动建议入库位置和出库位置,达到最大化利用仓储空间和避免库区内倒车的管理效果,并通过库间倒车跟踪和长途运输跟踪来控制车辆运输时间和避免车辆损失,提高汽车行业整车物流的管理水平,减少管理费用。

具体的解决方案包括:所有车辆采用条形码管理,车辆入库和出库管理全部通过条形码扫描实现;入库扫描后依据规则设定,系统自动产生和打印入库建议单,司机完全依据入库建议单指定的库位入库,无须人工干预,并且入库建议依据规则保证同一车型同一颜色放在同一排；入库建议根据车长和库位计算库位的存放数量，使仓库空间利用率达到最大，同时依据规则可设定某库区或存放的车型种类，实现自动根据设定库位优先级来寻找库位，保证车辆放置紧凑有序；出库根据先进先出原则，系统自动根据车辆入库时间先后顺序给出所要出库车型的出库建议，司机根据出库建议按顺序领取车钥匙并提车，出库时需要扫描出库单条形码和整车的条形码，自动对应收货单位和所提车辆信息；运单管理可以跟踪每辆车的在途情况，以及检查车辆实际到达目的地和返回公司的日期是否符合系统计算出的日期要求；采用最适合汽车行业的重复生产模式来管理生产作业的进度计划，并通过此计划自动生成车型与底盘号的对应关系，无须人工维护。

通过上述方案，可以做到使企业清楚地管理所有放在经销商仓库的整车库存，管理所有经销商和直接客户的销售信息，便于经营管理者作出正确、及时的管理决策。

4.5 射频技术在物流管理各个环节中的应用

射频技术是未来物流信息管理系统中自动识别技术的发展方向，随着其成本越来越低，其将逐步得到更广泛的实践应用。

4.5.1 射频技术在运输配送方面的应用

与传统的条形码相比，RFID 技术最大的特点是非接触性和大批量数据采集能力，还具有不怕灰尘、油污等特性。所以，RFID 技术可以广泛应用于环境恶劣的工作中，完成数据识别工作时无须人工干预，大大提高了工作效率，可使企业从每天大量繁重重复的作业中解脱出来，节约更多的人力物力。射频技术在配送方面的应用主要有两点。

1. 用于在途货物可视化系统

配送中心接到配送任务后，需要及时、迅速地将需求方所需物资运送到位，利用射频技术即可准确、迅速地完成配送任务并实现对在途物资的跟踪。配送中心可以为每台车配发一枚射频标签，并在仓库出入口处安装一套射频装置形成门禁，以利用射频技术完成物资的自动出入库操作。

(1) 配送中心所派车队进入仓储中心时通过门禁，阅读器读取到射频标签信息，并在仓储中心系统中显示此时车队所载物资为空。

(2) 车队装载货物完毕离开物资仓库时再次通过门禁，物流系统将出库货物信息写入系统数据库中并上报给配送中心，这样就等于射频标签承载了其所运货物的相关信息，自动完成货物出库，此时运送货物的车辆和货物进入在途状态。

(3) 运输车队到达收货仓库时再度通过门禁，阅读器读取到射频标签中的信息后传输给仓储中心系统，系统即显示待入库货物的相关信息并写入数据库，自动完成货物入库，并上报给配送中心，以告知配送中心此次货物配送任务已经完成。

(4) 在货物在途期间，配送中心根据发/收货仓储中心上报的数据可知在途货物的名称、品种和数量等信息，达到在途货物的可视化管理，如果再辅以 GIS 技术还可以实现在途货物的动态可见。

2. 用于特定货物的寻找定位

特定货物寻找定位系统主要由射频标签和手持式无线询问机组成，其中记录着货物信息的射频标签附着在货物运输车辆或包装箱上，手持式无线询问机能发出脉冲电波激活射频标签并能在 100 米距离范围内阅读标签上的信息内容。一个货场上通常停着若干车辆，当需要尽快找到某种特定货物时，询问机可根据该货物的名称和编码提出询问，所有装有该货物的射频标签即会作出应答，随后利用询问机激活射频标签上的鸣叫器，操作人员即可循声找到车辆或者某包装箱。如果声音在查找范围之外，则可根据询问机上的测距仪显示的距离去逐步接近，直至找到所需货物。

4.5.2 射频技术在零售管理中的应用

在大型连锁超市中，射频技术的引入，可以很好地提高货物的周转速度，及时获悉货架堆放的货物信息，从而为高效的补货管理、丢失货品的快速查找定位，以及自动库存管理及动态盘点等带来效率。RFID 在零售业的应用系统可以分为配送中心管理子系统和门店管理子系统两部分。

1. 配送中心管理子系统

（1）入库作业。供应商将贴有 RFID 标签的货物送到配送中心，货品经过装有阅读器的大门时，物品数据将全部被自动采集，并传回计算机系统与电子进货单进行核对。若符合，则确定验收。验收完毕后，携带阅读器的运送车自动对货物进行整理分拣，根据管理中心计算机的指示将货物运送到正确的位置，或进行存储（为了取得批量进货的折扣，配送中心常对一些商品采取大批量进货，这些商品必须在配送中心仓库中储存一段时间，以后分批出货），或进行加工（例如，拴上服装的标签并套上塑料套；鲜活商品、蔬菜、水果等要在配送中心切割、称量、洗净、装袋等），同时将管理中心的存货清单更新，记录下最新的货品位置。如果供应商送来的货物与清单数据不符，阅读器就会自动提示，并及时要求与供应商联系交换。

（2）出库作业。通过货架上的阅读器，计算机可以预先标出所分拣物品的位置，操作人员手持阅读器或驾驶带有阅读器的自动分拣车去货架分拣货物。当货物被取出后，通过货架阅读器刷新货架上的数据。当一个店铺的订货拣选完毕后，配送中心有时要将商品进行重新包装，使之适于运输、送货。同时配送中心在将商品送给连锁店之前要做好上架前的一切准备工作，以利各门店的货架陈列。例如，将店内码和价签贴于商品的销售包装或中包装上，按每个店铺的不同要求对商品进行加工（如将散装商品进行定量罐装，将大包装改成小包装等）。最后将各物品组配后放上托盘，并对托盘上的标签进行数据记录，货品分拣出库。当经过装有阅读器的大门时，阅读器将自动读取托盘标签上的数据，并且与计算机中的清单核对，确认后放行。在确认门店收到货物后，此批货物正式从计算机中出货。

（3）盘点。采用 RFID 盘点，对于已上货架的物品，可以通过货架上嵌入的阅读器进行数据采集；对于还未上架的，工作人员则可以使用手持式阅读器进行数据采集。由于 RFID 具有同时多数据读取的特性，所以每次数据采集时，可以明确货品的数量、保质期、货位等一切信息，从而节省大量的时间和人力。

2. 门店管理子系统

（1）商品销售管理。顾客在超市购完商品结账的时候，只要将导购车推过指定的通道，消费总额的账单立刻出现在收银台的计算机上，所用金额也自动从顾客在该超市办理的消费卡上扣除。此时，带有标签的货物会再经过最后一次扫描，同时更新超市库存。库存达到某种水平时，系统可以报警，提醒门店负责人需要向总部发送要货清单。同时，超市管理系统还能根据顾客登记的资料，了解顾客光顾超市的频率、间隔、商品喜好，对顾客进行分类，从而对商品的种类与数量进行调整。

（2）库存管理。主要是通过 RFID 设备的协助，来定期检查门店商品库存量及库存位置信息。

（3）退货处理。门店销售过程中会引起货物的损耗，而且损货率较高，造成退货频率和数量比较大，同时零售商品的更新换代频率非常高，如季节性商品等，所以退货处理成为零售企业的一项重要工作内容。

零售企业首先与供应商制定退货协议，根据此协议进行退货处理。对于损坏的物品，能加工处理的进行加工处理，不能的则退还给供应商或销毁。对于其他商品，利用 RFID 的技术特点设定临近保质期自动报警程序：货架上的阅读器可以随时扫描货物的保质时间，一旦临近保质期，系统将提示管理人员将该类货物下架，同时将此类物品移至退货区进行统一处理。

案例 4-4：RFID 技术在汽车生产流程中的应用

这里分别从汽车总装企业内部物流管理、生产线管理和设备维护管理三方面来阐述 RFID 技术在其中的应用。

1. 企业内部物流管理方面

企业内部的物流管理是整个汽车总装生产企业运营中最重要的一部分，其运作水平将直接关系到汽车总装生产线上的协调平稳运营和管理效率的高低。目前，大多汽车企业的总装生产线都采用拉式系统，以提高内部物流运营的响应速度。整个拉式系统包括从零备件库到备料间、再到汽车生产线上的零配件配送过程，以及各个零配件生产流程间的物料搬运过程，这些过程的可视化程度保证了汽车总装生产线上的高效率。

这其中采用 RFID 技术的环节主要有：

（1）物料搬运容器：在备料间、生产线上的很多零配件是通过诸如托盘、料箱、料架、叉车等来进行搬运的，在这些搬运容器上加装 RFID 标签，实现汽车零配件的信息采集和流转控制。

（2）汽车的重要零部件：汽车有很多非常重要的零部件，如车架、发动机、前后桥等，可以直接在这些部件上安装 RFID 芯片，实现对这些重要零部件的信息采集和状态跟踪。

（3）关键流程的检查点：汽车零配件在整个总装流程中，基于生产工艺设置了若干重要的检查点，在这些设置的检查点安装 RFID 识读系统，同样可以有效提高企业内部物流管理的可视化程度。

可以看出，在汽车总装的生产线上通过对物料搬运容器、汽车的重要零部件和关键流程的检查点采用 RFID 技术，可以实时监控各种零部件在企业内部物流系统中的流转情况和定位分布状况。这样一方面可以保证生产运营的正常进行，另一方面可以有效降低生产线上的库存水平,提高企业效益。

举例来讲,TNT(Thomas National Transport)公司是世界上著名的快递与物流公司,也是全球第二大物流服务公司。该公司在欧洲为很多汽车企业提供零配件物流服务业务,包括仓储、运输和配送、管理信息系统等一体化的服务内容。其采用 Intermec 公司提供的自动识别技术和 RFID 产品,来改善汽车零配件在汽车企业内部物流运营中的运作绩效,同时大大降低物流运作的成本。

2. 企业生产线管理方面

在汽车企业生产线上采用 RFID 技术,主要是为了采集生产线上的进度数据,实现生产过程与生产进度的可视化,并减少人为干预,提高精益化管理水平。这其中采用 RFID 技术的环节主要有:

(1) 自动生产线上路径的自动选择:在汽车生产线上,不同配置的汽车产品可能需要通过不同的生产线路径,在路径的分叉点上,应用 RFID 技术对通过的在制品进行判断,然后选择正确的路径流向下一个工位。

(2) 装配物料与在制品的自动匹配校验:在汽车生产线上,在制品需要和配送物料精确匹配,也就是以正确的顺序,在正确的时间送到正确的生产线某个工位上。一旦出现差错,就可能需要停工进行查错和纠错。这会大大增加生产成本,影响产品的交货时间。应用 RFID 技术,可以分别对在制品和配送物料进行自动识别,由管理信息系统进行匹配和判断,从而有效防止错误匹配事件的发生。

(3) 拉式系统中的物料自动补给:前面已经提到,目前大多汽车企业都是拉式物料供应系统,也就是在汽车企业的生产线运营中,会根据物料使用的实际情况,及时通过物流部门实现零部件物料的及时供应,即自动拉料过程。采用 RFID 技术,通过汽车生产线上对每个工位物料的可视化监控,可以使物流部门或第三方物流服务企业实时准确地了解汽车生产线上的信息,保证物料的补给,并减少生产线上的物料库存。

目前,很多国家都出台了汽车产品出现缺陷则必须强制召回的政策,如中国、美国、欧洲各国、日本和加拿大等。为了做到销售出去的每一单品能够可溯,就需要在汽车生产过程中增加相关信息采集手段,在不影响生产效率的前提下实现产品数据采集及供应链上可视化、可追踪的目标。事实上,产品的可追溯信息在生产线上进行采集才是最准确的。在汽车生产过程中在物料和在制品上加装 RFID 标签,就可以实现相关信息的自动存储和自动采集,这些是产品召回政策实施的关键基础。

3. 企业设备维护管理方面

汽车企业在其生产线上拥有各种自动化的生产设备,这些设备的维护和管理是保证企业生产正常运营的关键。若其中某些设备发生了故障,企业就不得不停止生产,进行故障排除,这会给正常的企业运营造成很大损失。

为了有效跟踪汽车生产线上一些关键设备的运营状况,美国戴勒姆·克莱斯勒公司就把 RFID 标签安装在其皮卡生产线的托架上,以此来实现这些托架运行状态和维护维修状况的自动跟踪,取得了很好的成效。据报道,平均每个月节约的成本超过 25 万美元,4 个月实现了全部投资成本的回收。

因此,在生产线上应用 RFID 技术对与生产直接相关的某些关键设备进行自动信息采集和跟踪管理,可以无须人工干预和判断,能进一步保证这些关键设备得到很好的维修和维护,降低生产线停工的风险。

4.5.3 射频技术在其他物流管理领域中的应用

自动识别技术在物流领域中的应用还包括物品跟踪、装载工具识别和货物保护等方面。

1. 集装箱自动识别系统

在集装箱上安装标签,当集装箱从汽车、火车、货船上到达或离开货场时,通过射频识别设备,对集装箱进行自动识别,并将识别信息通过包括 EDI 在内的各种网络通信设施传递给各种信息系统,如港口管理信息系统或仓储管理系统等,可实现集装箱的动态跟踪和管理,提高集装箱的运输效率。

RFID 技术和现代信息技术的结合将是集装箱运输行业的一个发展契机。基于 RFID 的集装箱管理系统能够对集装箱运输的物流和信息流进行实时跟踪,从而消除集装箱在运输过程中可能产生的错箱、漏箱事故,加快通关速度,提高运输安全性和可靠性,从而全面提升集装箱运输的服务水平。

基于 RFID 的应用方案一般包括硬件系统和软件系统两个方面。硬件系统由 RFID 自动识别系统和通信系统组成;软件系统包括 RFID 管理信息系统和与之整合的港口集装箱管理系统。集装箱上的电子标签可以记录固定信息,包括序列号、箱号、持箱人、箱型、尺寸等;还可以记录可改写信息,如货品信息、运单号、起运港、目的港、船名、航次等。

集装箱 RFID 自动识别系统可完成装箱点数据输入、集装箱信息实时采集和自动识别;通信系统可完成数据无线传输;集装箱管理信息系统可完成对集装箱信息的实时处理和管理,以及数据统计与分析,从而向客户提供集装箱信息查询服务。港口集装箱管理系统可以监测、记录经过闸口的集装箱、托运车辆、事件发生时间、操作人员、集装箱堆放位置等信息,并能实现通过两维集装箱堆场地图显示放箱、找箱等功能。

2. 智能托盘系统

在每个托盘上都安装射频标签,把射频识读器安装在托盘进出仓库必经的通道口上方。当叉车装载着托盘货物通过时,识读器获取标签内的信息,并传递给计算机,记录托盘的通过情况;当托盘装满货物时,自动称重系统会自动比较装载货物的总重量与存储在计算机中的单个托盘重量,获取差异,了解货物的实时信息,通过使用射频技术,可以高效地获得仓库中货物、托盘的状况,提高仓库的管理水平。

3. 通道控制系统

RFID 自动识别系统可以为仓库中重复使用的各个包装箱都安装上作为唯一标识的射频标签,在包装箱进出仓库的通道进出口处安装射频识读器,识读器天线固定在上方。当包装箱通过天线所在位置时,计算机把从标签里获得的信息与主数据库信息进行比较,正确时绿色信号亮,包装箱可通过;如果不正确,则激活红色信号,同时将时间和日期记录在数据库中。该系统消除了以往采用纸张单证管理系统常出现的人为错误,排除了以往不堪重负的运输超负荷状况,建立了高速、有效和良好的信息输入途径,可在高速移动过程中获取信息,大大节省了时间。同时,该系统采用射频标签还可使公司快速获得信息反馈,包括损坏信息和可能取消的订货信息,从而降低消费者的风险。

4. 配送过程对贵重物品的保护

在仓库中可能会存储着价值昂贵的货物,为了防止货物被盗,以及防止装着这些货物的托盘因放错位置而导致延迟交货,可以采用射频识别技术,以保证叉车按正确设置的路线移动托盘,降低在非监控道路货物被盗的可能。在仓库内配备悬浮在上方的识读器,给叉车装备射频标签。沿途经过的详细资料通过射频连接从中央数据库下载到叉车,这些信息包括正确的装货位置,沿途安装的识读器将提供经由路径。如果标签发现错误,叉车会被停止,由管理者更新设置交通路径,同时自动称重并实时提供监控信息。

5. 货物防盗系统

在需要重点防盗的商品上都装有射频标签。当装有商品的车辆通过装有射频识读器的出口时,识读器可实时识别每件商品上的标签信息,如有未被授权出去的商品,可被限制运出。通过运用射频识别系统,可识别高速移动的物体并可同时识别多个标签,从而实现多件商品运输过程的实时监控及防盗功能。

案例 4-5:电子标签标准

在物联网中,其信息的标准化是通过一个称为电子标签的技术来实现的,它也叫智能标签(tag 或 smart label),又称为感应卡,是一种通过无线电波读取卡内信息的新型 IC 卡,也称为射频标签、射频卡、射频识别。其核心是采用了 RFID 射频识别技术。RFID 是一种非接触式的自动识别技术,通过射频信号识别目标对象并获取相关数据,这项技术无须人工接触、无须光学可视、无须人工干预即可完成信息输入和处理,操作快捷方便。

电子标签单元中载有关于目标物的各类相关信息,每个标签具有唯一的电子编码,附着在物体目标对象上。还有如该目标物的名称、目标物运输起始终止地点、中转地点及目标物经过某一地的具体时间等,还可以载入诸如温度等指标。标签可灵活附着于从车辆到载货底盘的各类物品上。

有了电子标签,人们在超市里购物就不需要一件一件扫描商品上的条形码进行结账,只要提着货物走过感应器,RFID 电子标签就能让所有商品信息一次被全部读取到计算机中;对于企业,货物从工厂运到仓储中心再到零售商手中,应用电子标签,可以避免 4% 的平均损失,RFID 的防盗功能可以让货主随时查询到货物所在的位置和状态;在港口码头,当上百个大型集装箱运抵码头时,不需要人工逐个清点,只要经过装有读取数据装置的闸口,一切相关数据都可以自动进入计算机系统。RFID 的非接触式读取方式将为物流行业提高效率起到划时代的作用。

目前 RFID 还处于新兴阶段,还不存在统一的代码、频率或标准。在代码方面,UID(ubiquitous identifications)是日本最主要的标准,它的含义是计算无处不在;而电子产品编码(EPC)标准则在欧美占据了统治地位;此外美国国防部也已经开发了独立的标准。这些标准都是国际标准化组织(ISO)承认的,是在不同频段上的标准,但统一的标准目前还没有。由于缺乏统一的标准,不同企业使用的 RFID 产品的频率、编码、存储规则以及数据内容等都不尽相同,阅读器和标签不能通用,企业与企业之间无法顺利进行数据交换与协同工作。

经工业和信息化部批准，2005年12月我国成立"电子标签标准工作组"，采用开放、透明和协商一致的方式开展工作，联合社会各方面力量，下设7个专题组，包括总体组、标签与读写器组、频率与通信组、数据格式组、信息安全组、应用组、知识产权组，开展RFID标准体系的研究，并围绕该标准体系进行标准的预先研究和制定修订工作。2006年6月发布了由15个政府机构合作编写的《中国射频识别（RFID）技术政策白皮书》，为促进我国电子标签技术和产业的发展，加快国家标准和行业标准的制定/修订速度，充分发挥了政府、企事业、研究机构、高校的作用。到2009年，国内RFID标准制定取得了初步进展，国家已下达了24项国家标准计划和10项行业标准计划，各项标准制定工作正在有条不紊地积极推进。

目前国际上已开始大规模应用电子标签。零售业巨头沃尔玛在2005年就开始大规模应用RFID电子标签，而我国在2010年的上海世博会上也采用RFID电子标签技术销售7000多张门票。目前，在多渠道、全零售概念下，无人商店也是通过电子标签技术实现了消费者购买商品的自动支付过程。据专业调查机构ITTechEX统计研究，2008年全球RFID的市场规模总值大约为52.9亿美元。据预测，到2023年，全球会达到314.2亿美元。在2008年，大量电子标签主要应用在货物、托盘、书籍和票据等方面，未来RFID也将主要应用在供应链管理、物流等领域。

本章小结

物流的标准化是保证物流系统统一协调的必要条件。物流信息标准化是物流标准化的重要组成部分，主要是指制定出不同物流系统之间信息交流与处理的标准协议或规则，最终达到物流系统集成和资源整合的目标。物流信息标准化的工作不单单是一个企业的事情，还是行业或供应链和全社会共同的事情。

物流信息标准化体系主要由基础标准、工作标准、管理标准和技术标准以及单项标准组成。电子标签标准是目前现代物流发展的焦点。电子标签也称为射频标签、射频卡或射频识别。目前RFID还处于快速发展时期，其应用领域将越来越广。

物流管理信息系统中对大量数据采集的需求促进了自动识别技术的发展，而自动识别技术主要有条形码和射频码两种。条形码又分为一维条形码和二维条形码，常用的一维条形码有EAN-13码和EAN-8码、UCC/EAN-128码、交插二五码、ITF码等；二维条形码有Data Matrix、QR码、PDF417和汉信码等。射频技术是对条形码及扫描技术的补充和发展。它规避了条形码技术的一些局限性，为大量信息的存储、改写和远距离的识别奠定了基础。另外，新兴的自动识别技术EPC系统是对单个产品的全球唯一标识系统，是对EAN/UCC系统全球产品和服务唯一标识的补充，它的目标是提高全球供应链的管理效率。

到目前为止，自动识别技术已经被广泛应用于现代物流中，如仓储、运输配送、零售、港口及制造生产线监控等各个领域。

思考题

4-1 建立物流信息标准化体系的重要性是什么？

4-2 物流信息标准化体系主要包括哪些方面？它们各自的作用是什么？

4-3 什么叫 GIGO？为什么会在管理信息系统的数据采集过程中出现 GIGO 现象？

4-4 为保证数据采集的正确性，需要注意的问题有哪些？

4-5 什么是自动识别数据采集技术？主要的自动识别数据采集技术有哪些？

4-6 条形码技术中的一维条形码和二维条形码相比，各有什么优缺点？二维条形码的主要应用有哪些？

4-7 射频技术的工作原理是什么？

4-8 自动识别技术在仓储、运输配送和零售等行业有哪些应用？

讨论题

4-1 如果只在局域范围内，如在一个企业内部，建立物流标准化体系对物流运作的影响有哪些？

4-2 在物联网世界网站（http://www.rfidworld.com.cn/）上，查阅 RFID 技术在各行各业的发展状况，并了解 RFID 技术与物联网发展的相互关系。

4-3 什么是数据采集的源点？请通过列举几个实际例子来说明。

4-4 如果请你为一个配送中心设计仓储管理信息系统，那么在哪些地方需要使用自动识别技术？

4-5 结合案例 4-3、案例 4-4 和案例 4-5，讨论在汽车企业的生产管理、配送和销售管理中哪些地方可能会应用自动识别技术。

第 5 章 地理信息系统

地理信息系统(geographical information system，GIS)是 20 世纪 50 年代末 60 年代初开始迅速发展起来的地理学研究技术,是多种学科交叉的产物。它具有很强的空间数据处理分析能力,在许多领域有着广泛的应用。鉴于 GIS 在物流管理信息系统中的广泛应用,本章将介绍地理信息系统的一些基本概念、空间数据的管理内容及其应用模式和开发过程等。

5.1 GIS 概 述

大多数经常上网的人可能都有使用电子地图的经验,通过单击浏览电子地图,可以查询到电子地图上你所希望查找的地点、公交线路、驾车线路以及旅游景点、商场、办公楼等信息,这大大方便了我们的出行。现在越来越多的网站提供了电子地图功能,例如,高德地图网、百度地图、Google 地图和苹果地图(Mapkit)等。支持电子地图功能实现的信息就是地理信息。

5.1.1 地理信息的定义及特征

地理信息(geographic information)是一些与地球表面(包括与地表非常接近的地区、亚地表、海洋与大气圈)空间位置数据相关联的信息,是表征地理圈或地理环境固有要素或物质的数量、质量、空间位置、空间分布特征、相互关系和变化规律的数字、文字、图像、图形信息的总称,它是对表达地理特征与地理现象之间关系的地理数据的解释说明。

当我们浏览电子地图时,期望获得的信息可能是某一个旅游城市的天气和地形、某一个写字楼的行车路线和附近有哪些便利商店等。这些信息相对于一般的信息有着很明显的特征。地理信息区别于一般信息的特征主要有:

(1) 区域性。区域性指地理信息的定位特征。地理信息属于空间信息,其位置识别与数据是联系在一起的。例如,用经纬坐标确定空间位置来指定一个区域。

(2) 多维性。多维性指地理信息可以在二维空间的基础上实现第三维结构,从而获得多方面的信息,即在同一平面位置上具有多个专题和属性的信息结构。例如,在一个地面点位上,可取得高度、噪声、污染、交通等多种信息。

(3) 动态性。动态性指地理信息有明显的时序特征,是动态变化的,因此要求及时采集和更新采集到的信息,并根据变化规律进行分析,寻找随时间变化的分布规律,进而对未来作出预测或者预报。

（4）地域性。地域性指地理信息中的地理数据是各种地理特征和现象之间关系的符号化表示，是由地理位置所决定的。

仍然以电子地图为例。假定我们要在假日里到长城游玩，那么在使用电子地图时需要查询的信息可能包括长城的位置、行车路线、交通状况、天气、附近其他景点、饭店等。长城的位置信息存储的可能是它的经纬坐标，这就是地理信息的区域性，也就是这些信息是有定位的；而天气状况就处在地理位置二维空间外的第三维上，同时也可以查询到长城的海拔高度等其他维度上的信息，这就是地理信息的多维性；一个路段的交通状况是有规律可循的，每天内或每周内随着时间呈规律性变化，是动态的，这就是地理信息的动态性；而长城附近的地理状况是相互联系的，这就是地理信息的地域性。

5.1.2 地理信息系统的定义及特征

1. 地理信息系统的定义

电子地图为我们提供这些信息功能是通过一个地理信息系统来实现的。首先需要将用到的信息存储到后台数据库中，再通过构造操作界面实现用户的使用。

地理信息系统是在计算机硬件和软件系统的支持下，对整个或部分地球表层（包括大气层）空间中有关地理数据进行采集、分析、存储、管理、运用、分析、显示以及描述的系统，是一种重要的空间信息系统。从外部来看，GIS 表现为计算机软硬件系统，而其内涵是计算机程序和地理数据组织而成的地理空间信息模型，是一个逻辑缩小的、高度信息化的地理系统。它将现实世界抽象为相互连接不同特征的层面组合，解决了各种纷繁复杂的难题。

从 GIS 的定义可以看出，地理信息系统同一般信息系统的不同主要体现在其主要处理的信息类型上，GIS 主要支持的是地理空间数据，这也就造成了它与一般信息系统在硬件设备、软件环境、数据处理以及管理等方面的主要差别。在硬件设备上，由于外部环境是模拟形式的，而内部数据是数字形式的，所以 GIS 的输入设备要求具有从模型形式到数字形式的转换功能；而且由于地理空间数据大部分需要以图形的形式来显示，所以输出设备对于图形显示的要求较高。在软件环境上，主要有 3 个部分，即 GIS 软件平台、应用系统和空间数据库，相对于一般信息系统软件环境，对于图形的处理要求较高。在数据处理上，由于主要处理的是地理数据，这些数据同时具有空间和非空间的特性，所以处理和管理上有特定的要求。

2. 地理信息系统的特征

GIS 的主要特征包括：

（1）多学科特征，强大的空间数据处理能力。GIS 具有采集、管理、加工、分析和输出多种地理空间信息的能力，同时具有空间性和动态性。而且由于地理信息的多维性，GIS 要处理相关多个学科的数据。一般数字地图及制图是 GIS 的重要组成部分，数字梯度是 GIS 的重要数据源，同时分析处理结果也需要以数字地图形式来表现和输出。

（2）以地理研究和地理决策为目的，以地理模型方法为手段，具有区域空间分析、多要素综合分析和动态预测能力，产生了高层次的地理信息。

（3）基于一般信息系统，资源需求高于一般信息系统。由计算机系统支持进行空间地理数据管理，同时作用于空间数据，产生有用的信息，完成人类难以完成的任务。计算机系统的支持是 GIS 能够快速、准确、综合地对复杂的地理系统进行空间定位和动态分析的基础。

3. 地理信息系统的历史及发展

国际上地理信息系统从概念的形成到发展普及为世人皆知,主要经历了以下几个阶段。

1) 形成阶段(20世纪60年代)

1963年加拿大土地调查局为了处理大量的土地调查资料,由测量学家R. F. Tomlinson首次提出地理信息系统这一术语,并建立了世界上第一个实用的地理信息系统——加拿大地理信息系统(CGIS),用于自然资源的管理和规划。不久美国哈佛大学计算机图形与空间分析实验室又提出了比较完整的系统软件SYMAP,以上这些奠定了地理信息系统发展的基础。初期地理信息系统的发展动力主要来自于学术探讨、新技术应用、大量空间数据处理的生产需求等。在这个时期,专家兴趣及政府推动起着积极的引导作用,大多地理信息系统工作局限于政府及大学的范围,国际交流甚少。

2) 巩固阶段(20世纪70年代)

进入20世纪70年代以后,随着计算机技术的迅速发展,大容量磁盘的使用,为地理信息系统的采集、录入、检索、处理与输出提供了有利的支持,巩固了地理信息系统的发展。从1970—1976年,美国国家地质调查局就建成了50多个信息系统,用于获取和处理地质、地理、地形和水资源信息,较典型的有GIRAS。瑞典在中央、区域和市3级上建立了许多地理信息系统,典型的有区域统计数据库、道路数据库、土地测量信息系统、斯德哥尔摩地理信息系统等。日本国土地理院从1974年开始建立数字国土信息系统,存储、处理和检索测量数据、航空影响信息、土地利用、地质地形、行政区划等信息。法国建立了GITAN系统和深部地球物理信息系统等。在这个时期,地理信息系统受到了政府部门、大学和商业公司的普遍重视。这个阶段地理信息系统发展迅速的原因主要可以归结于3个方面:一是资源的开发利用和环保问题需要一种有效的分析处理空间信息的技术和方法;二是计算机的普及;三是专业化人才的增加。

3) 发展阶段(20世纪80年代)

从20世纪80年代开始,由于大规模和超大规模集成电路的问世,以及计算机网络的建立,地理信息系统的传输时效得到了极大的提高,地理信息系统技术被普遍推广并得到了广泛应用。它的应用从基础数据的处理与信息规划转向更复杂的空间实体数据及其关系的综合性分析管理,被多个用户共同享用。应用领域从资源管理、环境规划到应急反应,从商业服务区域划分到政治选举分区等,涉及了许多学科与领域。同时,随着全球各国对地理信息系统的关注和重视,很多国家积极致力于地理信息系统的发展和应用,而且不再受国家界线的限制,地理信息系统开始应用于解决全球性的问题。这个时期地理信息系统发展最显著的特点就是商业化实用系统进入市场。

4) 普及阶段(20世纪90年代)

随着计算机软、硬件的飞速发展,网络进入了千家万户,因此地理信息系统开始成为许多机构必备的工作系统。各个行业都根据本行业的特征,相继开发出了独具特色的地理信息系统,并且每2~3年更新一次。国家级乃至全球性的地理信息系统已成为公众关注的问题。在这个阶段,我国的地理信息技术也得到了迅速发展,地理信息系统已经开始发展成为现代社会最基本的服务系统。

从技术和应用角度看,GIS的发展可以分为技术时期、理论研究时期和应用服务时期。

技术时期基本可以对应于形成和巩固阶段,这个时期内地理信息系统研究刚刚起步,在应用需求的基础上和在政府和专家的推动下,技术得到了很大的发展,这个时期的研究也主要集中在技术上。理论研究时期基本对应于发展阶段,由于技术发展到一定的程度并得到广泛的应用,各国开始积极进行理论上的研究和改善,地理信息系统理论在这个阶段得到完善,并且开始逐渐向应用服务时期转变。应用服务时期基本对应普及阶段,这个阶段中各个行业根据本行业的特点相继引入地理信息系统,地理信息系统的发展集中于在实际当中的应用。

GIS 的发展趋势从技术上来讲,主要是更合适高效的空间数据结构的应用、数据的自动输入技术的使用以及 GIS 同遥感技术的结合使用。从应用角度来讲,主要是 GIS 应用模型的开发和应用以及采用标准的分布式系统。从社会角度来讲,GIS 应该扩大使用领域并形成新的产业,同时应该加强 GIS 教育并重视对 GIS 人才的培养。图 5.1 给出了 GIS 的发展历史和目前的发展趋势。

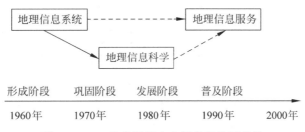

图 5.1 GIS 的发展历史和目前的发展趋势

5.1.3 地理信息系统的组成和功能

1. 地理信息系统的组成

一个实用的 GIS 主要由 5 部分组成,它们是计算机硬件系统、软件系统、地理空间数据、系统使用与管理人员(即用户)和应用模型,如图 5.2 所示。其中,计算机硬件系统和软件系统提供了工作环境;地理空间数据是 GIS 应用优劣的核心;系统使用与管理人员决定了系统的工作方式;应用模型提供了解决专门问题的理论和方法。

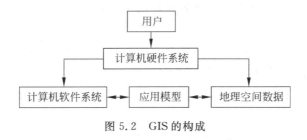

图 5.2 GIS 的构成

1) 计算机硬件系统

GIS 的硬件系统一般由计算机与一些外围设备组成,其中特殊的是数据输入设备。因为地理信息系统中的数据都是数字式的,而系统外部的信息大部分是模拟式的(例如,地图、表格、影像等),因此必须通过模拟形式向数字形式的转换输入到系统内部。根据各种模拟形式,其输入设备也多种多样,现在使用较多的有矢量数字化仪、图形扫描仪、遥感全球定位系统等。同样,输出设备也主要是一些能够显示或输出图形的设备,如图形终端显示器、绘图机、打印机、磁介质硬拷贝机、可擦写光盘以及多媒体输出装置等。它们以图形、图像、文件、报表等不同形式显示数据的分析处理结果。

2) 计算机软件系统

GIS 软件系统是 GIS 的核心组成,直接关系到 GIS 的功能。它主要有 3 部分,即 GIS 软件平台、应用系统和空间数据库。这里的软件平台主要处理数据的输入与转换、图形及文本编辑、数据存储与管理、空间查询与分析及数据输出与表达等。而应用系统是用于完成特定应用任务的,它与 GIS 软件平台紧密相连。应用系统作用于各类空间数据上,构成 GIS 的各种应用。空间数据库是 GIS 的重要组成部分,它是系统分析加工的对象,是 GIS 表达现实世界的内容。

事实上,GIS 软件的主要功能是实现空间数据输入/输出管理、空间数据库管理、空间数据处理和分析以及专业应用模型,如图 5.3 所示。

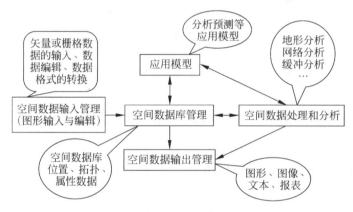

图 5.3　GIS 软件中空间数据管理功能

3) 地理空间数据

地理空间数据是地理信息系统的操作对象与管理内容。GIS 必须建立在准确使用地理空间数据的基础上,因此地理空间数据也是 GIS 的重要组成部分。数据来自室内地图数字化、专业采集、遥感图像解析或从其他数据转换得到。数据的类型主要有两大类:空间数据和非空间的属性数据。

(1) 空间数据。空间数据用来确定图形和制图特征的位置,是以地球表面空间位置为参照的。它反映了两方面信息:一是几何坐标,即在某个已知坐标系中的位置,如经纬度、平面直角坐标、极坐标下的位置;二是拓扑关系(topology),即实体间的空间相关性,表示点、线、网、面等实体之间的空间关系,如网络节点与网络之间的枢纽关系、边界线与面实体间的构成关系、面实体与岛或内部点的包含关系等。

(2) 非空间的属性数据。非空间的属性数据用来反映非几何属性,即与几何位置无关的属性。主要是与地理实体相联系的地理变量或地理意义。非几何属性可以分为两方面信息:一是定性属性,包括名称、类型、特性等,如土壤种类、岩石类型、土地利用等;二是定量属性,包括数量和等级等,如土地面积、人口数量、土地等级、水土流失量等。

4) 系统使用与管理人员

GIS 是一个动态的地理模型,是一个复杂的人机系统。因此,在包含了系统硬件、软件和数据结构之外,GIS 必须处于相应的机构或组织环境内,需要人进行系统组织、管理、维护和数据更新、系统扩充等。所以,系统的使用与管理人员是 GIS 中的重要因素。

5) 应用模型

GIS 应用模型的构建和选择是 GIS 应用系统成败的至关重要因素。它是在对专业领域的具体对象与过程大量研究基础上总结出的规律,GIS 应用就是利用这些模型对大量空间数据进行分析综合来解决实际问题的,如基于 GIS 的物流系统分析模型、车辆追踪模型等。应用模型是 GIS 技术产生社会经济效益的关键所在,也是 GIS 生命力的重要保证,因此,它在 GIS 技术中占有十分重要的地位。

2. GIS 的功能

GIS 技术在全球范围迅速发展及其具有的强大生命力是与其对地理空间信息的处理功能强大紧密相连的。GIS 就是通过对空间信息及其相关属性信息的处理,将各种详细的地理资料(包括和地理空间有关的图形资料和属性资料)整合成综合性的地理信息资料库,通过应用软件,将各种相关信息以文字、数字、图表、声音、图形或配以地图的形式,提供给规划者及决策者使用。GIS 作为一个空间信息系统具有 5 项基本功能,即数据采集与输入、数据编辑与更新、数据存储与管理、空间数据查询与分析、数据输出与表达,如图 5.4 所示。

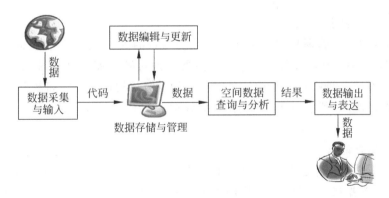

图 5.4　GIS 功能结构图

1) 数据采集与输入

数据采集与输入是指在数据处理系统中将系统外部的原始数据传输给系统内部,并将这些数据从外部格式转换为系统便于处理的内部格式。数据的采集和输入也是建立地理数据库的第一步,是建立地理数据库的基础过程。由于 GIS 可以有多种数据源,如地形数据、地图数据、影像数据、属性数据等,需要对不同格式的数据进行格式转换,以保证数据格式的一致性。

GIS 的数据通常抽象为不同的专题或层,如图 5.5 给出的例子。数据采集与输入的功能就是保证各层实体的地物要素按顺序转化为 x,y 坐标对应的代码并输入到计算机中。

2) 数据编辑与更新

数据编辑与更新是指在 GIS 的数据输入过程中,各种输入设备采集到的数据难免会产生或输入一些差错,如使用扫描仪得到的数据,可能会有一些噪声斑块或线条出现。所以一

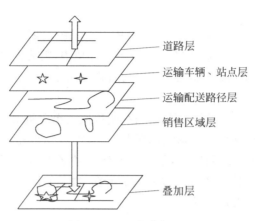

图 5.5　GIS 的数据层

般要求对 GIS 中的空间数据进行编辑和完善,使数据具有一定的意义。这里的数据编辑主要包括图形编辑和属性编辑。图形编辑主要包括拓扑关系建立、图形编辑、图形整饰、图形变换、投影变换、误差校正等功能。而数据更新是反映空间数据动态变化的,就是通过插入、修改、删除等一系列操作来实现用新的数据项或记录替换旧的相对应数据项或记录过程。数据更新可以满足动态分析的需要,也可以对自然现象的发生和发展作出合乎规律的预测和预报。

3) 数据存储与管理

数据的有效组织与管理是 GIS 系统应用成功与否的关键,主要包括空间与非空间数据的存储。目前,在 GIS 中对数据的存储管理主要是通过数据库管理系统来完成的,对于空间数据的管理,是将各种图形或图像信息以严密的逻辑结构存放在空间数据库中;对于非空间的属性数据管理,一般直接利用商用关系数据库软件(如 Oracle、SQL Sever 等)进行管理。

4) 空间数据查询与分析

空间数据查询与分析是 GIS 最重要的功能,也是 GIS 区别于其他信息系统的本质特征。它主要包括数据操作运算、空间数据查询检索与空间数据综合分析。GIS 有丰富的查询功能,既具有属性查询功能也有图形查询功能,还可以实现图形与属性之间的交叉查询,如从数据文件、数据库或存储设备中查找和选取所需的数据;还可以为了满足各种可能的查询条件实现系统内部数据操作,如数据格式转换、矢量数据叠合、栅格数据叠加等操作以及按一定模式关系进行的各种数据运算,包括算术运算、关系运算、逻辑运算和函数运算等;而为了提高系统评价、管理和决策的能力,可以实现空间数据拓扑分析、属性数据分析、空间数据与属性数据的联合分析等。

5) 数据输出与表达

GIS 的数据输出与表达是指借助一定的设备和介质,将 GIS 的分析或查询检索结果表示为某种用户需要的可以理解的形式的过程,或者将上述结果传送到其他计算机系统的过程。GIS 通常以人机交互方式来选择现实的对象与形式。对于图形数据,根据要素的信息密集程度,可选择放大或缩小显示;可以输出全要素地图,或根据用户需要分层输出各种专题图、统计图、图表以及数据等。

案例 5-1：基于 GIS 的新胜物流服务网点信息管理系统

新胜物流公司是一家现代化的物流运输企业，其业务范围涵盖了运输、仓储、包装、配送信息等一体化的物流运营过程。早先新胜物流的顾客服务实行网上派工制度，客户中心接到顾客订单后，利用网络派工系统实时将信息传递到距离顾客最近的配送服务网点，服务网点再将订单通知到网点内的配送人员。为了让客户中心的接线员快速将顾客订单信息传递到最近的服务网点，以往的经验是先将所有的服务范围划分为不同的区域，并由距离最近的服务网点负责相应的配送任务。服务网点信息、相应的区域信息等均事先存储到系统数据库中。

由于业务量的增长，新胜物流派工制度中的漏洞与不便之处逐渐显现出来，较为突出的问题是服务网点范围划分的矛盾。由于业务量波动较大，服务网点经常需要新增或者撤销，因而必须重新划分服务范围，然而人工划分服务范围费时费力，且完全依靠经验来保证划分质量，难以有效、合理地进行全局优化。有些网点对服务范围提出质疑，如有些区域到网点直线距离虽然较短，但有河道、公园等障碍物及道路断交等情况需要绕行，实际行驶距离较长；有些服务网点虽然服务范围不小，但是人口较少，业务量并不大。这些问题严重影响了服务质量，且造成物流运营成本居高不下。

为了快速、合理划分服务网点范围，提高顾客响应速度，新胜物流引进了 GIS 服务网点信息系统，并将该系统与原有 ERP 系统对接，获取原有数据库基础信息，包括客户信息、销售信息、网点车辆人员信息等，并且及时获取最新空间数据库（道路交通数据库、人口分布数据库等）信息，系统在获取各种信息数据的基础上通过算法自动优化服务网点的覆盖范围。首先将被服务区域及服务网点抽象成多个质点，并通过道路交通数据库计算质点之间路径距离，通过人口分布数据及客户、销售信息数据进行叠加分析，计算覆盖权重因子，最后形成覆盖服务边界并通过电子地图显示输出，整个过程只需要几秒钟即可完成。工作人员还使用 GIS 系统的缓冲区分析功能来为新的服务网点选址进行决策分析。

GIS 服务网点信息系统提高了客户的服务满意率，降低了公司物流运营成本，减轻了员工的劳动强度，并且有效解决了各个服务网点关于工作量、服务界限之间的矛盾。

此外，该系统还可以实现的功能有：①保证客户的到货时间，提高客户满意度；②动态安排配送任务，优化配送路径；③及时反馈配送的状态，完成应急处理；④车辆实时监控，车辆历史轨迹回放；⑤车辆丢失，车辆自发信号来确定位置；⑥辅助客户中心快速、准确定位顾客位置及所属服务网点；⑦为服务网点选址、客户服务计划、市场营销策略提供辅助决策功能。

公司高层管理人员通过 GIS 服务网点信息系统认识到，GIS 在物流信息系统中的应用并不是仅仅显示地理位置这么简单，其更重要的应用在于通过空间数据库及各种分析工具，优化复杂的物流系统，快速做出规划方案和策略，并通过电子地图输出。公司正准备充分利用 GIS 服务网点信息系统各种功能，将其他 GIS 物流管理功能与物流信息系统对接，形成一个真正可视化、智能化的 GIS 物流信息管理平台。

5.2 空间数据的组织与管理

任何信息系统都需要大量数据的支持以实现其功能。GIS 主要存储的是空间数据。空间数据如何存储到数据库中,如何对存储在数据库中的空间数据进行组织与管理,这就是空间数据组织与管理的主要内容。空间数据组织与管理主要指在计算机中对空间数据获取、分类、加工处理和存储等过程的组织管理方式。因为空间数据的特殊性,它的组织与管理与一般数据有很大不同。

5.2.1 空间数据的采集与编辑

1. 空间数据的基本特征

在地理信息系统中,空间数据代表着现实世界地理实体或现象在信息世界中的映射,因此它反映的特征应该同现实世界地理实体向人们传递的基本信息一致,同现实世界中各个现象的基本特征相同。在现实世界中,要完整地描述空间实体或现象的状态,一般需要包括空间、时间和专题属性。因此,空间数据具有以下 3 个基本特征:

(1) 空间特征。空间特征指空间地物的位置、形状和大小等几何特征以及与相邻地物的空间关系。空间位置可以用坐标表示,因此 GIS 中地物的形状和大小一般也是通过空间坐标来体现的。如一个长方形实体,GIS 软件大多用 4 个角的坐标来描述。同时,GIS 的坐标系统也有相当严格的定义,如经纬度地理坐标系、一些标准的地图投影坐标系或者任意的直角坐标系等。

(2) 时间特征。时间特征指现象或物体随时间的变化。严格来说,空间数据总是在某一特定时间或时间段内采集得到或计算得到的。

(3) 属性特征。属性特征指除了时间和空间特征以外的空间现象的其他特征,例如,地形的坡度、坡向、某地的年降雨量、土地酸碱度、土地覆盖类型、人口密度、交通流量、空气污染程度等。这些属性数据可能为一个地理信息系统派专人采集,也可能从其他信息系统中收集。

2. 空间数据的获取

因为空间数据的多层次、多角度和多时段特征,空间数据的获取相对较为复杂,表现为 GIS 数据源具有多样性,需要不同的输入编辑设备、硬件设备、软件设备(如标准化软件、接口软件等),以实现数据结构及其数据交换格式的标准化过程。

空间数据的获取是指将各种数据源,如地图、遥感影像、文本资料等中的信息转换成 GIS 可以处理与接受的数字形式,通常要经过验证、修改、编辑等处理过程。据统计,GIS 中数据获取的费用是整个 GIS 代价的 50%～80%,这是因为不同空间数据的输入需要采用不同的设备和方法,并且使用不同设备和方法采集到的数据需要经过一定的标准化后才能输入计算机进行存储。图 5.6 给出了空间数据获取在地理信息系统中的重要性,就好比汽油对汽车的重要性。

图 5.6 空间数据获取在 GIS 中的重要性

3. 空间数据的编辑处理

空间数据处理指的是对空间数据进行分类、存储、检索、加工、变换和传输等过程,包含两方面含义:一方面是对不符合空间数据存储要求的数据进行转换和处理,使之适合 GIS 的要求;另一方面是对于存储在数据库中的数据进行处理以得到更多的其他信息。

数据处理的主要内容包括数据裁剪、数据类型转换、线数据集拓扑处理、坐标系统设置、数据集融合、追加数据集、数据集采样和重新计算范围及重建空间索引。

数据裁剪的主要目的是使所存储的数据更加精确;而数据类型转换是实现点、线和面等各种数据之间的转换或复合数据的生成与分解及文本数据和字段之间的转换;线数据集拓扑处理实现拓扑错误处理,生成拓扑错误信息字段、拓扑构建网络数据和拓扑构建面数据等;坐标系统设置包括设备坐标到真实世界坐标变换、地图投影变换等;数据集融合就是将一个面数据集中,两个或两个以上彼此相邻或相交且某个字段相同的对象融合成一个对象;而追加数据集包括追加行和追加列,类似一般数据库的追加操作;数据集采样就是当地图对象节点过于密集时,重新采集坐标数据,简化地图绘制;最后的重新计算范围和重建空间索引是指当删除了数据集中的对象时,整个数据集的范围会发生变化,所以需要重新计算数据集的范围,而且需要对数据集重新建立空间索引,以便进行快速查询。

5.2.2 空间数据的管理

这部分主要包括空间数据结构表示和空间数据管理两部分。空间数据结构是空间数据组织的形式,指适合于计算机存储、管理和处理的数据逻辑结构,对空间数据则是地理实体的空间排列方式和相互关系的抽象描述。如果数据不按一定规律存储在计算机中,不仅用户无法理解,计算机也不能正确处理,将成为一堆无用的垃圾。空间数据管理指把空间数据作为一种资源,利用计算机文件或数据库管理系统软件来合理利用空间数据,实现数据的最大限度共享和使用。

1. 空间数据的表达与数据结构

空间数据的组织形式目前尚无一种统一的数据结构能同时存储如地形、地图、影像、属性 4 种类型的数据,而是将它们分别以矢量数据结构、栅格数据结构、二维关系表及其他类型的数据结构方式存储,其中最常见的就是矢量数据结构和栅格数据结构。

图 5.7 所示为用这两种数据结构表示同一块由不同土壤结构构成的土地。图 5.7(a)中土壤结构是由一组具有起、终点坐标的线段和必要的连接指针构成。因为表示物体的线

段有方向性,所以称为矢量结构。线段端点的指针表明了这些线段应如何连接在一起才能形成相应地块。这种结构可以表述为:地块→矢量组→连通性。图 5.7(b)中土壤结构是由格网中某一部分的像元(或称栅格)集合所构成的,所以称为栅格结构。在同一集合中的像元都具有同样的编码"a"或"b"或"c"等。实际上这些值本身并不一定显示出来,通常它们可能只代表某一符号或是某种颜色或是影像灰度。这种结构可以表述为:地块→符号/颜色→像元。

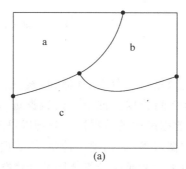

图 5.7　用矢量结构和栅格结构表示的例子

图 5.7 形象地说明了两种数据结构的表示方法。可以看出,两类数据结构都可用来描述地理实体的点、线、面 3 种基本类型,它们最根本的不同在于如何表达空间概念。栅格数据采用面域或空域枚举来直接描述空间目标对象;矢量数据用边界或表面来表达空间目标对象的面或体要素,通过记录目标的边界,同时采用标识符表达它的属性来描述对象实体。

2. 空间数据库管理

第 2 章中我们已经对数据库管理的概念与数据模型等进行了阐述,但地理信息系统中的数据库是一种专门化的数据库,由于这类数据库具有明显的空间特征,所以称为空间数据库。空间数据库的理论与方法是地理信息系统的核心问题。

1) 空间数据库概述

由于空间数据的复杂性,通用数据库管理系统难以管理空间数据。如通用数据库难以描述非结构化的空间几何数据及其拓扑关系,支持通用数据库的查询语言无法查询空间关系等。因此,形成了空间数据库的研究内容。

GIS 空间数据库是指以特定的数据结构和数据模型表达、存储和管理从地理空间中获取的某类空间信息,以满足网络用户对空间信息需求的数据库。建立空间数据库的目的是利用数据库技术实现空间数据的有效存储、管理和检索,以便为用户提供优质服务。

2）空间数据库的特点

GIS 空间数据库是空间数据有组织的集合,所以,GIS 空间数据库除了具有一般数据库的特征外,还应具有一些如空间数据查询、传输、处理、分析等区别于其他一般数据库的特征,它们分别是：

（1）空间特征。这是空间数据库最主要的特征,它描述了空间物体的位置、形态,甚至需要描述物体的空间拓扑关系。例如,描述一条河流,一般数据侧重于河流的流域面积、水流量、枯水期；而空间数据则侧重于描述河流的位置、长度、发源地等和空间位置有关的信息,复杂的还要处理河流与流域的距离、方位等空间关系。

（2）抽象特征。空间数据描述的是真实世界所具有的综合特征非常复杂,必须经过抽象处理。不同主体的 GIS 空间数据库,人们所关心的内容也有差别。在不同的抽象中,同一自然地理物体可能会有不同的语义。例如,上述河流既可以被抽象成水系要素,也可以被抽象成行政边界,如省界、县界等。

（3）空间关系特征。空间数据中记录了很多空间关系,如拓扑数据结构。这种数据结构一方面方便了空间数据的查询和空间分析；另一方面也增加了空间数据的一致性和完整性维护的复杂程度。

（4）多尺度与多态性。不同观察尺度具有不同的比例尺和精度,同一地物在不同情况下会有形态差异。例如,任何城市在地理空间都占据一定范围的区域,可以被作为面状空间对象。在比例尺较小的 GIS 数据库中,城市是作为点状空间来处理的。

（5）非结构化特征。在当前通用的数据库管理系统中,数据记录一般是结构化的,也就是说,每一条记录是定长的,数据项表达的只能是原始数据,不允许嵌套记录。而空间数据则不能满足这种结构化要求,它通常是不等长记录、类型复杂、数据项多、数据量大。这也就是为什么空间图形数据难以直接采用通用的数据管理系统的主要原因之一。

（6）分类编码特征。一般每个空间对象都有一个分类编码,而这种分类编码往往属于国家标准或行业标准或地区标准,每一种地物的类型在某个 GIS 中的属性项个数是相同的。因而在许多情况下,一种地物类型对应于一个属性数据表文件。当然,如果几种地物类型的属性项相同,也可以由多种地物类型公用一个属性数据表文件。

（7）海量数据特征。空间数据量通常称为海量数据,因为它的数据量比一般的通用数据库要大很多。一个城市 GIS 的数据量可能达几十个 GB,如果考虑影像数据的存储,可能达几百个 GB 乃至 TB 级。这样的数据量在城市管理的其他数据库中是很少见的。正因为空间数据量大,所以需要在二维空间上划分块或者图幅,在垂直方向上划分层来进行组织。

3）数据模型

数据模型就是数据库系统中关于数据组织方式及其在这种数据组织方式下对数据操作

的方法、数据安全性、完整性和维护控制性等方面的一个定义。传统的数据库系统数据模型主要有层次数据模型、网状数据模型、关系型模型,目前面向对象的数据模型、对象-关系数据模型等成为新一代的发展方向。

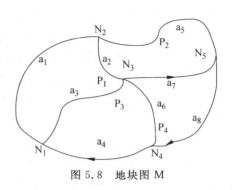

图5.8 地块图 M

图 5.8 所示地块图用层次模型描述如图 5.9 所示。这种表示的优点是层次分明,组织有序;缺点是数据独立性较差,难以表达多对多的关系,导致数据冗余。

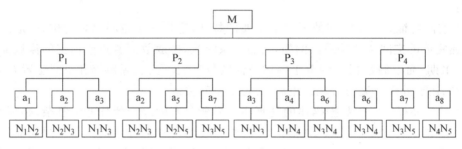

图5.9 地块图层次模型表示

图 5.8 所示地块图用网状模型描述如图 5.10 所示。这种表示的优点是能描述多对多关系,即节点之间的联系是任意的;缺点是结构复杂,限制了它在空间数据表达中的应用。

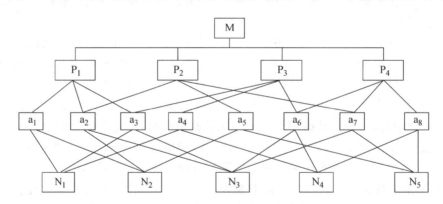

图5.10 地块图网状模型表示

20 世纪 80 年代后主导数据库的是关系模型。关系模型的理论基础是关系理论,它通过关系运算操作数据。从用户的角度看,关系模型的逻辑结构是一张二维表,由行、列组成。也就是说,关系模型是用简单二维表结构表示实体和实体之间联系的模型。一张二维表中,每一行为一个元组,每一列为一个属性。关系运算以关系代数为理论基础,这部分在第2章已有介绍,更详细的内容可参看数据库系统原理的相关书籍。图 5.8 所示地块图用关系模型描述如图 5.11 所示。

这种表示的优点是结构简单灵活,易查询,维护方便;缺点是不适合表示非结构化数据,难以表达目标,尤其是复杂目标,效率较低。

多边形和弧段的关系			
多边形号	弧段号		
P_1	a_1	a_2	a_3
P_2	a_2	a_5	a_7
P_3	a_3	a_6	a_4
P_4	a_6	a_7	a_8

多边形和弧段的关系		
弧段号	起点	终点
a_1	N_1	N_2
a_2	N_3	N_2
a_3	N_1	N_3
a_4	N_4	N_1
a_5	N_2	N_5
a_6	N_4	N_3
a_7	N_3	N_5
a_8	N_5	N_4

节点坐标	
节点	坐标
N_1	x_1, y_1
N_2	x_2, y_2
N_4	x_3, y_3
N_3	x_4, y_4
N_5	x_5, y_5

图 5.11 关系模型描述

面向对象空间数据模型的核心是能对复杂对象进行模拟和操纵,因此非常适合空间数据的表达和管理。这种数据模型的基本特征主要表现在:具备对复杂对象进行模拟和操纵的能力,允许定义和操纵复杂对象,具备引用共享和并发共享机制以及灵活的事务模型,支持大量对象的存储和获取,等等。面向对象的数据库模型不仅支持变长记录,还支持对象的嵌套、信息的继承和聚集,可适应非传统应用的需要。

传统数据库模型可把数据库语句嵌入程序设计语言中。由于数据库语言和程序设计语言类型和计算模型的不同,各种结合是不自然的,从而出现了"阻抗失配"。在面向对象数据库模型中,把程序设计语言编写的操作封装在对象的内部,从本质上讲,把问题求解过程只需要表现为一个消息表达式的集合。

对象-关系数据库是针对面向对象数据库商品不够成熟、关系数据库尚存在不足、无法适应空间数据管理而出现的。它允许用户扩充基本数据类型,即允许用户根据需求定义数据类型、函数、操作符,而且经定义的新数据类型、函数、操作符将存入数据库管理系统的核心中,供用户公用;能支持关系数据库的结构化查询语言(SQL)查询,在 SQL 中支持由多种基本类型或用户定义的类型构成的对象;支持对象数据库的类、数据、函数的继承;能提供功能强大的同其他对象-关系集成的规则系统,如规则中的事件和动作可以是任意 SQL 语句等。

目前,许多著名的关系数据库管理系统的新版本,都已扩展为对象-关系型数据库系统,如 Oracle 8.0、Informix 9.0 等。

3. 空间数据库系统的管理模式

空间数据库中,对空间数据的管理模式同普通数据库管理模式有些不同,主要有以下几类管理模式:

(1) 文件与关系数据库混合管理系统。目前,大部分 GIS 软件采用混合管理模式,即用文件管理系统管理几何图形数据,用商用关系数据库管理系统管理属性数据,它们之间的联系通过目标标识或者内部连接码进行连接,统一管理。如图 5.12 所示。在这样的管理模式中,几何图形数

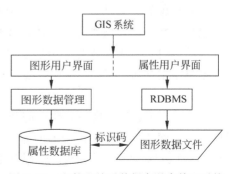

图 5.12 文件和关系数据库混合管理系统

据与属性数据除它们的标识作为连接关键字段以外,两者几乎是独立地组织、管理与检索的。这样通常要同时启动两个系统(GIS 图形系统和关系数据库管理系统 RDBMS),甚至两个系统来回切换,使用起来很不方便。同时,属性数据和图形数据分开存储,数据一致性维护困难,系统查询运算、模型操作运算速度慢,数据共享困难,对 C/S、B/S 网络结构体系支持能力差,很难适应网络环境下对数据并发操作和一致性操作的要求。

(2) 全关系型空间数据管理模式。随着关系数据库技术的发展,尤其是非结构化大型对象的引入,人们考虑将非结构空间图形数据作为大二进制对象,存储在目前关系型数据库提供的二进制块中,其相关的属性数据存储在数据表的列中,由 RDBMS 统一管理,这就是全关系型空间数据管理模式。简单地说,全关系型空间数据管理模式就是图形和属性数据都用现有的关系数据库管理系统进行管理,其基本结构如图 5.13 所示。GIS 通常把图形的坐标数据当作一个二进制块,交由关系数据库管理系统进行存储和管理。这种存储方式可以省去大量的关系连接操作。但是,二进制块的读写效率要比定长的属性字段慢得多,特别是涉及对象的嵌套时速度会更慢。

(3) 对象-关系型空间数据管理模式。对象-关系型空间数据管理模式是在 RDBMS 中增加空间数据管理专用模块,定义了操纵点、线、面、圆等空间对象的 API 函数,以解决空间数据的变长记录的管理,使空间数据管理效率明显提高。这些函数将各种空间对象的数据结构进行了预先定义,用户使用时必须满足它的数据结构要求,不能根据自己的要求进行再定义,这使得对象-关系型空间数据管理模式在应用上受到了一定的限制,其结构如图 5.14 所示。

图 5.13 全关系型数据库管理系统

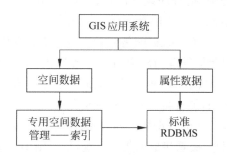

图 5.14 对象-关系型空间数据库管理

(4) 面向对象的空间数据管理模式。面向对象的空间数据管理模式起源于面向对象的编程语言。这种方法的基本出发点是尽可能按照人们认识世界的方法和思维方式来解决问题。面向对象的定义是指无论怎样复杂的实体都可以准确地由一个对象表示,这个对象是一个包含了数据集合操作集的实体。除数据与操作的封装性以外,面向对象的数据模型还涉及分类、概括、聚集和联合 4 个抽象概念,以及继承和传播 2 个语义模型工具。面向对象的数据模型是当前研究的一个热点,很多 GIS 软件正在发展自己的面向对象数据管理模型。

(5) 面向对象的矢栅一体化空间数据管理模式。上述空间数据的管理模式主要是针对图形矢量空间数据的管理而采取的方案。目前,除图形矢量数据以外,还存在大量的影像数据和 DEM 数据,如何将矢量数据、影像数据、DEM 数据和属性数据进行统一管理,已成为空间数据库的一个重要研究方向。一种实现方案是采用面向对象的矢栅一体化空间数据管理模式。它是面向对象技术与空间数据库技术相结合的产物。在面向对象数据模型中,其核心是对象。在实际中,仍然将矢量、栅格、DEM 等分别建库,可以分别进行空间数据查询、分析和制图。另外,为了实现与其他数据类型的集成管理,可各自提供一套动态链接库函数,使之能在矢量数据库管理中调用影像数据库和 DEM 数据库,或者三者互相调用,进行深层次、多数据源的空间查询、分析和制图。

案例 5-2：我国 GIS 的发展

我国的 GIS 于 20 世纪 80 年代起步,主要来源于遥感技术和计算机辅助制图学。因为遥感数据采用了栅格数据格式,所以我国早期的 GIS 软件也是根据栅格数据格式进行开发,而遥感数据也就是 GIS 中的主要数据源,比如环境资源数据、防灾减灾数据等,而 GIS 系统的应用领域也主要局限在这些方面。

到了 20 世纪 90 年代初期,随着矢量数据的广泛应用,出现了矢量 GIS。但因为矢量 GIS 很复杂,当时主要采用国外软件,如 ArcInfo、MapInfo 等。我国自己研发的矢量 GIS 只能应用于计算机制图,即把纸质版的地图数字化为电子地图。由此,矢量 GIS 的应用范围开始扩展到城市规划、城市土地管理等方面。

到 21 世纪初,我国 GIS 研究领域已经取得了很大进展。如多位学者已经在国际最有影响力的 GIS 期刊和国际会议上发表文章,并发起组织了很多国际学术讨论会,在国际上具有一定的影响。但我国的数据问题还是制约 GIS 发展的突出问题。数据是 GIS 价值体现的基础,缺乏数据支撑,GIS 系统就成为无源之水。目前,我国 GIS 系统的应用领域还很窄,主要应用于科研机构和政府部门所承担的重大项目中;而在民用领域,因为数据的保密性,除了电子地图,基本还没有多少应用。

在 GIS 软件开发和市场化方面,近十多年来,我国 GIS 的基础软件开发有一定的发展,已经拥有了一些自主知识产权的 GIS 软件产品,例如 GeoStar、SuperMap 和 MapGIS 等。然而,相比较国外的 GIS 市场,如 ArcGIS 或 MapInfo 的产业化市场,我国 GIS 市场还处在早期发展阶段,开发和应用主要分布在科研机构和高等院校,规模很小,产业化和市场化程度还远远不够。

交通 GIS 和网络 GIS 是我国 GIS 的主要应用领域。随着我国汽车拥有量的大幅度增加,公众对交通信息和车辆导航系统的需求也日益剧增。交通 GIS 就是通过汽车导航与网上地图服务发展其交通信息服务和管理功能,来推进我国交通规划、建设与管理及智能交通的发展。例如,日本 1991 年在与交通有关的事故中死伤人数达到 100 万人,而因为交通拥堵就损失 53 亿小时,直接经济损失达到约 12 万亿日元。后来,日本采用了智能导航系统,交通事故和交通拥堵大大减少。

网络 GIS(WebGIS)是将互联网和 GIS 相结合进行开发,来保证 GIS 软件和数据可以在互联网环境中快速漫游和共享,这能极大地拓展 GIS 的应用范围。也就是利用互联网来传递三维的空间数据,为广大用户展现出三维空间数据浏览、查询与分析的功能,得到一个网络化的地理空间数据集成平台,这是我国 GIS 系统下一步的重要发展方向。例如,通过互联网,我们能以三维空间数据展示方式,方便地查找某城市的宾馆、商场、游乐中心等。

5.3 GIS 的应用模式

GIS 具有采集、管理、加工、分析和输出多种地理空间信息的能力。前面已经对 GIS 的采集、管理能力作了介绍，接下来要引出 GIS 的具体应用，即它如何对空间信息进行加工和分析，从而得到人们想要得到的分析结果，也就是 GIS 的空间分析功能，以及如何把各种分析结果在各种输出媒介上展现出来，以便管理者参考应用。

5.3.1 GIS 的空间分析应用

空间分析是 GIS 的重要功能，也是 GIS 区别于一般信息系统的关键特征。所谓空间分析就是基于地理对象的位置和形态特征的空间数据分析技术，是借助计算机技术，利用特定的原理和算法，对空间数据进行操作、处理、分析、模拟、决策的功能。

空间分析包含的内容很多，从用户交互方式看，可以将 GIS 空间分析分为查询空间分析和模拟决策空间分析。

1. GIS 查询空间分析

空间数据的查询是 GIS 最基本的功能，也是 GIS 面向用户的直接接口。空间数据的基本查询实质是利用查询要求，在用户和系统中交互地进行，找出满足属性约束条件或空间约束条件的地理对象。从空间数据特性及使用的角度，可以将查询模式分为 3 类：

第 1 类是单纯的属性查询。其查询条件只与空间地物的属性相关，而与地物的地理位置无关。例如，某市三星级以上的宾馆有哪些？某省世界 500 强的物流企业有哪几家？这类查询，从内部过程看，属于"属性到图的查询"。查询的实质是基于常规关系数据库的查询，所用的查询方法通常由标准的 SQL 实现，按照属性数据和空间数据的对应关系显示图形。

第 2 类是单纯的空间查询。其查询条件只与地物的地理位置相关，而与空间地物的属性无关。例如，一般地理信息系统软件都提供一个 INFO 工具，让用户利用光标，用点线、画线、矩形、圆、不规则多边形等工具选中地物，并显示出查询对象的属性列表。这种查询首先借助于空间索引在空间数据库中找出空间地理对象；然后，再根据 GIS 中属性数据和空间数据的对应关系找出显示地理对象的属性，并可进一步进行相关的统计分析。

第 3 类是与空间位置和属性条件同时相关的联合查询。这种查询不是简单地由定位空间特性的查询结果显示相关的属性，也不是从属性特征的查询结果显示相关的空间位置。而是在查询条件中，同时涉及空间特征和属性特征。例如，某条街道需要扩建，由原来的 20 m 扩宽到 40 m，因此，需要将街道两边的建筑物拆迁。考虑拆迁的费用，需要统计拆迁范围内楼层大于 6 层的建筑物的面积，计算最后拆迁的费用，以辅助决定是否进行道路扩建。在这个例子中，在属性条件中需要输入建筑物的层数，在空间条件中需要输入前面与查询对象有边线相交的建筑物。

1）空间数据的叠置分析

空间数据的叠置分析，直观地讲是将两幅或多幅专题图重叠在一起，以生成新图和对应的属性。它是地理信息系统最常用的提取空间隐含信息的手段之一。它将有关主题层组成的数据层面,进行叠加产生一个新数据层面的操作,其结果综合了原来两层或多层要素所具有的属性,同时产生了新的属性信息。例如,将行政区图、降水量图、土壤类型图等进行叠置,可分析各行政区土地质量等级分布。但要注意的是,被叠置的图必须是同一地区、同一比例尺、同一投影方式,且各图均已进行了配准。

空间数据的叠置分析,有助于更深刻地了解地理信息,发掘更深层次的地理特征。其作用包括:

(1) 获取新类型。通过叠置可以获取新的类型。

(2) 进行数量统计。通过叠置可以计算某一区域内的类型和面积。例如,行政区划图和土壤类型图叠置,可计算出某一行政区划中的土壤类型数,以及各种类型土壤的面积。

(3) 进行动态分析。通过对统一地区的相同属性、不同时间的数据叠置,可以分析因时间引起的相应数据的变化。

(4) 进行成本分析。通过对属性和空间的分析,计算成本或收益等。

(5) 进行信息提取。叠置分析属于查询式空间分析,因此通过与所需提取范围的叠置分析,可以更多地获取到该范围内的信息。

2) 空间网络分析

对地理网络(如交通网络)、城市基础设施网络(如各种网线、电力线、电话线、供排水管线等)进行地理分析和模型化,就是空间网络分析。它起源于运筹学中的基本模型,并进行了发展。这里说的空间网络分析中的网络,有一般网络的概念,如可将网络图抽象成网络的边、节点及拓扑关系。此外,在空间网络中其边、节点具有空间地理定位意义及地理属性。在空间网络图中很多地理目标还具有层次复合的意义,通常用线状目标及其附属点状目标表示一系列线状设施和点状设施。

空间网络分析的主要用途是选择最佳路径和最佳布局中心的位置。在分析中,对图中的一些基本组成部分和属性需要熟悉。例如,"链"指网络中流动的管线,如街道、河流、水管等,其状态属性包括阻力和需求;"障碍"指禁止网络中链上流动的点;"拐角点"指出现在网络链中所有的分割节点上状态属性的阻力,如拐弯的时间和限制(如不允许左拐);"中心"指接收或分配资源的位置,如配送中心、企业等,其状态属性包括资源容量(如总的供应量);"阻力限额"指中心与链之间的最大距离或时间限制;"站点"指在路径选择中资源增减的站点,如库房、配送节点等,其状态属性有要被运输的资源需求,如产品数。网络中的状态属性有阻力和需求两项,实际的状态属性可通过空间属性和状态属性的转换,根据实际情况赋到网络属性表中。

空间网络分析包含内容很丰富,其应用领域正在日益拓宽,主要包括以下几类:

(1) 路径分析。路径分析包括静态最佳路径分析、动态最佳路径分析和最短路径分析等。静态最佳路径分析指由用户给定每条弧段的属性,当需求最佳路径时,读出路径的相关属性,求最佳路径;动态最佳路径分析指实际网络分析中,权值是随着权值关系式变化的,而且可能会临时出现一些障碍点,所以往往需要动态地计算最佳路径;最短路径分析需要确定起点、终点和所要经过的中间点、中间连线,最后求出最短路径。

(2) 资源分配。资源分配网络模型由中心点(配送中心)及其状态属性和网络组成。分配有两种方式:一种是由分配中心向四周输出;另一种是由四周向中心集中。这种分配功能可以解决资源的有效流动和合理分配。资源分配模型通常与资源的定位结合起来,可用来计算中心地的等时区、等交通距离区、等费用距离区等,还可用来进行城镇中心、商业中心或港口等地的吸引范围分析,以寻找区域中最近的商业中心,进行各种区划和港口腹地的模拟等。

(3) 地址匹配。地址匹配是指将数据库中存在的包含地址的数据,转化为地图上具有地理位置的店,并进行显示的过程,实质是对地理位置的查询。在实现过程中,将含有地址记录的数据库和带有地址属性的要素图进行比较,若找到一个匹配,被匹配的地理要素的地理坐标便被分配给含有相应地址的表格数据记录,从而在地址信息和被匹配的地址要素之间建立链接。地址匹配与其他网络分析功能结合起来,可以满足实际工作中非常复杂的分析要求。所需输入的数据包括地址表和含地址范围的街道网络及待查询地址的属性值。

(4) 连通分析。连通分析是指寻求从一个节点出发,可到达的全部节点或网线,如最少费用的连通问题。

(5) 流分析。流分析用来寻求资源从一个地点出发,运到另一个地点的最优化方案。优化标准包括时间最少、费用最低、路程最短、资源流量最大等。

2. GIS 模拟决策空间分析

1) 空间统计分析

空间数据之间存在着许多相关性和内在联系,为了找出空间数据之间的主要特征和关系,需要对空间数据进行分类和评价,即进行空间统计分析。通常用户可以根据不同的使用目的,选择 GIS 中存储的数据,运用适当的统计方法获得所需的信息。空间数据的统计分析内容有很多种。例如,常规统计分析主要完成对数据集合的最大值、最小值、均值、总和、方差、频数、峰度系数等参数的统计分析;空间自相关分析用来测定两个或两个以上变量是否具有相关关系,其主要目的是计算出相关变量间的相关程度和性质;空间回归分析是处理变量之间具有相关关系的一种数理统计方法,它主要研究变量之间的数学表达形式,可以通过自变量的值来预测、内插因变量的取值。从这里可以看出,回归分析具有预测的性质。

除了这些分析方法之外,还有层次分析方法、聚类分析方法、判别分析方法等。

2) 空间模型分析

模型是将系统的各个要素,通过适当的筛选,用一定的表现规则描述出来的对于现实的映像,通常表达了某个系统的发展过程或发展结果。地理模型也称专题分析模型,地理应用模型可根据模型的空间特性分为两大类:非空间模型和空间模型。

非空间模型主要是对系统中的各种属性数据进行运算。常用的方法包括投入产出模型、计量经济学、经济控制论及系统动力学等。这类模型多用于解决社会经济领域中的一些问题,如评价、预测与规划等,但也可以用于生态环境及自然资源等领域。

空间模型则同时针对系统中的图形和属性两种数据进行运算。常见的空间模型有缓冲区分析模型,这里的缓冲区是指地理空间目标的一种影响范围,建立这种影响范围的模型。还有叠置分析模型,是将同一地区的两组或两组以上的要素进行叠置,产生新特征的分析模型方法;网络分析模型,用于查找路径分析,选择最佳区位等。

地理模型分析的作用表现为地理信息系统的设计、应用以及促进信息交流等方面。发展适用于地理信息系统的地理分析模型,是地理信息系统走向实用的关键。

5.3.2 GIS 空间数据的输出/可视化

GIS 空间数据的输出是指借助一定的设备和介质,将 GIS 分析或查询检索结果表示为某种用户需要的、可以理解的形式过程,或者是将上述结果传送到其他计算机系统的过程。在大部分情况下,用户希望用视觉感知事物,这样便于理解现象,发现规律。因此 GIS 空间数据的输出,主要是以可视化形式输出的。下面具体阐述 GIS 空间数据可视化输出的常用形式。

1. GIS 的输出形式

1) 二维输出

GIS 空间数据可视化输出的常用形式是二维平面数据的可视化。其中,平面地图是 GIS 空间数据可视化最常用、最有效的途径,尤其是各种类型的专题图已成为地理信息系统的主要输出产品。

(1) 地图。地图是空间实体的符号化模型,是 GIS 空间数据可视化的最主要方式。根据地理实体的空间形态,常用的地图种类有点位符号图、线状符号图、面状符号图、等值线图、渲染图等。GIS 支持多种方式的地图输出,例如,使用打印机、绘图仪输出地图,将地图数据文件转换为其他数据格式保存或在互联网上发布等。

(2) 图像。图像是另一种空间实体表示模型,它不采用符号化的方法,而是采用人的直观视觉变量(如灰度、颜色、模式)表示各类空间位置实体的质量特征。它一般将空间范围划分为规则的单元(如正方形),然后再根据几何规则确定的图像平面的相应位置,用直观视觉变量表示该单元的特征。最常见的形式是影像图。影像图以航空相片或者卫星图像平面图为基础,配以简要的线画符号和注记,以表示空间事物的特征。影像图直观性强,细节丰富,制图工作量小,尤其适合对较难调查的地区的制图,如森林、沙漠、沼泽等。

(3) 统计图表。统计图表主要用来表示属性数据。统计图常用的形式有柱状图、扇形图、直方图、折线图和散点图等。统计表格将数据直接表示在表格中,使用户可直接看到具体数据值。统计表的优点是可详细地表示非空间数据,但不直观。

(4) 其他数字数据的输出。随着地理信息系统、图像处理系统以及各种分析模拟系统和决策支持系统的广泛应用,不同系统之间需要共享数据。因此,常常要求系统直接输出数字产品,使一个系统内的数据形式能转换成其他系统可接受的数据形式。

2) 三维输出

空间数据信息是一种三维信息。20 世纪 90 年代以来,三维物体的体特征可视化研究成了热点,三维及多维空间信息可视化研究深受关注。在三维仿真和三维图形的基础上出现了三维仿真地图,以及仿真空间地物的形状、光照、纹理,并在三维图形上实现了三维测量和分析。

此外,基于多媒体技术的可视化,也是空间信息可视化中的重要内容。用图、文、声技术综合地表示空间信息是多媒体的特点。各种多媒体信息能形象、真实地表示空间信息的特征。

3) 虚拟地理环境

从狭义上讲,虚拟地理环境是基于因特网、万维网的多用户虚拟三维环境,可用于发布地学多维数据,模拟和分析复杂的地学现象过程,支持可视和不可视的地学数据解释、未来场景预见、设计规划、协同工作和群体决策等。简单地说，它是一种传统意义上的软件信息系统，作为一种工具，帮助理解和分析现实地理环境。

2. 电子地图

很多人都有这样的经历：来到一个陌生的城市，打开手机上的电子地图输入自己想去的地方，如某个宾馆或景点，电子地图很快就可以规划出路线。即使在自己常年生活的城市，要去一个从未到过的地方，也可以很容易通过电子地图导航解决问题。

电子地图就是利用成熟的网络技术、通信技术、GIS 技术，实现一种新的地图服务方式。电子地图没有了纸的质感，却重新诠释了人们心目中地图的概念。下面从技术角度简要介绍电子地图的相关知识。

电子地图是数字地图与 GIS 软件工具结合的产物。它以地图数据库为基础，将地图用数字形式存储在计算机外的存储器上（如磁盘、光盘、磁带等），依托 GIS 工具，对地图实现输入、输出、查询分析和显示，它侧重于空间信息的表现和显示，致使很多 GIS 应用成果常以电子地图形式展示。

1）电子地图的基本特征

电子地图不仅保留了传统地图的优点，还包含了某些 GIS 的功能。它强调空间信息可视化功能和地图量算功能，并能对地理信息进行多层次综合加工、提炼。其主要特点如下：

（1）可视化能力强。单个、孤立的信息无法在用户脑海中产生空间感、方位感，而电子地图有强有力的可视化界面，支持地图的动态显示，如三维动态立体图，并可以兼用变色、标记等手段增强地图的读图效果和真实感。

（2）信息量大。电子地图由于包含了 GIS 软件工具，通常支持空间信息的多种查询、检索和阅读，并支持基本的统计、计算，如面积、长度、距离等计算功能。

（3）人性化。电子地图可无级缩放、漫游、平移、开窗显示，不需要地图分隔。一般带有自动载负量调整系统，能动态地调整地图载负量，使得屏幕上显示的内容保持适当，保证地图的易读性。

2）电子地图的应用

早期的电子地图只是模拟地图的简单数字化，随着技术的发展和应用的扩大，电子地图中不断加入了 GIS 的功能，从查询、量算功能直至特定的分析功能，如最佳路径分析等，从而使它同 GIS 服务互相交叉融合在一起。

（1）导航电子地图。导航电子地图是以 GPS 作为定位工具，以电子地图实现定位可视化，再加上 GIS 的网络分析功能构成完整的导航工具。

（2）多媒体电子地图。多媒体电子地图可以用图、文、声的方式为用户提供普通地图无法胜任的功能，不仅能方便地以专题地图的形式为用户提供各种服务，还能组成多种地图素材库、底图库、资料库进行保存。

（3）地形图。用电子地图形式提供的地形图可以配置空间信息可视化功能，显示三维地形图，给人以逼真感，叠加上道路图、城镇图，再配上 GPS 接收机可在野外（如沙漠、荒山野地中）进行定位和导航。

（4）遥感地图。用遥感数据制作成电子地图，并在上叠加矢量数据，不仅能使栅格遥感图上具有注记，还能使遥感图具有缩放功能。例如，国外出售的欧洲主要城市的数据遥感图集，其分辨率达 2 m。

(5)网络地图。网络是保存和传播电子地图的最好媒体,网络上提供的电子地图主要包括各种地图资料及交互式地图。

总之,电子地图的应用体现了互联网的发展与进步。可以预见的是,随着第三代移动通信技术的逐渐成熟,结合 Web 功能,电子地图还将拓宽应用领域,具有广泛的应用前景。

5.4 GIS 在物流管理中的应用

随着人们对物流管理要求的提高和高新科技的发展进步,GIS 技术在现代物流管理中得到了普遍应用,这里分别从 GIS 在物流分析中的应用、GIS 与物流信息系统的集成两方面来阐述。

5.4.1 GIS 在物流分析中的应用

GIS 应用于物流分析,主要就是指利用 GIS 这种特有的强大的地理数据处理功能来完善物流分析技术中的"软技术"。这里的"软技术"就是指在物流规划、物流设计、物流评价等过程中采用的物流策略和决策技术等。

事实上,完整的 GIS 物流分析软件中都包含高级的模型建模分析工具,如车辆路线模型、最短路径模型、网络物流模型、分配集合模型、设施定位模型等,这些模型既可以单独使用,解决某些实际问题,也可以作为基础,进一步开发适合不同需要的应用程序。下面就这些模型分别加以介绍。

1. 车辆路线模型

车辆路线模型用于解决在一个起点、多个终点的货物运输问题中,如何降低操作费用并保证服务质量的问题,包括决定使用多少车辆、每个车辆经过什么路线的问题。物流分析中,在一对多收发货点之间存在多种可供选择的运输路线的情况下,应该以物料运输的安全性、及时性和低费用为目标,综合考虑,权衡利弊,选择合理的运输方式并确定费用最低的运输路线。例如,一个公司只有 1 个仓库,而零售店却有 30 个,并分布在各个不同的位置上,每天用卡车把货物从仓库运到零售商店,每辆卡车的载重量或者货物尺寸是固定的,同时每个商店所需的货物重量或体积也是固定的。因此,需要多少车辆以及所有车辆要经过的路线就是一个最简单的车辆路线模型。

实际问题中,车辆路线问题还应考虑很多影响因素,问题也变得十分复杂。例如,仓库的数量不止一个,而仓库和商店之间不是一一对应的;部分或所有商店对货物送达时间有一定的限制,如某商店上午 8 点开始营业,因此要求货物在早晨 5~7 点之间运到;仓库的发货时间有一定的限制,如当地交通规则要求卡车上午 7 点之前不能上路,而司机要求每天下午 6 点之前完成一天的工作;在每个车站,需要一定的服务时间,最常见的情况是不管卡车所运货物多少,在车站上都需要固定的时间让卡车进站接受检查,当然也有检查时间随着所运货物多少而变化的情况等。

2. 设施定位模型

设施定位模型用来确定仓库、医院、零售商店、配送中心等设施的最佳位置,其目的同样是为了提高服务质量,降低操作费用,以及使利润最大化等。

设施定位模型可以用于确定一个或多个设施的位置。在物流系统中,仓库和运输线路共同组成了物流网络,仓库处在网络的节点上,运输线路就是连接各个节点的线路,从这个意义上看,节点决定着线路。具体地说,在一个具有若干资源点及若干需求点的经济区域内,物流资源要通过某一个仓库的汇集中转和分发才能供应各个需求点,因此,根据供求的实际需要并结合经济效益等原则,在既定区域内设立多少仓库,每个仓库的地理位置在什么地方,每个仓库应有多大规模(包括吞吐能力和存储能力),这些仓库间的物流关系如何等问题,就显得十分重要。而这些问题运用设施定位模型均能很容易地得到解决。

设施定位模型也可以加入经济或者其他限定条件。运用模型的目的既可以是使各服务设施之间的距离最大或使其服务的人数总和最大,也可以是在考虑其他已经存在设施影响的情况下,确定设施的最佳位置等。

3. 物流网络模型

下面举例说明网络物流问题的一般应用形式。例如,需要把货物从 15 个仓库运到 100 个零售商店,每个商店有固定的需求量,因此需要确定哪个仓库供应哪个零售商店,从而使运输代价最小。在考虑线路上的车流密度前提下,怎样把空的货车从所在位置调到货物所在位置。这些都属于物流网络模型需要解决的问题。

4. 分配集合模型

分配集合模型可以根据各个要素的相似点把同一层上的所有或部分要素分成几组,用于解决确定服务范围、销售市场范围等问题。

在很多物流问题中都涉及分配集合模型。例如,某公司要设立 12 个分销点,要求这些分销点覆盖整个地区,且每个分销点的顾客数目大致相等。在某既定经济区域(可大至一个国家,小至某一地区、城市)内,考虑各个仓储网点的规模及地理位置等因素,合理划分配送中心的服务范围,确定其供应半径,实现宏观供需平衡。这就是分配集合模型解决的问题。

5.4.2 GIS 与物流信息系统的集成应用

物流活动具有复杂性、动态性、规模性等特点。物流信息贯穿于物流活动的全过程,这意味着物流信息及数据的获取、加工和处理需要及时、准确。而绝大部分物流活动均与地理位置及信息密切相关,物流信息系统需要处理各种空间数据和属性数据。因此,将空间信息技术引入现代物流管理技术中并进行有效的集成,组建可视化、智能化的物流信息系统管理平台,已成为现代物流发展的必然趋势。

物流系统与 GIS 的集成其实质是实现数据集成和功能集成,主要包括图形数据库的集成、空间数据和属性数据的集成以及 GIS 空间统计分析功能的集成。

1. 图形数据库集成

一般物流信息系统在查询、管理、分析各种信息时存在许多缺点,如可视性差、查找慢、属性数据与图形不能同时链接显示等,对企业提高运营效率和物流方案设计带来不便。图形数据集成作为信息系统应用的一部分,不仅能够提供充足的信息和快捷的查询手段,而且能够在某种环境中同时显示图形和数据信息。物流信息中多涉及地理信息及数据,而地理信息多通过各种图形输出表达,将物流信息系统与图形数据库集成,使物流企业管理中的各种信息与图形信息链接,可以及时、准确获得各种实时信息,如在电子地图上显示、搜索客户位置,跟踪配送车辆,规划配送路径,显示车辆运行轨迹等,并且能够通过图形及属性数据进行物流方案辅助决策与分析。通过图形数字化输入、编辑和修改,把企业管理中的很多具体内容抽象为数字、文字和表格的形式展示给管理人员,把应用数字、文字形式抽象化的信息进一步与地理信息结合在一起,强化了数据的形象感,使其向图形化转化,这是提高管理能力和效率的关键。

2. 空间数据和属性数据集成

物流信息管理系统主要处理的是一般的、规则的属性数据,而地理信息还要处理海量的、复杂的空间数据,由于传统数据库系统的数据模型主要针对简单对象,无法有效支持以复杂对象(如图形、影像等)为主体的物流规划设计应用模型。因此,为了实现系统的构建从低层次的软件开发向高层次的集成化过渡,必须保证地理信息的空间数据和属性数据之间的密切对应关系,使空间信息和属性信息形成一个有机的整体,避免图形与相应的属性数据相分离。很多大型软件公司也提供了空间数据与属性数据集成的解决方案,如 MapInfo 公司推出空间数据库服务器,能够把复杂的 MapInfo 地图对象存入大型数据库中,并能为其建立空间数据索引,从而实现数据库服务器上对属性数据和空间图形对象数据进行统一管理。通过地理信息空间数据和物流信息管理系统中的属性数据集成,能够给物流企业资源的全面管理带来极大的方便。

3. GIS 空间统计分析功能集成

物流信息系统的数据库中一般储存有客户历史订货量、配送中心信息、仓库信息、车辆、人员等各种基本信息资料,但是缺乏一些诸如客户分布地点、密度,各种设施之间距离,两地之间配送路径等相关信息。实现 GIS 与物流信息系统的集成,结合物流信息管理系统数据库中的基本资料,使用 GIS 空间统计分析功能可以迅速获取物流信息管理系统中缺乏的相关信息数据,还可以通过地理图形及其属性分析统计,预测市场变化,根据预测作出相应的投资、采购等方面的决策,使物流企业资源合理配置。

5.5 地理信息系统的发展趋势

1. 三维 GIS 技术

经过多年的发展,GIS 技术在理论上已经发展到一个相对成熟的阶段。但是,传统的 GIS 本质上是基于符号系统的,在应用中并不能完全反映出现实世界的真实情况,尤其是在第三维高度信息有需求的情形。与二维 GIS 相比,三维 GIS 有二维 GIS 不可比拟的优势,三维 GIS 更接近于人们的视觉习惯,更加真实,容易被更多的用户接受。同时三维技术能够提供更多的信息,表现更多的空间关系。

与将高度信息作为附属的属性信息进行处理的应用程序(一般称为 2.5 维或假三维)不同,三维 GIS 技术需要将高度信息与二维 GIS 中 X、Y 坐标同等对待。二维 GIS 拥有成熟的数据结构、多种多样的专题图和统计图、丰富的查询、强大的分析手段和成熟的业务处理流程等,人们通常希望在一个系统中能够同时包含二维和三维 GIS 的功能,或者在原有的二维 GIS 系统中增加三维 GIS 系统。所以,实现三维 GIS 的关键是实现二、三维一体化,需要处理二、三维数据存储、编辑和管理的一体化,海量数据高效显示一体化,二、三维 GIS 空间分析一体化,开发一体化等多项技术。因此,三维可视化仅仅是三维 GIS 的一个方面,三维 GIS 技术与二维 GIS 技术一样,涉及从数据获取、数据管理、可视化、空间分析、系统定制到数据平台发布与共享的各个环节,图 5.15 给出了一个三维 GIS 电子地图的例子,而不是我们平时看到的二维电子地图。

图 5.15　三维 GIS 电子地图

2. 云 GIS

云计算是使复杂计算分布在大量的分布式计算机上,而非本地计算机或远程服务器上,使企业数据中心的运行与互联网更相似。这使得企业能够将资源切换到需要的应用上,根据需求访问计算机和存储系统。云计算是近年来在业界讨论最热烈的技术之一,它已经在全球范围内形成了一种 IT 技术趋势,云计算与 GIS 的结合也成为 GIS 领域里令人关注的技术方向之一。由于 GIS 具有海量的数据存储、处理与管理,复杂的模型运算,大量数据的网络传输与可视化处理等特点,云计算处理技术可以方便地解决 GIS 的数据存储处理瓶颈问题。

云 GIS 建设模式可分为公有云 GIS 和私有云 GIS。公有云 GIS 由专业的云 GIS 供应商负责提供各种类型的 GIS 资源服务,包括云 GIS 数据和云 GIS 功能应用。用户无须关心云端所有资源的安全、管理、部署和维护,只要按需获取并使用即可。用户能够免费使用大量的高质量底图服务和任务服务,基于这些 GIS 资源,用户可以创建自己的应用和工具,快速创建在线地图的应用,不需要担心数据管理和技术更新,一切由云 GIS 供应商在云端负责。私有云 GIS 是由于一些其他原因,如网络条件的限制、对数据安全的更高要求等,部分企业用户需要搭建企业自己的 GIS 云环境,并由企业自己来管理和维护云端的各种资源,即建设企业的私有云 GIS。私有云 GIS 与公有云 GIS 建设模式相似,只不过是由企业承担了云 GIS 供应商的角色。

3. 移动 GIS

随着无线终端、智能设备、网络通信和移动 GIS 核心技术的深入发展,以及人们对地理信息获取的及时性、移动性的需求,移动 GIS 成为地理信息系统发展的一个重要方向。移动 GIS 是建立在移动计算环境和有限处理能力的移动终端(智能手机、PDA、平板电脑等)上,能够提供移动的、分布式的、随机性的移动地理信息服务的 GIS。移动 GIS 具有移动性、客户端多样性、服务实时性、数据资源分散多样性、传输载体多样性等特点。与传统 GIS 相比,移动 GIS 的体系结构略微复杂些,因为它要求实时地将空间信息传输给服务器。移动 GIS 主要由无线通信网络、移动终端设备、地理应用服务器及空间数据库组成,涉及嵌入式技术、无线网络技术、分布空间数据管理技术、移动数据库技术、GPS 定位等关键技术。

移动 GIS 为人们的地理信息获取、动态规划分析、便捷信息传递、实时定位跟踪等提供了极大便利。如用户可以通过智能手机,在所处位置的一定半径之内查询有关旅馆、银行等公用设施的信息;城市建设规划人员可以在现场通过移动终端调取所在现场的电缆、管道、排水等相关信息,进行现场规划分析;救援队伍在赶往救灾现场的途中,可以通过移动终端,立即获得灾害现场实时交通信息、现场地质信息等;还可实现资源巡查、移动办公等功能。可以预见,在移动计算、移动终端及通信网络迅猛发展的环境下,移动 GIS 必将具有更加广阔的应用前景。

4. WebGIS

随着互联网的迅猛发展和广泛应用,人们对地理信息系统的需求也日益增长。由于传统 GIS 具有共享性差、建设成本高、软件操作复杂、维护管理技术要求高等缺点,互联网已成为 GIS 新的操作平台,GIS 目前的发展趋势是将越来越多的 GIS 应用架构在互联网上。WebGIS 在结构上属于分布式地理信息系统模型,通过互联网机制有效实现分布式地理信息处理,GIS 的功能通过互联网机制得到了扩展,从互联网的任意一个节点,人们可以获取和浏览网上各种地理空间数据、属性数据、图形、文件,进行地理空间分析、制作专题地图等,地理数据的概念已扩展为分布式的、超媒体特性的、互操作的数据。

WebGIS 从在互联网上简单的发布地理信息发展到实现地理信息互操作和地理信息 Web 服务。使用空间数据的压缩与解压缩技术、基于 Web 技术的浏览技术、分布式 WebGIS 数据库管理技术等,能够实现从多个数据源集成数据,跨地区跨部门地理信息服务,具有平台无关、分布式、互操作、系统投资建设成本低、操作简单、用户界面友好、发布速度快、范围广和维护方便以及高效利用空间数据资源等多种优点。

案例 5-3:某物流公司基于 GIS 的车辆配送路线优化系统

某物流公司常年承担多个客户产品零配件的物流配送服务,在多个省市建有物流配送中心。公司以客户满意率为经营绩效指标,围绕客户响应时间、零配件准时送达率、物流经营成本等目标,经过多年经营,在成本可控的基础上,赢得了客户的一致好评,树立了良好的企业形象。

但是,近两年公司各地物流配送中心陷入经营困境。主要原因是随着市场环境的变化,客户对零配件送达时间要求越来越高,客户临时增加、取消订单的情况也较往年增多,公司不得不加派车辆和人员来满足这些临时需求。而临时的交通路况也会经常造成运输车辆的晚点,甚至不能送达,加派车辆空载率往往较高,迂回距离较长。同时,为了提高服务质量,降低缺货率,也造成了库存的增加。以前车辆调度完全凭借工作人员经验,工作量较大且难以达到满意效果。鉴于此,公司决定为配送中心启用 GIS 车辆配送路径优化系统。

GIS 系统不仅能够实时跟踪车辆配送情况,并且能够根据企业配送需求,动态规划配送路线,极大地提高了配送中心的服务满意率,降低了配送服务成本,减少了人员的工作量。

首先以该公司某区域物流配送中心为试点。某日下午公司统计共接到 13 个客户订单,在 GIS 系统中输入客户坐标(客户配送距离需要以交通拥堵系数修正直线距离)及物流需求,如表 5.1 所示。

表 5.1 客户配送需求表　　　　　　　　　　　　　　　　　　　　个

客户	1	2	3	4	5	6	7	8	9	10	11	12	13
坐标 X	12	20	45	78	20	85	90	10	30	50	45	40	62
坐标 Y	12	85	80	63	37	39	30	60	80	60	20	32	73
需求量	4.1	2.83	3.98	2.13	1.41	3.57	2.23	3.11	1.23	2.31	2.11	1.12	2.29
交货期/天	1	2	2	2	1	3	2	1	3	1	1	1	1

公司交货期以天为单位,第一天下午 6 点前收到的订单,如果没有加急,则在第二天上午 8 点安排配送。公司的每辆车配送上限均为 5 个单位(零配件均按照重量、体积换算成标准当量录入 GIS 数据库),在输入各客户交货期要求后,由 GIS 系统自动计算出优化后的车辆配送路线,总共需要三辆车运输,运输路径及车辆如图 5.16 所示。

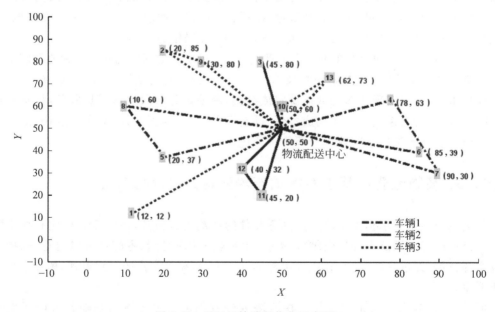

图 5.16 GIS 运输路径优化示意图

当配送调度指令下达后第二天上午,临时又新增了三个订单:客户 14(12,30)、客户 15(70,30)和客户 16(70,50),需求量分别为 2.5,1.21,2.11 个单位,交货期分别为 2,2,1 天,并且原先的客户 3 临时取消了订单,此时已经完成的配送节点及路径示意图如图 5.17 所示,即此时三台车辆分别将客户 1、5、8、10、11、12、13 需要的零配件派送完毕。调度人员于是根据最新配送需求,通过 GIS 录入数据重新优化计算,得到新的配送路径如图 5.18 所示。

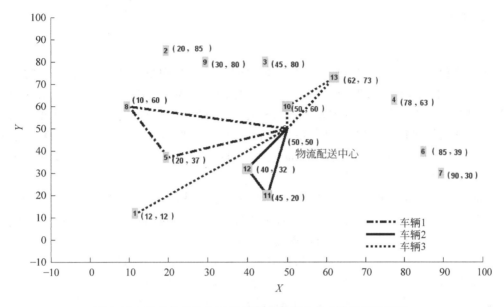

图 5.17　需求扰动发生时已经完成的配送节点及路径示意图

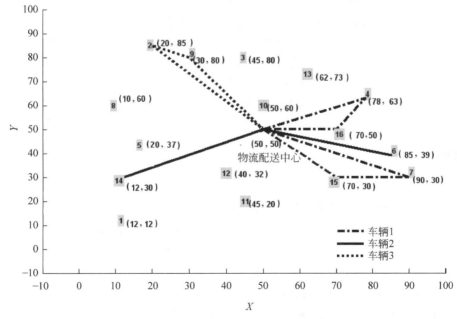

图 5.18　扰动发生后重新优化调度的配送路径示意图

该公司通过 GIS 车辆配送路径优化系统,实时获取车辆位置及配送信息,动态更新数据并及时优化路径,使得配送延误率降低了 23%,运输成本减少了 25%,库存成本减少了 8%。次年,由于服务质量可靠,公司业务量翻了一番,但是工作人员只增加了 2 人,尤其调度岗位 1 个工作人员即可胜任。因此，公司决定将 GIS 车辆配送路径优化系统推广至其他各地的配送中心。

本章小结

地理信息是对表达地理特征与地理现象之间关系的地理数据的解释说明，它的特征包括区域性、多维性、动态性和地域性 4 个方面。地理信息系统（GIS）同一般信息系统的不同主要体现在其主要处理的信息类型上：GIS 主要支持的是地理空间数据，这也就造成了它与一般信息系统在硬件设备、软件环境、数据处理以及管理等方面的主要差别。从发展趋势上讲，GIS 更合适高效的空间数据结构的应用、数据的自动输入技术的使用以及同遥感技术的结合使用。

GIS 主要由 5 部分组成，它们是计算机硬件环境、计算机软件环境、地理空间数据、系统使用与管理人员（即用户）和应用模型。而 GIS 的功能主要包括数据采集与输入、编辑与更新、存储与管理、空间查询与分析及数据输出与表达。

基于空间数据的特征，空间数据的获取较为复杂。而空间数据的组织形式目前尚无一种统一的数据结构能同时存储如地形、地图、影像、属性 4 种类型的数据，目前最常见的就是矢量数据结构和栅格数据结构。GIS 中的数据库是一种专门化的数据库，称为空间数据库。空间数据库的理论与方法是 GIS 的核心问题。

GIS 的应用模式包括 GIS 的空间分析功能和 GIS 输出的模式。GIS 输出需要一些特定的设备和介质，输出形式有二维和三维的，电子地图就是 GIS 输出的主要方法。

目前 GIS 在物流系统中的应用有很多。需要注意的是除了监控物流车辆，地图点、线查询外，GIS 还能够和物流管理信息系统集成，实现很多更高层次的决策分析功能和空间展示功能，如最优路径选择、资源合理配置等。GIS 的发展趋势包括三维 GIS 技术、云 GIS、移动 GIS 和 WebGIS 技术，这些发展趋势将能给用户带来更大的经济效益。

思考题

5-1 什么是地理信息系统？其同一般信息系统的主要区别是什么？

5-2 简述 GIS 的主要功能，并说明各个功能实现时所需的设备和介质。

5-3 简述空间数据的概念及其基本特征。空间数据的表达方法及其数据结构同一般数据的表达具有哪些不同？

5-4 给出空间数据库的概念和特点。

5-5 对于空间数据库系统，常用的数据模型有哪些？

5-6 GIS 空间模拟分析将如何辅助支持企业物流系统的运营功能？请举例说明。

5-7 GIS 的应用模式主要有哪些？试举例说明其应用。

5-8 简述 GIS 未来发展的方向。

讨论题

5-1　讨论空间信息管理对物流管理信息系统的重要性。

5-2　物流运作过程中存在很多"盲点",尤其是运输车辆在运输或配送过程中。应用GIS,怎样能有效地控制和管理这些"盲点"？结合案例5-1、案例5-3说明基于GIS的路径优化模型是如何建立的？

5-3　上网查阅一些大城市的电子地图,通过操作熟悉这些电子地图的基本功能,并讨论评价这些电子地图在满足公众应用方面的优缺点。

5-4　查阅相关资料,了解GIS软件系统和GIS技术的发展方向,并调查它们在我国各行各业的实际应用,写一篇综述报告。

第 6 章　全球定位系统

全球定位系统(global positioning system，GPS)是近年来应用于物流领域的高新技术之一，它具有整合物流运输、仓储和配送等供应链的作用，为提高企业整体物流效率、提升供应链运营质量提供了有效的技术保证，是当代物流企业构筑的基于价值链竞争的新手段，也是物流企业必须依赖的技术平台。

本章将简述 GPS 的概念、特点和发展历程；介绍 GPS 的主要组成、常用术语及其工作原理；重点分析 GPS 的应用方式和主要功能，尤其是 GPS 对中小型物流企业具有的重要意义。

6.1　GPS 概述

6.1.1　GPS 介绍

在全球范围内提供实时定位、导航的系统，称为全球卫星定位系统，简称 GPS。GPS 是由美国军方研制的一种全方位、全天候、全时段、高精度的卫星导航系统，能为全球用户提供低成本、高精度的三维位置、速度和精确定时等导航信息，是卫星通信技术在导航领域的应用典范，它极大地提高了地球社会的信息化水平，有力地推动了数字经济的发展。

GPS 的前身是子午仪卫星导航系统(transit navigation satellite system)，它是美国海军研制的一种全球、全天候卫星导航定位系统，又称海军卫星导航系统。该系统于 1958 年开始研制，1964 年研制成功并投入使用，1967 年开始进入民用领域。该系统利用地面用户设备接收"子午仪"号卫星在一次通过视界期间所发出的信号，就能获得用户的准确位置。子午仪卫星导航系统由 5～6 颗卫星组成，每天最多绕飞地球 13 次，但是无法给出位置高度信息，在定位精度方面也不尽如人意。1996 年，"子午仪"卫星导航系统退出了历史舞台，但它为后续 GPS 的研发提供了技术和经验的积累。

美国从 20 世纪 70 年代开始研制 GPS，历时 20 年，耗资 300 亿美元，于 1994 年全面建成。GPS 是具有海、陆、空全方位实时三维导航与定位能力的新一代卫星导航与定位系统，可提供陆地、海洋、航空实时导航、定位、定时甚至速度测量等功能。目前，民用 GPS 导航发展非常快，使用最多的是车载导航，通过将卫星接收系统与车载导航设备内置的地图相结合，为用户提供从起始地到目的地的全程线路导航。车载导航设备的内置接收器接收 GPS 卫星信号，将计算得到的车辆位置坐标与地图相匹配，引导驾驶者或步行者到达目的地。

GPS 示意图见图 6.1。

图 6.1 GPS 示意图

6.1.2 GPS 的特点

全球定位系统的主要特点如下：

(1) 全球覆盖。由 24 颗卫星(包括 21 颗工作卫星和 3 颗在轨备用卫星)构成的 GPS 系统，可实现全球信号覆盖，为全球用户提供高质量的服务。

(2) 全天候工作。GPS 能为用户提供连续、实时的三维位置、三维速度和精准时间信息，不受天气影响。

(3) 定位精度高。实验表明，对于 3000 km 以内的站间距离，GPS 相对定位数据经过精细处理，精度可达到厘米级；使用 GPS 的相对定位结果，还可推算出站间测线的方位角。也就是说，GPS 卫星定位测量属于三维定速定时高精度，单机定位精度优于 10 m，采用差分定位，精度可达厘米级。

(4) 快速、省时、高效率。GPS 的问世，为远离企业、不能实施现场监测和现场控制的工作提供了良好的解决途径，具有广阔的应用前景。

(5) 功能多，应用广。随着人们对 GPS 认识的不断加深，GPS 不仅在海空导航、车辆引行、导弹制导、精密定位、工程测量、动态观测、设备安装、时间校准、速度测量等方面得到了广泛应用，而且其应用领域还在不断扩大。

在物流及其他相关领域，GPS 主要为船舶、汽车、飞机等运动物体进行定位导航，应用范围包括船舶远洋导航和进港引水、飞机航路引导和进场降落、汽车自主导航、地面车辆跟踪和城市智能交通管理、紧急救险、个人旅游及野外探险，等等。

6.2 GPS 的工作原理

6.2.1 GPS 的构成

GPS 共由 3 部分构成：

(1) 地面控制部分。地面控制部分包括 4 个监控站、1 个上行注入站和 1 个主控站。监控站设有 GPS 用户接收机、原子钟、收集当地气象数据的传感器和进行数据初步处理的计算机。监控站的主要任务是取得卫星观测数据并将这些数据传送至主控站。主控站设在美国加州范登堡空军基地,它对地面控制系统实行全面监控。主控站的主要任务是收集各监控站对 GPS 卫星的全部观测数据,利用这些数据计算每颗 GPS 卫星的轨道和卫星时钟的修正值。上行注入站也设在范登堡空军基地,它的任务主要是在每颗卫星运行至基地上空时,把这类导航数据及主控站的指令注入到卫星中。这种注入过程针对每颗 GPS 卫星每天进行一次。

(2) 空间部分。24 颗运行高度约 20 000 km 的卫星联合构成卫星星座,这是 GPS 的空间部分。24 颗卫星均拥有近圆形轨道,运行周期约为 11 小时 58 分钟,分布在 6 个轨道面上(每个轨道面 4 颗),轨道倾角为 55°。这种卫星部署方式可以保证在全球任何地方、任何时间都可至少观测到 4 颗卫星,并能保持良好定位解算精度的几何图形(DOP)。这就实现了在时间上连续的全球定位与导航能力。

(3) 用户装置部分。用户装置部分即 GPS 信号接收机,其主要功能是捕获按一定卫星截止角所选择的待测卫星,并跟踪这些卫星的运行。当接收机捕获到跟踪的卫星信号后,即可测量出接收天线至卫星的伪距离和距离的变化率,解调出卫星轨道参数等数据。根据这些数据,接收机中的微型计算机就可按定位解算方法进行定位计算,最终获得用户所在地理位置的经纬度、高度、速度、时间等信息。

6.2.2 GPS 常用术语

GPS 有很多专业术语,这里简单介绍几个主要术语。

1. 坐标

大部分 GPS 设备是以经度/纬度的方式显示坐标的,另外一些设备也可用 Universal Transverse Mercator 等坐标类型来显示具体位置。至于民用 GPS 设备,则取决于产品本身所用的坐标系统。当坐标精度设置为选择可用性模式(selective availability)时,GPS 的水平精度在 50~100 m 之间,具体数值由所接收卫星信号的多少和强弱而定。根据 GPS 的指示,应该在大约一个足球场大小的面积内发现用户所指示的目标。

2. 航点

航点是 GPS 设备内存中存储的点坐标值,它是 GPS 数据的核心,是构成"航线"的基础。标记航点是 GPS 设备的主要功能之一。用户也可以从地图上读出一个地理位置的坐标,手工或通过计算机接口输入 GPS,使之成为一个航点。航点可以用于 GOTO 功能的目标,也可以选进航线(route)作为一个支点。一般 GPS 设备能记录 500 个以上的航点信息。

3. 航线

航线是 GPS 设备内存中存储的一组数据,包括一个起点坐标和一个终点坐标,还可以包括若干中间点的坐标,每两个坐标点之间的线段叫一条"腿"。常见的 GPS 设备能存储 20 条线路,每条线路可以包含 30 条"腿"。各坐标点可以从现有航点中选择,也可以通过手工/计算机输入数值。实际上,一条航线上的点是对不同航点的引用。例如,在航点菜单下改变一个航点的名字或坐标,如果某条航线使用了它,用户就会发现这条航线也发生了相应的变化。可以有一条航线是"活跃"的,"活跃"航线的路点[①]是导向功能的目标。

4. 前进方向

一般的 GPS 设备没有指北功能,静止不动时它是不知道方向的,只有在移动过程中才能测算出前进方向。GPS 每隔 1 s 更新一次当前地点信息,将当前点坐标和上一点坐标进行比较,就可以知道前进的方向。但是请注意,这并不是 GPS 设备的指向,因为 GPS 设备不知道它的"前面"与运动路线之间的角度是多少。不同 GPS 设备关于前进方向的算法是不同的,基本上给出的都是最近若干秒的前进方向,除非用户已经走了一段并仍然在走直线,否则前进方向是不准确的。尤其在转弯的时候,用户会看到 GPS 设备显示的数值不停变化。前进方向以度数显示,这个度数是以手表表盘 12 点方向指向正北,顺时针转过的角度。很多 GPS 设备还可以用指向罗盘和标尺的方式来显示这个角度。平均行进速度也是根据最近一段的位移和耗费时间计算出来的。

5. 导向

导向功能在以下条件中起作用:

(1) 已设定"走向"目标。"走向"目标的设定可以按"走向"键,然后从列表中选择一个航点,以后"导向"功能将导向此航点。

(2) 目前有活跃航线。活跃航线一般需要提前设定。如果目前有活跃航线,那么"导向"的点就是航线中第一个路点,每到达一个路点后,自动指向下一个路点,以此完成全程导航。

在"导向"页面上部都会标有当前导向路点名称。它是根据当前位置,计算出导向目标的方向角,并与"前进方向"相同的角度值显示,同时显示离目标的距离等信息。GPS 把前进方向和导向功能结合起来,只要用 GPS 设备指向前进方向,就会有一个指针箭头指向前进方向和目标方向的偏角,跟着这个箭头就能找到目标。

6. 日出日落时间

大多数 GPS 设备能够显示当地的日出、日落时间,这对于用户计划出发/宿营时间时是很有用的。这个时间是 GPS 根据当地经度和日期计算得到的,是指平原地区的日出、日落时间,在山区因为有山脊遮挡,日照时间根据情况要早晚各少 30 min 以上。GPS 的时间是从卫星信号得到的格林威治时间,在设置菜单里可以设置本地时间偏移。对中国来说,一般情况下都应设+8 小时,而且这个数值只与时间的显示有关。

7. 航迹

GPS 设备每秒钟更新一次坐标信息,所以可以记载自己的运动轨迹。一般 GPS 能记录 1024 个以上的足迹点,在一个专用页面上,以可调比例尺显示移动轨迹。足迹点的采样有自动和定时两种方式,由 GPS 设备自动决定足迹点的采样方式,一般是只记录方向转折点,长距离直线行走时 GPS 是不会记录点位的,用户可以在定时采样功能中提前规定采样时间间隔,在足迹线页面上可以清楚地看到自己足迹的水平投影。

---

① GPS 中的路线是由一个起点、一个终点以及若干中间点的直线段构成的,每两个坐标点之间的线段叫一条"腿"(leg),这些点简称路点,输入的路点同时作为一个路标(way point/landmark)保存。

足迹线上的点都没有名字，不能单独引用，只能查看其坐标，主要用于画路线图和"回溯"功能。使用回溯（trace back）功能时，GPS 系统会把航迹转化为一条路线（route）。路点的选择是由 GPS 内部程序完成的，一般是选用航迹上大的转折点。

同时，把此路线激活为活动路线，用户即可按导向功能原路返回。要注意的是，回溯功能一般会把回溯路线放进某一默认路线（比如 route0）中。GPS 设备使用前，要先检查此线路是否已有数据，若有，则要先用复制功能复制到另一条空线路中去，以免被覆盖。回溯路线上的各路点用系统默认的临时名字如"T001"表示，GPS 在确定第二条回溯路线时才会重用这些名字，此时即使用户已经把旧的路线作了复制，由于路点引用的名字被重用了，所以路线也会改变，不再是原来那条回溯路线了。

6.2.3 GPS 的基本工作原理

GPS 的基本定位原理如下：卫星不间断地发送自身的星历参数和时间信息，用户接收到这些信息后，经过计算求出接收机的三维位置、三维方向以及运动速度和时间信息。

24 颗 GPS 卫星在离地面 12 000 km 的高空上，以接近 12 h 的周期环绕地球运行，使得在任意时刻，在地面上的任意一点都可以同时观测到 4 颗以上的卫星。

由于卫星的位置精确可知，因此在 GPS 观测中，我们可得到卫星到接收机的距离，利用三维坐标中的距离公式，利用 3 颗卫星，就可以组成 3 个方程式，解出观测点的位置（x,y,z）。考虑到卫星时钟与接收机时钟之间的误差，实际上有 4 个未知数——x,y,z 和时间差，因而需要引入第 4 颗卫星，形成 4 个联立方程式进行求解，从而得到观测点的经纬度、高程，再根据经纬度计算精确时间等信息。

GPS 定位的基本原理是根据高速运动的卫星瞬间位置作为已知的起算数据，采用空间距离后方交会的方法，确定待测点的位置，如图 6.2 所示。假设 t 时刻在地面待测点上安置 GPS 接收机，可以测定 GPS 信号到达接收机的时间 Δt，再加上接收机所接收到的卫星星历等其他数据，可以确定以下 4 个方程式：

$$[(x_1-x)^2+(y_1-y)^2+(z_1-z)^2]^{1/2}+c(Vt_1-Vt_0)=d_1$$

$$[(x_2-x)^2+(y_2-y)^2+(z_2-z)^2]^{1/2}+c(Vt_2-Vt_0)=d_2$$

$$[(x_3-x)^2+(y_3-y)^2+(z_3-z)^2]^{1/2}+c(Vt_3-Vt_0)=d_3$$

$$[(x_4-x)^2+(y_4-y)^2+(z_4-z)^2]^{1/2}+c(Vt_4-Vt_0)=d_4$$

其中，x,y,z 为待测点坐标的空间直角坐标，$x_i,y_i,z_i(i=1,2,3,4)$ 分别为卫星 i 在 t 时刻的空间直角坐标，可由卫星导航电文求得；$Vt_i(i=1,2,3,4)$ 为卫星 i 的卫星钟的钟差，由卫星星历提供；Vt_0 为接收机的钟差；$d_i=c\Delta t_i(i=1,2,3,4)$ 为卫星 i 到接收机之间的距离；$\Delta t_i(i=1,2,3,4)$ 为卫星 i 的信号到达接收机所经历的时间；c 为 GPS 信号的传播速度（即光速）。

由以上 4 个方程即可解算出待测点的坐标 x,y,z 和接收机的钟差 Vt_0。

目前 GPS 系统提供的定位精度优于 10 m。要得到更高的定位精度，通常采用差分 GPS 技术，即将一台 GPS 接收机安置在基准站上进行观测。根据基准站已知精密坐标，计算出基准站到卫星的距离修正数，并由基准站实时将这一数据发送出去。用户接收机在进行 GPS 观测的同时，也接收到基准站发出的修正数，并对其定位结果进行修正，从而提高定位精度。

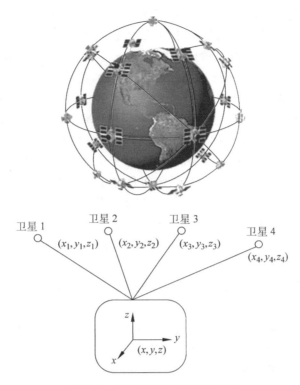

图 6.2　GPS 的构成及运作原理

差分 GPS 分为两大类：伪距差分和载波相位差分。

伪距差分是应用最广的一种差分。在基准站上，观测所有卫星，根据基准站已知坐标和各卫星的坐标，求出每颗卫星每一时刻到基准站的真实距离，并与测得的伪距比较，得出伪距修正数，再将其传输至用户接收机，以提高定位精度。这种差分能得到米级定位精度，如沿海广泛使用的信标差分。

载波相位差分技术又称 RTK(real time kinematic)技术，是实时处理两个测站载波相位观测量的差分方法。即将基准站采集的载波相位发给用户接收机，进行求差解算坐标。载波相位差分可使定位精度达到厘米级，大量应用于需要高精度动态位置的领域。

案例 6-1：我国的北斗卫星导航系统

20 世纪后期，中国开始探索适合我国国情的卫星导航系统发展道路，即创设北斗卫星导航系统，并逐步形成了"三步走"发展战略：2000 年年底，建成北斗一号系统，向中国提供服务；2012 年年底，建成北斗二号系统，向亚太地区提供服务；2020 年前后，建成北斗全球系统，向全球提供服务。

2000 年，"北斗"系统以 2 颗卫星起步，首先建设成具有定位位置报告与短电文通信等功能的北斗导航试验系统，这标志着我国成为世界上第 3 个拥有卫星导航系统的国家。2003 年 5 月 25 日，"北斗一号"导航定位卫星成功升空，意味着我国已经建立了自己的卫星导航系统，即三星定位系统。到 2012 年 12 月，我国基于 14 颗卫星建立了北斗区域系统，成功实现了对亚太地区的全面覆盖，可以为我国及亚太地区提供连续的导航定位和授时服务，并成为国际危机组织(ICG)认可的世界上四大卫星导航的核心供应商之一。到 2015 年 9 月 30 日，我国第 20 颗北斗导航卫星成功发射升空，预计在 2020 年能全面完成全球的组网。目前，我国的北斗卫星导航系统正处在第二个阶段，即为区域系统进行稳定运行，全球系统已经处于在轨试验的关键阶段。

北斗卫星导航系统包括空间座、地面控制和用户终端三大部分，设计的卫星寿命从 8 年延长至 10 年以上，空间信号的精度优于 0.5 m。目前，在我国及周边区域提供的服务有两种：一种是免费公开服务；另一种是授权服务，也就是基于信号与信息加密来实现定位的授权服务。到 2020 年全球组网后，北斗卫星导航系统将具有和 GPS 系统一样的全球范围的导航定位功能，以及全球搜寻援救(search and rescue，SAR)功能。据搜狐财经报道，2016 年我国卫星导航与定位服务产业的总体产值高达 2118 亿元，其中北斗卫星导航系统对产业的核心产值贡献率高达 70%。这将打破 GPS 一家独大的地位，两系统将成为竞争对手。

北斗卫星导航系统组成如下：

(1) 空间段。由若干地球静止轨道卫星、倾斜地球同步轨道卫星和中圆地球轨道卫星三种轨道卫星组成混合导航星座。

(2) 地面段。包括主控站、时间同步/注入站和监测站等若干地面站。

(3) 用户段。包括北斗兼容其他卫星导航系统的芯片、模块、天线等基础产品，以及终端产品、应用系统与应用服务等。

北斗卫星导航系统的主要功能：

(1) 短报文通信："北斗"系统用户终端具有双向报文通信功能，用户可以一次传送 40～60 个汉字的短报文信息。

(2) 精密授时：可向用户提供 20～100 ns 时间同步精度。

(3) 定位精度：水平精度 100 m(1σ)，设立标校站之后为 20 m（类似差分状态）。工作频率：2491.75 MHz。

(4) 系统容纳的最大用户数：540 000 户/h。

6.3　GPS 在货物运输系统中的应用

当前，信息化已经成为我国现代物流配送的必然方向和发展趋势。加强信息技术在物流领域的应用及研究，以信息技术为中心全面更新和装备我国物流产业，对实现国家经济可持续高速发展具有不可估量的作用。GPS 以其独特的性能和广阔的应用范围，在物流信息化建设中具有极其重要的地位和作用。

6.3.1　GPS 的应用流程

GPS 在物流车辆管理系统中的应用流程主要包括以下几个步骤：

(1) 坐标定位。GPS 接收机在接收到 GPS 卫星定位数据后，自动计算出自身所处地理位置的坐标。

（2）信息传输。由 GPS 传输设备将计算出来的位置坐标数据连同传感器信息由车载控制单元处理后，经 GSM 通信机发送到 GSM 公用数字移动通信网，短信息服务中心通过与信息中心连接的专线将数据发送到监控平台。

（3）显示输出。中心处理器将收到的坐标数据及其他数据还原后，与 GIS 系统的电子地图相匹配，并在电子地图上直观地显示车辆实时坐标和准确位置。用户可在网上进行自有车辆信息的收发、查询等工作，在电子地图上清楚而直观地掌握车辆的动态信息（位置、状态、行驶速度等），同时还可以在车辆遇险或出现意外事故时采取必要的远程操作。

需要注意的是，GPS 车辆动态信息监控平台同时融合了 GPS 卫星定位技术、GSM 数字移动通信技术、GIS 地理信息系统技术以及互联网技术等多种先进的科技成果，使得物流企业可进入网络 GPS 监控界面对车辆进行监控、调度、即时定位等多项操作，从而实现车辆实时动态信息的全程管理和其他功能。

6.3.2　GPS 在物流系统中的应用

由于 GPS 融合了目前国际上最先进的信息技术和各类高科技成果，因此安装了 GPS 的车辆将会具备许多功能。

1. 实时监控功能

首先，能够在任意时刻发出指令，查询运输车辆所在的地理位置（经度、纬度、速度等信息），并在电子地图上直观地显示出来；其次，可以随时掌握车辆行踪，若有不正常的偏离、停滞或超速等异常现象，GPS 设备能够立即显示并发出警告信号，以便人们迅速查询纠正，避免危及人、车、货安全的情况发生；再次，货主可登录查询货物运送状况，实时了解货物的动态信息，真正做到让客户放心；最后，长途运输由于信息闭塞、渠道狭窄，回程配货是最大的问题，而 GPS 监控系统可以利用互联网平台的开放性，做到提前在线预告车辆的实时位置信息及抵达时间，使客户能够根据具体情况合理安排回程配货。

2. 双向通信功能

GPS 用户可使用 GSM 的话音功能与司机进行通话，或使用本系统安装在运输工具上的移动设备的汉字液晶显示终端进行汉字消息收发对话。驾驶员通过按下相应的服务动作键，使该信息反馈到网络 GPS。质量监督员可在网络 GPS 工作站的显示屏上确认其工作的正确性，以便了解并控制整个运输作业的准确性（发车时间、到货时间、卸货时间、返回时间等）。

3. 动态调度功能

企业物流运输部门或第三方物流公司的调度人员能在任意时刻通过调度中心发出文字调度指令，并得到确认信息。GPS 能够实时监控到自有车辆的位置及状态，所以能做到真正意义上的实时动态调度，实现就近调度、动态调度、提前调度。同时，通过 GPS，调度人员可实时掌握车辆动态、发车时间、到货时间、卸货时间、返回时间等，快速解决客户问题，满足客户日益增长的服务需要。公司操作人员在接到客户来电或接到其他查询指示后，能立即通过查询数据库显示客户关心的资料及相关信息，做到就近调派运力，提高运能，并能在最短的时间内为客户提供服务。

通过动态调度功能，可以实时掌握车辆动态，在临时任务发生时，可依照各车辆位置及运输作业状态进行临时性工作调派，以达到争取时间、争取客户、节约运输成本的目的。可进行运输工具待命计划管理，通过在途信息的反馈，在运输工具尚未返回车队前即可做好待命计划，提前下达运输任务，以减少等待时间，加快运输工具周转速度。GPS 能将运输工具的运能信息、维修记录信息、车辆运行状况信息、司机人员信息、运输工具在途信息等多种信息提供给调度部门，使调度部门能更合理、更准确、更科学地进行调度，提高满载率，尽量减少空车时间和空车距离，提高车辆利用率。

此外，还可以定期通过统计分析，进行科学调度，提高实载率，尽量减少空车时间和空车距离，充分利用运输车辆的运能。

4. 数据存储、分析功能

根据 GPS 的定位信息，可事先规划车辆的运行路线、运行区域和何时应该到达什么地方等，并将该信息记录在数据库中，以备以后查询、分析使用。通过收集、积累、分析数据，进一步优化路线。依据 GIS 制定更为合理的行车路线及整个运输过程中的燃料、维修、过路（桥）等费用，确定更为精确的成本费用，制定更加合理的运费。可依据数据库储存的信息，随时调阅每辆车以前的工作资料，并根据管理部门的不同要求制作不同形式的报表，使管理部门能更快速、更准确地作出判断。

6.3.3　GPS 在货物运输系统中的应用

我国公路物流经营主体规模小、数量多。全国公路物流企业有 750 多万户，平均每户仅拥有货车 1.5 辆，其中前 20 名企业所占市场份额不到 2%，而美国 5 大公路物流公司就占据了美国 60% 的市场份额。从经营运作看，我国公路物流处于"散兵游勇"状态，产业组织化水平很低，90% 以上的运力掌握在个体运营司机手中，行业集中度仅为 1.2% 左右。与此同时，我国公路物流效率低下，车辆空驶率达 40% 以上。车辆空驶率高主要是由于车货之间供需的不匹配，中国的运力总体过剩，相对稀缺的是货源，因此造成了大量的车辆空驶。

根据国家发改委发布的数据，2018 年 1—2 月，全社会完成货运量 63 亿 t，同比增长 6.3%，公路完成 46.7 亿 t，增长 7.4%。全社会物流总费用为 1.7 万亿元，同比增长 6.5%；每百元社会物流总额所需的社会物流总费用为 4.52 元，同比下降 3.3%。总体来看，我国物流行业仍处于粗放式发展阶段，传统公路物流"小、散、乱、弱"的局面没有得到根本改善。

国内专家对美国和欧洲一些发达国家考察后发现，2000 年前后，美国公路货运车辆的空驶率在 20% 左右，后来降到 10% 以下，根本原因就在于他们应用了信息管理技术，通过 GPS 对车辆进行了有效的调度。

物流运输行业应该利用 GSM 公用数字移动通信作为信息传输媒介，应用 GPS 的定位技术及计算机技术、网络技术等手段，充分利用互联网资源，结合运用电子地图地理信息系统，实时显示出车辆的实际位置，实现对车辆的状态监视、调度管理、报警求助和信息咨询等功能，并利用 GPS 和电子地图可以任意放大、缩小、还原、换图、随目标移动等功能，使目标始终保持在屏幕上。还可以实现多窗口、多车辆、多屏幕同时跟踪，以对重要车辆和货物进行跟踪服务。

1. 用于汽车自定位、跟踪调度、陆地援救

根据美国工业发展研究机构的数据，2007 年，日本、北美和欧洲每年约有 2000 万套

GPS 车载导航系统售出,在 2010—2015 年间,约有 60% 的汽车在出厂时就已经装备了车载导航系统,未来的普及率将逐渐提高到 90%。沃尔玛公司采用 GPS 对车辆进行定位,在任何时候,调度中心都可以知道这些车辆在什么地方,离商店还有多远;同时,他们也可以了解到某个产品运输到了什么地方,还有多长时间才能到达商店,沃尔玛的配送时间可以精确到小时。沃尔玛知道卡车在哪里、产品在哪里,因此可以提高整个系统的效率。简而言之,合理的物流安排可以使运作成本更低、效率更高。沃尔玛采用最现代化、最先进的系统,进行合理运输安排,通过计算机系统和配送中心进行精细化的管理,使得零售业务更快发展。车辆导航将成为未来全球卫星定位系统应用的主要领域之一。

2. 用于铁路运输管理

我国铁路系统开发的基于 GPS 的计算机管理信息系统,可以通过 GPS 和计算机网络实时收集全路列车、机车、车辆、集装箱及所运货物的动态信息,实现列车、货物追踪管理。只要知道货车的车种、车型、车号,就可以立即从十几万千米铁路网上流动着的几十万辆货车中找到该货车,以及所有车载货物的发货信息。

3. 用于军事物流

GPS 首先是因为军事目的而建立的。在军事物流中,如后勤装备运输和后勤保障等方面,应用相当普遍。尤其是美国,其在世界各地驻扎了大量军队,无论是在战时还是在和平时期,都对后勤补给提出了很高的要求。在战争中,如果不依赖 GPS,美军的后勤补给就会变得一团糟。目前,我国军事部门也逐步开始运用 GPS。

4. 用于内河及远洋船队最佳航程和安全路线测定、航向适时调度、监测及水上救援

在我国 GPS 最先应用于远洋运输船舶导航。我国跨世纪的三峡工程也已规划利用 GPS 来改善航运条件,提高航运能力。若国内船运物流公司能采用 GPS 技术,必然能提高效率,取得更好的效益。

6.4 网络 GPS 在物流业中的应用

随着计算机及网络通信技术在社会经济生活中的广泛应用,GPS 与互联网技术的结合为实现对物流运输过程的实时动态管理提供了技术支持,它同时融合了卫星定位技术、GSM 数字移动通信技术、计算机技术及国际互联网技术等多种通信技术。在公共 GPS 监控平台上,各物流运输企业可以充分运用自己的权限,进入网络 GPS 监控界面对车辆进行监控、调度、即时定位等多项操作,实现车辆实时动态信息的全程管理。

6.4.1 网络 GPS 的概念与特点

网络 GPS 是指在互联网上建立起来的一个公共 GPS 监控平台,它同时融合了卫星定位技术、GSM 数字移动通信技术以及互联网技术。

网络 GPS 综合了互联网与 GPS 的优势与特色,取长补短,解决了原来使用 GPS 所无法克服的障碍。首先,可降低投资费用。网络 GPS 免除了物流运输公司自身设置监控中心的大量费用,包括各种硬件设施和管理软件。其次,网络 GPS 一方面利用互联网实现无地域限制的跟踪信息显示;另一方面,又可通过设置不同权限实现信息保密。网络 GPS 具有如下优势:

(1) 功能多、精度高、覆盖面广。在全球任何位置均可进行车辆的位置监控工作,充分保障网络 GPS 所有用户的要求都能够得到满足。

(2) 定位速度快,有力地保障了物流运输企业能够在业务运作上提高反应速度,降低车辆空驶率,降低运作成本,满足客户需要。

(3) 信息传输采用 GSM 公用数字移动通信网,具有保密性高、系统容量大、抗干扰能力强、漫游性能好、移动业务数据可靠等优点。

(4) 构筑在国际互联网这一最大的公共网络平台上,具有开放度高、资源共享程度高等优点。

此外,GPS、GIS 与互联网的无缝集成,大大降低了应用系统的建设成本,实现了全社会的资源共享,有利于发挥产业链条中企业的各自优势,形成成本共担、风险共担的局面,使各方面的应用良好发展。

网络 GPS 具有如下特征:

(1) 操作简单方便。网络 GPS 完全基于浏览器界面,客户端只需网页浏览器即可。

(2) 系统实用经济。网络 GPS 基于 Browser/Server(B/S)架构,客户端零管理,数据维护方便灵活。

(3) 权限管理灵活,可满足用户不同的权限管理要求。网络 GPS 将身份认证、权限分配有机结合起来,保证系统运行的安全性。

(4) 具有良好的系统开放性和可扩展性。

(5) 具有高度的可靠性和稳定性。网络 GPS 系统由应用层、通信层、终端用户层组成,其中,应用层中心系统软、硬件在生产及配置上均按照高稳定性、高可靠性的要求进行;通信层利用国家 GSM、GPRS 移动通信网等公众网实现高可靠稳定性。

6.4.2 网络 GPS 的应用功能

网络 GPS 监控中心是一个基于互联网的 B/S 结构、开放的 GPS 监控平台,包括地图操作平台、大比例电子地图、多种通信接口,用户交纳使用费后得到一个用户 ID,其单位的 GPS 前端设备通过某个通信入口(如 GSM 短信特服号)向平台发送自身的实时坐标。以此为基础,平台可实现各种监控及控制功能,用户可以在自己的办公室上网,不需要下载客户端软件,通过浏览器输入用户 ID 和密码,即可实现对本单位车辆的实时监控和管理。

针对物流应用,网络 GPS 具有如下功能:

(1) 网上发布。通过互联网发布运输车辆的位置信息和运行轨迹;货主可以访问监控中心站点,经过身份验证后,根据运单号、货号等查询车辆的位置信息;根据权限上网下载车辆运行轨迹和对车辆发送短消息;下载带有车辆位置的地图图片(用于给货主发 E-mail)。

(2) 目标跟踪。可随时查找运输车辆的当前位置,获得车辆的定位数据和状态信息;实时跟踪一个或多个指定的运输车辆,使它们落在电子地图的窗口内;可设定跟踪优先级和时间间隔对目标进行跟踪。当有不正常的偏离、停滞与超速等异常现象发生时,网络 GPS 工作站显示屏能立即显示并发出警告信号,并可迅速查询纠正,避免危及人、车、货安全的情况发生,减少公司的损失。

(3) 轨迹回放。可对车辆跟踪形成直观的运行轨迹;监控中心将收到的定位信息存入数据库,操作员可随时调出数据库中选定车辆在选定时间段内的定位信息进行回放。长途运输由于信息闭塞,渠道狭窄,回程配货成了各物流企业最大的困扰。而网络 GPS 监控系统建立在互联网这一开放式公共平台上,可提前在线预告车辆的实时信息及精确的抵达时间,其他用户可根据具体情况合理安排回程配货,从而提高车辆的实载率,降低物流成本。

(4) 车辆数据库查询。查询车辆属性,如车辆内部编号、车牌号、车辆型号、司机姓名、车载电话号码、车辆所属部门、吨位、容积、报警情况等信息。

(5) 控制功能。监控中心接收并显示车辆发回的消息,同时可对车辆发送控制消息;可设置车辆定位数据发送的时间间隔;设置车辆允许呼叫的电话号码以及修改和增减车辆回发的短消息内容。

(6) 图上信息查询。用户可以使用模糊查询功能查找地图上的任意目标,查询图上某一点周边的地图信息,如最近加油站的位置等。

6.4.3 网络 GPS 的优势

网络 GPS 综合了互联网与 GPS 的优势与特色,取长补短,在很大程度上帮助物流企业降低了投资费用,提高了车辆调度水平,提升了物流服务质量。网络 GPS 不是简单的互联网加上 GPS,而是通过两者的结合产生了很多各自没有的优势。

(1) 形成较大的成本节约。一般使用 GPS 必须有基站、GPS 车载设备、集群通信网以及其他相应设备及软件;而网络 GPS 不需要建立基站,仅需要支付网络服务费。这对于想利用 GPS 技术,而又没有能力一次支付巨额资金建立基站的中小物流企业更适合。依托大型 GPS 车辆动态信息监控平台,各物流企业可借助此平台提供的网络 GPS 监控界面对车辆进行监控、调度、即时定位等多项操作,实现车辆实时动态信息的全程管理,省却了自己建设 GPS 系统监控中心/基站所需的大量投资以及时间和人力的消耗。

(2) 信息更加透明化,更容易跟踪、监控。一般 GPS 的应用主要是对目标进行跟踪、监控,但是它只能由发货人、承运方、收货人中的一方对目标进行监控,其他两方都无法知道目标的信息。而基于互联网的 GPS 很容易实行信息透明化,只要给每一方一个权限,各方都能够通过互联网及时了解目标的情况。这一点对第三方物流公司尤为重要。因为在目前我国运输市场的业务很大程度上依赖于与客户之间关系的情况下,第三方物流公司如果想参与市场,就必须有信息透明化的优势,而一般 GPS 不能完全实现信息透明。

(3) 跟踪、监控范围更广。一般 GPS 的信息传递通过基站,应用范围限于一定的地区,不能在全国范围内监控、跟踪;而基于互联网的网络 GPS 理论上可运行于全球任何角落。

6.5 网络 GPS+GIS 在物流配送管理中的应用

由于 GIS 所具有的强大的数据组织、空间分析以及可视化等优点,将 GIS 技术融入到基于 GPS 的物流配送运营过程中,可以更容易地解决物流配送中货物运输、仓储、装卸、递送等各个环节中的业务处理问题,并对其中涉及的配送定位、动态监测、信息查询、指挥调度及辅助决策分析等进行有效管理和决策。图 6.3 给出了基于网络 GPS+GIS 的物流配送管理信息系统结构示意图。

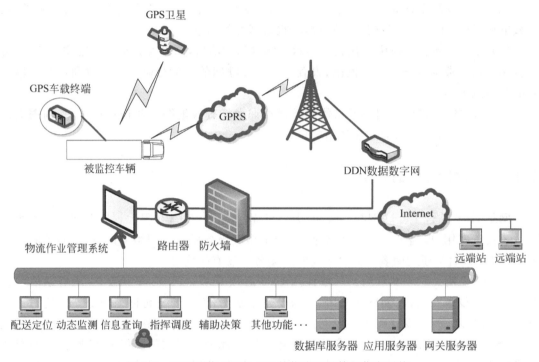

图 6.3 基于网络 GPS+GIS 的物流配送管理信息系统

1. 配送定位

应用网络 GPS+GIS 可以准确地展示配送路线上的道路情况,通过对地理坐标的描述,可以在地图上进行位置定位或者修改地理位置信息,使得企业能够精确地确定配送点和客户位置。

2. 动态监测

GIS 与网络 GPS 结合,可以准确获得配送车辆在任何时刻所处位置、速度、行驶里程、沿途道路状况、路线周边环境等信息,货主和物流企业也可以随时了解车辆的运行状况、任务执行和安排情况,进一步增强运载车辆的可控性。这些信息是提高调度管理效率和运输安全性的前提保证,将获得的信息进行提取、计算、分析后,通过通信模块发布到 GIS 监控平台的网络上。管理者只要登录网络,即可对所有车辆的运行信息一目了然,调度管理工作强度大大降低,从而实现时间和资源的巨大节约。

3. 信息查询

依据网络 GPS 反馈的数据,在基于 GIS 的电子地图上可以进行空间分析,分析结果可以为物流配送方提供各种直观的信息,如对配送范围内主要建筑、运输车辆、客户等进行查询,查询资料可用文字、语言及图像等形式显示,并可在电子地图上标注其位置;还可以查询以某一商业网点为圆心的半径区域内配送点的数目,以此判断哪一个配送中心距离最近,为安排配送线路提供依据。

4. 指挥调度

物流配送具有复杂、动态的特性,如经常会遇到客户在配送任务分派后临时要求改变计划,运输车辆在回程途中接到新的配送订单等,这就使得几个不同配送任务出现交叉调车等扰动情况,打乱了原有调度计划的执行。监控中心借助于网络 GPS+GIS,就可以根据车辆信息、位置、道路交通状况向车辆发出实时调度指令,以系统化视角实现业务运营优化,达到充分调度货物及车辆的目的,降低空载率,提高车辆营运效率。

5. 辅助决策分析

进一步,利用网络 GPS+GIS 来挖掘空间分析功能,以提供各种物流配送运输方案,辅助决策分析,如对车辆路线进行优化分析以寻找最短配送路径、对运载量进行优化调整以减少车辆空载率、对运输方式进行分析以提高运载资源的利用率、对库存量进行全局平衡优化以减少库存成本等。可以看出,构建高度可视化和智能化的、基于网络 GPS+GIS 的物流管理信息系统,为企业多层次的物流方案和战略决策提供了科学合理的分析依据。

案例 6-2:基于 GIS 与网络 GPS 结合的 milk-run 汽车零配件供应管理信息系统

物流的运输配送过程不仅具有资本密集型特点,还具有劳动密集型特点,因此,加强运输配送中的控制和管理、保证其安全平稳运行、降低成本是企业主要关注的问题。如何提高车辆的运输效率、减少运营过程中的消耗、降低配送成本,这是目前物流运输企业普遍关注的焦点。我国地域辽阔,交通网络错综复杂,实现车辆和货物在运输途中的监管和可视化非常必要。已经有很多企业通过地理信息系统(GIS)和全球定位系统(GPS)来帮助调度中心实时和运输途中的车辆建立联系,在 GIS 的辅助下,随时在电子地图上定位车辆位置,将业务调度单传递给目标车辆,目标车辆接受调度命令,并向调度员反馈信息,以保证随时跟踪车辆,保证整体供应链的正常运转。

下面以某家专业为汽车装配厂进行供应配送的第三方物流企业的运营过程为例,来说明其如何应用 GIS 和 GPS 等技术,结合互联网信息传递技术来实时监控运行在配送系统网络中的车辆流向、流量、流速、密度、路网负荷程度等各种交通信息,实现物流运输途中的有效管理与控制。

该企业配送运营过程采用了循环取货(milk-run)模式,就是同一货运车辆从零配件的仓储中心出发,沿着多个供应商处转一遍,取得各个供应商的零部件后,返回制造厂或仓储中心。类似于早期的牛奶配送,配送车辆按照事先规划好的行驶路线,将客户所需的牛奶分别送到客户门口,同时将前一天客户喝完的空奶瓶收回,如图 6.4 所示。这种运作模式可以最大限度地整合各个供应商的零配件供应过程,避免空车往返所造成的不必要浪费,提高车辆的满载率。

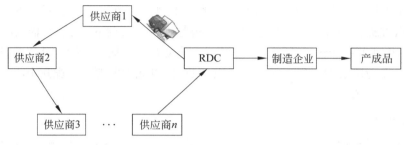

图 6.4 基于 milk-run 的物流配送模式

milk-run 配送模式下支持的管理信息系统的数据包括：

（1）每日配送调度的相关数据，包括车辆运行的线路；各条线路上依次访问的供应商厂家；各条线路上每日运行的车辆数；每辆车次到达、离开各个供应商的时间。

（2）配送司机运行日报表的相关数据，包括司机运行情况的基本信息，如司机姓名、车牌号码、线路名称、所属公司、起始时间、结束时间、所用时长、行驶里程、车辆装卸货的次数、车辆行驶的平均时速、最高时速、最高时速发生时间、早到或延迟的次数等信息。

（3）基于 GPS 和 GIS 电子地图结合的相关数据，即每辆配送车都配有基于 GPS 和 GIS 结合的定位功能和其他扩展功能。除了 GPS 的车辆定位功能，系统拥有强大的地图显示功能，包括自动避让功能、制图概括功能、鹰眼功能、影像数据叠加功能、方便的图层控制、动态拓扑功能；进一步，能对一定区域内所有目标进行监控和目标锁定跟踪，还有电子围栏划定，对目标进行分组监控，增加、删除、切换监控窗口，监控地图自动切换，报警目标声光提示，属性数据查询，预先路线设定，偏航自动报警，车辆轨迹记录及捕捉，车辆轨迹平滑显示，提供车辆多态符号标识，提供多态符号编辑器，设定车辆标记显示样式等功能。系统中提供的电子地图数据详细且准确，支持地图漫游、距离测量和查询相关地理信息，包括测量面积、轨迹回放、区域报警和信息打印等多种功能。

（4）车辆维护的相关数据，包括车辆增加、删除、属性修改、查询；车台装车、车台卸载、车辆所有信息浏览、车台数据维护、车台增加、删除、属性修改查询；车台装卡、卸卡、装车等车辆信息的维护，以及对用户和通信卡等数据的操作，可以保证系统数据的安全、完整和准确性，为系统稳定运行提供保障。

系统具备的模块功能包括：

（1）司机配送线路的分析。该系统能够根据系统中存储的地理信息，将每日实施配送计划表导入系统数据库，生成可视化的图形格式报表，即每日配送调度表。另外，系统也能实现配送车辆与某条特定线路、车辆与某个特定区域的绑定功能，并自动计算生成车辆可以到达、离开已经绑定区域的实际时间；还可对预先设定的线路、车辆数、总共投入的车辆数和绑定的区域进行增、查、删、改。基于 GIS 的支持，管理人员能够清晰地展示出企业每日车辆调度情况和实时运行情况，包括车辆出发时间、途经各个供应商处的时间、到达及其在停靠站场的停留时间等。

（2）司机运输过程中的行为监控分析。根据司机的运输实际行为情况，系统可以自动生成各个车辆配送过程的里程速度图和时间速度图。管理者从这些图中能够了解到司机在配送过程中的行驶状况,如是否遇到交通堵塞、是否是在一条拥挤的路段上行驶等,从而可以结合司机运输的运行路线图,对不合理的路线进行重新设计、修改和变更。同时,系统还可以记录司机运输途中的一些装卸货和运输时刻的行为,包括打开货车车门次数、卸载货车次数、平均时速、早到供应商处的次数、延迟到达供应商处的次数等。经过对这些信息的分析,可以更好地对配送司机运输途中的情况进行全面掌控,如司机是否按照企业预先设定的路线送货、是否准时发车、是否消极怠工等。通过对司机日常运行活动的监控,可以保证他们按计划进行运输,并及时纠正各种和计划不符的偏差,为企业下一步的工作安排和调度提供分析依据,不断挖掘降低成本、提高经济效益的潜力。

(3) 实际路线和计划路线的比较分析。基于 GIS 和 GPS 结合的信息系统,还能实时接收运输车辆上自动报警装置发出的信号。如车辆行驶过程中,若车辆开始偏离预先设定的行驶路径,系统就可以自动报警,并能自动存储报警记录。如果企业在系统中预先设定了各个车辆到达、离开供应商厂家的时间范围,若车辆没能按照指定的时间到达或离开,系统也会自动报警,且保留下相关的报警记录。当配送司机完成了一次 milk-run 路径后,系统就会自动生成实际路线和计划路线的对比图形,通过两条路线的比较分析,很容易就可以检测司机在配送途中是否按照要求进行了相关作业,其中偏差出现在哪里、原因是什么等。

本章小结

GPS 是美国从 20 世纪 70 年代开始研制,历时 20 年,耗资 300 亿美元,于 1994 年全面建成,具有海、陆、空全方位实时三维导航与定位能力的新一代卫星导航与定位系统,可提供陆地、海洋、航空等实时性的导航、定位、定时甚至速度测量等功能。GPS 具有全球覆盖性、全天候工作能力、定位精度很高、快速省时、功能多、应用广等特点。

全球定位系统共由 3 部分构成,分别是地面控制部分、空间部分和 GPS 信号接收机。GPS 系统中有很多专业术语,如坐标、航点、航线、前进方向、导向、日出日落时间、航迹等。其工作原理就是卫星不间断地发送自身的星历参数和时间信息,用户接收到这些信息后,经过计算求出接收机的三维位置、三维方向以及运动速度和时间信息。

GPS 在物流车辆管理系统中的应用流程主要包括 3 个步骤:一是通过 GPS 定位位置;二是在网络中进行信息传输;三是在监控平台上显示输出。因此,GPS 的主要功能有实时监控功能、双向通信功能、动态调度功能、数据存储以及分析功能等。

网络 GPS 指在互联网上建立起来的一个公共 GPS 监控平台。它同时融合了卫星定位技术、GSM 数字移动通信技术及国际互联网技术等多种目前世界上先进的科技成果。GPS、GIS 与互联网网络实现无缝集成,可以大大降低企业应用系统的建设成本,实现全社会的资源共享。网络 GPS 系统具有的功能包括网上发布、目标跟踪、轨迹回放、车辆数据库查询、控制功能和图上信息查询。

GIS 和网络 GPS 结合在物流配送系统中能实现配送定位、动态监测、信息查询、指挥调度和辅助决策分析等功能,对物流运输配送的快速响应有很重要的意义。

思考题

6-1 简述 GPS 的发展及其功能特点。
6-2 简述 GPS 的系统组成及运作原理。
6-3 简述 GPS 的应用流程,并以汽车货运为例说明 GPS 监控的过程。
6-4 什么是网络 GPS?网络 GPS 的适用范围及其特点是什么?
6-5 网络 GPS 与一般的 GPS 相比具有哪些优势?
6-6 简述网络 GPS 在物流系统中的应用模式。可以举例说明。

讨论题

6-1 GPS 提升物流企业运营能力的具体体现有哪些?
6-2 查阅资料,比较国内外货运空载率的情况,并从技术角度说明差距产生的原因。
6-3 分析我国的北斗卫星导航系统与 GPS 在组成和功能方面的相同点和不同点。
6-4 通过案例 6-2 分析说明什么是 milk-run 配送模式,再举出几个实际应用的例子。
6-5 在案例 6-2 的系统中,哪些功能是基于 GIS 系统实现的?哪些功能是基于 GPS 系统实现的?对于汽车制造企业和第三方物流配送企业,在 GIS 和网络 GPS 系统的数据支持下分别关注什么问题?有何不同?

第 7 章 物流电子商务系统与 EDI 技术

电子商务就是采用先进电子信息技术手段实现的商务活动,近年来在我国得到迅猛发展。事实上,电子商务的出现只是改变了传统的商务活动模式,但并没有改变商务活动后面相应物流活动的支撑作用。商务和物流是一体的,哪里有商务活动,哪里就伴随有相关的物流活动。正是这种先进信息技术支持下的电子商务发展,使得很多传统的物流经营模式发生了巨大的改变,如网上采购或全球采购、逆向拍卖和捆绑销售等。这些改变的本质就是把物理的物流活动运作模式转变成管理信息系统支持下的网络虚拟运作模式,很多成功案例已经告诉我们这是未来的主要发展方向。

本章重点阐述电子商务系统及其与物流的关系,以及物流电子商务中常用的 EDI 技术,对它们的概念、系统的结构与组成及相关技术的应用模式和采用的标准都将给予介绍。通过贯穿本章的物流案例分析可以看出,电子商务及其相关技术是物流管理信息系统中的重要组成部分。

7.1 电子商务和物流

物流与电子商务的关系很密切。物流对电子商务的实现很重要,电子商务对物流的影响也极为巨大。物流在未来的发展与电子商务更是密不可分。可以这样理解这种关系:物流本身的矛盾促使其发展,而电子商务恰恰提供了解决这种矛盾的手段;反过来,电子商务自身矛盾的解决,也需要物流提供手段。因此,电子商务与现代物流是互相制约、互相促进、互为发展动力的关系。

7.1.1 电子商务及其发展

1. 电子商务的概念

电子商务源于英文 electronic commerce,简写为 EC。顾名思义,其内容包含两个方面:一是电子方式;二是商务活动。目前,对电子商务的基本概念常常从狭义的电子商务和广义的电子商务两层含义上来理解。

狭义的电子商务主要指利用互联网进行的商务交易活动。它的运营范围仅仅局限在互联网上所进行的交易活动;而广义的电子商务则是利用 IT 技术对整个商务活动实现全程电子化运营,如市场分析、客户联系、物资调配、网上交易、供应链管理、客户关系管理及企业内部管理等内容。它的运营范围扩展到包括互联网、内联网、外联网等各种不同形式网络在内的一切计算机网络,以及其他利用信息技术进行的所有企业活动行为。这里我们指的是广义的电子商务,其组成及各部分关系如图 7.1 所示。

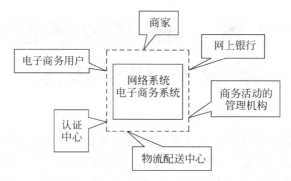

图 7.1 电子商务组成关系图

(1) 网络系统。网络系统包括互联网、内联网、外联网。互联网是电子商务的基础,是商务、业务信息传递的载体;内联网是企业内部商务活动的场所;外联网是企业与供应商、客户进行商务活动的纽带。

(2) 电子商务用户。电子商务用户包括企业用户与个人用户。企业用户建立内联网、外联网和管理信息系统,对人、财、物、产、供、销进行科学管理。个人用户利用浏览器、个人数字助理(personal digital asistant,PDA)、手机等移动终端接入互联网获取信息、购买商品等。

(3) 认证中心(certificate authority,CA)。认证中心是法律承认的注册权威机构,直接负责发放和管理电子证书,确保网上交易的各方都能够确认对方的身份。

(4) 物流配送中心。物流配送中心接受商家的要求,组织运送用户从网上直接订购的商品,跟踪商品流向,最终将商品送到消费者手中。

(5) 网上银行。网上银行是为网上交易中的用户和商家提供支付和结算业务的数字化系统工具,提供 24 小时实时服务。

(6) 商务活动的管理机构,包括工商、税务、海关和经贸等部门的网络管理系统。

2. 电子商务的发展

从广义角度看,电子商务的发展可以追溯到 1839 年,当电报发明并应用时,人们就已经开始讨论如何运用电子手段进行商务活动的问题。20 世纪 60 年代,人们开始用电报报文发送商务文件;70 年代,又普遍采用方便、快捷的传真机来替代电报。但是由于传真文件通过纸面打印来传递和管理信息,不能将信息直接转入到信息系统中,因此,人们开始用 EDI 作为企业间电子商务的应用技术,这就是电子商务的雏形。

电子商务在全球的发展经历了两个重要阶段。

第 1 阶段:20 世纪 60—90 年代,基于 EDI 的电子商务。

EDI 是将业务文件按公认标准从一台计算机传输到另一台计算机上的电子化传输方法。由于 EDI 大大减少了纸张票据,人们形象地称之为"无纸贸易"或"无纸交易"。

EDI 在 20 世纪 60 年代末产生于美国,当时的贸易商们在使用计算机处理各类商务文件时发现,由人工输入到一台计算机中的数据有 70% 来源于另一台计算机的输出文件,由于人为因素,影响了数据的准确性和工作效率的提高。因此,人们开始尝试在贸易伙伴之间的计算机上使数据能够自动交换,EDI 应运而生。

20 世纪 90 年代之前的大多数 EDI 都不是通过互联网传播,而是通过租用的计算机线在专用网络上实现,这类专用网络被称为 VAN(value-added network,增值网),这样做的目的主要是考虑到安全问题。但随着因特网安全性的日益提高,作为一个费用更低、覆盖面更广、服务更好的系统,因特网已表现出替代 VAN 成为 EDI 硬件载体的趋势,因此,人们把通过互联网实现的 EDI 称为互联网 EDI。

第 2 阶段:20 世纪 90 年代后,基于国际互联网的电子商务。

VAN 的使用费用高,仅大型企业才会使用,因此限制了基于 EDI 电子商务应用范围的扩大。在 20 世纪 90 年代中后期,国际互联网逐步从大学、科研机构走向企业和家庭,其功能也已经从信息共享演变为一种大众的信息传播工具。从 1991 年起,一直排斥在互联网之外的商业贸易活动正式进入到这个王国,电子商务逐渐成为互联网应用的最大热点。

基于互联网的电子商务与基于 EDI 的电子商务比起来,费用低廉,覆盖面广,使用灵活且功能全面。互联网可以全面支持不同类型的用户实现不同层次的商业目标,如发布电子商情、在线洽谈、建立虚拟商场或网上银行等。从电子商务的发展情况来看,基于互联网的电子商务是整个电子商务发展不可逆转的趋势。

7.1.2 电子商务和物流的关系

1. 物流对电子商务的影响

1)物流是实现电子商务的关键和保证

电子商务的一般流程如图 7.2 所示,图中的"卖方送货,买方收货"实际上就是物流过程。

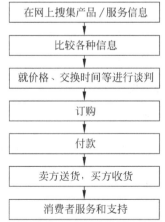

图 7.2 电子商务的一般流程

显然,电子商务中的任何一笔交易都包含几种基本的"流",有信息流、商流、资金流和物流。在电子商务下,消费者通过网上单击购物,完成了商品所有权的交割过程,即商流过程。但相应的物流运动并没有同时发生,只有商品和服务真正转移到消费者手中,本次电子商务活动才算终结。在整个交易过程中,物流实际上是以商流的后续者和服务者的姿态出现的,电子商务实际上是以商品的实际转移也就是物流过程作为终结标志的。没有现代化的物流支持,任何轻松的商流活动都将是一纸空文,物流是电子商务的重要组成部分,是实现电子商务的关键和保证。

2)物流是影响电子商务质量和效益的主要因素

电子商务的出现,目的在于方便消费者或用户,不用跑到拥挤的商业街,一家一家地挑选自己所需的商品,只要坐在家里在互联网上搜索、查看、挑选,就可以足不出户地完成购物过程,买到自己需要的商品,从而节约时间和金钱。但是如果他们成功地完成了网上订货,账单也被划掉以后,所购商品却迟迟没有送到,或是所送非所订,或是出现商品质量问题,或是要为此支付高昂的服务费用……这样的话,他们必然会拒绝再次使用网上购物。没有准确而又及时的物流,电子商务给消费者带来的购物便捷是没有任何意义的。物流是一种服务,而且对于电子商务企业来说,货物送达是消费者在购物过程中唯一一次与商家面对面的机会。物流服务的质量,直接影响企业在客户心中的形象,从而很大程度上决定了是否还有下一次交易的可能。所以,电子商务"以顾客为中心"的理念只有通过物流才能最终体现。

电子商务网站的配送工作主要选择以下几种形式:一是客户时间宽裕时选择通过邮局寄送;二是客户时间紧迫时选择快递公司协助;三是建立自己的物流配送网络。不管选择何种配送方式,都必须将物流配送与电子商务网站赢利联系起来,通过物流配送的规模化和标准化运作,大幅度降低成本,提高电子商务网站的赢利能力。

因此,加强物流运作管理,是电子商务吸引顾客、提高运作质量并保持赢利的关键。

2. 电子商务对物流活动的影响

正如前面所说,物流实际上是商务的一部分,是完成商务不可缺少的"四流"之一。因此,当传统的商务活动形式转化成电子商务形式时,必然会对物流产生极大的影响,而且这个影响是全方位的,从物流业的地位到物流组织模式,再到物流各作业、功能环节,都在电子商务的影响下发生了或正在发生巨大的变化;反过来物流体系的完善又会进一步推动电子商务的发展。表7.1列出了在传统商务形式和电子商务形式下物流各方面的不同。

表7.1 电子商务对物流的影响

物流管理特点	传统经济条件	电子商务
物流组织模式	以第一、第二方物流为主	以第三方物流为主
物流运动空间	纯实体运动空间	虚拟性的运动空间
运作方式	以商流为中心	以信息为中心
控制方式	以企业自身为中心控制管理物流	在全球范围内实施实时控制
经营形态	分散经营	以全社会作为整体系统经营
竞争状态	依靠本企业提供优质服务、降低物流费用来进行竞争	要求各物流企业联合起来,形成协同竞争状态
物流基础设施	良好的交通运输网络	良好的交通运输网络和通信网络
物流技术	物流机械自动化	EDI、GPS、GIS等支持下的物流机械自动化、无人化、智能化
物流人才	具备较高的物流管理水平	具备较高的物流管理水平和电子商务知识

除此之外,电子商务还将大大提升物流业的地位。因为在电子商务环境里,物流业既要把虚拟商店的货物送到用户手中,又要从生产企业及时进货入库。物流业既是生产企业的仓库,也是用户的实物供应者。物流业成了代表所有生产企业及供应商对用户的唯一最集中、最广泛的实物供应者,成为社会链条的领导者和协调者,为社会提供全方位的物流服务。可见,电子商务把物流业提升到了前所未有的高度,为其提供了空前的发展机遇。

案例 7-1：让因特网去奔走

1872 年，Montgomery Ward & Co. 发出美国的第一个邮购目录，向居住在小镇和农场的数万人提供生活用品。一个多世纪之后，Gary Baker 希望用他互联网上的电子商店在数字世界进行类似的贸易。Baker 在万维网创建了目录站点作为企业的电子商场，用电子目录销售商品。

Baker 在几年前就发现他的信箱里总有大量的产品目录，他惊异于这些精美的印刷品被用于扔进垃圾箱。Baker 认为，邮寄人家可能不要的电话本大小的目录已经不再是有效的商业方法，最好的办法是让网络信息系统去奔走。

Baker 制作的网络目录站点列出了 200 多个公司，它们以在线和传统印刷目录形式销售商品。访问者可以滚动浏览这些公司的列表，访问其网页，也可以按产品类型查找他们想要的商品。当单击一个感兴趣的公司时，会出现一个店面模板，提供电话、传真号、营业时间、支付方式、信用及其他基本信息；然后通过万维网连接到该公司的站点查看其电子商品目录。若该公司没有站点，也可以通过在线定制的形式填写一个目录，输入姓名、地址、定制的商品和数目等信息，然后单击"定制"按钮来提交订单，这时可看到所订商品的总和。访问者也可以先看商品页，找出想要购买的商品，或者通过 E-mail 订阅每周两次给客户发送的有关商品信息的服务。

Baker 的目录站点在网络商场服务上向其客户提供 4 种级别的服务：第 1 种为公司商品目录提供电子订单以及一个独立的网页；第 2 种为公司提供一个附加的网页用于展示其商品；第 3 种提供客户自己编制的在线订购功能；第 4 种是直接链接客户网站。基本服务费用每年 1200～1500 美元。目录工作站在 SUN 公司运行，占用 5 个工作站，使用 ICAT 公司的两套软件：一套用于商务发布和商品目录建立，另一套用于商务交换及交易的信用认证。第三套软件是网景公司的信用服务器，用于排列印刷目录和几千份订单。

目录站点在 1995 年 1 月开放时，它的 30 个客户每星期接到大约 2500 份目录请求。请求的数目一直攀升到每星期 17 000 份，每星期有 6 万人访问网站。站点能够识别极感兴趣的资深客户，记录所有浏览站点的人在请求目录时经过的步骤，这一过程可以用来剔除偶然经过的访问者。公司擅长为那些不著名的客户找到顾客，如 John Rinehart Taxidermy Supply Co. 和 Exclusive Bar-B-Q Inc. 这种规模较小、家族经营的邮购公司。它的拥有者相信它比传统的印刷目录做得更好，因为它提供了交互式行为和附加价值。

7.2 物流电子商务系统

物流电子商务系统是指物流企业利用互联网技术并采用条形码、射频、地理信息系统、全球定位系统等信息技术，来实现空间数据和非空间数据动态信息的交互式管理，能够进行信息搜索、谈判处理、物流单证处理、信息采集与识别的自动化、车辆的自定位、跟踪调度每一件货物从生产地到最终客户的物流活动全过程（包括发运、到站、进仓、出仓、包装等）中信息服务、支付等商务活动的管理信息系统。

7.2.1 物流电子商务系统的结构

物流电子商务系统的一般结构如图 7.3 所示,主要由物流企业门户、物流企业信息系统、上下游客户、认证中心、支付中心和互联网组成。该图以物流企业门户为中心,主要说明了其关联部门企业与物流企业利用互联网连接的方式。

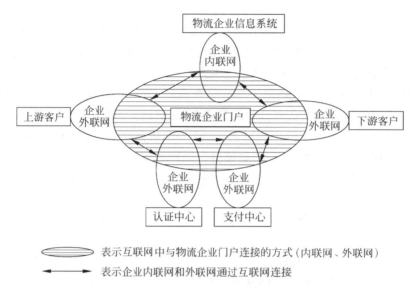

图 7.3 物流电子商务系统结构

企业门户在电子商务中是为上、下游客户服务的。它就是一个连接企业内部和外部的网站,可以为企业提供一个单一的访问企业各种信息资源的入口,企业的员工、客户、合作伙伴和供应商等都可以通过这个门户获得个性化的信息和服务,可以通过 Web 进行各种信息查询、信息共享,而且可以进行基于不同角色的访问及信息共享。

企业的物流管理信息系统是企业根据自身特点和物流需要开发设计的管理信息系统。不同类型的企业,其物流管理信息系统的核心是不同的,但很可能应用的信息技术相同。比如制造型企业,其物流管理信息系统很可能是以企业资源计划为核心;而第四方物流企业,则应以供应链管理为核心。但这些企业可能都会用到数据采集技术、GPS、GIS 等信息技术。

国际互联网是实现企业信息向全球发布和共享的信息系统,是一个集各信息资源为一体的信息资源网,具有最大的开放性和自由度,因此该系统的用户是无限制的。企业内联网是在企业内部网络基础设施上,采用 WWW 技术、TCP/IP 协议,在企业内部实现互联网的功能,从而实现企业内部的信息发布、共享的一种信息系统。内联网是企业内部的信息共享平台。企业外联网是在国际互联网的基础上,采用特定的技术将相关企业合作伙伴之间的信息系统联系起来,以实现企业合作伙伴之间信息发布和信息共享的一种虚拟的信息平台。外联网的用户仅限于与企业有固定合作关系的企业。

上游客户是该企业的供应商。对制造型企业来说,其上游客户是原料供应商、服务提供商或其他。由于第三方物流公司提供的是服务,所以其上游客户是其服务的供应方,也就是货物的业主,或是生产厂商,或是贸易商。下游客户是该企业的销售商。对制造型企业来说,其下游客户可能是代理商、批发商或是零售商;对零售商来说,其下游客户则是消费者;而对于第三方物流公司来说,下游客户则是其物流服务的需求方。

认证中心采用PKI(public key infrastructure)公开密钥基础架构技术,专门提供网络身份认证服务,直接负责发放和管理电子证书,确保网上交易的各方都能够确认对方的身份,在一定程度上规避电子商务下的风险,是具有权威性和公正性的第三方信任机构。支付中心是电子商务的一部分,是为在电子商务中交易的用户和商家提供支付和结算业务的数字化系统工具,它可提供24小时实时服务。

物流电子商务系统是一个有机的整体,各个组成部分相互联系,不可分割。其中,互联网是物流电子商务系统中最重要的组成部分,企业与其上下游客户、认证中心、支付中心的所有信息传递和共享都是通过互联网来实现的。

7.2.2 物流电子商务系统的分类

电子商务系统有很多种分类方式。常见的有按照交易对象分类和按照交易主角分类两种。按照交易对象,电子商务系统可分为企业对企业的电子商务(B to B)、企业对顾客的电子商务(B to C)、公共管理组织对企业的电子商务(G to B)、企业对企业对顾客的电子商务(B to B to C)4种。按照交易的主角,电子商务可分为销售型、采购型、市场型和社区型4种。

物流电子商务系统也是电子商务系统的一部分,也可以按照上面的分类方法来分类。但是考虑到物流电子商务系统的特殊性,这里我们按照物流电子商务系统的使用主体来分类。

物流电子商务系统按照应用主体可分为制造型企业物流电子商务系统和服务型企业物流电子商务系统。比如,制造型企业物流电子商务系统主要包括企业采购商务系统、拍卖市场系统和企业销售电子商务系统。企业采购商务系统就是利用电子商务形式进行网上采购活动的系统。电子商务采购的方式是多种多样的,其中最主要的有两种方式:网上招标、网上采购和网上招标、网下采购。一般是由企业建立招投标网站,提出采购需求,然后由多个供应商进行竞标。

例如,一个电子商务采购作业的具体流程如下:物流业务管理部门根据用户的要求及库存情况通过电子商务中心向供应商发出采购订单;供应商收到采购订单后,通过网络加以确认;物流管理部门再确认是否订货,如果订货,确认订货的种类及数量;业务管理部门和供应商分别通过互联网向仓储中心发出发货信息,仓储中心根据货物的情况安排合适的仓库,同时供应商将发货单通过互联向供应商发送,货物通过各种运输手段送至仓储中心,如图 7.4 所示。

电子商务采购活动中一个最大的应用技术就是电子数据交换(EDI)。通过 EDI 可以使企业间进行直接的数据交换,包括购买信息、购买订单、购买订单确认、订单状态以及信息的跟踪查询。另一个基本应用就是电子目录的开发。电子目录可以使买方迅速获得产品信息、规格说明和报价。如果将 EDI 系统和电子目录结合起来,买方就可以迅速地确定所需要采购的产品并提交订单,可以为企业节约大量的采购成本,从而大幅提高采购效率。

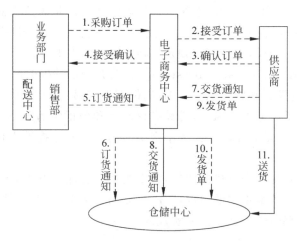

图 7.4　企业电子商务采购作业流程图

7.2.3　物流电子商务系统的组成

物流电子商务系统的组成并没有一个固定的模式，根据企业业务的不同各有其侧重点，但是不同企业的物流电子商务系统也有通用的组成部分。

1. 通用部分

物流电子商务系统的通用组成部分主要有信息服务和公共服务。信息服务主要包括宣传企业静态信息、动态信息，支持企业远程办公，提供关于整个物流电子商务系统各种功能的使用指导，实现企业与用户的信息交互。远程办公支持主要表现为提供一系列辅助软件包的下载。下载软件包一般保存在文件服务器上，而把相应的链接路径、下载说明等信息保存在数据库，从而可以对下载标题、下载说明等信息进行查询。

公共服务部分主要完成支付、认证、报税、报关等功能。物流电子商务系统提供与支付中心、认证中心、税务机关以及海关等部门的接口，以便实现上述功能。

2. 第三方物流企业电子商务系统

对第三方物流企业来说，物流电子商务系统主要实现的功能包括：支持用户在线向物流企业进行业务委托；支持用户远程实时获知物流服务的进展情况；用户就可能的服务变更与企业取得联系和磋商，并及时获取企业的反馈；用户和企业在线了解发生的成本费用情况，并进行结算和提供支付信息等。

由第三方物流企业电子商务系统的功能来看，可以将其分为以下几个部分，如图 7.5 所示。

货物跟踪子系统是物流企业运用物流自动识别技术和 EDI 技术及时获取有关货物运输状态的信息来提高运输服务的方法。具体说就是物流运输人员在向货主取货时、在物流中心重新集装运输时、向客户配送交货时，均利用扫描仪自动读取货物包装或发票上的物流条形码等信息，通过公共通信线路将货物信息传送到总部的计算机进行汇总，这样所有被运送的货物信息均在总部的计算机中进行存储，便于企业了解货物的运输情况。

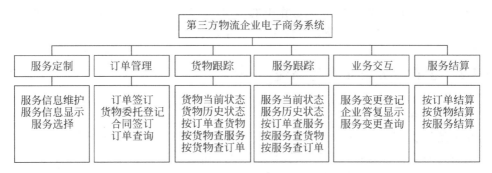

图 7.5　第三方物流企业电子商务系统的功能组成

通过货物跟踪系统用户可以得到所有服务中的货物报表,包括所属订单、货物名称、当前数量、当前位置、当前状态(如入仓验货、运输中、流通加工、交付验货)等,用户也可以得到所有委托货物的报表,包括已服务完结的货物和正在服务中的货物。用户和企业还可以按订单查询所委托的货物清单,按货物查询委托的相关服务(如仓储、运输、流通加工等),按货物查询所属的订单及其内容。货物跟踪子系统使物流运输企业的服务水平大幅度提高。

订单处理不仅是第三方物流企业业务的开始,也是管理信息系统中数据的起点。高效的订单处理是整个信息系统成功的关键。物流电子商务系统中的订单处理子系统主要实现订单的接收、分类整理和查询等功能。用户通过互联网、电话和传真等方式下订单,系统接收后,对客户的身份以及信用额度进行验证,只有验证通过后,才能提供服务。不同客户对服务的要求是不同的,有的客户请求需要及时响应,有的请求则可以适当延迟,因此,对订单要进行分类整理。订单确认后,系统将设定订单号码,并将订单的相关信息传递给仓储、配送和财务等具体部门。

服务结算是第三方物流企业重要的业务组成部分。服务的过程就是产生费用的过程。第三方物流企业电子商务系统实时产生相应的服务费用信息,并反馈给用户,用户可以按照订单、货物或服务进行费用结算。用户还可以为未支付的条目指定支付方式。若是在线支付,则由公共服务的支付接口处理,所有款项到账后系统向用户反馈相应的到账时间。

3. 制造型企业物流电子商务系统

对于制造型企业来说,资源协调是重中之重,企业根据生产计划和订单情况排产,然后组织采购或销售。因此,企业的物流电子商务系统侧重于资源的协同。企业物流电子商务系统的功能主要有以下几点:

(1) 帮助企业建立外部资源合作者。帮助企业实时了解协同资源的类别、使用状况等信息,并能从目录中寻找、推荐外部资源合作者。

(2) 记录和查询外部提供的资源及其使用情况,并进行费用结算,其中的资源主要包括货物资源、仓储资源和运输资源。货物资源主要是指企业进行生产时所需的机器设备、原材料等资源。需要考虑车间内存放的资源、仓库中的资源以及已经下过订单尚未到货的资源情况。

企业货物资源协同的实现方式如下:分别建立和维护协同企业和协同资源信息,然后显示企业当前的资源情况(资源紧缺还是资源富足),再根据资源情况寻找协同企业并建立协同关系,同时支持协同业务的单证流转,并对协同费用进行结算。与货物资源有关的协同业务有和第三方物流企业合作、仓储运作中的VMI协作,以及物料的采购、产品的销售等;流转的单证包括协作运输合同或劳动合同、订货单、报价单等。

案例7-2:电子商务企业自建物流系统

1. 凡客诚品的物流系统

凡客诚品是2007年成立的我国最早的服装电子商务平台之一,由于其性价比极高的服装产品和满意的消费者体验,2009年曾经荣获中国互联网络信息中心、电子信息产业发展研究院等指导下,由赛迪传媒等单位评选出的2008—2009年度中国B2C市场成长最快的企业。

为了提高对消费者的物流服务水平,凡客诚品在2011年自建物流系统,实现了对开仓城市的24小时配送。凡客诚品成立了一家名为"如风达"的专做物流的全资子公司,并启动了配送升级计划。其率先提出的"24小时物流圈"概念对于电子商务行业影响深远,意味着B2C厂商物流配送速度将成为行业电子商务进入门槛和角力主战场,电子商务物流将进入争分夺秒的"极品飞车"时代。凡客诚品自建物流后,实现一天两次送货和服装当场开箱试穿。2011年初在武汉、西安、成都、济南、沈阳等五处分仓试运营,这几个城市前三个月的订单量平均增长了5倍左右。2012年11月,凡客诚品击败戴尔获得2012最佳电子商务物流奖。

2011年2月凡客诚品正式对外宣布推出手机凡客网(m. vancl. com)和手机客户端产品,大举进军移动电子商务市场。凡客手机客户端是凡客诚品专为手机用户免费定制的购物软件,它与凡客网上万维产品库对接,拥有商品搜索、浏览、收藏、查物流、购物车等功能,拿着手机就能实时查询物流状况,随时掌控商品的运输状况。

2. 京东的物流系统

2007年,京东总裁刘强东决定自建京东电子商务平台的物流系统,从那时起京东董事会内部关于该决策的质疑就没有中断过,总认为有一天,京东的自有物流会把京东拖垮。但事实证明,随着近几年我国消费者对电子商务平台的不断认可,京东自有的物流系统已成为京东的核心竞争力。相较于电子商务平台的轻资产特性,物流系统属于重资产,如遍及全国的物流网络系统、仓储中心、运输队伍和"最后一公里"的配送人员,这些都会耗费公司大量的资金投入。但现在,在我国消费升级换代的环境下,物流系统的快速响应已经成为电子商务平台繁荣发展的坚强后盾。图7.6给出了京东物流系统的发展历史。

京东物流从成立起,就一直为京东商城的业务服务,被京东内部称作"物流运营体系"。但在2017年4月,京东物流公司正式对外宣布自己独立,开放其物流资源,为社会服务。事实上,京东物流在2016年就有每日100万单的业务不是来自京东商城,而是来自外部。目前京东物流拥有六大物流网络,即中小件网、大件网、冷链网、B2B网、跨境网和众包网(达达),相较于其他电商公司,其具有非常完善的物流体系。除了京东的平台商城是京东物流的重要客户外,京东物流还积极开拓外部客户。如在2016年,李宁公司决定铺设全渠道项目,要求其全国所有线下门店与仓库必须兼容B2B与B2C业务。虽然李宁公司有一个长达十年合作的物流供应商,但其经营的李宁公司总仓、分仓和门店是很多条线,没有电商物流的经验。为此,李宁公司和京东的合作成为京东物流公司发展外部业务重要的第一单。目前在两家合作的京津仓运作中,实现了存储、作业路线规划、进出运作等功能的多线合一。

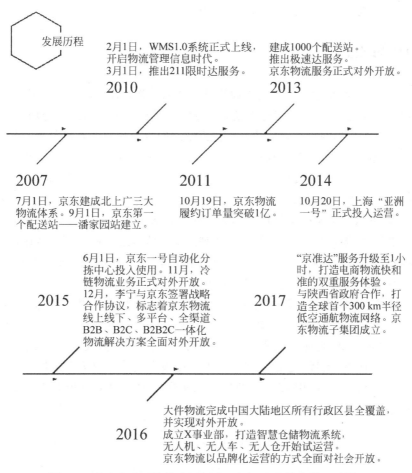

图 7.6　京东物流系统的发展历史(选自《京东物流管理手册》)

7.3　EDI 概述

20 世纪 60 年代,平均每做成一笔生意需要 30 份纸面单证,而全世界每年做成的贸易不下亿笔,因贸易活动而产生的纸面文件数以 10 亿计。用纸面订单订货做成一笔生意平均需要 55 美元,用 EDI 订货只需 27 美元。

1997 年 7 月 1 日,美国克林顿政府开始采用 EDI 方式进行政府采购。

1997 年,英国大约有 1 万家公司应用 EDI,而且以每年 20%～30%的速度增长。

1997 年,日本已有 800 多个注册的增值网可提供 EDI 服务,大约有 5 万家 EDI 用户。

1997 年,新加坡 EDI 用户大约已有 1.2 万家,95%以上的贸易申报表格已由 EDI 进行处理,所需时间由 3～4 天降为 10～15 min,每份文件处理成本从 5 美元降至 0.8 美分,每年为新加坡节省 10 亿新元。

从上面的数据可以看出,EDI 的使用节省了大量时间和资金,提高了工作效率,消除了纸面作业和重复劳动,给国际商贸活动带来了切实的利益。那么,究竟什么是 EDI？EDI 还有什么其他的好处呢？

7.3.1 EDI 的概念

EDI(电子数据交换)是信息技术向流通领域渗透的产物。EDI 是一种应用计算机技术,由商业伙伴们根据事先达成的协议,对经济信息按照一定的标准进行格式化处理,并将这些格式化的数据通过计算机通信网络在它们的计算机系统之间进行交换和自动处理。EDI 最初由美国企业应用在企业间的订货业务活动中,其后应用范围向其他业务扩展,如 POS 销售信息传送业务、库存管理业务、发货送货信息和支付信息的传送业务等。近年来 EDI 在物流中广泛应用,称为物流 EDI。物流 EDI 是指货主、承运业主以及其他相关的组织之间,通过 EDI 系统进行物流数据交换,并以此为基础实施物流作业活动的方法。物流 EDI 参与的组织有货主(如生产商、贸易商、批发商、零售商等)、承运业主(如独立的物流承运企业)、实际运送货物的交通运输企业(如铁路企业、水运企业、航空企业、公路运输企业等)、协助单位(如政府有关部门、金融企业等)和其他物流相关单位(如仓库业者、配送中心等)。

由上述概念可知,EDI 是一套报文通信工具,它利用计算机的数据处理和通信功能,将交易双方彼此往来的文档(如询价单或订货单等)转换成标准格式,并通过通信网络传输给对方。比如,在物流领域,企业间往来的单证都属于物流 EDI 报文所适用的范围。相关作业包括订购、进货、接单、出货、送货、配送、对账及转账作业等。图 7.7 是物流领域内企业间往来的单证,这些单证均可以用 EDI 标准报文来实现。图中的实线箭头表示企业间传递的单证种类,虚线箭头表示企业间的业务往来。

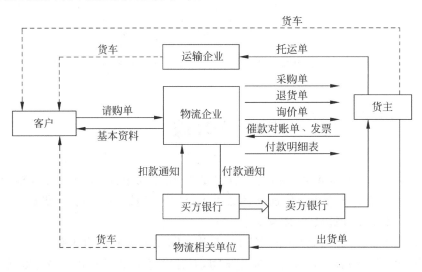

图 7.7 物流领域往来单证示意图

简单地说,EDI 就是利用计算机与通信网络来完成标准格式的数据传输。EDI 的通信网络大都是增值网和专用网,保证了数据传输的准确性和高效性。EDI 的最大特点就是格式的标准化。正是由于 EDI 格式的标准化,可以减少很多重复输入,大大提高了自动化水平。例如,物流公司的订单进入货物业主的订单输入系统后,同样的数据就会通过通信网络传递到货物业主的仓储、运输、加工、财会等应用程序,并由各程序自动相应产生加工安排表、库存记录更新、货运单、发票等。由于报文结构与报文含义有公共的标准,交易双方所往来的数据能够由对方的计算机系统识别与处理,因此,大幅度提高了数据传输与交易的效率,也避免了重复输入。数据不仅在物流公司与货物业主之间进行电子化流通,而且在每一个物流公司和货物业主内部的应用程序之间也是电子化流通,这些不同的系统均可自动识别与处理,不需要重新从键盘输入。

总之,EDI 作为企业(制造商、供应商、物流公司、银行等)单位之间传输的商业文件数据,由于采用共同的标准和固定格式,使得数据在传输过程中能够被不同组织的计算机系统识别与处理,完全实现了数据从计算机到计算机的自动传输,无须人工介入操作,从而大大提高了流通效率,降低了物流成本。

7.3.2　EDI 系统中部分物流数据的标准

如前所述,EDI 技术的关键就在于用标准的报文来解决企业之间单证与传递方式不同而引起的问题。由于行业不同,单证的格式类型众多,仅仅物流业务中涉及的单证就有几十种。表 7.2 中列举了物流业务中涉及的部分单证种类。

表 7.2　物流业务中涉及的部分单证种类示例

编号	单 证 种 类
1	合同(合同、售货确认书、购买确认书)
2	订单(有时就是合同,有时作为合同的附件,详细列明商品的规格、数量搭配等)
3	商业发票(commercial invoice)
4	银行发票(bank draft)
5	付款通知单
6	信用证(letter of credit)
7	出口货物报关单
8	出口货物装箱单
9	出口申请书(现在使用较少)
10	出口结汇申请单(现在使用较少)
11	海运提单(marine bill of lading)
12	多式联运提单
13	航空运单(airway bill)
14	国际货物协运单
15	承运货物收据(cargo receipt)
16	海关发票
17	中华人民共和国出口许可证
18	中华人民共和国进口许可证
19	对美国出口的纺织品许可证/商业发票
20	对欧共体出口的纺织品出口许可证
21	对加拿大出口的纺织品出口许可证
22	寄(单、样品)证明
23	装运通知

对于表7.2中涉及的物流业务单证，如果说每一个物流公司都有自己的一套单证标准，没有统一的标准，那么流转在商贸活动中的单证就会有成千上万甚至更多种，这样种类纷杂的单证用计算机处理的可能性几乎是零。

要提高交易速度和效率，就需要将这些繁琐的单证电子化，利用计算机处理。鉴于计算机处理的一致性以及对数据自动处理的要求，必须将这些业务单证格式加以标准化。

EDI的标准化进程是从20世纪70年代开始的，最初是美国几家运输行业的公司联合起来，成立了运输数据协调委员会（Transportation Data Coordinating Committee，TDCC），开发出一种传输运输业文件的共同语言标准。继而其他行业也颁布了自己的标准，例如，杂货行业的标准（UCS）、仓储行业的标准（WINS）等。这一阶段为EDI产业标准阶段。

1979年，美国国家标准协会（American National Standards Institute，ANSI）授权ASCX12（American National Standard Institute Charters Accredited Standards Committees）委员会根据TDCC标准开始开发建立跨行业且一般性的EDI国家标准ANSIX12。与此同时，欧洲于20世纪80年代提出了TDI（trade data interchange）及GTDI标准，定义了商业文件的语法规则。这一阶段（1980—1985年）为EDI的国家标准阶段。

从1985年开始，两大标准（北美ANSIX12与欧洲GTDI）开始广泛接触与合作，进行国际间EDI通用标准的研究发展，并于1986年将UN/EDIFACT（United Nations/EDI for Administration Commerce and Transport）作为国际性EDI通用的标准，而原有的两大标准体系也全力与UN/EDIFACT相结合，EDI标准发展进入国际通用标准阶段。

7.3.3 EDIFACT标准

目前国际上流行的EDI标准主要有上面提到的美国国家标准ANSIX12、欧洲的TDI及GTDI标准以及作为国际性通用标准的EDIFACT标准。无论是哪一种标准，都必须包含EDI标准三要素，即标准报文、数据元素和数据段。

(1) 标准报文。一份报文可分成3个部分：首部、详细情况和摘要部分。报文以UNH数据开始，以UNT数据段结束。一份公司格式的商业单据必须转换成一份EDI标准报文才能进行信息交换。

(2) 数据元素。数据元素可分为基本数据元素和复合数据元素。基本数据元素是基本信息单元，用于表示某些有特定含义的信息，相当于自然语言中的字。复合数据元素由一组基本数据元素组成，相当于自然语言中的词。

(3) 数据段。数据段是标准报文中的一个信息行，由逻辑相关的数据元素构成，这些数据元素在数据段中有相应的固定形式、定义和顺序。

鉴于EDIFACT标准是国际性通用的EDI标准，包括一系列涉及电子数据交换的标准、指南和规划，共有10个部分，以下重点介绍EDIFACT标准。

1. 语法规则

EDIFACT语法规则于1987年3月制定完成，并于当年9月被ISO接受成为国际标准,标准代号为 9735,此语法规则又称作 ISO 9735。

ISO 9735 包括 10 个部分和 3 个附录,它以简略形式表述"用户格式化的数据交换的应用实施"的语法规则。主要内容有 EDIFACT 标准的适用范围、EDIFACT 的相关标准、EDIFACT 标准中用到名词的定义、EDIFACT 标准报文中用到字符的集合级别的划分、EDIFACT 标准的字符集、EDIFACT 标准报文的结构、把单证转换成 EDIFACT 标准报文过程中对 EDIFACT 标准报文数据元素的压缩、设计 EDIFACT 报文时段重复的可能性、设计 EDIFACT 报文时段的嵌套和数字型数据元使用的规定。附录 A 载录了标准中特有名词术语的定义;附录 B 是 EDIFACT 报文中服务段的描述;附录 C 是段的先后顺序说明。附录 A 与附录 B 同正文一道构成了 ISO 9735,其中附录 A、附录 B 与正文一样,都具有标准的约束力。

2. 报文设计指南

报文设计指南是在 1989 年 12 月被 UN/ECE 接受并认可的。该指南的使用对象是联合国标准报文(UNSM)草案的设计者、修改者以及区域性国际标准报文的设计者。该指南的制定是为了达到 4 个目的:一是介绍 EDIFACT 语法规则;二是为开发不同类型的报文提供一种统一的方法;三是为开发新报文、修订已有报文提供一种持续性的方法;最后是推荐使用一种 EDI 报文格式的标准层次结构和表示法。

报文设计指南分成 8 个部分,其中前 3 部分是对指南的说明介绍;第 4 部分是报文设计的总体规则,并按照报文的使用范围对报文类型进行划分;第 5~7 部分从数据元素选择入手分层次地阐述了报文设计步骤,包括数据元素分析、段结构设计、报文结构设计;第 8 部分规定了报文格式的修改步骤,以及得到最新国际报文格式的办法。

3. 语法应用指南

这一指南的目的是帮助 EDI 用户正确使用 EDIFACT 语法规则。指南分成 11 个部分,前 2 部分是对指南的总体介绍;第 3~7 部分的内容是交换协议、EDI 专用名词术语、交换字符集的定义、对电子数据交换的元素如数据元素、段和报文的要求以及对 UN/EDIFACT 报文标准版本的规定;第 8,9 部分是指南的主体部分,第 8 部分介绍了 EDIFACT 基本语法规则,规定了 EDIFACT 报文的结构、功能段组的结构和功能段组的功能,第 9 部分介绍了段的构成、段的结构,并阐明了段压缩和嵌套的规则;第 10,11 部分介绍了其他标准与 EDIFACT 标准相互转换的必要程序和 EDIFACT 标准的支持与维护的手段。

4. 数据表目录

EDIFACT 数据元素目录是联合国贸易数据元素目录(UNTDED)的一个子集,收录了近 640 个与设计 EDIFACT 报文相关的数据元素,这些数据元素通过数据元素号与 UNTDED 相联系。这一目录对每个数据元素的名称、定义、数据类型和长度都给予了具体描述。其中:

(1) 代码表,收录了 103 个数据元素的代码,这些数据元素选自 EDIFACT 数据元素目录,并通过数据元素号与数据元素目录联系起来。

(2) 复合数据表目录,收录了在设计 EDIFACT 报文时涉及的 293 个复合数据元素。目录中对每个复合数据元素的用途进行了描述,罗列出组成复合数据元素的数据元素,并在数据元素后面注明其类型。注有字母 M 的表示该数据元素在此复合数据元素中是必写的；注有字母 C 的表示该数据元素在此复合数据元素中的出现与否是根据具体条件而定的。复合数据元素通过复合数据元素号与段目录相联系，组成复合数据元素的数据元素通过数据元素号与数据元素目录、代码表相联系。

（3）段目录，定义了 229 个 EDIFACT 报文中用到的段。目录中注明了组成段的简单数据元素和复合数据元素，并在数据元素后面标明此数据元素是"必写的"或是"条件的"。段目录中除有段名外，每个段前均标有段的"标识"。段标识一般由 3 个英文字母组成，它们是段名称的英文字母缩写。每个段通过段标识与 EDIFACT 标准报文相联系。简单数据元素和复合数据元素通过数据元素号和复合数据元素号与 EDIFACT 数据元素目录与复合数据元素目录相联系。

（4）EDIFACT 标准报文格式，分成 3 级：0 级、1 级和 2 级。0 级是草案级，1 级是推荐草案级，2 级是推荐报文标准级。联合国欧洲经济理事会第四工作组（United Nation/Economic Commission for Europe/Working Party.4，UN/ECE/WP.4）每年对标准报文都进行增订，并通过各大洲的报告人向世界各国散发。每个国家都有权向本地区的报告人索取有关 EDIFACT 标准的材料。最初制定的标准报文是发票的报文格式，目前发票报文格式是 2 级报文。该标准分成 4 个部分：前 3 部分是发票报文格式的总体描述，规定了报文使用范围和报文中用到的专有名词的定义；第 4 部分是报文定义部分，规定了报文的结构、报文包含段的功能、段表和分支表。

（5）贸易数据交换格式构成总览，介绍了 EDIFACT 国际标准产生的背景、欲达到的目的和对用户的要求。

（6）适当的解释说明。

可见，EDIFACT 标准的产生是国际上 EDI 的应用对 EDI 国际标准迫切需求的结果。在世界变得越来越小的今天，企业实施 EDI 不得不考虑 EDI 的国际化，因此，掌握 EDI 的国际标准 EDIFACT 对实施 EDI 至关重要。

7.3.4　EDI 软件与硬件

实现 EDI 需要配备相应的 EDI 软件和硬件。

EDI 所需的硬件设备就是计算机设备和通信网络设备。计算机设备可以是 PC 机、工作站、小型机、主机等；而通信网络设备诸如互联网、专网等。

EDI 所需要的软件主要是将用户数据库系统中的信息翻译成 EDI 标准格式，以供传输交换。由于不同行业的企业是根据自己的业务特点来规定数据库中的信息格式的，因此，当企业需要发送 EDI 文件时，从企业专有数据库中提取的信息必须把它翻译成 EDI 的标准格式才能进行传输，这时就需要相关的 EDI 软件来帮忙。图 7.8 为 EDI 软件各模块功能及相互关系。

1. 转换软件

转换软件（mapper）执行转换功能，可以帮助用户将企业内部计算机业务处理系统得到的文件转换成翻译软件能够理解的平面文件（flat file）；或是将从翻译软件接收来的平面文件转换成用户企业内部计算机系统能够理解的文件。一个平面文件通常由长度为 80 个字

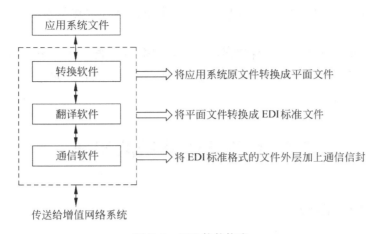

图 7.8 EDI 软件构成

符的记录组成。数据在记录中占据固定的位置,这样翻译软件就能阅读数据并执行翻译功能。

转换软件通常根据不同的应用程序分别设计,一般是由企业内部开发的。买到的 EDI 软件包,为了执行转换,都提供一个程序框架,或一个代码产生器,这个代码产生器能产生一个程序框架,但最终还是要根据企业内部的应用程序来最终完成软件转换。

2. 翻译软件

翻译功能是 EDI 软件的一项主要功能。翻译软件(translator)把平面文件翻译成 EDI 标准报文,或将接收到的 EDI 标准格式翻译成平面文件,再由通信软件进行传递。

翻译软件通常是用表的结构来执行翻译的。软件中有一张由标准数据词典和句法规则组成的表。无论什么时候要产生一份报文,针对某一给出的 EDI 报文中的数据段及数据元素就可以选择由这个标准数据词典和语法规则中的适当表来执行翻译过程。在翻译软件把数据排列成适当的报文格式后就执行编辑检查,以确保数据中没有错误,而且确保它们确实是相应的标准格式,然后报文被排进功能组,并产生形成功能组和交换信封的数据段。

翻译软件可以接受两种输入:第一种是人工数据输入。在这种情况下,软件把输入的数据根据系统需要重新组织格式(如把日期从月、日、年的格式转换成 EDI 的年、月、日的格式),把数据排成正确的数据元素和数据段次序,并加进分离器和终止符。第二种是数据文件输入。一般内部操作计算机化的企业都是把产生 EDI 单据所必需的大部分数据存放在数据库的文件中,计算机化的采购程序、财会系统和订单输入系统都用数据库来支持。一个 EDI 单据可以用数据库的数据产生,这个程序通常是由应用程序来完成的。由于各个企业应用程序数据库的结构和语法都不相同,因此翻译软件不能直接从数据库中取出数据来产生 EDI 单据,而必须先将数据库中的信息转换或重构,然后才能被翻译软件阅读处理。

3. 通信软件

EDI 标准报文的实际传递是由通信软件控制的,它将 EDI 标准报文格式的文件外层加上通信信封(envelope),再送到 EDI 系统交换中心的邮箱(mailbox),或在 EDI 系统交换中心内将接收到的文件取回。

对进来的 EDI 标准报文则产生逆向的过程。通信软件接收对方的传递,翻译软件对传递来的信息进行翻译,同时产生一个功能性回执,由通信软件发送给对方,告诉对方报文已经收到。

除此之外,EDI 软件还应具有保障系统和通信安全的功能,其保密级别和成本由商业应用系统的性质决定。安全的保障可以通过凭口令进行存取控制、对贸易伙伴进行鉴别和数据签名、加密等方式进行。

7.4 物流 EDI 系统的构成

7.4.1 物流 EDI 系统

1. 物流 EDI 系统的结构

物流 EDI 系统的构成要素是标准、系统和通信。从系统结构上来看,其基本上属于存取系统。文件传输管理是将报文实时传输到收件者邮箱,无须人工干预。

图 7.9 给出了某物流企业的 EDI 系统整体结构示意图。企业内部通过管理信息系统(MIS)来对具体业务活动进行管理;而 EDI 系统通过各种通信网络与企业外部有关的制造商、批发商、零售商以及咨询、金融等业务组织进行信息交互和共享。

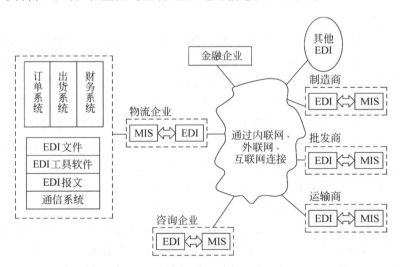

图 7.9 物流 EDI 系统结构示意图

2. 物流 EDI 系统的功能和业务流程

物流 EDI 系统的主要功能就是提供报文转换,不同类型的企业有不同的作业流程,而且对报文的要求是不一样的。在开始规划管理信息系统时,应该重新考虑企业的作业流程,利用信息系统分析方法对流程进行重组。图 7.10 以制造型企业为例描述了引入 EDI 系统后企业内部信息系统与 EDI 的关联关系。

对于物流企业,报文内容主要涉及订单管理和服务结算,因此,通过 EDI 实现的主要功能包括:

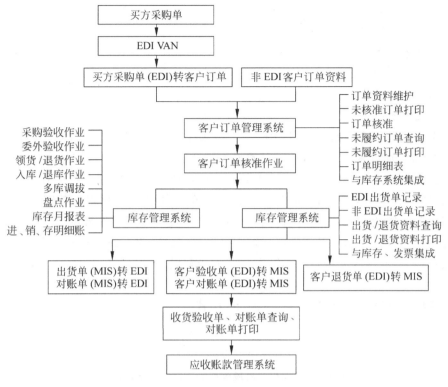

图 7.10 EDI 与 MIS 关联关系图

(1) 生成并将采购进货单传给供应商；
(2) 生成并将退货单传给供应商；
(3) 生成并将询价单传给供应商；
(4) 接收并打印供应商传来的报价单。

对于供应商，通过 EDI 系统实现的主要功能包括：
(1) 接收并使用客户传来的采购进货单；
(2) 接收并使用客户传来的退货单；
(3) 接收并打印客户传来的询价单；
(4) 生成报价并传给客户；
(5) 生成出货单并传给物流公司。

对于运输商，通过 EDI 系统实现的主要功能包括：
(1) 生成托运单并传给运输商；
(2) 接收并使用托运人传来的托运单；
(3) 生成出货单并传给物流公司；
(4) 接收并使用客户传来的出货单。

3. 物流 EDI 安全问题

由于电子文件在处理、储存及传输过程中容易被更改或伪造，而且不法分子可能侵入或窃听网络，并对数据内容进行拦截、篡改、复制、重送、删除或插入假数据等，因此，EDI 系统需要提供以下端对端的安全服务功能：

(1) 报文内容完整；
(2) 报文顺序完整；
(3) 报文来源识别；
(4) 不可否认发送；
(5) 不可否认接收；
(6) 报文内容保密。

为了解决这些安全问题，UN/EDIFACT 提供了安全防护功能，如数字签名，加入数据识别码、顺序码、时间等。对非对称加密算法（如 RSA[①]）所产生的数字签名是目前 EDI 领域最广泛使用的安全保护法。采用 RSA 算法，每位 EDI 用户都有一对私有密钥与公开密钥，私有密钥只有用户本人掌握，而公开密钥可公布给其他 EDI 用户。数字签名是 EDI 用户以自有的私有密钥对要传送的文件内容进行加密，接收方以发送者的公开密钥验证该文件内容是否被篡改过。EDI 报文内容加密则是发送方以接收方的公开密钥将所要发送的文件加密成乱码，只有接收方以自己的私有密钥才能解成明码。

7.4.2 物流 EDI 中商务信息的流通方式

表 7.3 列出了不同历史阶段信息的流通方式以及各个时期的特点。

表 7.3 不同历史阶段信息的流通方式及其特点

历史时期		信息流通方式	特　点
传统商务模式		将资料输入计算机中进行处理，然后打印成业务文件，再通过邮寄、传真或手工投递等方式送达贸易方，贸易对方需要重复输入所接收的资料并进行处理	贸易双方之间重复输入的数据较多，容易产生差错，准确率低，劳动力消耗多及延时增加
EDI 方式	EDI 雏形阶段	EBDI（电子商业单据交换），即由计算机自动生成商业单据，例如订单、发票等，然后直接通过电信网络传输到商业伙伴的计算机里	与传统商务相比，可节省时间和费用，减少错误发生的概率和库存，改善现金流动，获得多方面的营销优势。但是，由于没有固定的格式，使得不同企业生成的单据各不相同，流通过程中存在很多问题
	20 世纪 70 年代，初步标准化	商业数据（纸面单据及其信息）开始初步标准化，信息流通方式与 EBDI 相同	标准化解决了流通中格式不一致的问题，但是仍然存在传输延时、数据的兼容性等问题，要依赖于增值服务网络来解决。因此，当时 EDI 的应用基本上局限于企业内部的数据传输
	20 世纪 80 年代后期	标准化和增值服务网络的发展使 EDI 技术基本成熟。数据通过一个翻译器转换成字符型的标准贸易单证，然后通过网络传递给贸易伙伴的计算机。接收方计算机再通过翻译器将标准贸易单证转化成本企业内部的数据格式，存入数据库	这一阶段 EDI 技术已经成熟，不存在硬件上的问题了。但是由于单证是通过数字方式传递的，缺乏验证的过程，因此，加强安全性、保证单证的真实可靠成了一个重要的问题

---

① R. Rivest，A. Shamir 和 L. Adleman 3 个人姓氏开头字母的缩写。

下面以物流 EDI 应用系统为例说明物流 EDI 信息的流通方式。图 7.11 是一个由发送货物业主、物流运输业主和接收货物业主组成的物流模型,这个物流模型的实现流程如下。

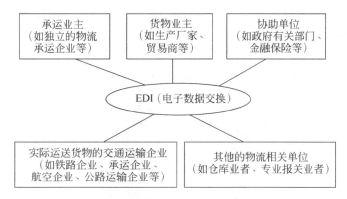

图 7.11　物流 EDI 的框架结构

发送货物业主(如生产厂家)在接到订货后制订货物运送计划,并把运送货物的清单及运送时间安排等信息通过 EDI 发送给物流运输业主和接收货物业主(如零售商),以便物流运输业主预先制订车辆调配计划和接收货物业主制订货物接收计划。

发送货物业主根据顾客订货的要求和货物运送计划下达发货指令,分拣配货,打印出物流条形码的货物标签贴在货物包装箱上,同时把运送货物的品种、数量、包装等信息通过 EDI 发送给物流运输业主和接收货物业主,并依据这些信息下达车辆调配指令。

物流运输业主在向发货业主取运货物时,利用车载扫描读数仪读取货物标签的物流条形码,并与先前收到的货物运输数据进行核对,确认运送货物。

物流运输业主在物流中心对货物进行整理、集装,做成送货清单并通过 EDI 向接收货物业主发送发货信息。在货物运送的同时进行货物跟踪管理,并在货物交纳给接收货物业主之后通过 EDI 向发送货物业主发送完成运送业务信息和运费请示信息。

接收货物业主在货物到达时,利用扫描读数仪读取货物标签的物品条形码,并与先前收到的货物运输数据进行核对确认,开出收货发票,货物入库。同时,通过 EDI 向物流货物运输业主和发送货物业主发送收货确认信息。

从上述物流 EDI 应用系统的运作过程可以看出,EDI 工作的标准流程主要包括制作订单、发送订单、接收订单、签发回执和接收回执。正是通过这些标准化的信息格式和处理方法,通过 EDI 物流运作各方共同分享信息,减少了重复录入,提高了流通效率,降低了物流成本,提高了运作的可靠性和办公效率,改进了物流服务质量。

7.4.3　物流 EDI 连接方式

运用 EDI,物流领域各贸易伙伴之间的连接方式可以分成两大类:一类是直接连接;另一类是通过第三方网络连接。

直接连接的方式也有多种,主要有一对一的直线连接方式、"广播"式直接连接、网络型直接连接和通过票据交换所的直接连接。一对一的直接连接方式就是一家物流公司的计算机与其客户、货物业主等的计算机直接连接。这种直接连接的概念包括两个公司计算机之间设立专用线路或通过电话线路、调制解调器的方法。前者投资大,但相对比较安全。后者投资少,但不安全,数据在传输过程中容易被窃取、遗失或受到干扰。图 7.12 显示的是"广播"式直接连接,它以物流公司为中心,与其客户建立一对一的直接连接。这种直接连接的缺点是不能同时向所有客户传递数据。

图 7.13 显示的是网络型的直接连接,这种方式一般都有专用的 EDI 网络,采用专用的 EDI 标准,也只有这个网络中的成员之间才能进行 EDI 通信。

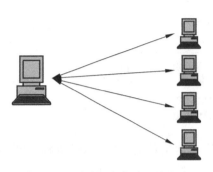
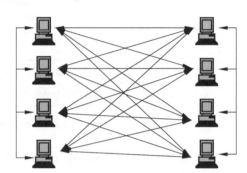

图 7.12 "广播"式直接连接方式　　　　图 7.13 网络型的直接连接方式

在 EDI 的早期,美国的 Kmart 与其供货商之间就是建立了这样的通信方式。美国通用汽车公司、通用机械公司等凭借雄厚的经济实力,也都与它们的供货商建立了这样的通信网络。这种网络型的直接连接,要求排出一张严密的通信时刻表,因为一台计算机不能同时与两台或两台以上的计算机进行通信,一台计算机不能同时发送与接收消息。因此,这种网络型的直接连接,在参与者不多时是能够正常工作的,但当客户数量增多时就会产生许多困难,如维护线路的困难、协调交易时间的困难、确保通信兼容的困难(有的客户不只参加一个网络的通信),以及维护通信机密的困难等。

综上所述,直接连接的主要缺点是:

(1) 在供应商、客户等之间必须预先安排好精确的单据交换时间。

(2) 对不同供应商、客户等的单据必须分别传递,从而增加了昂贵的接通和断开费用。

(3) 许多 EDI 标准是行业化的,有的公司还有自己专用的 EDI 格式,这样显然要增加翻译能力。

(4) 在物流公司、供应商、客户等之间的数据通信必须兼容,其中包括通信速度及纠正错误协议等。

(5) 限制了客户的数量。

如图 7.14 和图 7.15 所示是通过第三方网络的连接方式。它是指各物流公司的计算机不是直接与其他客户的计算机直接连接,而是通过一个或几个中间的通信网络连接。这种连接方式的特点是利用第三方网络提供各种服务,如邮箱功能、翻译功能和通信协议的转换功能等,使得各物流公司用自己的格式标准就可以与其他任何客户进行 EDI 通信,而且不受时间表、客户数量、客户所处地理位置的限制。

要实现 EDI 服务的全部功能,必须具备数据通信网络和标准化,并能保证数据的安全性。其中,数据通信网络是实现 EDI 的技术基础。实现 EDI 必须具备一个覆盖面广、高效

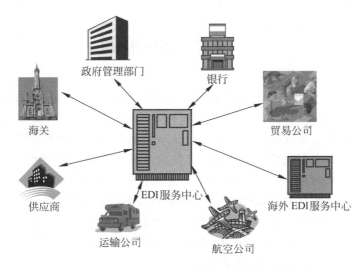

图 7.14　单 EDI 服务中心第三方网络的连接方式

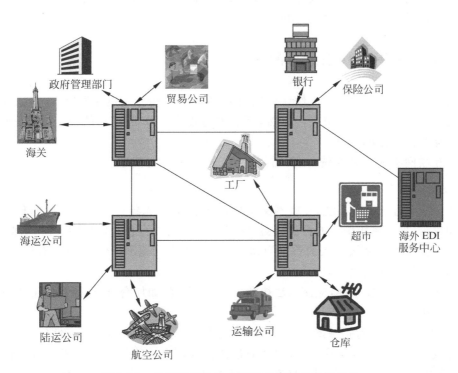

图 7.15　多 EDI 服务中心第三方网络的连接方式

安全的数据通信网络作为其技术支撑环境。保证数据的安全性是实现 EDI 服务的基本条件，只有保证数据的安全性，才能保证电子商务活动顺利进行。标准化是实现 EDI 的关键，由于 EDI 是为了实现计算机之间的自动应答和自动处理，因此，文件结构、格式和语法规则等方面的标准化是实现 EDI 的关键。

7.5 EDI与互联网

EDI从20世纪70年代出现到现在已经存在了40多年,至今还没有得到广泛普及,其中一个主要的原因就是费用问题。EDI传统运行方式(主要是采用增值网络)的成本是相当高的,这些成本主要包括集成费、入网费、传输线路的租用费等。因为传统EDI一般采用增值网的连接方式,一条专用线路的租金或者建设费是很昂贵的,而系统的集成费一般也比较高,因为这种系统需要为每个企业专门开发。美国通用公司(GE)是美国最大的EDI集成商,它的系统一般要价在百万美元以上,还不包括租用其线路的费用。

由此可知,建立一个EDI应用系统需要大量的资金,对于一般小型企业来讲是不现实的。但是通过前面几节的内容可以看出,采用EDI技术会给企业对外联系带来很大的便利,而且还会大大节约交易成本,提高企业的竞争力。

随着互联网技术的不断发展与完善,利用互联网传输EDI报文已经很普遍,这也解决了中小企业难以支付EDI高额成本的问题。

7.5.1 互联网下EDI需解决的问题

互联网是世界上最大的开放性计算机网络,在近几年得到了迅速发展,许多企业都在利用互联网资源寻找新的商业机会。显然,互联网可以大大降低EDI的费用,越来越多的用户已经在互联网上使用EDI。

采用互联网实现EDI系统,主要需要解决安全和标准等问题。

1. 安全问题

EDI是一个开放式的系统,互联网又是公共网络,保护系统资源免受自然的和人为的各种侵扰和攻击,保护系统用户的合法权益,就成为EDI得以存在和发展的关键,由此EDI的安全问题是实现EDI需要解决的首要问题。EDI的安全问题不仅包括EDI本身的安全性,还要考虑互联网的安全性问题。

为保证互联网的安全性,应该从法律角度、技术角度(如加密、认证等)、信用体制的建设角度等方面来加强。

EDI的安全性主要包括保密性、完整性、可用性3个方面的内容。保密性(confidentiality)是指信息或数据经过密码交换,只有那些通过授权的用户才能够通过反变换得到相应的信息,而未经授权的用户只能得到一堆杂乱无章的数据。完整性(integrity)是指将信息或数据附加上特定的数据块,系统可以用这个信息块保证数据信息的完整性。只有那些经过授权的用户才能对数据或信息进行增删和修改,未经授权的用户对数据或信息所进行的增删和修改都会被立即发现,并使系统自动采取保护措施。可用性(availability)是指通过建立CA认证机构,来实现不可否认的商贸交易。经授权的用户能够得到系统资源和享受系统提供的服务,防止非法对系统资源或系统服务的访问和利用。

2. 标准问题

通常企业内部的信息是存储在关系数据库中的,为了实现EDI,需要把企业的信息从内部表示方式映射(mapping)成标准信息,也就是一种标准的中间文件,这一过程称为映射。映射实际上就是一个标准化的过程,通过应用系统将用户的应用文件(如单证、单据等)或数据库中的数据映射成平面文件,即标准的中间文件,或者是反过来将标准的中间文件映射成用户的应用文件。平面文件是用户通过应用系统可以直接编辑、修改和操作的单证和票据文件,它可以直接阅读、显示和打印输出。这种向标准信息映射的过程也是在互联网上实现EDI 系统的又一关键问题。

传统EDI存在的明显弱点就是初期投资成本较高,专网连接使得大多数中小企业难以承受其运行费用。这一致命弱点使得EDI的发展受到很大的局限。现在随着互联网的发展,尤其是实现了以上提出的安全和标准等方面的问题后,就可以使更多中小企业支付得起EDI的费用,使更多企业参与到EDI中来。EDI的普及程度越高,企业间往来的贸易花费就会越低。越来越多的中小企业使用EDI工具,就可以减少整个社会的贸易花费,进一步促进电子商务EDI的发展。

7.5.2 互联网和EDI的结合方式

互联网和EDI的结合方式有4种:Internet Mail,Standard IC,Web-EDI和XML/EDI。

1. Internet Mail

Internet Mail方式就是由互联网服务提供商起EDI交换中心的作用。发送时,用户端系统将EDI原始数据翻译成EDI标准报文,通过互联网将电子邮件传送给贸易伙伴的终端系统。此方式的主要缺点是缺乏安全性且通信带宽会受到限制。

2. Standard IC

Standard IC(standard implementation conventions)方式是指在实现EDI的方案中,不同的企业根据自己的需要选择一定的标准,去掉一些它们根本不使用的部分。IC就是指那些被裁剪了的标志信息版本。开发IC费用很高且不同版本的IC信息不能相互处理。在互联网上实现EDI时,只有使用了相同版本的IC后才能正确工作。标准IC着重解决IC的问题,是一种特殊的跨行业国际标准,是针对特定应用的。例如,OBI(open buying on the Internet)是一个标准IC,它针对大量的、低价格的交易定义了一组简洁的消息,并使其成为标准。它在EDI消息中综合了电子目录,在互联网上为购买商品提供了一个完整的解决方案。

3. Web-EDI

Web-EDI方式的目标是允许中小企业只通过浏览器和互联网连接去执行EDI交换。它使用万维网(world wide web,WWW或简称Web)作为EDI单证的接口。典型情况下,一个参与者(一般为较大的公司)针对每个EDI信息开发或购买相应的Web表单,改造成适合自己的IC,然后发布到Web站点上成为EDI接口。另一个参与者(一般为较小的公司)登录到Web站点后选择并填写表单,提交填写结果后,由服务器网关程序转换为EDI报文并进行通常的EDI单证处理。为保证单证从Web站点返回到参与者,单证还能转换成E-mail或Web表单形式。显然,这种解决方案对中小企业是能够负担的,只需一个浏览器和互联网连接就可完成,EDI软件和映射费用则花在服务器端。Web-EDI方式的使用,使传统EDI摆脱了仅仅局限于一些大企业的尴尬局面,使得中小企业也能接受。

但是，在 Web-EDI 实施过程中，交易双方具有不对称性。也就是说，对较小的公司而言，只参与 EDI 交换，容易实现"买"的行为；而对大公司而言，需要承担所有实现 EDI 的费用，容易实现"卖"的行为。因此，这些 EDI 实现通常都不具有互操作性。同时，由于使用超文本标记语言(hyper text mark language，HTML)产生表单，而该语言缺乏对复杂数据的描述和一些注释信息的处理，因此给应用带来了限制。

4. XML/EDI

XML(extensible markup language)是一种数据描述语言，它支持结构化的数据，可更详细地定义某数据对象的数据结构。XML 与 HTML 相比有以下 3 方面的区别。

(1) 可扩展性方面：HTML 不允许用户自行定义他们自己的标识或属性；而在 XML 中，用户能够根据需要，自行定义新的标识及属性名，以便更好地从语义上修饰数据。

(2) 结构性方面：HTML 不支持深层的结构描述，而 XML 的文件结构可以复杂到任意程度，能表示面向对象的高级层次。

(3) 可校验性方面：HTML 没有提供规范文件以支持应用软件对 HTML 文件进行结构校验，而 XML 文件可以包括一个语法描述，使应用程序可以对此文件进行结构确认。

XML 作为现代计算机发展的一种新兴技术，已经成为一种潮流和标准。尤其在商业领域，随着各种主流的编程语言及软件平台纷纷提供了对 XML 的支持，使得 XML 的应用逐渐普及。比如说描述产品，用 XML 可以用生产厂、产品名、产品号、产地等信息来标记该产品，也很容易按照生产厂、产品名等进行排序，查询更方便。若出现商业规则的例外，如销售商在填写一个订购单时想增加注释，以反映一定的商业操作，那么用 XML 编写 Web 页，指定的数据放入文档中，便可加入一些注释，解决了以前固定格式 EDI 的难题。

XML 所采用的标准技术应用于 EDI，就可以得到 XML/EDI。XML/EDI 着重解决 EDI 的映射或翻译问题。它引入了模板(template)的概念，模板描述的不是信息的数据，而是信息的结构以及如何解释信息，能够做到无须编程就可以实现信息的映射。在用户计算机上，若用户应用程序实现了 XML/EDI，软件代理通过解释模板和处理消息就可以自动完成映射，并产生正确的报文，同时为用户生成一个 Web 表单。与 Web-EDI 不同，XML/EDI 在客户端处理信息，自动完成映射，花费很小。通过模板，使 XML 更适合于 Web 开发，应用于 Interent EDI，则可得到真正 Web 风格的 EDI，即 XML/EDI。

XML/EDI 属于对称的 EDI。由于 XML 本身的互操作性，使 XML/EDI 的参与者都能从中收益——无论是大企业还是中小企业。

下面以 B2B 型电子商务为例，介绍 XML/EDI 的业务流程。如图 7.16 所示，销售商的信息系统通过 Web 服务器发送来订单(XML 文档)，通过防火墙进入企业的 Web 服务器；接收模块首先调用安全子模块对该文档的数字签名进行认证，如果是加密文档则用该销售商提供的公钥解密，然后由校验子模块判断该文档是否为有效的 XML 文档；有效文档将进入处理模块，由翻译子模块调用模板将该文档翻译成企业系统识别的形式；发送模块接收到翻译后的文档，路由子模块在路由表中查找该类文档的目的地，发送到相应的系统接口。企业内部信息系统查询后发现库存原材料不足以完成订单，故自动生成向上游供应商订货的 XML 文档，接收模块和处理模块对该 XML 文档进行校验，处理模块将它翻译成适用于对方系统的形式，由发送模式的安全子模块进行加密和数字签名，路由模块确定供应商的网址,通过 Web 服务器发送到上游供应商,这就完成了一次作业。

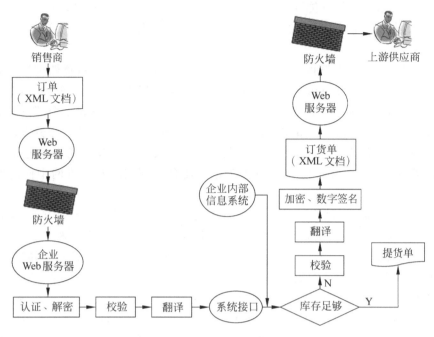

图 7.16　XML/EDI 下 B2B 的业务流程图

XML/EDI 是电子商务的发展趋势。表 7.4 列出了 XML/EDI 与传统 EDI 的比较。

表 7.4　XML/EDI 与传统 EDI 的比较

XML/EDI	传统 EDI(VAN-EDI)
消息格式可读性好	消息格式可读性差
应用程序容易调试和维护	应用程序难以调试和维护
针对简单编程的优化	面向 EDI 消息压缩的优化
Web 服务器开销:0～4 万元人民币	专用 EDI 服务器开销:8 万～100 万元人民币
利用互联网建立连接	利用 VAN 建立连接,每个 EDI 消息都要收费
XML 消息格式可以在几小时内学会	掌握 EDI 消息格式耗时几个月
开发人员只需懂 JavaScript,VB 或 PerlScript	开发人员必须是经过严格训练的 C++ 程序员
占用网络带宽多,处理速度慢	EDI 消息紧凑,占用带宽少,速度快
通过加密技术和防火墙,保证安全与可靠性	专用 VAN,安全性好

互联网的发展为 EDI 的广泛应用带来了勃勃生机,EDI 必将作为企业间商业单证信息交换标准而存在,并随着互联网技术的发展而进一步发展。

7.5.3　互联网电子邮件扩展方法

让互联网电子邮件系统成为企业之间传输商贸信息的有力工具应该是最简单实用的方

法。但现有的互联网电子邮件系统是基于简单邮件传送协议（simple mail transfer protocol，SMTP）来提供信息传输功能的，它仅支持7位ASCII码的传输，不能适应多媒体邮件的要求。因此当将SMTP运用于电子商务和EDI时必须加以修改，这就给应用过程带来了不便。

为了解决这个问题，互联网上的电子邮件可以采用多功能互联网邮件扩展。多功能互联网邮件扩展（multipurpose internet mail extensions，MIME）是一个互联网标准，它扩展了电子邮件的格式，使其能够支持非ASCII字符、二进制格式附件、分为多个部分的邮件体以及非ASCII字符的头信息等。事实上，所有手工书写的电子邮件以及大部分自动生成的电子邮件都是符合MIME规范，并由SMTP协议发送出去的。MIME规范所定义的"MIME类型"正在被越来越广泛地应用，而不仅限于电子邮件中，例如，在万维网中使用的HTTP协议等。

MIME定义了邮件体结构和内容类型，提供了一种与SMTP兼容的方式，支持的多媒体类型有正文、声音、图像、视频和应用数据。MIME还提供多种传输内容编码方式，它可以使8位二进制数据变为7位ASCII数据。它可以对信息进行传送编码和转换，不会丢失信息的结构或信息。MIME的出现使"活动"邮件和交互式邮件成为可能，使用户能利用SMTP/MIME邮件实现EDI与电子商务等增值业务。它具有投资少、见效快等特点。

将EDI对象封装到MIME中，允许EDI事务通过互联网电子邮件传输，同时支持EDIFACT和美国国家标准委员会ANSI X.12EDI标准，可保证EDI对象能够在传输中保持其语法和语义不变。

在Internet EDI系统中，企业贸易中仅能传输单证。企业如果想利用计算机来提高管理效率，就必须建立专用的EDI应用系统。但Internet EDI解决方案却为没有EDI应用系统的中小企业带来了生机。

7.6　电子商务在物流系统中的应用

随着计算机技术与通信技术的发展，电子商务与物流管理信息系统的结合也越来越紧密。电子商务为物流企业提供了良好的运作平台，极大地方便了物流信息的收集和传递。物流电子商务包括在企业运营中为实现高效便捷的现代物流活动而采用的电子商务技术的总和。物流电子商务的典型模式有销售时点系统、电子订货系统、快速反应系统等。

1. 销售时点系统

销售时点（point of sales，POS）系统是指通过自动读取设备在销售商品时直接读取商品的销售信息，并通过通信网络和计算机系统传送至各职能部门进行分析加工以提高经营效率的系统。

POS系统由前台POS系统和后台管理信息系统（MIS）组成，在功能上POS可以分为不同类型，如消费POS、转账POS、结算POS、外卡POS及支票POS等，还有小型便携的移动POS、可进行大量事务处理的管理类POS等。

前台POS系统通过自动读取设备，如收银机、扫描器、手持POS机等，直接读取商品的销售信息（包括商品名称、单价、数量、销售时间、销售店铺等），对商品销售进行实时服务和管理;同时通过通信网络系统将信息传输到后台 MIS 系统,通过后台 MIS 系统的分析计算,准确、迅速地掌握和汇总商品销售的各项信息,及时辅助制定商品品种结构调整、销量预测、库存控制、采购等营运策略,甚至可以提供不同顾客群的购买行为分析,了解顾客消费倾向,便于企业抓住营业机会,减少营业损失。POS 系统软件构成如图 7.17 所示。

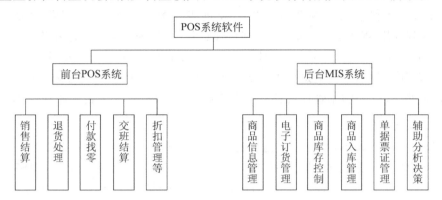

图 7.17　POS 系统的软件构成

目前 POS 系统越来越与电子订货系统相结合,形成一条由消费者拉动的供应链链条,即实现供应链上进行商品销售、采购、存储、配送等的一体化经营管理。因为系统功能的多样化,除了零售商,供应链上一般服务业者也纷纷导入 POS 来使用。

2. 电子自动订货系统

电子订货系统(electronic ordering system,EOS)是将供应链下游批发商、零售商处的订货数据输入计算机,通过计算机通信网络连接的方式将信息传送至供应链上游的批发商、商品供货商或制造商处,实现商品的自动订货处理过程。EOS 最早由零售商在追求分店与总店补货作业快速便捷时引入,如沃尔玛和屈臣氏都通过 EOS 获得了快速补货的优势,减少了缺货损失与库存成本。但是从应用领域讲,不论是零售商、批发商还是制造商以及原材料供应商,都可以应用 EOS 进行自动订货补货作业,电子订货系统流程如图 7.18 所示。

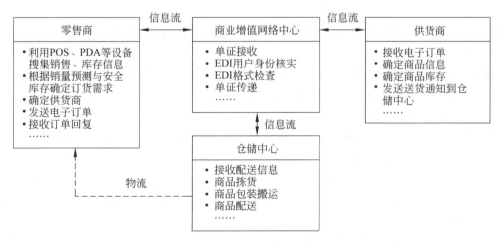

图 7.18　电子订货系统流程

EOS 一般采用 EDI 技术进行订货补货作业,因此具有 EDI 快速便捷的优点。此外,

EOS 与 POS 高度结合,能够及时自动产生高质量的销售与库存信息,缩短从接到订单到发出订货的时间,从而缩短订货商品的交货期。同时,EOS 也能降低商品,特别是畅销商品的缺货率,并且能够通过每周统计、月统计或者年统计等相关信息,掌控市场状况,预测产品销量。例如,对于生产厂家和批发商来说,通过分析零售商品订货信息,就能准确判断畅销商品和滞销商品,有利于企业调整商品生产和销售计划。目前 EOS 已经由基于增值网(VAN)发展到利用 Web 技术、通过互联网传递订货信息,加速信息传递和共享。

在企业物流信息系统中,采购和销售环节的信息流都一般通过 EOS 完成,最终商品的物理位置转移则必须通过物流运作来完成。因此将 EOS 与配送、库存、搬运、拣货等物流信息相结合,使得 EOS 与物流管理信息系统无缝对接,能够有效提升企业经营管理效率。

3. 快速反应系统

快速反应(quick response,QR)是指通过零售商和生产厂家建立良好的伙伴关系,利用条形码和 EDI 等信息技术,进行销售时点及订货补充等经营信息的交换,用多频度、小数量配送方式实现连续补充商品的系统。目标是建立一个销售额增长、客户服务最佳化以及库存量、缺货风险和降价最小化的物流管理系统模式。

QR 最早由美国零售商、服装制造商提出,主要目标是缩短商品从制造到销售的周转时间,以便建立一个供应链合作体系。其他产业也有类似的快速反应策略,如丰田公司的 JIT 生产系统。在供应链管理中,缩短顾客的响应时间,减少库存周转时间,及时并准确地进行商品的运输配送,能够极大地提高企业的销售利润、减少库存成本,赢得企业商誉。随着信息技术的迅猛发展,电子商务技术的应用提高了企业及时、准确完成物流作业,尽快交付所需存货的能力。而快速反应系统能够通过电子商务技术来改变企业运营的重心,使企业把重点由根据预测备货生产转移到对顾客需求拉动的快速反应上来。

QR 的构建技术包括条形码和 EDI 技术、固定周期补货、先进的补货联盟、零售空间管理、产品联合开发、快速响应集成等。可以看出,QR 的实施技术与电子商务相关技术密不可分。显然,电子商务与物流信息系统的融合能够实现企业降低流通费用与管理费用、降低采购成本、加快库存周转等诸多目标。

案例 7-3:电子商务巨头亚马逊的平台+物流集成信息系统

随着我国电子商务的发展,B2C 的模式迅速崛起。很多消费者越来越喜欢直接从网上购物,也使得越来越多的企业对电子商务平台的销售渠道日益重视。然而,物流系统的瓶颈因素也开始显现,即消费者在电子商务平台下单后,尤其是在一些重大促销的日子,如"618""双11""双12"等,大量的消费者订单使得物流系统压力很大,出现诸如服务速度慢、拣货包装运转慢、商品破损、错发等问题,严重影响了消费者对网上购物的体验。低集中度、非标准化的物流运营作业,拖累了电子商务的整体发展。实际运营中,由于订单分散,为节约成本,大型快递公司通常采用外包加盟方式,也导致了物流服务质量的不可靠,并且难以发挥现代物流技术的优势。

针对电子商务企业的物流服务质量和成本问题,亚马逊物流提供了较成功的解决方案。亚马逊(Amazon)公司成立于 1995 年,是美国最大的一家网络电子商务公司,位于华盛顿州的西雅图。它是世界上最早开始经营电子商务的公司之一,目前已成为全球商品品种最多的网上零售商和全球第二大互联网企业。

亚马逊物流是亚马逊公司的自有物流系统,拥有世界一流的订单处理信息系统和库存管理信息系统,所有商品从入库、存储、包装、出库到快速配发,每一步操作都听从公司管理信息系统的统一指挥,确保以最快的速度将商品在顾客选定的时间送达。截至2012年,亚马逊公司已经在中国建立了12个运营中心,总面积近50万 m^2,相当于70个足球场大小。图7.19为亚马逊公司的电子商务系统及物流系统运营流程图。

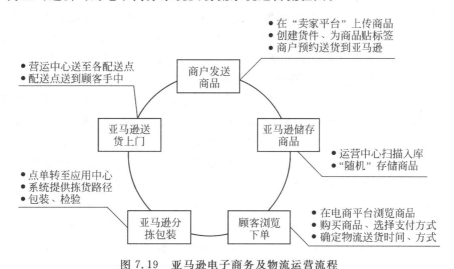

图7.19 亚马逊电子商务及物流运营流程

亚马逊建立了完善的电子商务系统和物流信息服务系统,能够实现物流系统覆盖全国,24小时全自动无线计算机联网订单追踪,17个城市的订单可当日送达,53个城市的订单可次日送达,并且提供24小时客服支持,支持邮件、电话、在线聊天等多种沟通方式。

由于有强大的物流信息系统支持,亚马逊可以轻松处理260万种商品的摆放存储,在商品存储上采用"随机"方式,即哪里货位有空间能够放下商品,就在哪里存储,然后将存储信息传输到物流信息系统,以节省仓储空间和上架时间。亚马逊电子商务平台在接到消费者订单时,实行商品流程处理全条码扫描,并全程跟踪商品状态。系统会将其自动转发至运营中心。通过无线手持设备,系统会提供拣货的最佳路径,从而为快速准确的发货做好准备。亚马逊公司以强大的信息技术为基础,通过分布在全国各地的十多个运营中心帮助商户进行商品存储、包装、分拣与配送,依靠亚马逊先进的电子商务和物流信息技术,获得规模经济效益,同时降低了商户的物流配送和库存成本,提高了客户满意率。

本章小结

电子商务有狭义的和广义的两方面含义。狭义电子商务指利用网络进行商务交易活动;而广义电子商务是指利用信息技术实现企业全程电子化运营。物流实际上是商务的一部分,是完成商务不可缺少的"四流"之一。

物流电子商务系统的一般结构主要由物流企业门户、物流管理信息系统、上下游客户、认证中心、支付中心和互联网组成。它的分类方式也有很多种,比如按照应用主体可分为制造型企业物流电子商务系统和服务型企业物流电子商务系统。物流电子商务系统的组成并没有一个固定的模式,第三方物流企业电子商务系统和制造型企业物流电子商务系统的侧重点就不同,但也有很多相同之处。物流电子商务系统是伴随着电子商务在物流应用领域的发展而发展的,主要经历了基于 EDI 的电子商务阶段和基于国际互联网的电子商务阶段。

EDI 在物流中广泛应用,称为物流 EDI。物流 EDI 是指货主、承运业主以及其他相关的组织之间,通过 EDI 系统进行物流数据交换,并以此为基础实施物流作业活动的方法。采用 EDI 技术实现物流活动,其标准的工作流程主要包括制作订单、发送订单、接收订单、签发回执和接收回执 5 个部分。运用 EDI 系统,物流领域各方之间的连接方式可以分成两大类:一类是直接连接,另一类是通过第三方网络连接。

要实现 EDI 服务的全部功能,必须具备数据通信网络、标准化并保证数据的安全性。其中,数据通信网络是实现 EDI 的技术基础,标准化是实现 EDI 的关键。关于 EDI 的标准化进程从 20 世纪 70 年代就开始了,目前最著名的标准有北美 ANSIASCX12 与欧洲 GTDI 及国际标准 UN/EDIFACT。EDI 所需的硬件设备就是计算机设备和通信网络设备;但 EDI 所需要的软件较为复杂,需要转换软件、翻译软件和通信软件才能实现。

EDI 应用系统需要大量的资金,其应用受到很大局限性。Internet 的发展促使其与 EDI 应用系统集成,已经出现了多种互联网和 EDI 的结合方式,如 Internet Mail,Standard IC,Web-EDI 和 XML/EDI。其中,XML/EDI 从结构上和性能上是发展趋势最好的一种。另外,把互联网电子邮件系统进行扩展,使其能够支持多媒体邮件的传输,也是未来企业之间商务往来的一个很好选择。

现代物流管理中的电子商务技术日益发展成熟,如销售时点信息系统、电子自动订货系统和快速反应系统等,使得物流管理效率得到极大的提高。

思考题

7-1 简述电子商务与物流的概念以及它们之间的相互影响关系。
7-2 什么是物流电子商务系统?其结构是怎样的?
7-3 简述物流 EDI 的概念,其连接方式有哪几种?阐述各种方式的优缺点。
7-4 简述 EDI 的硬件和软件需求,说明软件需求中各个部分的功能。
7-5 EDI 应用系统为什么需要实现标准化?主要从哪些方面进行标准化?
7-6 互联网和 EDI 的结合方式有哪些?
7-7 简述电子商务技术在物流管理中的应用。

讨论题

7-1 什么是目录网站?传统的邮购目录和网站目录各有哪些好处和不足?
7-2 对于制造型企业和第三方物流企业,它们的电子商务系统主要有哪些不同?

7-3　通过京东物流的案例分析,讨论电子商务和物流系统的关系。

7-4　查阅 EDI 技术资料,分析 EDI 技术的应用对现代物流发展的影响。

7-5　为什么早期 EDI 技术的应用非常昂贵?在目前的互联网环境下,EDI 技术在物流系统中的应用领域都有哪些?

7-6　阅读案例 7-3,并查阅资料,了解亚马逊平台上电子履单涉及的物流系统运作过程。

第 8 章 物流管理决策系统

物流管理的目标是降低成本和提高客户服务水平。实现这个目标的关键在于快速权衡局部利益,协调各方资源。因此,在整个物流管理的过程中,通过信息的收集、分类、组织和基于计算机的信息管理,进行科学决策就很重要。8.1 节引入物流管理的决策过程,给出物流管理决策系统在物流管理信息系统中的位置,指出科学的物流管理决策需要基于大量的数据处理和数据管理技术以及相关的物流管理决策技术的支持。8.2 节开始重点阐述数据管理中数据存储技术的主要内容,8.3 节和 8.4 节进一步阐述物流管理中常用到的决策工具如数据仓库、数据挖掘和人工智能技术等,最后通过案例分析说明这些技术在物流管理决策过程中的作用。

8.1 物流管理决策的重要性

在第 1 章中已经阐述了物流决策的概念和特点以及物流信息系统对物流决策的作用。可以看出,因为物流管理涉及的面广、存在多个局部目标并且这些局部目标还存在背反性,加上实际条件的限制性等因素,使得物流管理决策仅靠管理者的直觉、经验和知识就有些力不从心了。因此,借助于先进的信息技术和现代管理决策方法辅助管理者进行科学决策成为必然趋势。

8.1.1 物流管理的实质

针对物流管理的两个目标——物流成本和客户服务水平,本节将分别从物流管理的对象角度、为降低物流成本和满足客户需求角度及为提高客户服务水平角度阐述物流管理的实质。

1. 物流管理需要对物流全程进行监控

物流管理的对象是物流服务,而物流服务是一种综合性的服务,其中任何一个环节的脱节,都将造成整个物流服务水平的降低。因此,物流管理的对象不是一个点,也不是有限的几个点,而是一个由很多点连接而成的直线,甚至网络。而随着全球化的经济发展,国际采购、国际运输、国际配送、资源外包等各种商业运作层出不穷,这使得物流管理所管辖的直线越来越长,物流管理的范围也越来越大,传统的局限在一个地区或一个国家的物流运作正在被全球化的物流运作所替代。因此,不仅是局限在一个固定地点的物流管理运作模式已经被打破,而且传统的仅仅靠有限的人力进行的物流管理方法也开始产生危机。

计划、组织、领导和控制还是物流管理的实质内容,但随着物流管理对象的全球化延伸,使得物流全过程的计划、组织、领导和控制成为物流管理的核心问题。也就是说,物流管理需要管理者全程的物流计划、全面的组织和合理的协调控制,但分布在全球范围内或全国范围内的物流链条上的离散节点和物料流,仅通过管理者的人力作用是不可能做到的。这样,基于计算机的管理信息系统,为管理者提供物流链上的大量运作数据,进而通过计算机的快速信息处理、信息管理和信息传递,来辅助物流管理者进行全程控制成为必然。

2. 物流管理需要快速响应客户需求

满足客户需求是物流管理的最主要目标之一,这说明物流企业的任何管理战略都必须完全做到以客户为中心。要做到完全以客户为中心,需要从客户关系管理的思想出发,从客户的各个角度来分析如何满足客户的需求。例如,在前期需要预测客户的需求,在中期需要对客户需求的变化及时作出反应,在后期需要保持和客户的经常沟通,保持住老客户。

第2章中已经阐述过,需要物流服务的客户,大多会亲自参与某一部分的物流服务过程。因此,在客户亲临服务地点时,提供便捷的物流交接服务,或在物流服务过程中提供如货物跟踪、车辆跟踪等物流沟通服务,可以大大提高客户对物流服务的满意度。但事实上,因为物流服务的生产和消费同时进行,使得对物流服务的质量控制比较困难。例如,在物流资源有限或资源利用率紧张的情况下,就会出现客户订单排队等候服务的情况,等候的时间越长,客户的不满意度就越大,物流质量就会受到影响。因此,可靠性、时间性、快速响应性等都成为衡量物流服务质量的主要标准。但这些归根结底是为了获得良好的客户满意度。长期的、良好的客户满意度是保持住长期的客户物流服务需求。

实现物流服务的可靠性、时间性和快速响应性,就需要在第一时间掌握客户的最新信息资料,及时了解客户的需求变化,并及时对客户需求作出反应。时间可以用来衡量客户收到一个给定产品和服务必须要等待多久。这段时间的长短可以从零(产品即时可得,如超市货架上的货物)到一天、数天或者数月。因为客户一般不想等待,甚至可以为节省时间多花一些钱,因此,物流企业需要用时间赢得竞争优势。比如,海尔物流通过3个JIT,即JIT采购、JIT配送和JIT分拨物流来实现同步流程。目前通过海尔的BBP采购平台,所有的供应商均在网上接受订单,并通过网上查询计划与库存,及时补货,实现JIT采购;货物入库后,物流部门可根据次日的生产计划利用ERP信息系统进行配料,同时根据看板管理4小时送料到工位,实现JIT配送;生产部门按照B2B、B2C订单的需求完成订单以后,满足用户个性化需求的定制产品通过海尔全球配送网络送达用户手中。海尔在中心城市实现8小时配送到位,区域内24小时配送到位,全国4天以内到位。

时间不仅仅是速度问题,也是兑现承诺的问题。如果不能提供即时可得的产品,就必须告诉客户运送产品或者提供服务的时间。交货的可靠性程度体现着物流服务兑现这些承诺的能力。例如,戴尔公司承诺:所需的产品运达客户不是说明天或者后天,而是明天上午9点钟;而UPS公司在2003年投资2000万美元开发了新的物流软件,这套软件集成了邮政编码的信息,能制定出包裹装载到货车上的最佳方案,用以提高交货的效率。这套软件还能与包含客户信息以及美国门户服务信息的数据库相连接,能够产生新的货物标签,其中包含客户可能忘记填写的信息,如邮政编码,从而将包裹进行自动分类排序,实现以最有效的顺序进行装载。这套软件系统将减少大量的错误,并大大缩短货车发送包裹的时间。UPS公司每天在全球各地处理的包裹达 1300 万件,由于货车装载得更为精确,公司每年将减少 1 亿英里的运输距离,从而有望节省 1400 万加仑的汽油。

做到这些,不仅仅是把物流业务过程信息化的问题,还有对大量客户数据的分析、计划和预测,然后据此作出决策的问题。因此,协同计划、预测和补货(CPFR)可以说是供应链和物流管理的最高目标,但这个目标仅靠人,或者仅靠计算机信息系统都是很难做到的。

8.1.2 基于信息的物流管理决策过程

第 1 章中曾经介绍了物流决策的概念。进一步,美国学者哈罗德·孔茨(Harold Koontz)认为,决策就是从行为过程的各个抉择方案中作出选择,是计划工作的核心。他认为计划与决策并没有明显的界限,任何组织在进行管理活动时,首先都会从计划开始,而计划的确定就需要一系列的管理决策过程。例如,某配送公司每天都需要在一固定区域内配送货物,首先就需要制订配送计划、安排最短的驱车路线。若在配送方案的拟定过程中,发现每个配送车辆实际上平均有 128 条可行的路线可供选择,那么选择哪一条配送路线最佳呢?这是一个配送路线的决策问题。

事实上,在管理活动中,不仅信息对于决策过程是重要的,而且信息的质量、信息的搜集方式以及信息的流动模式对决策的影响也受到越来越多的关注。物流信息是分层次的,根据管理层次不同可划分为战略层、战术层和作业层 3 个层次。在组织的不同决策层次上,各管理者所需的信息类型是不同的,这一点在第 1 章中已经阐述过,见表 1.2。

但一般管理决策过程多集中在组织的中高层,因为中高层更多的决策问题属于半结构化、非结构化问题。加拿大管理学家亨利·明茨伯格(Henry Mintzberg)研究了管理者被认为应从事的活动,给出了他们 3 种类别下的 10 个角色。表 8.1 列出了这些管理者的角色,以及信息技术和各类型的管理信息系统对这些角色活动作出的贡献。

表 8.1 明茨伯格的管理者角色和相应信息系统的支持

类 别	角 色	信息系统的支持
人际角色	挂名首脑 联络者 领导者	需要基础信息网络系统的支持,如通信网络系统
信息角色	监听者 传播者 发言人	需要各层次上信息系统的支持,以获取大量的信息资源,如办公自动化系统、电子商务、企业内联网、企业外联网、门户网站等,以及作业信息系统、管理信息系统、ERP、客户关系管理等专业信息系统
决策角色	企业家 故障排除者 资源分配者 谈判者	需要各层次上信息系统的支持,需较深层次的数据处理、数据管理和数据分析的支持,如作业信息系统、管理信息系统、决策支持系统、办公自动化系统等,包括数据处理、数据管理、数据仓库、数据挖掘、人工智能、商业智能等技术的支持

从表 8.1 可以看出,在人际角色领域,对管理者支持的信息系统主要是通信网络技术,作用是有限的;但在信息角色和决策角色方面,信息系统起到的作用是非常大的,需要各层次上信息系统的支持。

物流管理系统的决策过程不是一个单一的活动,它和决策的内容、涉及问题的规模、所处的环境、不同时间完成不同功能等问题都有关系。例如,配送中心或仓储的选址问题,选址与库存、运输成本之间存在着密切联系,配送中心等设施的数量增大,库存及由此引起的库存成本往往会增加;反之,运输成本会较大。如何决策一个物流系统中设施的数量、位置和分配方案,需要管理决策者仔细考察相关的问题,进行详细的调查、分析,然后提出设计方案,并对特定的方案作出选择。

因此,管理决策过程并不是指"拍案"的一刹那,而是对整个决策制定过程的总称。管理决策的过程,包含很多程序与活动,从信息收集的决策制定准备阶段到实施完毕后的评审阶段,是全过程的活动。管理学家西蒙(Simon,1996)给出了管理决策制定的4个阶段,分别为情报(intelligence)、设计(design)、选择(choice)、实施(executive),见图8.1。

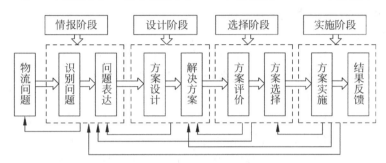

图 8.1 西蒙的决策制定过程

1. 情报阶段

情报,主要解决"做什么"的问题。对于一个物流问题,就是对该问题的调研阶段,包括识别问题和问题表达两部分。这一阶段的主要任务就是对涉及的物流问题所处的环境、需要达到的目标、物流系统的功能操作、评价和控制、相关人员的组织、存在的主要瓶颈等进行全方位的调查、分析和研究。由此得到大量的数据和资料,而作业层和中层的管理信息系统也将提供大量的实时数据。数据的真实性和完整性为物流决策的分析和设计提供了基础。

2. 设计阶段

设计,是寻求多种途径解决问题的过程。在此过程中,决策者或咨询人员挖掘、构想和分析多种可行的相互替代的活动方案,包括方案设计和解决方案两部分。这一阶段需要基于情报阶段的调研成果,采用各种理论和方法,如数学模型、经济学、控制论、人工智能等理论,对大量调研数据进行分析,提出解决物流问题的各种可行方案。

3. 选择阶段

选择,是预估、评价和选择的过程。在预估多种解决方案的后果并作出结论性的评价判断后,选择一种行动方案,包括方案评价和方案选择两部分。物流系统中的很多决策问题是目标背反的,单一局部目标的最优不等于全局最优。所以,给出物流决策问题的最优可行方案是很困难的,大多可行方案都是按照每一个局部目标得出的,这样就需要在一定情况下进行优选和比较。

4. 实施阶段

一方面,在设施阶段可以检验决策的正确性,作为决策效果评价的基础;但更重要的是通过控制实施过程,及时把发现的问题反馈到前面各个阶段,进行局部的调整和纠偏。

因为决策环境是变化的,在系统运作中会出现很多不可预知的问题,因此,决策实施过程是一个基于设计选择结果不断修正的过程。在图 8.1 中可以看到,在每一个阶段,都可以把信息反馈到前面阶段进行调整,4 个阶段连接成一个连续的封闭过程。例如,设计阶段分析研究的结果可能修正情报阶段提出的决策问题,选择阶段也可能对各种替代方案提出补充和修改,而实施阶段中的信息是最为重要的,实施结果可能对整个决策过程的各个阶段进行修正。这说明了决策活动中的动态性,说明了决策过程是一种自适应各种外部、内部变化的调整反应过程。这一点不是仅靠计算机就能做到的,而要靠人的能力,需要计算机和人合作完成。

8.1.3 科学的物流管理决策

物流系统中的很多决策问题都是很复杂的,如物流系统网络设施选址问题。因为随着物流系统跨地域、跨国界的运作,使得很多物流管理决策不再单纯局限在一个狭小的空间范围内和一个固定的时间点上。

举例说明。目前,云仓的思想在各个电商企业间蔓延并付诸实施。什么是云仓?就是多个超级的集散中心,来共同整合供应链的上下游资源,为供应商和消费者提供一体化的服务,图 8.2 给出的就是顺丰的云仓布局网络图。正是通过这些云仓间的骨干网络,形成高效配载的流动网络,为中小规模的各种供应商提供少量但多频次且快进快出的仓储库存优化方案。云仓网络的建设不仅满足供应商的个性化少量需求,还能支持大数据技术支持下的全网络货物调拨。因为云仓管理的是动态库存,需要在供应链成本最优化下实现云仓间货物的快速调拨。显然,各个云仓的供应商和消费者众多,它们之间的线路选择也非常复杂。因此,云仓成功运营的基础是大数据支撑,依靠信息的快速传递和大量数据的分析预测,才能科学地决策各个分仓的库存进出、存储和调拨。

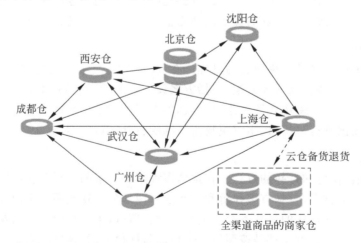

图 8.2 顺丰的云仓布局网络系统

人们常说管理是一门艺术,决策过程就是管理者洞察力、判断力、直觉和经验的一种艺术过程。但日益复杂的竞争现实和生产规模的不断扩大,决策的科学化已经成为辅助管理者进行精确决策的前提。

科学的物流管理决策就是针对物流系统中决策问题的复杂性,应用各种现代科学技术,如计算机信息技术、管理数学、统计技术、仿真模型技术等,来对这些问题进行信息的收集、数据的处理和管理,进而建立问题模型求解,提供各种可行性决策方案的优化比较等过程。但科学的物流管理决策过程需要物流管理信息系统的支持。它的支持作用主要包括以下几个方面。

1. 中低层次的物流管理信息系统的数据获取支持作用

一个组织的物流管理信息系统分成物流作业层面的管理信息系统和物流管理层面的管理信息系统。对于物流的决策支持,中低层次的管理信息系统是很重要的。因为对于中层管理者,信息来源的70%以上来自业务运作层;而对于高层管理者,也需要30%的内部业务综合信息。因此,建立物流管理信息系统,对于中高层的控制、计划和管理分析可以提供大量的、实时的第一手数据,这是制定正确决策的基础。

2. 基于人的定性决策向基于人机结合的定性定量决策转变

传统的决策方法都是完全基于人的,但前面已经讲过,随着决策问题越来越复杂,人的某些能力已经不能和计算机比拟,如由几十个变量组成的排列组合计算问题,计算机不用1秒就可以完成,而人可能需要几个月。另外,由于问题的复杂性,传统的单靠人的头脑风暴等决策方案可能考虑不全面;同时,现代科学的飞速发展,如运筹学、系统工程理论、决策论、信息论、智能理论等,为应用计算机进行决策分析、设计和评价提供了理论和方法基础。因此,基于计算机的定量计算和人的定性分析进行决策,已经成为目前决策者的共识。

但需要强调的是,虽然计算机的运算速度很快、存储容量很大,但它没有灵活能力。真正制定决策的还是人,重要的是需要把计算机信息技术的优势和人发挥主观创造性、自适应性的优势充分结合起来,这样才能制定出正确的决策。

3. 物流系统是一个多目标综合决策的权衡系统

现代物流系统是一个多节点链接而成的庞大系统,它的目标很多,综合考虑整个系统,其将是一个多目标系统,比如库存目标、配送目标、运输目标、采购目标等。这些目标的实现需要支持这些局部目标的信息系统的协作。例如,ERP系统就是在库存物料管理的基础上发展起来,进而通过生产计划、物料需求计划和能力需求计划来控制企业的采购管理和库存管理过程。ERP系统通过应用信息技术集成了各个功能的信息流,以控制其中的物流协作,从而最终实现各个局部目标的权衡优化,达到企业整体系统的目标。

制定物流决策是一个复杂的过程,物流管理信息系统在其中可以起到很大的作用。但决策不是一个简单的理性优化过程,数据、模型的支持和评价对于决策过程仅仅是一个理性的辅助支持,它可以给决策者提供方向和指导,最后真正的决策还是人根据实际环境作出的。

8.2 物流管理中的数据存储技术

由第2章已经知道,物流系统中的信息被存储在物流管理信息系统的中央数据库中,数据库是数据计算机化组织的高级形式,数据库主要存储在计算机外存储器上。本节将详细介绍物流管理中的数据存储技术。

8.2.1 数据存储技术

随着计算机信息管理技术和互联网的广泛应用,一方面,信息爆炸使得存储的扩容和升级已经远远超出了计算机处理器和通信网络的升级速度;另一方面,各级企业越来越依赖于网络和计算机支持的管理信息系统来处理、交换和传输关键的各种业务数据。同时,新的集成化管理思想,如一体化物流系统、供应链系统、全员成本控制等和一些新的技术应用(如电子商务、电子政务、企业资源计划系统、客户关系管理、大数据管理等),分别从管理层面和技术层面对目前的数据存储提出了新的、更高的要求。

虽然计算机的硬盘容量越来越大,存取速度也不断加快,可传统的直接硬盘存储以及采用多个外挂磁盘阵列的方式,已难以满足像物流、金融、电信等行业的海量信息管理要求,同时对于存储子系统的可扩展性、可靠性、安全性、高可用性、管理的有效性等方面也提出了新的要求。网络化存储通过引入网络的概念将存储独立于服务器,已经成为传统存储方式的有力替代者。

1. 存储结构

目前常用的存储结构包括直接附加存储(direct attached storage,DAS)、网络连接存储(network attached storage,NAS)和存储区域网络(storage area network,SAN)。直接附加存储就是指将存储设备通过小型计算机系统接口(small computer system interface,SCSI)或光纤通道直接连接到一台计算机上,这是传统的数据存储模式。随着数据作为取得竞争优势的战略性资源,其重要性的不断增加,存储的数据也相应大量增加,网络存储正成为主要的信息存储模式。NAS将存储设备通过标准的网络拓扑结构(例如以太网),连接到一群计算机上。NAS是部件级的存储方法,它的重点在于帮助工作组和部门级机构解决迅速增加的存储容量需求。NAS是在硬盘技术、磁盘阵列技术、网络通信协议等成熟技术基础上开发出来的,因此并不是一项全新的技术。NAS产品包括存储器件(例如硬盘驱动器阵列、CD或DVD驱动器、磁带驱动器或可移动的存储介质)和集成在一起的简易服务器,可用于实现涉及文件存取及管理的所有功能,如文档存储及服务、电子邮件、互联网缓存等。SAN通过光纤通道连接到一群计算机上,在该网络中提供了多主机连接,但并非通过标准的网络拓扑。SAN被认为是未来企业级的存储方案,这是因为它便于集成,能改善数据可用性及网络性能,而且还可以减轻管理作业。

2. 存储设备

目前在物流管理信息系统中常用的存储设备有磁存储设备、光存储设备和磁盘阵列等。

1) 磁存储设备

目前磁存储设备还是数据存储的主力设备,主要因为它的存储容量很大,成本低廉。磁存储设备包括硬盘、软盘、磁带等磁表面存储器。

硬盘存储器是计算机系统最主要的外存储器,从 IBM 公司在 1956 年发明世界上第一台硬盘存储器开始,到目前经历了 60 多年的发展。当时发明的 IBM 350 RAMAC(random access method of accounting and control)系统总容量只有 5 MB,共使用了 50 个直径为

24 英寸的磁盘;而目前的硬盘存储器系统容量已经是几百 GB 或几十 TB 的存储容量,容量大大增加,而价格却在不断下降。由于它的性价比很高,目前还没有其他存储器能够取代它的位置。

磁带是所有存储媒体中单位存储信息成本最低、容量最大、标准化程度最高的常用存储介质之一,其互换性好,易于保存。近年来,由于采用了具有高纠错能力的编码技术和即写即读的通道技术,大大提高了磁带存储的可靠性和读写速度。

磁带库是基于磁带的备份系统,它能够提供同样的基本自动备份和数据恢复功能,但同时具有更先进的技术特点。它的存储容量可达到数百 PB,可以实现连续备份、自动搜索磁带,也可以在驱动管理软件控制下实现智能恢复、实时监控和统计,整个数据存储备份过程完全摆脱了人工干涉。

磁带库不仅数据存储量大得多,而且在备份效率和人工占用方面拥有无可比拟的优势。在网络系统中,磁带库通过 SAN 系统可形成网络存储系统,为企业存储提供有力保障,很容易完成远程数据访问、数据存储备份或通过磁带镜像技术实现多磁带库备份,无疑是数据仓库、ERP 等大型网络应用的良好存储设备。

2) 光存储设备

光存储设备主要指光盘存储系统,它的使用类似软盘,但和硬盘、软盘相比,光盘有很多优势,如存储容量大、数据传输率高、数据保存记录的时间长、成本低等。光盘主要分为只读型光盘(CD-ROM)、读写型光盘(CD-R/W)和数字电视光盘(digital versatile disc,DVD)。

只读型光盘的含义是紧致只读存储器(compact disc-read only memory),指光盘上的内容是固定的,不能写入和修改,只能读取其中的内容。早在 20 世纪 70 年代初,荷兰飞利浦公司的研究人员便开始使用激光束来记录和存放信息,在 1972 年 9 月他们公开展示了第一张激光视盘和光盘系统,第一次实现了信息存储技术由磁记录方式向光记录方式的转变。目前,CD-ROM 已成为多媒体计算机的标准配置之一。进一步,读写型的光盘(CD-recordable/write)则允许人们对光盘内容进行修改,可以抹去原来的内容,写入新的内容。随着电视质量的提高,CD-ROM 的容量已经不能满足数字电视大容量的要求,1995 年 DVD 诞生。DVD 的主要特点是其存储容量比 CD-ROM 大得多,最高可达 17 GB,主要用于存储数字电视和多媒体软件。

3) 磁盘阵列

在 20 世纪六七十年代,数据的备份主要采用软盘、磁带等离线数据保护方式。但在 80 年代以后,在线数据交互处理系统得以高速发展,这种离线数据备份的方式已经不能满足需求,迫切需要发展在线的数据备份和恢复的方法。这种情况下,磁盘阵列技术应运而生。

磁盘阵列是由一个硬盘控制器来控制多个硬盘的相互联接,使多个硬盘的读写同步,减少错误,增加效率和可靠度的技术。它在 1987 年由美国加州大学伯克利分校提出,最初的研制目的是为了组合小的廉价磁盘来代替大的昂贵磁盘,以降低大批量数据存储的费用,被称为"由独立磁盘构成的具有冗余能力的阵列"(redundant array of inexpensive disks,RAID),同时也希望采用冗余信息的方式,使得磁盘失效时不会使对数据的访问受损失,从而开发出一定水平的数据保护技术。

RAID 采用并行的原理,将多台磁盘驱动器组合成磁盘阵列,进行并发读/写操作,并以多台驱动器的数据传输速率来匹配系统带宽。另外,它通过低代价的编码容错方案,确保数据的可靠性。RAID技术是一种工业标准,各厂商对RAID级别的定义也不尽相同。目前对RAID级别的定义可以获得业界广泛认同的有4种,即RAID 0、RAID 1、RAID 0+1和RAID 5。

磁盘阵列技术有许多优点:①提高了存储容量;②多台磁盘驱动器可并行工作,提高了数据传输率;③RAID技术提供了比通常的磁盘存储更高的性能指标、数据完整性和数据可用性,尤其是在当今面临的I/O总是滞后于CPU性能的瓶颈问题越来越突出的情况下,RAID解决方案能够有效地弥补这个缺口。

4)网络存储

随着互联网技术的飞速发展,相应的企业内联网、外联网等网站的建设和运营,传统的存储与管理数据的模式受到挑战,这种挑战加速了网络存储的发展,也就是网络连接存储(NAS)和存储区域网络(SAN)的发展。

所有单独能与高速网络直接相连的存储设备或子系统,包括磁带、磁盘阵列、层次存储子系统等都称为网络连接存储系统。它包括两种工作方式:一是依赖于网络服务器的NAS系统,其存储设备直接与网络相连,其工作依赖于文件服务器的管理和控制;二是独立于服务器的NAS系统,也就是存储设备完全脱离服务器的干预,作为与网络直接相连的专用存储服务器出现。它的优势是NAS设备可以即插即用,快速安装在一个网络中,而不需要用户进行太多的配置工作;另一个优势就是它适用于多种平台,因为NAS设备自己具备存储功能的操作系统,通过标准协议的接口,在不影响客户系统的情况下,可以自如地插入网络中,所以它的灵活性和适应性很强。

SAN是一种利用光纤通道等存储协议连接起来的可以在存储资源和服务器之间建立直接数据连接的高速计算机网络。它类似于高速的局域网(local area network,LAN),但不同的是使用专用的存储协议,如SCSI,而不是LAN使用的各种通信协议。它的组成中,首先需要连接成一个网络,这个网络中可有不同平台的服务器、工作站、客户机和不同的存储设备,如磁盘阵列、磁带等;其次,这些连接入网络的存储设备不附属于任何一台服务器,而是对网络中所有服务器服务,也就是存储设备与服务器之间的关系是多对多关系,或者说是共享关系。因此,SAN消除了附属于服务器模式的存储瓶颈,大大提高了存储系统的访问性能。SAN的最大优势就是它的结构使得它具有很好的容量方面、性能方面、距离方面直至数据备份方面的强大能力。

5)云存储技术

云存储技术是一种近期发展起来的特殊网络存储技术,它基于云计算的思想,即在云计算系统中需要有大量存储设备进行支持,这些进行数据存储和管理的系统也就形成了云存储系统。因此,云存储技术指的是把网络中大量不同类型的存储设备依据应用软件集成在一起而进行协同运作的系统,它利用网络技术、集群应用、分布式文件系统等不同技术,共同实现不论何时、不论何地,只要外界用户通过互联网上网就能进行数据存储、业务查询等访问功能。

一般地,云存储技术系统中的在线存储空间是由存储服务提供商(storage service provider,SSP)进行建设、管理和维护的,用户仅需要向SSP提出应用申请,就可获得相关的数据存储和存取服务。有代表性的云存储技术系统有微软的网络硬盘服务、百度云、亚马逊的 Amazon S3 和谷歌的 GSD 服务等。

8.2.2 存储备份与异地冗灾

世界各地每天都产生大量的数据。比如一个配送中心，一天进出的货物品种达到上千个门类，进出仓储的记录数据和货位数据、理货数据、配装数据等都存放在配送中心的中央数据库中。这些数据对于企业日常的运行是很重要的，但日益开放的网络系统使得系统可能遭受各种威胁，如数据丢失、数据平台破坏等。虽然磁盘镜像、RAID 等技术可以防止存储设备的失败，但系统内部用户误删、不按要求随意修改或滥用等也对系统数据造成很大威胁。另外，还有各种非人为因素对系统的破坏。因此，数据的存储备份是数据管理中的一个重要内容，是数据发生破坏时帮助数据快速恢复的一种最有效方法。

1. 存储备份

存储备份主要包括传统备份方式和基于存储区域网络备份的方式。

1）传统备份方式

传统备份方式主要有单机备份、服务器备份和 LAN 备份。

单机备份就是从一台计算机上把其数据保存在本地，如用磁盘、光盘等直接挂在机器上，整个备份过程是在计算机主机的控制下进行的，比如个人微机上的文件备份。服务器备份是随着局域网的出现，伴随文件服务器产生的。在 LAN 环境下，各个局域网用户把他们各自的数据都集中存放在 LAN 的文件服务器上，而备份也由文件服务器集中来进行。比如采用磁带机，通过磁带自动装载机和容量很大、自动化程度很高的磁带库来实现文件服务器上数据的备份过程。

LAN 备份出现在中大型企业中，随着企业商业运作数据量的增大，企业内部局域网的文件服务器也越来越多，这时在局域网内部就专门配置一个备份服务器，磁带库等存储设备就挂在备份服务器上，其余的文件服务器在备份软件的作用下按一定的备份策略定时将要备份的数据自动传输到这个专用备份服务器上，然后由备份服务器把数据转备份到存储设备上去。这种备份方式成本低、存储设备的共享性好，且自动化程度高，但会受到网络带宽的限制。

2）基于存储区域网络备份的方式

前面已经讲过，存储区域网中的存储设备独立于网络中的服务器，不再受某个服务器的控制，而是统一被所有服务器使用和共享。具有很大数据量的企业，像大企业的 ERP 系统、WMS 系统等，采用这种备份方式相对而言具有很多优点。例如，易于管理，便于实现大集中控制；具有较高的性能并支持更远的距离，其带宽可以达到 120 MB/s，可运送至 100 km；磁带库可以为多个服务器所共享，节约了设备成本。因此，基于存储区域网络备份的方式是网络环境下企业数据备份发展的趋势。

2. 异地数据冗灾

虽然存储区域网络备份的方式可以把数据传输到更远的地方，但也局限在一个局域网络内。随着全球经济的发展，跨国、跨地域的物流、配送越来越多，使得远程数据访问和数据存储变得越来越重要。另外，数据是企业的关键资源，为了防止因各种灾害破坏数据，有时需要把数据保存在异地,这就是异地数据的冗灾。

比如,纽约世贸中心大楼中有很多世界著名的大公司,在 2001 年的"9·11"事件中很多公司的数据遭到巨大破坏,而其中最大的金融巨头摩根士丹利却在这场灾难后的第二天恢复正常工作状态。原因就是摩根士丹利曾花费巨资为其数据库系统配备了远程数据防灾系统,在世贸中心倒塌前十几分钟,它把数据库内所有的商务数据,包括客户数据、企业资产数据等全部备份到离世贸中心数千米之外的另一个办事处了。因此,摩根士丹利能够在事件发生的第二天对外界宣布,其位于世贸中心的所有客户的经营数据没有受到损失,商务工作可以正常开展。这就得益于该公司制定的完备的异地数据冗灾措施,使得在灾难发生时的数据损失降到最低。

但是数据的存储是有代价的,采用异地存储方式的成本远远高于本地备份方式。因此,选择合适的数据存储方式,对于支持企业的正常生产运作,同时又节省成本是重要的。

(1) 若企业的生产运作实时性要求不强,只要数据不丢失,业务工作就可以暂时停下来。这时,用户可以选择简单的备份方案。如利用备份软件定期对数据进行完全备份,或者按照日期,把上次备份到本次备份期间发生的数据进行转出,实现增量备份。例如采购管理中对供应商数据、采购需求数据等的备份。

(2) 若企业对生产运作的连续性要求较高,如网上银行、网上销售系统、网上订票系统等,这些系统一般不能停机,否则会造成很大的机会损失。这样的系统需要采用网络存储方式,随着企业的运营,实时地把数据进行备份或转出。但备份过程会占用网络带宽,影响正常业务数据传输的带宽使用。

(3) 若企业对生产运作的连续性要求极高,如电力、金融、交通等行业,则需要建立异地数据冗灾系统。一旦发生灾难,可以通过可靠的存储数据系统,快速地把数据转移到异地数据库系统中,以保证数据的安全。

企业采用什么方式的数据备份方式,应该根据业务需求来确定。同一个企业的不同数据也可能需要不同的备份方法。例如,关键数据和一般业务数据的备份策略是不同的。建立一个合适的数据备份策略对于发挥企业数据资源的管理控制作用是至关重要的。

8.3 物流管理中的决策技术

能辅助进行数据分析的管理决策技术有很多,本节重点阐述从企业的数据库中抽取有用信息进行决策的两种技术方法:数据仓库和数据挖掘。

8.3.1 数据仓库

1. 数据仓库的定义和特征

假设你是一个企业的销售主管,想了解上个月企业某产品的销售情况,那么你在数据库的业务文件中做一个简单的数据库查询操作就可以实现。但如果你想将实际销售量和预测销售量进行比较,进一步与过去 3 年的同期销售量状况比较;或者进一步把这些销售量分解在各个销售区域,如华北、西南等,然后进行同期比较分析,这时直接采用业务数据库文件查询就不能做到了,但这样的查询和分析工作对于一个企业主管来说是很平常的请求。为了支持这样的决策分析请求,数据仓库技术应运而生。

数据仓库(data warehouse,DW)是专为支持管理决策而设计的一种数据库管理系统,是一个面向主题的、集成的、时变的、非易失的数据集合。数据仓库是一个非常庞大的数据库,数据来源于不同生产运营系统,是为建立一个跨部门、跨业务流程综合的决策分析系统而形成的一个数据集合体,如图 8.3 所示。

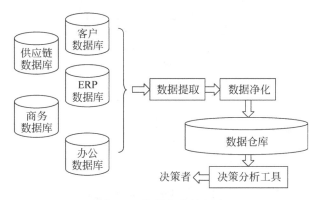

图 8.3 数据仓库的组成

从图 8.3 可以看到,数据仓库的特征主要表现如下:

(1) 集成性。一个企业数据仓库的数据可以来源于企业内部 ERP 系统的数据库、客户关系管理的数据库、办公自动化系统或网上商务系统数据库、企业外部供应链系统的数据库等,是集成性的。

(2) 主体性。数据仓库的集成性并不是对来自各个业务数据库系统所有数据的一个简单归并,而是根据决策的问题主题,也就是面向决策主题的数据提取过程。比如,前面提到的销售主管为了解决关于 3 年历史同期销售量的比较分析问题,就需要数据仓库从客户数据库中提取出 3 年中的所有销售数据进入数据仓库。

(3) 时变性。因为这些数据来源于不同的数据库系统,它们的数据格式可能不同,就需要数据的标准化处理;为保持最新数据,数据仓库还需要定期接收增加的新数据,定期加入新数据及删除不再需要的旧数据(称为数据的净化),这就是数据仓库的时变性。

(4) 非易失性。为了分析决策的需要,数据仓库中的数据一般包含 5~10 年间有价值的当前数据和历史数据,它定期进行更新,但又保持足够量的分析数据,具有非易失性。非易失性就是在数据仓库中恒定地保持一个很长历史阶段的数据量。

2. 数据仓库中数据的表示方法

在一般的业务数据库中,数据管理的模型是平面的,如 Oracle、SQL Server 等关系型数据库系统,其数据的表示都是平面简单二维表形式,但在数据仓库中却不是这样。数据仓库中的数据表示都是立体的,或者说是多维的,包含若干层次的行和列。数据仓库中的层根据不同的维度来表达信息。如前面列举的销售主管的例子,就是希望能在时间维度上进行数据的分析,除此之外,还有地区、客户、事件、产品等各种分析维度,如图 8.4 所示。

图 8.4 就是一个数据仓库信息表示的立体结构,行和列分别表示区域和产品,层次上分别表示时间、客户、事件(如促销机会、节假日机会)等信息。利用这种信息表示结构,决策者

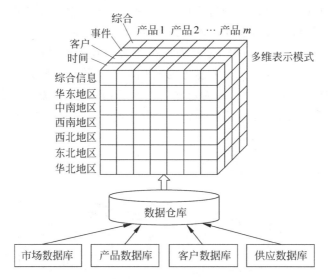

图 8.4　数据仓库的多维表示模式

很容易完成将目前实际销售量与预测销售量进行比较、与过去3年的同期销售量状况比较，或者进一步把这些销售量分解在各个销售区域，如华北、西南等的同期比较分析等决策问题。

由此可以看出，数据仓库中包含的信息都是取自业务数据库的综合信息，如可能是华北地区某一年产品的总销售量、平均销售量以及针对大中客户的销售量、各种促销广告或重要节日的销售量分布等。所以，企业的数据库是面向日常业务操作的，属于操作数据库。操作数据库系统的主要任务是联机事务处理（on-line transaction process，OLTP）。OLTP 主要是面向企业具体业务处理和实时查询操作的，管理的是当前企业或部门内部业务运作的数据，不涉及历史数据或不同组织部门的数据，操作除了查询，更多的是随着业务的运作而进行的插入、修改和删除等操作。因此，系统的并行机制和数据恢复机制很重要。而数据仓库是在数据分析和决策方面为用户提供服务的，这种系统也称为联机分析处理（on-line analysis process，OLAP）。OLAP 是指用来存储和传送数据仓库信息的程序集合，它更侧重于企业外部，面向市场，用于辅助决策企业外部情况。它需要管理大量历史数据，提供各个维度的数据汇总，而决策者对它的访问也主要是查询操作。

3. 数据仓库的操作

为什么在企业数据库系统之外，还要建立一个分离的数据仓库？分离操作数据库系统和数据仓库的主要原因是提高两个系统的性能。操作数据库系统是为已知的业务任务和负载设计的；而数据仓库是为决策服务的，它的查询通常是非常复杂的，涉及大量数据在汇总级的计算。若在操作数据库系统上处理 OLAP 查询，可能会大大降低业务处理任务的性能。OLAP 的基本多维分析操作有钻取、切片（slice）、切块（dice）和旋转（pivot）等。钻取是改变维的层次，变换分析的粒度，包括向下钻取（drill-down）和向上钻取（drill-up）或称为上卷（roll-up）。向上钻取是在某一维上将低层次的细节数据概括到高层次的汇总数据过程；向下钻取则相反，它从汇总数据深入到细节数据进行观察或增加新的维。切片和切块是在一部分维上选定值后，关心度量数据在剩余维上的分布。如果剩余的维只有2个，则是切片；如果有 3 个或以上，则是切块。旋转是变换维的方向，即在表格中重新安排维的放置（例如行、列互换）。数据仓库与 OLAP 的关系是互补的。现代 OLAP 系统一般以数据仓库作为基础，也就是从数据仓库中抽取详细数据的一个子集并经过必要的聚集存储到 OLAP 存储器中供前端分析工具读取。

在图 8.4 中选定多维数据表示（地区、产品、客户、时间）中的地区和产品维，在时间维度上选择一个值，如 2017 年 7 月，就得到多维数据表示（地区、产品、客户、时间）在该时间上关于地区和产品维的一个切片，见图 8.5；而如果选择的不单是地区和产品维，而是地区、产品和客户 3 个维度，那么在该时间上得到的是一个切块。同样的钻取操作和旋转操作如图 8.6 和图 8.7 所示。

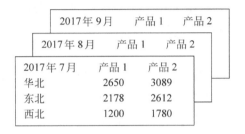

图 8.5　切片操作

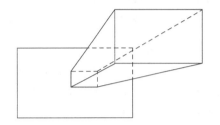

图 8.6　钻取操作

旋转前：

销售量	2016 年		2017 年	
	上半年	下半年	上半年	下半年

旋转后：

销售量	上半年		下半年	
	2016 年	2017 年	2016 年	2017 年

图 8.7　旋转操作

4. 数据集市的概念

企业数据仓库的实现需要收集企业中关于相关决策主题的所有信息，如可能的主题有客户、产品、物料、成本等。因此，这个信息收集需要跨越整个组织，提供企业全范围内的数据集成，还包括企业外部的信息集成。显然，建立一个企业的数据仓库是复杂的，因为数据来源多、数据的表示是多维度的且对数据的操作比较复杂，要求的技术也很高。所以，建立一个企业数据仓库是比较困难的。为了简化企业数据仓库的建立过程，同时又能应用数据仓库理论辅助企业决策过程，数据集市（data mart，DM）对于中小型企业就有实际意义。数据集市包含企业范围数据的一个子集，是将数据仓库的概念从事务处理系统（TPS）收集来的数据（如采购、库存、生产等重要业务数据）提取、净化建立的一个数据集合。它只包含了企业业务某一方面的数据子集，如物料管理的子集、财务管理的子集、人员管理的子集等。它对于特定用户来说是有用的，其范围局限在选定的特定主题，甚至为特定主题提供的数据比企业数据仓库还要详尽。数据集市对于中小型企业很有用，因为企业数据仓库的投资巨大，并且数据集成是跨越整个企业的，实施难度较大；而数据集市可以根据决策需要，仅涉及一部分关键环节企业数据集成,不仅满足决策需求,而且可以大大节省成本。

8.3.2 数据挖掘

随着信息技术的发展,企业的数据量越来越大,但其中真正有价值的信息却很少,这里的价值主要指对企业决策者产生的作用和为企业效益带来的价值。如何从企业收集的大量数据中经过深层分析,获得有利于商业运作、提高竞争力的信息,就像从矿石中淘金一样,数据挖掘(data mining,DM)也因此而得名。数据挖掘属于一种新式的商业信息处理技术,它可以按商业运作的业务目标,对大量的企业数据进行探索和分析,揭示其中隐藏的、未知的或验证已知的规律性,并进一步将其模型化,然后将分析结果用于管理决策,提高企业的竞争力,这就是商业智能(business intelligence,BI)的应用。

1. 数据挖掘的概念

数据挖掘技术的出现是应用需求拉动的,从一开始就是面向实际应用的。但实现数据挖掘需要高级的数据处理技术,因此,它的定义有两方面,即技术性定义和商业性定义。

数据挖掘技术性定义指从大量的、不完全的、有噪声的、模糊的、随机的实际应用数据中,提取隐含在其中的、人们事先不知道但又是潜在有用的信息和知识的过程;而数据挖掘的商业性定义指一种新的商业信息处理技术,其主要特点是对商业数据库中的大量业务数据进行抽取、转换、分析和其他模型化处理,从中提取辅助商业决策的关键性知识。

无论哪一种定义,从本质上说,数据挖掘都是一类深层次的数据分析方法。目前,由于商业业务自动化的实现,管理领域产生了大量的业务数据,这些数据已经不再是为了科学分析的目的而收集的,而是由于商业运作机会而产生的;而分析这些数据也不再是单纯为了研究的需要,更主要的是为商业决策提供真正有价值的信息,进而获得利润。因此,数据挖掘的定义可以描述为:按企业确定的业务目标,对大量的企业数据进行探索和分析,揭示其中隐藏的、未知的或验证已知的规律性,并进一步将其模型化的先进有效的方法。

2. 数据挖掘的过程

数据挖掘的任务一般可以分为两类:描述和预测。描述性挖掘任务刻画数据库中数据所体现的一般特性;而预测性挖掘任务是在当前数据上进行推断,以进行预测。数据挖掘的过程就是根据商业应用需求(问题定义),获取大量的相关数据进行预处理和转换,并采用数据挖掘的方法完成挖掘的任务。一般数据挖掘的应用过程可以用图 8.8 来表示。

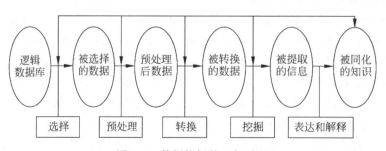

图 8.8 数据挖掘的一般过程

从图 8.8 可以看到,数据挖掘过程由数据准备、挖掘操作、结果表达和解释 3 个主要阶段组成,知识发现就是这 3 个阶段的迭代反复。

1) 数据准备

数据准备可分为问题定义、数据选择、数据预处理和数据集成。

商业应用需求是数据挖掘前期要明确的工作。在问题定义阶段,数据挖掘人员必须与领域专家和最终用户紧密合作,明确商业应用的实际需求,也就是数据挖掘的对象是什么,希望挖掘出什么辅助决策的信息和知识。明确需求就可以清晰地定义出所需的业务问题,确定相关的业务对象数据。认清数据挖掘的目的是数据挖掘的第一步,挖掘的最后结构是不可预测的,但要探索的问题应是有预见性的。定义了问题,就需要进行数据的选择,也就是搜索所有与业务对象有关的内部和外部逻辑数据库,并从中选择出适用于数据挖掘应用的数据。

数据预处理是为了克服目前数据挖掘工具的局限性,研究数据的质量,为进一步分析作准备,并确定将要进行挖掘操作的类型。数据的转换就是将数据转换成一个分析模型,这个分析模型是针对挖掘算法建立的,建立一个真正适合挖掘算法的分析模型是数据挖掘成功的关键。而数据集成是将多文件或多数据库运行环境中的数据进行合并处理,解决语义的模糊性,处理数据中的遗漏和清洗受污染的数据等。

2) 挖掘操作

在数据挖掘操作执行阶段,首先必须根据对问题的定义明确挖掘的任务和目的,比如关联规则的挖掘或序列模式的挖掘、分类、聚类等。在确定了挖掘任务之后,就要决定选用什么挖掘算法。在选择挖掘算法时应考虑:①不同的数据有各自不同的特点,应该选用不同的挖掘算法;②用户或实际系统的要求。

3) 结果表达和解释

先对提取的信息进行分析,然后通过决策支持工具提交给决策者。这一阶段不仅要把结果表达出来,而且数据挖掘系统会采用解释和推理机制,将这些知识直接提供给决策者,或提供给领域专家,以修正已有知识库,供系统共享,通常会用到可视化技术。如果不满意,需要重复以上知识发现的过程。

从数据挖掘的结果得到被同化的知识,也就是将分析所得到的知识、规则集成到商业实际业务信息系统中去,辅助企业管理者进行决策。

数据挖掘过程的实现需要有不同专长的人员,他们大体可以分为 3 类:一是业务分析人员,要求精通业务,能够解释业务对象,并根据各业务对象确定出用于数据定义和挖掘算法的业务需求;二是数据分析人员,精通数据分析技术,熟练掌握统计方法,有能力把业务需求转化为数据挖掘的各步操作,并为每步操作选择合适的技术;三是数据管理人员,精通数据管理技术,并从数据库或数据仓库中收集数据。由此可见,数据挖掘是一个多种专家合作的过程。

例如,加拿大 BC 省电话公司要求加拿大 SimonFraser 大学 KDD 研究组,根据其拥有的 10 多年客户数据,总结分析并提出新的电话收费和管理办法,制定既有利于公司又有利于客户的优惠政策。这样就要求把对数据的应用,从低层次的末端查询操作,提高到为各级经营决策者提供决策支持。这种需求驱动力,比数据库查询更为强大。但数据挖掘也不是要求发现新的自然科学定理和纯数学公式。所有发现的知识都是相对的,是有特定前提和约束条件、面向特定领域的,同时还要能易于被用户理解,最好能用自然语言表达发现结果,因此,数据挖掘的研究成果是很讲求实际需求的。

3. 常用的数据挖掘方法

数据挖掘的方法目前已经提出很多,主要有数据汇总、概念描述、分类、聚类、相关性分析、偏差分析、建模等。具体方法根据数据挖掘方法所属领域的不同而不同,常用的有以下几种。

1) 关联分析

数据库中数据之间可能存在某种关联关系,也就是变量之间可能存在某种规律。关联关系就是通过统计和分析数据集中各个数据项或属性出现的频率,发现数据项或属性之间的关联,最终导出相应的关联关系。关联分析广泛应用于市场营销、事务分析等应用领域。常用的技术有:

(1) 趋势分析

在趋势分析中,对基于时间序列的数据,一是分析其长时间的走向,就是在很长一段时间内总的走向趋势,可用一个趋势曲线或者趋势直线来显示;二是分析其周期的走向与周期的变化,若直线和曲线的振荡并不是周期的,那么这个循环并不遵循基于相等时间的规律;三是分析其季节性的走向与变化,就是在连续的很多年中,有一段时期总是与这年中的其他时期很不相同;最后是分析其不规则的随机走向,可能是由于一些突发的偶然事件而产生的。为解决这种问题,常会采用数理统计的方法,一般是首先建立一个数学模型或统计模型,然后进行回归分析或假设检验等提取出有关的知识,如统计分析方法中的回归分析(多元回归、自回归等)。

(2) 关联规则

关联规则(correlation rules)用于找出给定数据集中数据项之间的关联或相关关系。关联规则揭示了数据项间的未知依赖关系,根据所挖掘的关联关系,可以从一个数据对象的信息来推断另一个数据对象的信息。关联规则最典型的例子就是购物篮分析,通过对顾客放入其购物篮中不同商品的分析,了解顾客的购买习惯及行为特征。例如,在一次购物消费中,顾客购买牛奶的同时也购买面包的可能性有多大?关联规则的挖掘通过规则的支持度和置信度进行度量,这两种度量反映了所发现规则的有用性和确定性。一个规则为强关联规则,就是它同时满足支持度阈值和最小置信度阈值,其中阈值由领域专家和用户来设定。

(3) 序列模式

序列模式分析类似于关联规则,但序列分析的重点更侧重于数据之间前后关系的挖掘,也就是序列模式是基于时间或其他序列(如事件)推出的经常发生的模式。举一个例子就是"一个9个月前买了一台PC的顾客有可能在一个月内买一个新的CPU"。我们可以采用序列模式分析技术来作市场趋势分析、客户保持分析和天气预测等。其应用领域包括客户购买行为模式预测、Web访问模式预测、自然灾害预测分析等。

2) 分类分析

分类分析就是从训练数据集中发现同类数据对象的共同属性,分析数据的各个属性和所属类之间的内在联系,建立类的判别模型,通过这个模型,未分类的或新的样本点就可以分派到不同的类别中,常用的方法有人工神经网络、支持向量机、决策树等。

(1) 人工神经网络

人工神经网络(artificial neural network,ANN)是由大量的被称为神经元的节点构成的系统。常用的模型是前馈神经网络模型,它由按层进行组织的神经元和连接弧所组成,这些神经元以不同的方式组织起来形成不同的网络结构。在前馈神经网络中有 3 种神经元：输入神经元、输出神经元和隐含神经元。输入神经元接收环境的信息，位于网络的最底层；输出神经元把信息传递到环境中去，位于网络的最高层；隐含神经元不与环境发生交互作用，因此是不可见的。其中，每个神经元都是一个简单的计算装置，其特性由简单的数学函数所描述。

图 8.9 所示为一个 3 层前馈神经网络模型。第 1 层为输入层，共有 n 个节点，训练数据集中每个样本从这里输入经变换函数转化后可得出其分类类别，如属于第 i 个被判别样本；第 2 层为隐节点层，隐节点数没有统一的规则，根据具体对象而定，常用的变换函数为 $f(x) = \dfrac{1}{1+e^{-x}}$；第 3 层为输出层，只有一个节点，代表第 i 个被判别样本的分类类别。

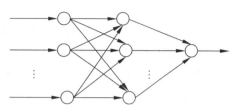

图 8.9　3 层前馈神经网络模型

假设给定 L 对输入输出样本，利用该样本对神经网络的连接权系数进行学习和调整，以使该网络实现给定的输入输出关系，必须指出的是输入输出样本必须具有权威性。经过训练的神经网络，对于不是样本集中的输入也能给出合适的输出。神经网络建立在可以自学习数学模型的基础之上。它可以对大量复杂的数据进行分析，并可以完成对人脑或其他计算机来说极为复杂的模式抽取及趋势分析。它是一种通过训练来学习的非线性预测模型，可以完成分类、聚类、特征挖掘等多种数据挖掘任务。

(2) 支持向量机

支持向量机(support vector machine, SVM)是基于统计学习理论的新一代机器学习技术。由于使用结构风险最小化原则代替经验风险最小化原则，它较好地解决了小样本情况下的学习问题。又由于采用了核函数思想，它把非线性问题转化为线性问题来解决，降低了算法的复杂度。它是针对两类分类问题，在高维空间中寻找一个超平面作为两类的分割，以保证最小的分类错误率。

支持向量机的基本思想可以概括为：首先通过定义适当的核函数进行非线性变换，将输入空间变换到一个高维空间，然后在这个新空间寻找支持向量，即距离最优分类面最近，且根据平行于最优分类面的超平面上的训练样本构造最优分类面，增加对测试样本的泛化能力。正因为 SVM 理论有较为完备的理论基础和较好的学习性能，并有一个重要优点就是可以处理线性不可分的情形，使得它的预测分类能力比神经网络等其他机器学习算法要优越得多。支持向量机在数据挖掘方面的应用主要为分类问题。

(3) 决策树

决策树(decision tree)是通过一系列规则对数据进行分类的过程。决策树是一棵"树"，树的根节点是整个数据集合空间，利用信息论中的互信息(信息增益)寻找数据库中具有最大信息量的字段，建立决策树的一个节点，再根据字段的不同取值建立树的分支；在每个分支子集中，重复建立树的下层节点和分支的过程，即可建立决策树。首先，通过训练集生成决策树，再通过测试集对决策树进行修剪。决策树的功能是预测一个新的记录属于哪一类。

采用决策树，可以将数据规则可视化，其输出结果也容易理解。决策树分为分类树和回归树两种,分类树对离散变量做决策树,回归树对连续变量做决策树。决策树方法精确度比较高,同时系统也不需要长时间的构造过程,因此比较常用。

3) 聚类分析

聚类(cluster)就是通过分析某个数据集,将数据集合按照相似性归为若干类,使得同一组中的数据彼此相似,不同类间的数据尽可能不同。聚类分析与分类分析不同,分类分析中所使用的数据是已知类别标号的,而聚类分析所分析处理的数据是无(事先)类别归属的,类别标号在聚类处理过程中是不存在的。聚类分析常用的算法主要有 K-means 算法、层次聚类等方法。

(1) K-means 算法

K-means 算法首先随机选取 K 个点作为初始聚类中心,然后计算各个样本到聚类中心的距离,把样本归到离它最近的那个聚类中心所在的类。对调整后的新类重新计算新的聚类中心,如果相邻两次的聚类中心没有任何变化,说明样本调整结束,聚类准则函数已经收敛。本算法的一个特点是在每次迭代中都要考察每个样本的分类是否正确,若不正确,就要调整。在全部样本调整完后,再修改聚类中心,进入下一次迭代。如果在一次迭代算法中所有的样本都被正确分类,则不会有调整,聚类中心也不会有任何变化,这标志着准则函数已经收敛,因此算法结束。

(2) 层次聚类

层次聚类方法(hierarchical cluster method)将对给定的数据对象集合进行层次分解。它通过将数据对象组织为若干组并形成一个相应的树来进行聚类。根据层次分解是自顶向下还是自底向上形成,层次聚类方法可进一步分为凝聚的层次聚类和分裂的层次聚类。

凝聚的(agglomerative)层次聚类是一种自底向上的策略。首先将每个对象作为一个簇,然后合并这些原子簇为越来越大的簇,直到所有的对象都在一个簇中,或者某个终结条件被满足。

分裂的(divisive)层次聚类是一种自顶向下的策略。与聚合的层次聚类相反,它首先将所有对象置于一个簇中,然后逐渐细分为越来越小的簇,直到每个对象自成一簇,或者达到了某个终结条件,例如达到了某个希望的簇数目,或者两个最近的簇之间的距离超过了某个阀值。

除了以上这些方法,还有一些其他常用方法,如覆盖正例排斥反例方法、可视化技术以及以上各种方法形成的综合方法。这些方法各有优、缺点,为提高数据挖掘的效果,可将各种方法有机地结合起来,取长补短,以发现更有价值的信息。

8.3.3 数据仓库和数据挖掘的关系

数据仓库是数据挖掘的基础,数据挖掘是用户基于数据仓库进行的数据提取、分析和查询的决策工具。图 8.10 简单表示出了两者之间的关系。可以看出,数据仓库对数据挖掘是支持关系。

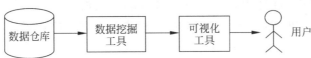

图 8.10 数据挖掘和数据仓库的关系

因为多数企业内部的数据状况是分散的,业务数据往往被存放在缺乏统一设计和管理的异构环境中,不易综合查询访问,而且还有大量的历史数据处于脱机状态,不能在线集中存储查询。因此数据挖掘在对这些数据进行分析前,必须对这些数据进行不同程度的整合和清理,这是其首要环节,但一般的管理信息系统的数据环境是不具备这种能力的。从前面讲的数据仓库概念已知,它是能够满足数据挖掘技术对数据环境的要求的。利用企业内外多种不同的业务数据库提取数据进行业务决策是一件复杂的工作。数据仓库就像一个满是货架的房间,而货架上已经按一定次序(维度)放满了各种信息等待用户来提取。一旦确定了数据仓库中的信息存放方式,并选择了适当的工具(可视化工具)对数据进行检索和操作,用户就可以通过特定的方法对数据进行查询,这就是数据挖掘。正如数据挖掘定义中讲到的,查找数据趋势、模式以及数据间的关系都属于数据挖掘。数据挖掘应建立在联机分析处理(OLAP)的数据环境基础之上,而数据仓库技术能够满足数据挖掘技术对数据环境的要求,它从 OLTP 系统、异构分散的外部数据源、脱机的历史业务数据中获取数据并进行处理。

数据挖掘和数据仓库的协同工作,一方面,可以满足和简化数据挖掘过程中的步骤,提高数据挖掘的效率和能力,确保数据挖掘中数据来源的广泛性和完整性;另一方面,数据挖掘技术也是数据仓库应用中极为重要和相对独立的方面和工具。数据仓库是一个复杂的系统,增加数据挖掘工具将进一步增加系统的建设难度。因此,企业采用数据集市和数据挖掘工具合作,也能在某一特定领域起到相同的辅助决策作用。

8.4 人工智能和专家系统

"人工智能"在 1956 年由 Join McCarthy 首次提出,经过 60 多年的发展,人工智能系统已经参与了包括机票定价、食品制造、石油勘探、信用卡欺诈和股票投资等各种各样的企业任务,取得了很好的经济效益。

8.4.1 人工智能

人工智能(artificial intelligence,AI)是让机器模仿人类思维与行为的一门学科,它包括机器智能和智能机器。机器人就是一种典型的机器智能形式,就是让机器人这种机械装置具有模拟人类感官功能和自行采取行动的能力。机器人在很多行业都发挥了很大作用。例如,自动化仓库系统中的存取机器人装有扫描器,可以检测到进出仓储系统的箱柜上的代码。存取机器人按照所指示的顺序移动,仓储操作人员将数据输入通道底部计算机或经过一个复杂的运算法则排列出一个提货顺序来通知存取机器人提取货物,并将存取机器人已提取的货物信息通过自动传送设备传回操作台。它有类人的功能,如感知功能和行走功能,还能完成各种动作;或根据人的编程自动工作,根据程序改变它的工作、动作、工作的对象和工作的一些要求。

另一种是智能机器形式。我们知道,卡斯帕罗夫是国际象棋棋坛上最伟大的棋手,可是在北京时间 1997 年 5 月 12 日凌晨 4 时 50 分,当"深蓝"将棋盘上的兵走到 C4 位置时，卡斯帕罗夫推盘认输，而战胜他的是一台没有生命力、没有感情的"深蓝"。"深蓝"是谁？它是美国 IBM 公司生产的一台超级国际象棋计算机，重 1270 kg，有 32 个大脑（微处理器），每秒钟可以计算 2 亿步。"深蓝"存储器中输入了 100 多年来优秀棋手的对局 200 多万局。它是经过专家多年的努力，培养出来的一个世界超级棋手机器。它主要是通过智能的计算机程序来模拟人的智能活动，应用了计算机高速的运算功能和超大的存储能力。

目前的计算机系统不仅具有看、听和说的能力，而且在模拟人的智能方面，已经开始在模拟人的判断、推理和思考的能力，这一点对于辅助企业高层决策管理是很有现实意义的。美国商业部门近期的一份调查报告指出，世界前 500 家公司中有 70% 的公司使用人工智能作为决策支持的一部分，人工智能软件的销售收入也飞速增长。一般企业管理活动中采用的人工智能系统主要包括以下几种。

1. 专家系统

专家系统（expert system，ES）就是一个类似于人类专家，能存储大量专业知识并能进行推理的软硬件系统。由于专家系统在商务运营管理中有很多应用，下面将详细介绍。

2. 机器人

机器人（robotics）就是能执行高精度或重复性、危险任务的机械或计算机设备。现代的机器人把高精度的机器能力和先进的控制软件相结合，完成诸如装配、油漆、精密焊接等需要高精密技术或者石油勘测、仓储进出搬运等危险和繁重的任务。

随着科学技术的发展，机器人的应用领域不断扩大，不仅应用于传统制造业如采矿、冶金、石油、化学、船舶等领域，同时也已开始扩大到核能、航空、航天、医药、生化等高科技领域以及家庭清洁、医疗康复等服务业领域中。例如，水下机器人、抛光机器人、打毛刺机器人、擦玻璃机器人、高压线作业机器人、服装裁剪机器人、制衣机器人、管道机器人等特种机器人，以及在物流领域中的搬运机器人、理货机器人和分拣机器人等，都广泛应用于各行各业。机器人技术目前仍然是科学家们深入研究的一个热点领域。

3. 视觉系统

视觉系统就是能让计算机获取、存储及操纵可视化图像和图片的软硬件系统。比如美国"9·11"事件后，对于进出美国海关的所有人都进行指纹采集、存储和分析，这样的指纹分析系统能够快速检索庞大的指纹数据库，分析效果几乎和专业专家的水平精确相似，可以解决很多的陈年旧案。

在仓储系统中，视觉系统和搬运机器人结合使用，可使得这些机器人具有"视觉"。机器人能很容易地通过其自身的视觉系统，扫描自己搬运的货物上的条形码，并传输进入计算机系统中来指导机器人的后续操作。而在电子制造领域，主要是引导机器人进行高精度印刷电路板（PCB）定位和表面组装技术（SMT）元件放置及表面检测；在机械领域，主要是部件识别和在线质量检测，通过反馈控制来提高产品的产量和成品率；在食品饮料领域，主要有包装检测和分类识别方面的应用；在医药领域主要是包装检测和标签识别；其他领域主要是部件识别和表面检测方面的应用。

4. 智能代理系统

智能代理（intelligent agent）系统是一种可以辅助人或充当人的代表来执行重复的与计

算机相关任务的软件系统。它具有适应性,能够独立工作并执行人们设定好的重复性工作。这种系统模仿人的行为来执行一定的任务,但在执行任务期间不需要或很少需要人的干预与指导,因此智能代理不同于我们以前知道的计算机只能被动地执行程序员或用户的指令,它是信息用户的"自动助手",它的行为是主动的,具有一定智能。智能代理系统可以分成如下两类:

(1) 采购者代理。该代理通过搜索网站(如互联网)找到所需信息并提供给顾客。采购者代理属于位于网站上的智能代理,它根据用户所需的产品和服务需求,来帮助用户达到目标。这种采购者代理系统对提高诸如电子元件等一些标准产品的工作效率有很重要的作用。

(2) 用户代理。这种应用已经广泛使用,也称为个人代理,在很多企业的办公自动化系统或内联网中都有该功能。其主要功能有:①信息自动通知,也就是当信息用户指定了特定的信息需求之后,智能代理能够自动探测到信息的变化和更新,进而将其下载到数据存储地存放起来,同时智能代理能将该信息自动地提示给用户,如自动检查邮件、自动给出重要会议提示等。②浏览导航和智能搜索,即如果信息用户愿意在网上去"冲浪"(surf),智能代理就能根据用户近期经常关心的信息,自动分析用户感兴趣的领域,并当用户上网浏览时自动向用户建议与该领域更密切的页面或链接;同时能够根据信息用户的特定需求,进行信息过滤,从而为用户提供更精确的搜索信息等。

除了这些,智能代理还具有自动流转公文,与同事代理之间协调、解决冲突或进行交流,履行监督控制等功能。

总之,人工智能是一门综合性学科,它和计算机科学、控制论、信息论、神经生理学、心理学、语言学等多种学科互相渗透并发展。从计算机应用系统的角度出发,人工智能是研究如何制造出人造的智能机器或智能机器系统,来模拟人类智能活动的能力,以延伸人们智能的科学。从目前的一些研究可知,未来人工智能可能会向模糊处理、并行化、神经网络和机器情感等几个方面发展。可以相信,人工智能领域会为人类创造出更多的财富。

8.4.2 专家系统

企业的重要资源中,人是最重要的资源。而在所有企业的人员中,专业人才又是最重要的,因为企业的关键运营活动都是靠这些人才或是这些人才的专业知识来完成的。这些人才所拥有的知识一部分可以从书本上、老师那里获取,可以传授下去,但还有一部分是长期工作的经验积累和工作所得,这些知识都存在于人的大脑中,是比较难以获取的。专家系统就是为解决这个问题而提出的,它就是要获取这些人才大脑中的专业知识,并将它们提供给那些非专业人员,以便把这些知识延续下去,更快、更好地解决实际企业运营中的问题。

专家系统也称为基于知识的系统,是一个智能计算机程序系统,其内部具有大量专家水平的某个领域的知识与经验,能够利用人类专家的知识和解决问题的方法来解决该领域的问题。也就是说,专家系统是一个具有大量专门知识与经验的程序系统,它应用人工智能技术,根据某个领域一个或多个人类专家提供的知识和经验进行推理和判断,模拟人类专家的决策过程,以解决那些需要专家决定的复杂问题。

专家系统由许多集成的、相互联系的组件构成,其中包括知识库、知识获取工具、推理机、解释工具及用户界面,如图 8.11 所示。

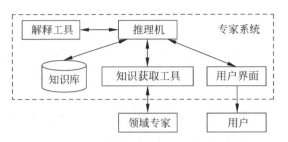

图 8.11 专家系统的组成

1. 知识库

知识库中存储了专家系统所用的所有相关信息、数据、规则、案例和关系。为一个具体的应用就需要开发一个专业的知识库,知识库中不仅包含该领域中多年来建立的一般理论和通用知识,还包括来自专业领域的经验知识,常常用 if-then 规则的形式来表示。例如,if 存在某种情况,then 按照 A 类方案来处理。同样也能通过案例来表示,包括找出与目前问题类似的案例,并结合存储在知识库已经存在的案例,分析它们之间的差别,以便找出解决问题的方案。而很多问题就是相互关联的,某个问题可能会导致另一个问题,这样就可以分析它们之间存在的关系,以找出问题的答案。

2. 推理机

专家系统中的推理机具备模拟人的判断推理能力,根据知识库中的信息和关系,为用户提供问题的答案、预测分析及建议的功能。因为知识库是事实、管理和规则等的集合,因此,推理机从知识库中找出有效解决问题的答案将是事实、规则和关系的组合体,这个实现的过程是复杂的,需要推理机模拟人类专家处理问题的思考方式,需要快速的信息搜索能力。

3. 解释工具

解释工具是专家系统中用于辅助用户的一个重要部件,可以帮助用户或决策制定者理解专家系统是如何得到某个决定或结果的。通过解释工具,专家系统能够指出所得的结论中运用的所有规则和推理过程,以便用户判断专家系统得出结论的正确性和合乎逻辑性。

4. 知识获取工具

为了使专家系统具有更强的生命力,需要领域专家定期通过知识获取工具把新的知识和经验输入知识库。知识获取工具就是为获取、存储和更新知识库中所有组成元素(如数据、规则、案例等)而提供的一种有效方便的工具。目前的知识获取工具有手动和自动、手动混合两种,并且是菜单导航控制的,为领域专家和系统交流提供了很好的便捷性。

5. 用户界面

用户界面的目的是为用户和决策制定者开发及使用专家系统提供方便。专家系统是一种专业领域应用软件,其界面不同于一般的图形化用户界面,而是一种面向专业领域内容的用户界面,如可能需要用户采用 if-then 规则的形式来提出自己的问题,或者阐述清楚需要解决的问题和希望查询的案例关键字等。目前已经开发出应用于专家系统的专门用户界面软件。

开发专家系统的关键是表达和运用专家知识,也就是来自人类专家的并已被证明对解决有关领域内的典型问题有用的事实和过程。专家系统和传统的计算机程序最本质的不同之处在于专家系统所要解决的问题一般没有算法可解，并且经常要在不完全、不精确或不确定的信息基础上推理出结论。一般专家系统可以解决的问题包括解释、预测、诊断、设计、规划、监视、修理、指导和控制等。比如，德国汉莎航空公司采用了货运专家系统 CARGEX，来辅助决定最佳的航空运输路线；CoverStory 是一个能从数据库中抽取营销信息并自动提写营销报告的专家系统，等等。

前面讲述了物流管理中的决策技术和系统，事实上，这些智能技术和方法不可能以一个单独的软件系统来引导企业的发展。从战略上说，统一的信息化平台也要求必须把这些智能技术和管理信息系统的所有功能整合，但这不是一个简单的融合，而需要汇集企业内外尽可能全面的信息，并能根据企业不同层面经营与决策者的需要提供有用的参考信息和决策方案选项，模拟企业的经营和管理过程。因此，将来企业信息化的深入应用目标应该转向决策的智能化。可以相信，企业管理从信息化走向智能化是必然趋势。

8.5 管理决策技术在物流中的应用

8.5.1 管理决策技术在零售业的应用

在零售业中，主要业务流程就是进货、上架、销售、补货的过程，零售业通过建立商品条形码编码系统、销售管理系统、客户资料管理及其他业务数据系统，来收集运营过程中关于商品销售、客户、货存单位及店铺等的信息资料。数据从各种应用系统中采集，可以根据设定好的条件进行分类，然后放入数据仓库中，供高级管理人员、分析人员、采购人员、市场人员和广告客户等查询访问；也可以利用数据挖掘工具对这些数据进行分析，为他们提供高效的科学决策工具。一个著名的例子就是沃尔玛公司利用自动数据挖掘工具，对数据库中的大量数据进行分析后，意外发现跟婴儿尿布一起购买最多的商品竟是啤酒，这就是"婴儿尿布与啤酒"的故事。为什么婴儿尿布与啤酒两件相差很远的商品会有这么强的关联性？这是因为年轻的太太们常叮嘱她们的丈夫，下班后为他们的小婴儿买尿布，而丈夫们在买尿布后，若啤酒就在附近，会随手带回两瓶啤酒；否则，若找不到摆放啤酒的货架，丈夫们可能会放弃买啤酒。根据这个发现，零售商们在摆放货架时，就需要考虑这种因素，促进销售量。

类似于沃尔玛公司，零售商们通过对商品进行购物篮分析，可以探寻哪些商品顾客最有希望一起购买，也就是通过数据挖掘技术找出数据中隐藏的顾客与商品之间存在的规律。在零售业应用领域，DW 和 DM 的作用如下。

1. 市场趋势分析

正如前面举出的"婴儿尿布与啤酒"的故事，利用数据挖掘工具和统计模型对零售业数据仓库中的数据仔细研究，可以分析顾客的购买习惯、广告成功率和其他战略性信息。利用数据仓库通过检索数据库中近年来的销售数据进行分析和数据挖掘，可预测出季节性或月销售量，对商品品种和库存的趋势进行分析；还可确定降价商品，并对数量和运作作出决策。

2. 销售状况分析

随时可通过分类信息,如按商品种类、销售数量、商店地点、价格和日期等了解各个零售店每天的运营和财务状况。对销售的每一点增长、库存的变化以及通过促销而提高的销售额都能全面了解。零售店在每天的运营中,要随时检查销售的商品结构是否合理,如每类商品的经营比例是否大体相当,并随时根据季节变化导致的需求变化或同行竞争对手的商品结构调整等因素来调整零售店中的商品结构。

3. 商品货架布局分析

通过分析顾客的购买习惯,考虑购买者在零售店里可能穿行的路线、购买时间和地点,掌握不同商品一起购买的概率;通过对商品销售品种的活跃性分析和关联性分析,建立商品配置的最佳结构和零售店中各个商品的最佳上架商品的布局方案。

4. 降低库存成本

零售店为提高效率,降低成本,目前大多是每天凌晨进货、验货,在门店早上开门时就已经把商品上架完成。仍以沃尔玛公司为例。在20世纪80年代中期,沃尔玛就开始和它的供应商宝洁合作,通过数据挖掘系统,将销售数据和库存数据集中并进行数据分析,来决策各个商品是否需要增减、补货或调货,确保有足够的商品来满足顾客的需要。沃尔玛每天夜里将库存信息和商品销售预测信息,通过电子数据交换(EDI)系统直接送到供应商那里,而供应商根据这些信息来决策第二天的补充商品,实现了一种及时供应的运作模式,降低了库存成本。

5. 商品促销分析

通过数据仓库中的数据和数据挖掘工具,可以对某一种厂家商品,如宝洁的洗发水,在各个连锁店进行市场共享分析、客户统计分析及历史状况的销售分析,来研究促销和广告业务的有效性。通过对顾客购买偏好的分析,确定商品促销的目标客户,以此来设计各种商品的促销方案,并通过商品购买关联分析的结果,采用交叉销售和向上销售的方法,挖掘客户的购买力,实现准确的商品促销。

8.5.2 管理决策技术在销售配送中的应用

在物流的销售配送过程中,存在很多复杂的管理决策问题,如运输路径选择问题、配送中心调度问题、配送中心配载装货问题等。这些问题都需要采用数据仓库、数据挖掘技术的支持,通过对这些问题的分析、建模和可行方案的判断推理,实现对管理活动的辅助决策作用。常见问题有以下几种。

1. 运输路径选择问题

车辆路径问题(vehicle routing problem,VRP)最早由Dantzig和Ramser于1959年提出。它指的是对一系列装货点和(或)卸货点,组织适当的车辆路线,使车辆有序地访问它们,在满足一定约束条件(如货物的需求量、发货量、交发货时间、车辆容量、顾客服务时间限制、车辆行驶里程限制、优先级等)的情况下,达到一定的优化目标(如行驶路程最短、行驶费用最少、行驶时间最短、使用车辆最少等)。比如图8.12所示的例子,其中方框表示场站,如配送中心、企业仓库、转运中心等；圆圈表示顾客。车辆从场站出发，沿箭头方向经过一段路径，在满足一定约束条件的情况下，依次为各个顾客进行服务，最后回到场站。

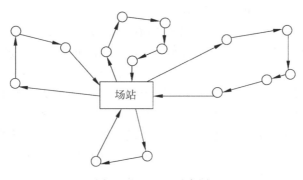

图 8.12　VRP 示意图

根据解决问题的实际需要，从车辆调度者和待服务顾客两个方面来衡量车辆路径的有效性，涉及的目标函数主要有最小化使用的车辆数量、最小化车辆的总行驶距离、最小化车辆的行驶时间和最小化顾客的不满意度等；还需要满足很多约束条件，如车辆的种类和容量的约束、顾客服务类型和时间窗约束、路径约束等。

车辆路径问题是物流运输配送中广泛遇到的一个问题，目前随着市场竞争的加剧及诸多高新技术如网络通信技术、GIS 和 GPS 技术等在物流配送领域的广泛应用，实现满足顾客实时需求的动态车辆路径问题，对于提高物流配送业的服务水平和工作效率具有重要意义。

2. 物流中心进出货组织问题

在物流中心，运作效率很重要。一个物流中心的运作主要包括 5 个基本功能：进货、分类、排序、简单加工和分拣出货。物流中心需要在每一运作过程中通过降低库存来降低成本，如图 8.13 所示。

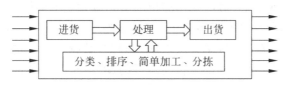

图 8.13　配送中心运作过程

在图 8.13 中，货物（如包裹、托盘、纸板箱等）到达配送中心，在进货点被扫描并被验货。在系统中，这里也称货物重量、量尺寸和贴标签；然后物品被放在处理系统中，进行分类排序（如按照目的地）、简单加工和分拣等；最后货物被运送到出货点上的适当位置，配装后离开物流中心，将货物运输配送到指定的目的地。

在物流中心，通常通过铲车、输送机等设备将货物从进货站台运输到出货站台。整个过程所形成的运费是由进货站台、出货站台的位置决定的。所以，需要寻找一个适当的方法来分配目的地和出货站台间的对应关系，以使整个物流费用最小。另外，由于每天到达的货车数量可能会超过进货站台数，尤其是业务高峰期，一些货车需要排队等待，直到某些进货站台空闲为止。在进货站台上，货车将装满货物的托盘或箱子一件一件卸下，并对每个包装物贴标签，以标识其目的地。这需要花费大量时间。很多大的企业在业务高峰期，货车在进货环节每天需要等待六七个小时才能卸货。同样在物流中心处理后，等待出货耗费的时间也很长，增加了货物在物流中心的库存成本。

如何根据业务运作的需求分配物流中心的有效资源，很多国际上大的邮政物流配送中心都做了这方面的分析工作。例如，韩国的 Daejeon 邮件分发中心通过分析，按照所有的目的地进行了分组，并以唯一的号码标识每个组。在靠近进货站台的拣货区，每一个到达的货箱将以组的号码为标识，并排在该组所在的队伍中。铲车每次从一个组中大概拖出 7 个托盘，然后将它们送到该组指定的装货区。每个组的装货区位于该组所有出货站台的中心位置，目的地根据实际地理位置的接近程度进行分组。在装货区，托盘根据目的地的不同进行分拣，并被装上出货车。这里最重要的管理决策问题是如何分配目的地和出货站台间的对应关系，以及对目的地进行分组并确定分组的数量。

3. 货物的配载问题

物流配送是物流中一个重要的直接与消费者相连的环节，是货物从物流节点送达收货人的过程。配送是在集货、配货的基础上，按货物种类、品种搭配、数量、时间等要求所进行的运送，其核心部分是配送车辆的集货、货物配装及送货过程。其中，货物配装是物流配送的基础环节，配装质量的好坏直接关系到配送的效率，进一步影响到整个物流中心运作的效益。

货车装载技术解决的主要问题就是在充分保证货物质量和数量完好的前提下，尽可能提高车辆在容积和载重两方面的装载量，以提高运能运力的利用率，降低送货成本。货车配载问题属于一类组合优化问题，主要通过分析给出一个合理的货物配载布局方案，以在保证装运的稳定性（防止运输中因货物移动而导致货物损坏）、多目的地运送、负重限制、箱体内的重量分布、装箱的效率等问题的基础上，使装载的空间利用率达到最大。例如，有一批共 712 个不同种类的货物，要尽量多地放在一个货车中，就需要合理安排这些货物的位置，使得这辆货车能放开尽量多的货物并且空间的利用率高。

以上物流中心中常见到的问题，采用简单的数据查询是不能解决的，需要复杂的数据分析和模型建立过程。目前已经有很多 VRP 模型被提出，但当考虑的因素很多时，这些模型的复杂度都很高，不能直接采用数学方法求解。因此，数据挖掘中的很多智能技术，如神经网络、遗传算法和人工智能技术等都是目前流行的、求解此类问题的重要方法。

案例 8-1：大数据时代来临

当前，人们常说我们生活在数据的海洋中，如我国最大的电子商务平台淘宝网每天新增的交易数据量超过 10 TB，而亚马逊的电子商务平台每秒处理订单 70 多个，eBay 的数据处理和分析能力是每天 100 PB。据国际数据公司 IDC 的预测，全世界数据量 18 个月就会翻一番。显然，我们进入了一个大数据时代。

大数据从字面看好像仅仅代表了大规模数据（large data）、海量数据（massive data），其实不然。虽然大数据的定义众说纷纭，但大多认为其应该具有 4 V 的特点，即规模性（volume）、多样性（variety）、高速性（velocity）和价值性（value）。而维基百科给出的大数据定义，是指利用常用软件工具捕获、管理和处理数据所耗时间超过可容忍时间的数据集。因此,可以看出,大数据技术与传统的数据管理技术,如数据库技术具有很大的区别,如在数据规模、数据类型、数据处理模式和数据处理工具、技术等方面都有区别。

大数据中的数据分析是其核心价值所在,需要从下往上多种技术的协同来实现。其中最下面的层次是文件系统,提供存储能力的支撑作用;而在其上面需要建立数据库系统,来方便管理各种业务数据,并基于构建的索引等功能,为外部用户提供高效方便的数据查询;最上层就是通过数据分析技术,对数据库中的大数据进行提取、清洗、转化、分析,从而得到有用的知识。

大数据的产生来自于传感器技术的发展,目前人们可以制造很微小的、带有处理功能的传感器,并将其安装在我们生活的很多地方,如大街小巷、工作场所、港口场站和楼层通道等,这些监控设备记录下大量的数据,形成了海量数据。这些数据量很大,类型多种多样,且随着时间动态变化。因此,这些数据并不像某个企业业务数据库中的数据那样纯净,而是很繁杂,需要大量的转换、清洗、抽取和集成工作,通过相关性关联与聚合,采用一致性的结构来存储抽取的数据。同样,在数据分析方面,数据仓库、数据挖掘等方法在大数据时代的应用也需要作出一定调整。比如,传统的数据挖掘算法中更强调结果的准确性,而在大数据时代,因为高速性和多样性,更多情况下更需要算法在精确性与实时性之间作出权衡。进一步,因为数据量太大,造成对所有数据的分布特点不能清楚掌握,这会对设计算法评价指标和目标带来很大困难。

本章小结

物流全球化的发展迫切要求物流管理对物流全程进行监控、快速响应客户需求。通过亨利·明茨伯格(Henry MintZberg)研究的管理者扮演的 3 种类别下的 10 个角色,可以看出决策者在信息角色和决策角色方面对管理信息系统的依赖是很大的。但由于物流系统中很多决策问题的复杂性越来越高,进行科学的物流管理决策过程成为管理决策过程的必然趋势。

采用计算机技术进行物流管理决策过程,需要数据存储技术的支持。随着数据库中数据量的急剧增长,需要越来越多的数据存储方法。目前常用的存储结构包括直接附加存储、网络连接存储和存储区域网络;而采用的存储介质主要有磁存储设备、光存储设备、磁盘阵列、网络存储等。存储备份与异地冗灾是目前数据发生破坏时帮助数据快速恢复的有效方法。

数据仓库、数据挖掘和人工智能等技术都是进行数据分析、辅助进行物流管理决策的方法。数据仓库是一个综合性的数据库,数据来源于企业内外部,跨越部门、跨越企业业务流程,具有面向主题、集成、时变、非易失的特性。数据仓库是采用多维方式来进行数据表示和数据操作的,主要操作有钻取、切片、切块和旋转。数据仓库的建设是很复杂的,因此,建设数据集市是企业更好的选择,数据集市就是只包含了企业业务某一方面的数据子集。数据挖掘相对于数据仓库而言,是一种更深层次的商业信息处理技术,它可以对大量的企业数据进行分析,揭示其中隐藏的、未知的或验证已知的规律性,并进一步将其模型化,然后将分析结果用于管理决策,提高企业的竞争力。数据挖掘过程由数据准备、挖掘操作、结果表达和解释3个主要阶段组成。常用的数据挖掘方法很多,有关联分析、分类分析、聚类分析等。数据挖掘的任务分为两类,即描述和预测。数据仓库对数据挖掘是支持关系。

人工智能是让机器模仿人类思维与行为的一门学科,它包括机器智能和智能机器。目前在人工智能领域应用比较多的有专家系统、机器人、视觉系统、智能代理系统等。专家系统通过模拟领域专家的经验和知识、推理和判断等过程来辅助决策过程,在实际应用领域已经取得很多成果。

物流管理领域中存在很多复杂的决策问题,如零售货架布局问题、车辆路径问题、车载配送问题等,这些都需要在相关的数据组织、数据存储、数据仓库、数据挖掘以及人工智能等技术支持下才能实现。

思考题

8-1 企业管理者在信息角色和决策角色方面需要管理信息系统的哪些支持?

8-2 现在常用的数据存储技术有哪些?不同企业采用存储方案时应考虑的因素有哪些?

8-3 什么是数据仓库?简述数据仓库和OLTP、OLAP三者之间的关系。

8-4 什么是数据挖掘?简述数据挖掘和数据仓库的关系。

8-5 数据挖掘的任务主要有哪两类?常用的数据挖掘方法有哪些?

8-6 简述物流上、下游各环节,如零售业、配送业、制造业等,都需要进行管理决策的问题。

讨论题

8-1 如何理解科学物流决策的含义?管理者仅靠个人领导艺术是否总能进行正确的决策?

8-2 通过查阅资料,了解一个全国性或国际性的企业,如青岛海尔的生产地、销售地及其相应配送地的分布,试着描述其产品的销售网络。讨论这种全国性或国际性网络下物流管理和控制所考虑的因素有哪些。假设没有信息技术的支持,分析管理者将如何进行决策,可能会有哪些问题。

8-3 从一个实际例子出发,如库存、采购运输车辆安排或配送路径等,试分析支持物流决策中会用到的模型方法。

8-4 查阅资料,分析存在哪些大数据的分析工具,并简述它们的功能。

第 9 章 物流信息系统项目管理

物流信息系统的开发与建设对于企业来说是一项非常重要的工程,需要运用项目管理的手段。物流信息系统在硬件和软件方面都涉及很多先进技术,除了网络通信技术,还需要自动识别技术、GIS、GPS 和数据管理、决策分析等技术。因此,项目工程投资很大,涉及企业全方位的业务流程重构与优化。人们常说管理信息系统的成功"三分软件,七分实施",可见实施工作的重要性。在物流管理信息系统实施过程中,还会涉及管理者和员工思维方式和行为方式的转变,因此,物流信息系统开发实施需要严格遵从项目管理理论和方法论。

本章将针对物流信息系统开发过程中的项目管理问题进行阐述,包括开发的目标和原则、产品生命周期以及项目过程中涉及的企业流程再造等内容,指出物流信息系统规划的方法及可行性评价的主要内容,并详细阐述系统开发和系统实施过程中存在的风险、风险控制的工具和方法,以及项目后评价等方面的内容。

9.1 物流信息系统的开发

物流信息系统的开发是一项复杂的系统工程,尤其对于综合性很强(如面向企业业务全面集成)的物流信息系统更是如此。因此,在系统开发之前,需要对系统的开发原则和目标、开发所遵循的过程有所了解,同时,信息系统开发要求对业务流程进行梳理和优化,对此也要有全面、清楚的认识。

9.1.1 物流信息系统的开发原则和目标

1. 物流信息系统开发过程中需要遵循的原则

1) 通用性原则

物流系统以提高企业或社会物流效率、降低物流成本为最终目的,因此,在系统开发的过程中,要充分考察物流行业的管理特征与规范,积极参考行业通用的管理模式进行开发,同时兼顾企业特有的问题,这样开发的物流管理信息系统,一方面包含了行业规范和标准,可以适用于更多企业;另一方面,采用行业规范和接口的物流管理信息系统,可以实现不同企业系统业务数据和流程的无缝对接,从而为构建跨企业平台提供必要的基础,这是降低物流信息系统开发成本和应用成本、提升社会物流信息互联的前提条件。现代基于供应链的物流不仅涵盖企业内部物流过程,更以链接上下游企业物流过程的复杂社会物流网络为核心内容,因此,只有构筑全社会范围的物流信息平台,才能彻底实现面向供应链的物流信息化。

2) 标准化原则

在物流企业管理流程、规范、数据接口以及物流业务管理等方面,要积极采用国家或行业标准,采用与企业信息系统实现无缝对接的标准化的功能设定、流程设定以及接口设定,通过标准化,实现物流信息系统的柔性和对接能力。

3) 完整性原则

供应链中不同层次的物流过程通过信息流紧密结合。现实中的物流系统,存在对物流信息进行采集、传输、存储、处理、显示和分析等需求。要保证信息系统开发的完整性,必须制定出相应的管理规范,例如开发文档的管理规范、数据格式规范、报表文件规范,以保证信息系统开发过程的完整性和可持续性。

4) 可靠性原则

信息系统在正常情况下应该能够可靠运行,实际上就是要求信息系统具有准确性和稳定性。信息系统的准确性依赖于物流信息处理的精确性和及时性,物流信息必须精确、及时地反映企业当前的物流系统营运状况和即期活动,以衡量顾客订货和存货水平。

5) 经济性原则

软件开发费用必须在保证质量的情况下尽量节约。一个经济实用的物流信息系统必然是层次结构分明的,处于不同层次的部门用户,应该能够获取各自所需信息,并且信息展示方式应根据信息类型的不同而作相应调整。

6) 先进性原则

借助当前最先进的科学技术,如电子数据交换、互联网技术、现代通信技术、RFID、云计算和大数据技术等,使信息传递和处理速度大大高于传统方式,实现不同企业之间信息的实时传递。

2. 物流信息系统开发的目标

1) 提高物流系统的可控性

物流管理信息系统立足于在信息充分的情况下,物流活动容易被科学地计划和控制,从而使物品流动具备合理性和有序性,将"盲目调度"的情况减少到最低,促使物流资源充分利用、货物周转次数大大减少、位移的平均距离缩短,减少不协调与浪费现象,使得物流活动的有效性大大提高。

2) 提高物流系统的效率

物流管理信息系统的应用要有利于提高物流效率。物流系统是一个复杂的、庞大的系统,其中又分为很多子系统,各子系统密切交织在一起,相互联系十分紧密。只有充分应用信息技术,才能使得整个物流系统的运作合理化;只有提高物流系统的各环节、各子系统的信息化水平,才能提高整个物流系统的运行效率。一般来说,物流活动伴随着大量的资金流动,企业和社会的人力、物力、财力、资源的组织和合理利用,是一个非常复杂的问题。随着科学技术的进步,生产的发展,市场的扩大,物流技术的提高,客户需求的个性化发展,物流系统的范围还将不断深化与扩张,复杂程度也将不断增大。在物流活动的全过程中,始终贯穿着大量的物流信息。物流系统要通过这些信息把各个子系统有机联合起来。只有通过信息技术的不断发展和应用,把物流信息收集好、处理好,并使之指导物流活动,才能使整个物流系统的运作流畅和高效。

3) 构筑全球化物流管理能力

随着互联网的广泛应用,以互联网为基础构筑的物流信息系统有利于实现全球物流优化,将整个生产、流通、消费环节有效地整合成为一体,打破了传统意义上的地域限制、时区限制,扩大了物流服务的范围,同时也能为客户提供更优质的服务。由于信息及时、全面的获取与加工,供需双方可以充分交流和共享信息,使物流服务更准确,客户满意度提高;同时,顾客可以获得更多自助服务功能,可以决定何时、何地、以何种方式获得定制的物流服务,从而实现个性化服务;另外,在提供物流服务的同时,还可以为顾客提供信息、资金等双赢和有效的增值服务。

4) 实现信息透明

信息技术的应用有利于提高物流运作的透明度。物流经常被称为"经济领域的黑暗大陆"和"物流冰山",信息技术的应用使得物流过程中货物的状态和变化透明化,使得物流过程信息更易被掌握,从而增强了信息的准确性,使得围绕物流过程所进行的决策更准确,更具及时性和动态性。

5) 促进供应链的信息整合

信息技术的应用有利于促进和实现高效的供应链信息管理。供应链管理蕴含先进的管理思想和方法,供应链中的各个企业作为彼此依赖的实体,相互之间分担采购、生产、分销和销售的职能,成为一个协同体。如果缺少完善的信息交互、协同机制,供应链上的企业节点就会是彼此独立的"信息孤岛",无法形成完整的链条。信息技术有助于弱化供应链中企业之间的界限,有助于建立跨企业的协作机制,共同追求和分享市场份额。企业间通过信息平台和网络服务进行商务合作,可以合理调配企业资源,加速企业存货资金的流动,提升供应链运转效率和竞争力。

9.1.2 物流信息系统开发的生命周期

系统结构化开发生命周期(structured design life cycle,SDLC)是一个软件开发过程,独立于软件系统或其他信息技术。SDLC是解决软件开发问题的系统化方法,由以下几个阶段组成:一是软件范围定义,即确定和定义一个新系统的功能范围;二是需求分析,也就是分析终端用户的信息处理和内容需求;三是分析设计,基于技术、流程和需求,对待开发信息系统进行逻辑分析与设计;四是编程和调试,即创建和实施系统;最后是系统测试,就是基于预期进行信息系统功能检测和评估。

把SDLC思想应用在软件工程理论上,一个信息系统的生命周期可以划分为系统规划、系统分析、系统设计、系统实施、系统运行与维护5个阶段。物流信息系统也是信息系统的一类,遵循系统的生命周期思想,开发过程也经过这5个阶段,如图9.1所示。

对于信息系统而言,一个开发周期的结束意味着下一个开发周期的开始,这是因为客户需求是不断发展变化的,而业务功能的改变就必然要求对已有信息系统的数据结构和功能结构进行修改,小的更改可纳入系统维护;但若是较大的变动,就需要进入一个新的系统开发周期,需要从全局出发,统筹考虑,来进行新系统建设。这样周而复始,就形成循环的生命周期。

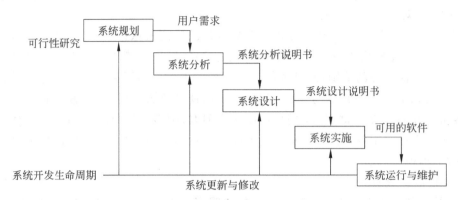

图 9.1　物流信息系统的开发生命周期

1. 系统规划

系统规划是依照企业信息化发展战略的内容和阶段而进行的某个具体应用系统整体框架的搭建过程。信息化战略是实现企业目标、愿景、职能战略、业务战略的完整融合,实现"人"的观念、"人"的行为与信息化目标和愿景的过程,是指导企业信息化的目标与方向、IT体系结构、技术总路线、操作方法、信息化操作过程的内部标准,是项目评估方法和指标体系等众多"软性"因素的度量依据。

信息系统规划是信息化战略的执行过程,是信息化战略体系中具体内容的实现,是在信息化战略指导下,针对不同业务特点、职能特点、功能特点和目标要求,规划出具体系统的实现目标、业务流程、功能要求、技术路线、设计方案、系统设施与服务选择、评估标准、项目实施计划、组织与管理,是推动系统建设过程的指导计划。

系统规划大多伴随着企业业务流程的调整过程。信息化的建设过程,往往建立在对现有流程进行优化的基础上,因为只有建立在优化之后的业务流程之上,信息系统的效率和效用才能得到极大释放。但是也应看到,业务流程优化和简化对于信息化推动也有可能产生负面影响,因为即使很小的业务流程改变也会对企业运营造成不确定的影响,需要企业各级员工重新适应和调整。为了解决此类问题,系统规划必须有企业管理人员、业务人员的充分参与和协商,要全员共同参与流程优化过程。

用于企业信息系统规划的方法主要有战略分析法,即关键成功因素法(critical success factors,CSF);企业分析法,即企业系统规划法(business system planning,BSP);基于 BPR(企业流程改造)的信息系统战略规划方法。其他方法还有战略目标集转化法(strategy set transformation,SST)、企业信息分析与集成技术(BIAIT)、投资回收法(ROI)等。

2. 系统分析

系统分析是软件生命周期中的一个关键环节,其目标是将信息化需求转化成可实现的计算机应用程序,这个分析过程虽然是逻辑上的,但是对于最终软件产品的内容和质量有着至关重要的价值和作用。企业实际问题的复杂性,增加了软件分析的难度。一般来说,在系统分析过程中主要应考虑如下因素:

(1) 系统目的。任何信息系统的开发都是为了解决特定的问题,都需要结合企业特定阶段面临的问题,因而具有很强的目的性;此外,还要考虑与信息化战略过程中各阶段信息化建设的衔接问题。

（2）系统参与者。在软件项目建设过程中，要充分考虑参与者的诉求及其影响，不能忽略企业各层级员工对系统功能的需求和期盼，在紧密围绕企业高层管理者信息化方略的前提下，尤其不能忽视最终用户的意见和建议。

（3）明确的评价标准。由于信息化成败的度量一直都是一个难题，至今未能从学术研究上有效解决，因此制定或明确适合企业项目的评价方案或标准就变得非常重要。

（4）系统开发计划的完善程度。依据项目管理方法论，项目开发计划要明确进行阶段划分，各个阶段都要有详细计划和完成物设定，以及对各阶段执行过程的评价方法。

需求分析是软件系统开发过程中比较困难的部分，因此引导并与用户进行有效的交流是非常必要的，这就需要确定用户需要哪些功能或内容。一般来说，软件系统需求分为三类：

（1）业务需求(business requirement)，反映了组织机构或客户对系统、产品高层次的目的要求，在项目视图与范围文档中予以说明。

（2）用户需求(user requirement)，描述了用户使用产品必须要完成的任务，这在使用实例文档或方案脚本说明中予以说明。

（3）功能需求(functional requirement)，定义了开发人员必须实现的软件功能，使得用户能完成他们的任务，从而满足业务需求。

3. 系统设计

系统设计是信息系统开发过程中另一个重要阶段。这一阶段，根据系统分析的结果，在已经获得批准的系统分析报告的基础上，进行新系统设计。系统设计包括两个方面：首先是总体结构的设计，其次是具体物理模型的设计。系统设计的主要目的就是为下一阶段的系统实现(如编程、调试、试运行等)制定蓝图。系统设计阶段的主要任务就是在各种技术和实施方法中权衡利弊，精心设计，合理地使用各种资源，最终勾画出新系统的详细设计方案。

在系统分析阶段，要明确新系统的功能结构及信息结构，也就是系统的逻辑模型，回答了新系统"做什么"的问题。而在系统设计阶段，需要回答的中心问题是"怎么做"，即通过给出新系统物理模型的方式描述如何实现在系统分析中规定的系统功能。

在系统设计阶段，根据工作内容，可以把系统设计分为两个阶段，即总体设计阶段和详细设计阶段。总体设计决定系统的模块结构，详细设计具体考虑每一模块内部采用什么逻辑和算法。具体来说，在总体设计中，根据系统分析的成果进行系统总体结构设计，包括网络结构设计、硬件结构设计、软件结构设计、数据库存储和处理方式设计等。详细设计阶段包括具体的代码设计、输入输出设计、信息分类和数据库设计、功能模块设计。详细设计是对总体设计的结果进行进一步细化，直至满足程序员编程的要求。

系统设计阶段的工作内容如下：

（1）确定系统输出：确定系统输出的内容和形式。

（2）确定系统输入：根据系统输出的内容确定需要的系统输入。

（3）确定数据的组织方法：根据系统规模、数据量、性能要求和技术条件等因素确定是采用文件系统，还是采用数据库系统来组织数据。

（4）代码设计：为便于整个系统的信息交换和系统数据资源的共享，也便于计算机处理，要对被处理的各种信息进行统一的分类编码，确定编码对象及编码方式。

(5) 绘制各处理功能的数据关系图：即用来表示一个处理功能的输入数据、中间数据及输出数据之间关系的图形。

(6) 绘制系统流程图：将各个处理功能的数据关系图归纳、连接起来抽象描述系统，而且说明新系统实际上的、物理上的结构。

(7) 选择计算机系统：根据要求和资源条件，为新系统选择适当的计算机系统(包括应用软件)。

(8) 系统模型的评价：对建立的模型进行技术论证，评价其效果。

(9) 编写系统说明书：应记载上述各项设计的全部成果，全面描述新系统的基本结构，从总体上回答新系统该怎样做的问题。同时还要指导下一步详细设计，订购系统所需各类设备，给出安排人员培训等各项工作的技术依据。

系统设计主要是依据系统分析阶段生成的系统分析报告和开发者的知识与经验。系统设计也是一个建模活动，它将分析阶段得出的逻辑模型(即需求模型)转化为物理模型(即解决方案)。一般来说系统设计是一种技术工作，要求有更多的系统分析员和其他技术人员(如数据技术人员等)加入。系统设计阶段的目标是定义、组织和构造最终解决方案系统的各个组成部分。

系统设计方法主要有结构化设计方法(以数据流程图为基础构成系统的模块结构)、Jackson 方法(以数据结构为基础建立系统模块结构)和面向对象的设计方法(以对象行为封装、继承性、多形性为基础建立系统模块结构)。

4. 系统实施

信息系统的实施建设不是一个简单的信息化项目，因此，它的成功与失败不能单纯地看成是软件的成功与失败。一个软件被装进计算机，只要没有 bug、能够正常运行就可以算成功，但对于信息系统肯定不能这样来评估。系统的成败应该从成效方面来考虑。对于现在的企业管理者而言，任何投入都必须产生回报，否则就是利润的损失。因此，信息系统到底能给企业带来什么回报，是所有经营者最关心的事，也是决定信息系统实施方案和策略制定的依据。

一般来说，成熟的信息系统实施方法主要有 5 个步骤：项目准备、业务蓝图、实现过程、最后准备、技术支持。在信息系统实施过程中，这 5 个步骤必须严格按顺序进行。对于每一个实施阶段，都定义了目的、具体任务、方法、工具和标准等。

(1) 项目准备：这一过程最重要的工作是项目计划。项目计划的关键是确定项目的范围，要根据需求和能力制订合理的计划。

(2) 业务蓝图：这一阶段就是对企业需求进行分析，设计一个理想管理蓝图，再基于现在的需求和未来理想设计一个具体的目标，以及实现这一目标所需的工具、方法、组织结构、数据转换方式等。这一阶段是整个项目最关键的内容。

(3) 实现过程：这一阶段是把企业想实现的管理思想、管理理念、管理准则、考核标准、组织配置等放入系统中去。通常这部分工作完成之后，管理信息系统基本模型就出来了。

(4) 最后准备：这一阶段是将一些必要的数据放入系统中，检验系统运行结果(即系统测试)。这部分工作完成之后，系统就可以上线运行并启动技术支持。

(5) 技术支持：提供系统正常运行所需要的技术、设施及人力方面的支持环境。

值得强调的是，建设完成的信息系统项目必须具备高质量的文档，但传统的实施有时又会因为过多的文档整理而造成费用的增加。因此,需要按照文档生命周期的长短赋予其重要性,对于生命周期长的文档相应地多投入力量。系统化的信息系统实施方法论并不是诸多方法和成果的简单叠加,而是一个体系结构,支持这一体系的是一系列的方法论、工具、实施路线图、方案库、系统配置指南,此外还有基于管理理念的开发模型、基于角色的培训等内容。

5. 系统运行与维护

系统切换后可开始投入运行。系统运行包括系统的日常操作、维护等。任何系统在投入使用的初期都会有各种问题,总要经过开发、运行、再开发、再运行的多次循环逐步完善。

系统运行管理制度是系统管理的一个重要内容,是确保系统安装预定目标运行并充分发挥其效益的一切必要条件、运行机制和保障措施。它通常包括系统运行的组织机构、基础数据管理、运行制度管理、系统运行结果分析等内容。

系统需要维护的内容包括以下几方面。

1)硬件系统的维护

硬件系统的维护应该由专业硬件维护人员负责,而且一般需要同硬件厂商合作来共同完成。硬件系统的维护主要包括硬件系统的更新和硬件系统的故障维修。

在进行硬件系统的更新时会影响系统的正常使用,进而影响企业内部使用该系统的各业务部门的工作。因此,在更新前需要制订更新计划,并与硬件供应商、企业内部有关业务部门及其他相关机构进行协调,做好充分的准备工作。另外,硬件系统更新的时间不能过长,否则会耽误系统的正常运行。

对于硬件系统的故障维修,同样也不应该拖延过长的时间。系统硬件故障往往是突发性的,不可预见,为了防止由于硬件系统故障引起的系统应用中断,应该尽量使用具有冗余能力的设备,或者配备足够的关键配件或备用设备,在系统出现故障时投入使用。对于非常重要的应用系统,一般都采用并行服务器结构,避免在系统故障时出现应用中断或数据损失。

2)软件系统的维护

软件系统的维护包含正确性维护、适应性维护和完善性维护3部分内容。

通过系统测试,应用软件的错误应该已经基本排除,但是并不能保证排除了全部的错误,也不能保证不出现新的错误。因此,在系统运行之后,仍然需要进行系统的正确性维护。该阶段可能出现的错误主要有:系统测试阶段尚未发现的错误;输入检测不完善或键盘屏蔽不全面引起的输入错误;以前未遇到过的数据输入组合或数据量增大引起的错误。对于影响系统运行的严重错误,必须及时进行修改,而且要进行复查。

随着系统的运行,一般需要进行网络系统、计算机硬件或操作系统的更新。为了适应这些变化或其他环境变化,应用软件也需要进行适应性维护。在适应性维护工作量很大的情况下,需要制订维护工作计划,并对维护后的软件进行测试,确保适应性维护后软件系统的正常应用。

完善性维护指的是为了改善系统的性能或者扩充应用系统的功能而进行的维护,这些系统的性能或功能要求一般是在先前的功能需求中没有提出的。

3)系统的日常使用维护

除了系统的硬件维护和软件维护,系统在日常使用过程中也有很多维护性的工作,如定期预防性的硬件维护、软件系统的日常维护。

对于系统的硬件系统，不仅需要进行适时的更新和突发性故障的维修，而且需要进行定期的预防性维护，例如，在每周或每月固定的时间对系统硬件进行常规性检查和保养。定期进行硬件系统的维护可以减少以后的系统维护工作量，降低维护的费用。

系统维护工作不应该随意进行，一般应遵循下列步骤：

（1）提出维护修改要求。修改意见应该以书面形式提出，明确需要修改的内容和需要修改的原因。维护修改要求一般不能随时满足，要在汇集分析后有计划地进行。

（2）制定系统维护计划，包括系统维护的内容和任务、软硬件环境要求、维护费用预算、系统维护人员的安排、系统维护的进度安排等。

（3）系统维护工作的实施。软件系统的维护方法同新软件的开发方法是相似的。在维护工作实施时，一定要注意做好准备工作，不能影响系统的正常使用。

（4）整理系统维护工作的文档。在实施系统维护工作时，对系统中存在的问题、系统维护修改的内容、修改后系统的测试、修改后系统的切换及使用情况等均需要有完整、系统的记录。

9.1.3　物流信息系统开发和企业流程再造

管理信息系统对企业业务流程的影响会出现如下 3 种情形。

1. 自动化

企业某一环节的业务处理可能需要大量繁重的手工劳动，如仓储的进出库操作用计算机代替，大大提高了生产率，节省了劳动力成本。

2. 流程合理化

通过信息互联和自动化操作，可以打通业务处理流程中不同部门之间的协作瓶颈，实现信息处理的自动化与高效性。

3. 业务流程再造

集成化的信息系统会涉及企业业务职能的几乎全部环节和内容，这就需要从企业战略层、战术层和业务层上对企业流程重新进行梳理，改造不合理的业务环节，使之更适合计算机信息处理的要求，即需要对业务流程进行优化和重构。业务活动就是指为提供某项业务成果而必须完成的一系列逻辑相关的任务。业务流程优化设计的原则有：

（1）取消不必要的处理环节，消除冗余环节；

（2）以事前管理代替事后管理，减少不必要的审核、检查和控制活动；

（3）以过程管理代替职能管理，取消不增值的管理环节；

（4）以并行处理代替串行处理；

（5）以自动化技术代替手工过程。

物流系统是复杂系统，需要用物流成本与物流服务水平进行衡量。物流服务水平涉及货物的可靠性、作业能力和工作质量等。物流成本与物流服务水平间存在着"二律背反"原理，就是说，在一般情况下，对物流服务水平期望越高，就要付出越高的物流成本，而我们的最终目标却是降低成本。因此，有效的物流作业表现为物流服务水平与物流成本之间的均衡关系。

物流信息系统能够使信息流动加快,并使信息流动及时准确,而信息流效率直接影响这种均衡关系。例如,对一个厂商来说,要想实现快速交付,可能采取两种方法:其一是在当地的销售办事处积累一周的订单,把它们邮寄到地区办事处,对订单进行批量处理,把订单分配给配送仓库,然后通过航空进行装运;其二是通过来自顾客的电子数据交换(EDI),随时获取提单,然后通过速度较慢的水上运输发运。二者相比,后者可能以较低的总成本更快地全面交付。由此可见,物流信息系统的关键在于平衡物流系统各个组成部分,这也决定了必须对物流流程进行重组。

物流流程的重组并不是对原有物流系统的全盘否定,而是使物流系统再升华,使物流更加合理化、高效化、现代化,使物流时间、空间范围更加拓展。具体在进行物流流程重组时应着重把握两个方面:一是要改造现有不合理、不流畅的流程;二是加强物流信息化建设,使整个物流系统更加完善,更加先进。

物流信息化是物流流程重组的有效途径。物流信息在企业的整个物流流程中的决定性作用,表现在厂商与物流公司(接发货通知、信息反馈)、物流公司与其配送中心(下达指令、信息反馈)、配送中心与收货人(配送、信息反馈)等所有环节都必须用现代的通信网络技术予以高效连接。物流信息网络增加了用户和供方、供方和供方的信息联系,这使我们能以一种快捷方式提供企业及其产品的信息及客户所需的服务。厂家也能利用交互式的网络渠道及时得到市场反馈,改进产品、质量、服务,及时适应市场需求。从这一点也可以看出,物流信息化与物流流程重组最终将不仅仅影响物流环节,更是改变整个企业和整个社会。

物流信息化除了以上所涉及的各个部门间的网络化、信息化之外,另一个重要方面就是物流业务各个作业部门内部的信息化,即物流管理信息系统部分,这一点对整个流程很重要。如果把各个部门之间(包括企业与企业之间)的联络看成一系列连线的话,则物流各个作业部门就是这些连线上的节点,只有通过点线结合的信息化,物流流程才能完成全面的信息化,物流信息化才得以实现,整个物流系统或者说物流网络才得以构成。

此外,在物流各个部门即物流系统的物流节点中,不管是传统的仓库,还是现代流行的配送中心、物流中心、流通中心,仓库的信息化与流程重组是一切的重中之重。因为除了运输之外,在物流作业过程之中有70%的作业任务是在仓库里完成的,如理货、盘点、流通加工、配货等。在物流节点的信息化与流程重组设计过程中有一点需要注意的是,必须保持与整个物流系统乃至整个企业系统各种流程和信息网络的统一,如信息的格式上、信息的传输上等,以避免各种接口不一致,给后期与整个互联网的链接上制造不必要的麻烦。

总之,从运输发展到分销,从分销发展到物流,通过不断的进步,实现了人们不断挖掘利润源泉、降低能源消耗、加快物品流转、提高物流服务的愿望,而这一切都是在物流管理信息系统的支持之下完成的。随着物流管理信息系统新技术、新设备的不断更新,网络的不断扩大,必将给物流业带来更大的发展。

案例9-1:制造业ERP中MRP模块开发的系统分析

以制造业为例,在对企业需求进行详细调研基础上,来讨论在系统分析阶段主要需要做哪些工作。一般包括企业业务的详细调查;画出业务流程图,并基于业务流程图抽象出数据流程图、数据字典等;同时为建立数据库系统,需要从业务调查中抽象出反映业务处理的各种数据,抽象得出概念信息模型 E-R 图。

图 9.2 给出了一般规律下企业如何从生产计划导出物资计划的信息流程图,图中以矩形框表示处理,卡片形框表示数据报表或单据,用有向线段表示数据流向。

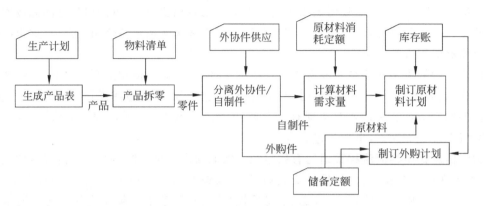

图 9.2 制订物资计划流程图

该流程图反映了物资管理部门制订物资计划的数据流程。物资计划分为两种,一是原材料计划,二是外购件计划。以制订原材料计划为例,该数据流的含义为:根据生产计划建立需生产的产品表(一年或半年或一个季度);依据产品零件构成的情况(称为物料清单),把产品分解为各个组成零件,并得到各种零件的数量;根据外协件供应情况,从所需零件中把自制零件和外协件进行分离;然后根据材料消耗定额计算出为完成生产计划所需的各种原材料的数量;最后根据各种原材料的需要量、现有库存量及合理的储备定额量计算出需要采购的数量,得出原材料采购计划。同样还可得出外购件计划。如果在以上流程图的每一个处理中再加上时间要求,这个工作的过程就是制造资源计划(MRPⅡ)或企业资源计划(ERP)信息系统的核心部分。

在数据流程图的基础上进一步进行数据分析工作,明确处理过程中要使用哪些数据,它们的组成是什么,得到相应的数据项以及数据项与数据项之间的联系,列出各个数据项的名称、类型、长度、许可值、数据量、数据保存期限、处理要求以及数据安全性要求等一览表,这就是数据字典,这里不再赘述。

为了建立系统的数据库,结合第 2 章数据库设计过程的内容,在系统分析阶段还需要在详细调研的基础上,抽象出系统的信息模型,就是建立系统的 E-R 概念模型。对应于图 9.2,我们给出图 9.3 所示的 E-R 概念模型。

其中用长方形框表示实体集,在框内写上实体名;用菱形框表示实体集之间的联系,在菱形框内写上联系的名称;用无向线段来连接属性与实体、实体与实体,在连接线上还要注明 $1:1, 1:m$ 或 $m:n$,分别代表一对一、一对多、多对多的联系关系。

图 9.4 给出了一个设备采购问题的完整 E-R 图,可以看出,三个实体设备、订货单和各供货商之间有多对多对多的联系,也就是订货单可以下给多个供货商的多个设备;或者是设备的采购针对多个供货商下多个订单;或者供货商可以对多个订货单提供多种设备。另外,除了反映它们之间的联系外,每个实体的属性(如设备有设备分类号、型号、功率和名称等)说明了这些实体的具体特征,是数据库系统文件中最小的数据单位,即字段。

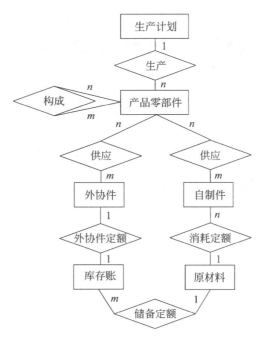

图 9.3 对应于图 9.2 的 E-R 概念模型

由此可见，E-R 图以直观的图形化描述，抽象地建立了信息世界中的客观模型。值得注意的是，针对一个系统对象的 E-R 图不是唯一的，研究不同的侧面，就可得到不同的 E-R 图。

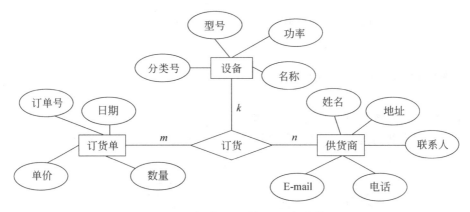

图 9.4 设备采购问题的 E-R 概念模型

数据流程图和 E-R 图是在详细调研基础上建立的系统逻辑模型，其作用主要是对企业系统的数据流程进行描述和抽象，需要真实地反映出系统的主要业务处理、数据流向、数据存储和数据之间的联系、组成等。在这种逻辑建模过程中，开发人员必须反复与用户讨论和修改，直到逻辑模型真实、简捷地反映系统为止。

9.2 企业规划目标下的物流管理信息系统规划

9.2.1 企业规划目标与物流管理信息系统规划目标

在制定物流信息系统规划时,首先需要明确企业物流发展战略,在企业战略指导下通过了解物流业务现状建立企业管理过程,通过企业流程梳理得出业务信息处理系统,建立基础数据支持的数据库系统。图 9.5 描述了企业规划和企业物流信息系统规划之间的关系。

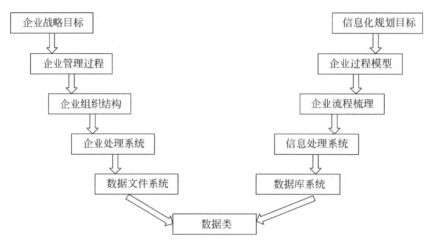

图 9.5　企业规划和企业物流信息系统规划关系示意图

9.2.2 物流信息系统规划的内容

企业物流信息系统规划需要与企业战略相结合,不能脱离企业的业务现状、企业的业务流程和社会发展现状与远景。因此,企业物流信息系统总体规划的工作步骤可以分为如下 9 步(如图 9.6 所示)。

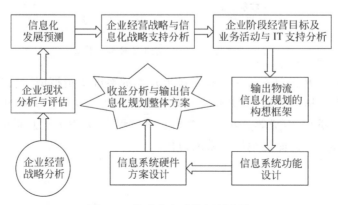

图 9.6　物流信息系统规划步骤

（1）企业经营战略分析。企业在进行信息系统规划时，应重新整理或规划企业的经营战略部署，这是规划的第一步，也是关键的步骤之一。企业经营战略是企业在竞争环境中，为获取竞争的优势而对企业的人力、财力、物力、技术、管理、士气等资源进行的规划配置和实施。

企业经营战略规划的步骤是：①评估企业战略；②企业经营战略与业务现状分析；③分析实现企业发展战略目标的核心竞争力，列出衡量企业竞争力的指标；④分析企业发展过程中存在的优势和劣势；⑤分析目前存在的问题及解决对策。

（2）企业现状分析与评估。企业现状分析与评估包括两方面：业务与管理现状和信息化现状。

（3）信息化发展预测。信息化发展预测的工作主要有由IT软件技术专家、硬件技术专家组成的专家组进行IT市场调研、IT技术展望、IT应用展望、IT成本预测等方面的工作。

（4）企业经营战略与信息化战略支持分析。本阶段的工作是对企业经营战略的展开分析，具体工作有：①围绕提高企业竞争力，对企业经营战略进行展开，分析各个战略目标需要的IT技术支持或效益提升的IT支持；②根据分析结果，站在战略层次上，确定与企业经营战略发展相匹配的IT信息化战略目标；③融合企业文化，对企业的经营战略及过程进行优化，根据IT技术的发展预测进行调整，再得出信息化战略支持报告。

（5）企业阶段经营目标及业务活动与IT支持分析。本阶段是上阶段工作的细化。要求对企业各个战略阶段的经营目标进行展开，重点在中、短期目标达成IT支持分析。主要工作有：①企业达成经营目标的阶段业务构想；②明确各个阶段目标与IT发展的关系；③企业能力与业务特点分析；④企业经营目标达成与投入资源差异分析；⑤IT发展与投入的差异分析；⑥输出企业业务活动的IT支持。

（6）输出物流信息化规划的构想框架。在前一阶段工作成果的基础上，提出信息化规划的总体路线，并考虑现有信息系统的扬弃。主要工作是：①制定信息化规划初步框架；②现有信息系统的扬弃；③信息化投入与实现的差异分析；④信息化规划框架的可行性分析；⑤明确信息化的基本原则与指导方针；⑥制定信息化规划时间表；⑦输出构想框架。

（7）信息系统功能设计。根据形成的信息化发展框架，进一步细化，进行信息系统总体功能设计，主要有：①总体功能框架；②各个分系统功能模型；③相应的信息实体、输入、处理、输出；④分系统之间的信息接口；⑤信息系统功能实现的软件、硬件技术方案。

（8）信息系统硬件方案设计。在上一步工作结束后，再进行信息系统硬件方案设计，具体工作是：①网络拓扑设计；②网络体系结构确定；③通信媒体选择；④节点规模设计；⑤操作系统选择。

（9）收益分析与输出信息化规划整体方案。整个过程文档资料有：①企业经营战略框架；②商业环境与业务现状分析报告；③IT发展预测报告；④企业经营战略与IT战略支持分析报告；⑤企业阶段经营目标及业务活动与IT支持分析报告；⑥需求分析报告；⑦IT规划的构想框架方案；⑧IT系统功能设计与IT技术方案；⑨IT系统硬件方案；⑩业务流程改进报告；⑪设计收益分析。

在系统规划阶段最后的评审点进行物流信息系统的可行性评价，也就是在评价的基础上，对物流信息系统是否需要开发或条件不够暂停开发，甚至停止开发给出一个结论。

9.3 物流信息系统的可行性分析

从9.2节可知,物流信息系统的可行性评价是体现系统规划阶段最终成果的一个必要步骤。通过可行性分析,可以评判系统是继续开发、暂停开发,还是停止开发。下面来具体阐述物流信息系统开发中可行性分析的主要评价指标。

9.3.1 物流信息系统的可行性评价

可行性分析与评价就是明确物流管理信息系统开发的必要性和可行性。必要性来自企业的需求和市场竞争的压力;而可行性取决于实现物流信息系统的资源和条件。这项工作需要建立在初步调研的基础上。物流信息系统开发项目的可行性分析与评价包括以下3个方面。

1. 技术可行性

技术可行性考虑的是企业实施物流信息系统在技术方面的风险有多大。根据新系统的目标衡量企业是否具备所需要的技术,包括硬件、软件、应用软件包及工作人员的数量和水平等。根据前面的需求分析,企业可以确定自己实施物流信息系统的技术需求及其实施的过程和步骤。

2. 经济可行性

企业在实施物流信息系统后可能带来什么效益,应当事先有所估计。这种收益包括直接收益和间接收益。对于直接收益(如仓储系统可以大大节省人力,降低成本),一般都是可以预估的;但间接收益,如通过标准化实现了科学化管理、提高了竞争力或人员素质、树立了组织的良好形象等是很难用钱直接计算的。

同时,用于物流信息系统硬件、软件和服务的投资是一笔不小的费用,可以预估得出。投资不仅要回收,而且要产生利润。企业在物流信息系统项目上的投资预算也要根据可能获得的效益来估算。因此,要进行投资可行性论证。不但要计算软件和硬件的投资金额,而且要充分做好咨询服务费的预算,分析企业的投资承受能力。

3. 组织环境可行性

组织环境可行性分析是评估组织环境对项目可能产生的影响或由于项目的实施对企业带来的影响,需要评价新系统运行前后所引起的各方面的变化,包括组织结构、管理模式、工作环境、人员设置等。比如,进行物流信息系统的实施就可能会精简人员,重新梳理组织流程或压缩组织机构,所有这些都会引起企业内部的抵触。所以,预先分析与评估这种风险和可行性是非常必要的。

可行性分析是要决定"做还是不做"的问题,结合物流信息系统项目的可行性分析,主要应考虑4个要素:经济、技术、组织环境和人。经济可行性分析主要包括成本-收益分析和短期-长远利益分析。

以上3个评价指标中,除了技术上的评价之外,对系统影响最大的是组织管理环境和经济效益分析。下面将进一步阐述物流信息系统可行性分析中对这两方面评价的主要问题。

9.3.2 物流信息系统在企业管理方面可能面临的阻力

物流信息系统实施的目标是进行企业物流信息的集中管理,实现这种信息集成的必要条件就是企业管理基础的规范化。没有规范化的企业管理基础,企业的业务流程、管理数据都会有问题。基于计算机的物流信息系统是一个人机互动系统,只有给定规定的模式和流程、输入正确的数据,系统才能正确地模拟现实的企业物流管理过程。

企业是复杂的运营系统,达成企业目标需要各个系统相互协调和有效组织,企业内外部环境的不断变化增加了企业管理的复杂性和挑战性。企业管理过程的实质就是对生产和经营环节中的各种信息集中处理,以使管理者能根据所掌握的信息进行管理决策活动。在这种复杂的管理运营环境下,采用物流信息管理系统来替代企业管理系统的活动,往往会有很多不相容的地方,主要表现为以下3个方面。

1. 思维模式的问题

要使物流信息系统真正发挥作用,必须涉及人的思维方式和行为方式的转变,还涉及工作方式和习惯的转变。这就需要企业管理者和员工愿意学习采用计算机并习惯采用计算机来工作,而不是凭着感觉和经验。其中,领导尤其是高层领导的作用是最重要的。信息系统的开发称为"一把手工程",就是指高层领导必须了解物流信息系统的作用并期待采用系统后提高企业的全面管理和经营过程水平,这样才能作出科学的决策。企业高层领导在物流信息系统实施过程中起到的重要作用包括:决策项目的投资;有效推进各级管理人员和员工的思维方式和行为方式的转变;保持项目实施中高的优先级别;组织协调、排除各种障碍,推进项目发展;对项目的整个实施应用负最终责任等。只有高层领导重视了,各级管理者和员工配合,转变人们长期形成的手工状态下的思维方式和行为方式,达成企业整体共识,物流信息系统的实施才能有成功的基础。

2. 数据准确度问题

由前可知,物流信息系统主要通过信息的采集、加工处理、传递和存储等来完成物流管理的各项活动。而且为了实现决策功能,可能还需要长期的数据积累(如三年或五年),实现分析预测和决策。因此,这些原始数据如何准确、及时、快速、可靠地送入计算机系统是很重要的。虽然在物流系统中可以采用很多自动处理方法和手段来采集数据,如条形码技术、射频技术等,保证了数据的准确度问题,但数据的准确度还可能发生在处理、传递等各个环节。例如,数据应该在每天早上9点从采购部传递到仓储部,但今天延迟了1个小时,这就会导致仓储部门的数据错误,当天的工作就无法正常开展。

物流信息系统的实施必须建立在完善的、标准化的基础数据之上,若管理基础数据不全,或没有规范的工作流程和工作制度来收集基础数据,就会导致系统成为"无米之炊"。事实上,基础数据体系的问题和企业管理流程不畅或不合理有关,也就是前面提到的信息系统项目实施要求企业必须进行必要的流程改造来适应软件所需的规范化管理模式。

3. 管理流程问题

物流信息系统软件是一个在调研企业物流业务需求基础上的模拟流程,它考虑了企业实际管理流程,但更多地考虑了软件能够实现的框架。因为业务需求调研的不完全性(实际上是不可能完全的)和软件本身的限制,往往会使模拟的流程和实际企业的业务流程有很多不相符合的地方,因为这种不匹配的风险,使得物流信息系统实施过程中会遇到很多问题,如企业方的不配合、数据收集不上来等。因此,在物流信息系统项目实施过程中,业务流程重组是系统实施的前提条件。但如何进行这种流程改造,也是必须慎重对待的问题。

9.3.3 物流信息系统的管理适应度分析

物流信息系统在实施过程中遇到的阻力,主要包括企业管理活动中的人、数据和流程3个方面。因此,物流信息系统的成功实施需要进行这3方面的适应度分析,这就是物流信息系统的管理适应度分析,如图9.7所示。

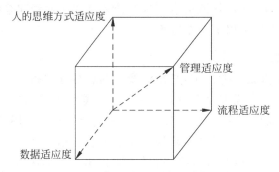

图 9.7 物流信息系统的管理适应度分析

人的思维方式适应度、流程适应度和数据适应度是评价物流信息系统项目的3个关键因素,这3个因素的合力就是企业进行信息化的管理适应度。因为信息系统与企业管理系统从形式上是分离的,因此,实现信息系统在企业管理中的渗透能力和最终效果就取决于企业员工对信息系统的认识深度和使用能力、信息系统实现企业管理流程的灵活性和数据的可达性。

在物流信息系统建设和应用过程中,信息系统的架构、内容、功能、实施步骤和运行保障机制均由管理系统直接决定,并要求从形式和结构上适应管理系统。管理系统与信息系统之间的匹配程度是影响和决定信息平台能否顺利运行并产生合理效益的首要因素,它建立在信息平台和管理平台持续完善和不断累积的基础上,因此,匹配过程呈现动态性和多样化。

总体说来,物流信息系统的管理适应度主要有下述含义:

(1) 在资源限定的条件下,满足信息平台与管理平台各自建设的规范化,实现系统自身运转的平稳和顺畅。

(2) 在相互匹配的前提下,信息平台通过对管理平台的持续推动促进管理平台的更快速运转,提高管理系统的运行效率。

(3) 在相互匹配的条件下,管理系统效率的提升会反过来带动信息系统的提升和改善,实现两平台间的积极互动和良性循环。

物流信息系统的管理适应度原则在实施过程中具体表现为以下几点:

(1) 架构匹配。信息系统架构决定系统延伸能力、可扩展性和柔性,是影响信息平台与管理平台匹配的关键因素之一。信息系统架构包括硬件系统架构和软件系统架构两部分。硬件系统架构与企业的组织结构、应用分布、信息管理方式有关,软件系统架构与企业的组织结构、管理流程、职能分布密切相关。架构匹配是实现平台匹配的重要内容。

（2）功能模型匹配。信息系统参考模型是信息系统运行过程逻辑的抽象，决定信息系统和信息平台的最终应用效果。平台匹配理论要求信息系统管理参考模型与管理平台的管理模型相一致，并对管理模型进行优化和能力扩展。功能模型匹配过程一般是双向的，即要求管理参考模型和管理模型同时进行调整和优化，最终实现匹配过程。功能模型匹配反映在信息化应用过程中主要表现为企业流程再造和信息系统功能调整过程。功能模型匹配解决了信息化产品选型的问题。

（3）实施过程匹配。信息系统应用的复杂性要求信息系统项目实施依靠规范科学的方法、步骤和手段，在分别对信息系统和企业管理系统进行剪裁（配置和优化）的基础上实现两者的集成，这是平台匹配理论在实施领域的延伸。影响实施过程匹配的重要考核指标是项目团队的能力与完成项目所需的能力标准的匹配度，即信息系统实施能力测度。

（4）需求层次匹配。企业管理活动中存在着各种各样的问题，这些问题的解决不断推动管理进步。信息化可以针对性地解决其中的部分问题。在管理发展的不同程度，企业管理所面临的迫切性问题是不相同的，解决当前最紧迫的问题成为信息化的重要任务，这也规定了不同时期信息化的内容侧重。不同时期信息化侧重点的变化反映了平台匹配理论在这方面的要求。

因此，在物流信息系统开发前期需要对企业的管理适应度进行分析，如人员思维方式的适应度、管理流程的适应度和数据规范化的适应度等。企业可以通过有目的的培训、管理流程改造和数据整理过程来达到信息系统所要求的管理适应度，但若差距很大，就需要较多时间和成本。企业必须对这种差距有清醒的认识，需要花时间、花力气尽量消除这种差距，这在可行性分析中需要进行详细阐述。

9.3.4 物流信息系统的投入产出分析

物流信息系统是一项复杂的工程，投资较大，不但要投入大量的软件费、硬件费，还要投入咨询服务费、培训费等。在国内，长期以来形成了重硬件、轻软件、无咨询服务的现象，而企业因为信息技术专业人员缺乏，尤其在系统开发前期缺乏对系统建设的规划认识，导致系统实施过程中和运行后维护服务费用的投资巨大。因此，在物流信息系统可行性研究阶段除了管理适应度的分析外，还要对投入产出进行分析。

物流信息系统的投入产出分析包括两个方面。一是分析评价资金的投入。在系统规划阶段，就需要对系统的投入作预算，说明在取得一定的资金利润率情况下可以支付的资金限额。这对选购软件是一种约束，在讨论价格时是一个不可少的原则信息。可以设定几种可能的限额，分别说明预计的资金利润率和投资回收期。资金投入分别包括选型调研费用（如差旅费），系统费用（如软件、硬件、数据库、网络等），培训费（外部和内部讲课费，添置培训设施），售前、售后服务费（专家顾问费），用户化、二次开发费用，日常维护费用，项目人员开支等。

另一方面是分析评价企业在实施系统后可能带来的效益，这需要在可行性分析时进行事先估计。因为用于物流信息系统的硬件、软件和服务是一笔不小的投资，投资不仅要回收，而且要产生利润。企业在项目上的投资预算，也要根据可能获得的效益来估算。因此，要进行投资效益分析，不但要计算软件和硬件的投资金额，而且要充分做好咨询服务费的预算,分析企业的投资承受能力。如果企业有充足的资金,则可顺利上马,否则应考虑暂缓实施或分期实施。

因此,在可行性分析阶段,经济的预期效益是企业建立信息系统的目标。如果企业建立信息系统没有明确的目标,那么在项目验收时就很难说清建立这样一个系统是否取得成功。所以,作投资效益分析也就是建立系统的目标,在项目验收时要对比目标来评议项目实施的效果。另外,也可以根据预期效益来控制用于系统的投资。

目前,由于技术手段的缺失以及企业信息化过程的复杂性,信息化的很多收益难以直接进行定量化评估,企业信息化效果评价还没有形成科学实用的定量化方法和手段,这就增加了IT应用模式下企业指标定量化评价与衡量的难度。信息化效益评价也是信息化项目管理的重要技术手段。信息化建设是企业投资项目,要以追求总体收益为直接目标,投入产出分析直接决定项目的总体建设原则和内容,因此是非常重要的。

一般来说,考察物流信息系统的投入产出主要集中在以下几个方面:
(1) 库存规模的合理性;
(2) 物流体系的布局合理性;
(3) 物流系统的运行效率和适宜度;
(4) 供应链整体运行改善度;
(5) 账、物差异程度;
(6) 信息系统建设及维护投入;
(7) 客户满意度;
(8) 企业竞争力改善程度。

通过对上述内容进行考察,运用定性和定量化手段,可以预估系统的整体投入产出分析情况,进而为后面系统地进行项目实施提供依据。

9.4 物流信息系统实施过程的项目管理

9.4.1 系统开发的风险

风险就是活动或事件中存在的消极的、人们不希望的情况发生的潜在可能性。物流信息系统项目风险管理指的是对在物流信息系统项目进行过程中可能发生的潜在问题,以及对影响物流信息系统项目成功的因素进行识别、评估、量化、制定对策及监控的过程。鉴于物流信息系统项目的特性,物流信息系统项目的风险与一般项目的风险相比,也有其独特之处。其风险一是反映在项目整个生命周期的各个不同阶段;二是对于不同的主体(业主方、承包方)有不同的风险。因此,在风险的识别中,以生命周期和不同主体两个维度来进行分析。

项目风险管理的目标可以被认为是使潜在机会或回报最大化,使潜在风险最小化。风险识别是确定何种风险可能会对项目产生影响。

1. 风险识别的类型

物流信息系统项目实施的风险类型大致分为实施风险、管理风险两部分。物流信息系统项目的实施风险包括：

（1）需求评估风险，指企业对物流信息系统及企业电子化的理解程度不一样，企业自身的信息化程度也不同，选型时不清楚自己的需求，对系统的要求大而全，没有考虑到企业的实际情况。要防范这种风险，企业应该练好"内功"。

（2）选型风险，指企业片面追求功能全面的软件或性能存在问题的便宜软件。要防范这种风险，企业应该对软件公司与软件产品的功能及信息技术、物流信息系统产品的完整性、产品客户的案例、软件售后服务和服务体系以及涵盖的地区进行了解与对比。在考虑预算的基础上综合考虑，选出最符合本身情况的信息化解决方案。

（3）沟通不畅风险，指企业领导和业务骨干在业务工作和项目实施工作之间如何协调时间，这其实是项目进行过程中经常让人为难的问题。通过事先沟通来提高项目会议效率、委派项目会议"代理人"等固然都是可行的办法，但如果没有领导和业务骨干死心塌地地来赶时间、挤时间、加班加点，等到业务叫急的时候，项目日程一拖再拖往往是必然的。

管理风险主要包括：

（1）管理观念冲突的风险。前面已经反复讲过，上马物流信息系统，会与企业原有的管理思想碰撞，有一个融合的过程，甚至有可能会影响到企业的组织架构，引发政治斗争，从而直接影响到物流信息系统项目的实施。企业能否从管理的角度真正把系统用起来，积极主动地进行企业流程的重组和优化，是系统实施的一个关键因素。否则企业前期投入的人力、物力、财力到头来也会付诸东流。

（2）项目组织的风险。大量的实践表明，实施物流信息系统关键在于企业的总体素质，更直接取决于决策者的重视力度。强有力的项目团队能够保证项目顺利进行。项目团队的搭建原则上应以业务部门为主，IT部门为辅。物流信息系统项目实施的参与者，不但要完成本职工作，还要完成项目要求的大量的艰苦工作。如何保证这些人能对项目非常投入，需要项目领导协调好。高层领导必须经常关心物流信息系统的应用情况，并支持物流信息系统项目组考核工作，使物流信息系统的实施工作得以持之以恒。

2. 风险定性分析

风险定性分析是识别风险的特性并对风险进行分析的过程。这一过程实际上就是依据各个风险因素对物流信息系统项目目标可能造成的影响程度，对风险因素进行排序的过程。项目团队进行风险识别之后，可以使用不同的工具和技术评估项目的风险等级。

定性分析的依据包括：①风险管理规划；②风险识别的成果；③项目进展状况；④项目类型；⑤数据的准确性和可靠性；⑥风险发生的概率和影响的程度。

3. 风险定量分析

这一过程量化分析每一种风险的概率及其对物流信息系统项目目标造成的后果。项目团队进行风险识别之后，可以使用额外的工具和技术，对量化的风险进行排序并估算达到项目目标的概率。涉及对风险及风险的相互作用评估，以评价物流信息系统项目可能结果的范围。常使用的方法有蒙特卡罗模拟技术、决策树分析、访谈等。

4. 风险应对计划编制

风险应对计划编制包括采取措施增大机会和制定应对威胁的措施。风险应对计划编制的输出是风险管理计划。物流信息系统项目团队可以利用前面风险管理过程的输出开发风险应对计划。

风险被识别和量化之后组织必须编制一套应对风险的计划,包括界定扩大机会的步骤、降低威胁或风险的计划。应对风险的4项基本措施为规避、接受、转移和减轻,而风险应对计划编制过程的重要输出包括风险管理计划、应急计划和应急储备。

5. 风险监督和控制

风险监控是指在整个物流信息系统项目全生命周期内跟踪已经识别的风险,减少风险,并评估这些措施对降低风险的有效性。该过程的主要输出包括应对风险的纠正措施以及风险应对计划的更新。

通过风险监控过程,物流信息系统项目人员可以持续更新项目风险列表,并通过重复上述各步骤保证项目风险始终处于受控状态。

9.4.2 系统实施的项目管理工具

软件项目管理指的是有明确、可度量的目标,在有限的、可分配的资源约束下,对当前的项目进行任务分解、资源分配和调度的过程。它包括项目的计划、组织、开发模型定义、监督和控制等主要活动。项目活动涉及人员、产品、资源和过程。其中,资源和产品的变化是软件不断完善和演化的必然结果,对这些变化的管理也是项目实现有序化管理的关键。

目前信息系统中的项目管理工具多借鉴于工程管理行业,如甘特图(Gantt chart)和网络计划法等。由此开发的项目管理软件具有预算、成本控制、进度计划计算、资源分配、项目信息分发、项目数据转入和转出、多个项目和子项目处理、报表制作、工作分析结构创建、计划跟踪等功能。这些工具可以帮助项目管理者完成很多工作,是项目经理的得力助手。

在大型软件的开发中软件项目管理占有重要的地位,是决定软件产品质量的关键因素之一。一般来说,软件项目管理的基本对象主要有以下3个。

1. 配置管理

配置管理指的是一套按规则管理软件开发、软件维护以及其中各种中间软件产品的方法,它可以有效地控制软件开发过程的资源。目前,配置管理工具采用基于构件的配置管理模型,支持 Client/Server(客户端/服务器)和 Browser/Server(浏览器/服务器)两种模式,直接支持基于构件的软件开发过程,为大规模、分布式、多层次的软件系统开发提供良好的管理能力。

(1) 版本管理,用于实现对代码版本的控制与管理。

(2) 用户管理与安全性。配置库是整个软件配置管理的核心,通过实现用户的分级管理,使之与操作系统提供的资源保护功能相结合,并借助全面的日志管理功能实现较完善的安全管理和保护。

(3) 配置支持。利用配置定义软件系统的组成结构,是实现系统演化和实现部署的基础。

(4) 信息系统审计。软件配置管理不仅能够收集和存储各种信息,而且可以实现对信息的查询和分析,以利于软件项目管理员跟踪、分析和决策,从而实现按照用户权限分级的基本信息(如项目、构件和配置)查看功能、构件和配置的查询功能、系统用户的日志审计功能和完整的报告生成器工具。

2. 过程管理

过程管理规定了软件开发过程中的活动及活动之间的时序关系,包含过程的定义和控制两部分。通过过程管理，既可以保证软件开发活动按照既定方针持续进行，又可以灵活地在不同阶段和层次监督过程的进展。软件过程分为若干阶段，每个阶段由若干任务集合构成。为适应企业活动中任务复杂度的要求，可以将过程任务定义在简单任务、具有状态转换的散列的任务、相互之间存在关系的任务和对任务的系统支持 4 个级别上。采用扩展自动机模型定义软件过程，能够为企业中的任务分配、调度和进度规划、监测等提供良好的支持。

（1）过程模板管理。通过事先定义有价值的过程模板，可以为企业选择、裁减和制定适合本项目的软件开发过程提供良好的指导，同时为记录和存储开发过程奠定基础。

（2）项目过程实例化。按照选择的过程模板可以进一步细化完成过程所需的任务集合，为任务集合的分配和调度提供准备。

（3）过程任务分配与调度。结合配置库中的人员和资源，为任务指定所需要的角色或人员、构件及时间。通过观察和控制过程任务的完成，实现过程执行的监督和调度。

3. 软件变更管理

软件变更管理是指用于计划、实现、监测、控制、记录和报告软件变更的方法。它可以保证软件开发只实现必要的变更，保持软件开发的持续性，确保软件演化的正确性。它将变更请求分为创建、批准、分配和实施等状态，每个状态由具有相应权限的人员负责状态的改变。主要包括变更控制与变更跟踪两方面。

变更控制是指对软件变更从提出变更申请到变更的具体实施，最后到变更实施结果的审核、控制过程。

变更跟踪（也称为问题、缺陷或错误追踪）则是指一个过程，该过程记录并追踪变更请求，决定对软件系统进行哪些变更，谁来完成变更，在变更中包含哪些任务，为完成任务哪些对象要被改变，以及描述变更的目的和结果的记录。

变更管理系统和配置管理系统、过程管理系统相结合可以有效解决多种变更请求生命周期模型定制和控制软件开发中的软件资源问题。变更管理系统围绕基本的变更生命周期提供了创建变更请求、分配变更请求、审查变更、提交变更请求等功能。

9.4.3 系统开发过程中的质量控制方法

物流信息系统项目的质量管理就是质量管理主体围绕着使物流信息系统软件质量能满足不断更新的质量要求，而开展的策划、组织、计划、实施、检查和监督、审核等所有管理活动的总和。进行项目质量管理的目的是确保物流信息系统项目按规定的要求满意地实现。

要进行物流信息系统项目质量管理，首先要了解影响物流信息系统质量的主要方面。

（1）功能性：即物流信息系统执行其预定功能的程度。要明确系统的哪些功能和特色是必须具备的、哪些功能和特色是可选的。

（2）系统输出：即系统产生的界面和报告。对于物流信息系统来说，界定其界面和报告是很重要的。用户需要容易地理解系统输出，并以合适的格式得到他们需要的所有报告。

（3）性能：用于说明物流信息系统如何有效执行预期的功能。例如，物流信息系统应能够处理多大规模的数据量和交易量？能够满足多少名用户同时操作？必须在哪类设备上运行？在不同环境下，对于系统不同方面的响应时间应有多快？

(4) 可靠性：指物流信息系统保证在正常条件下表现出符合预期的能力而没有任何不可接受的缺陷。可维护性说明进行产品维护的容易程度。大部分物流信息系统产品不能达到 100% 的可靠性。

物流信息系统项目不同于普通工程项目。工程项目的某些部分完成后，其质量状况就基本确定，往往难以改正或完善；但物流信息系统项目的质量在其全生命周期内可以不断完善和改进。因此，必须把质量看作与项目范围、时间和成本同等重要。如果一个项目的利益相关者对项目如何被管理或项目的产品质量不满意，项目团队就需要对范围、时间或成本做出调整，以满足利益相关者的需要和期望。

物流信息系统项目质量管理的主要过程如图 9.8 所示。

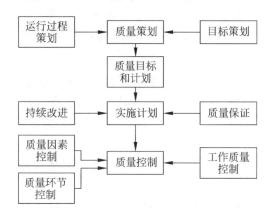

图 9.8　质量管理的过程

1. 进行项目质量规划

项目质量规划的最主要工作就是建立物流信息系统项目的表现衡量标准。项目表现衡量标准的制定依据是项目计划，通过项目目标和实施策略的具体内容建立项目的期望，作为项目表现衡量标准的基础和核心。

具体的物流信息系统项目表现衡量标准可以包括以下主要内容：工作范围和项目具体步骤；基本时间估计和成本预算；财务预测和资金计划；详细工作安排；质量要求；项目小组满意程度；最终用户满意程度；企业管理层和出资人满意程度。

2. 监控物流信息系统项目实施情况

通过物流信息系统项目执行过程中正式或非正式的渠道，收集物流信息系统项目实施的有关信息，观察项目的实际表现情况。

3. 衡量物流信息系统项目的实施表现

比较物流信息系统项目实施的实际表现和预先制定的衡量标准，发现其中的偏差并进行分析，如图 9.9 所示。表现衡量标准为客观评价项目状况提供了依据，使物流信息系统项目管理人员能够迅速、有效地对物流信息系统项目的实际进展情况作出客观、公正的判断，从而及时采取必要的措施。

4. 采取纠正措施

在比较项目实际表现和衡量标准后，如果出现偏差，就需要采取纠正措施，及时将实施

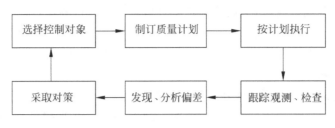

图 9.9 项目质量控制的基本过程

项目拉回到正轨。

纠正措施可以采取以下形式：重新制订项目计划；重新安排项目步骤；重新分配项目资源；调整项目组织形式和项目管理方法。

应当注意的是，由于物流信息系统项目实施的不同阶段对其质量起着不同的作用，有着不同的影响，所以其质量控制的重点也各不相同。例如，在项目方案设计阶段，应提出对项目质量的总体要求，使项目的质量要求和标准符合项目所有者的意图，并与项目的其他目标相协调；在项目开发阶段，应按质量要求和标准进行相关工作，并不断加以改进。

案例 9-2：物流信息系统开发的项目管理[①]

某电子商务企业规划在全国建立多个配送中心，分为一级配送中心、二级配送中心和三级配送中心。其中，一级配送中心为最高等级配送中心，面向全国各大区域市场设置，计划设置 6 个，分别负责东北、华北、西北、华东、华中、华南等区域市场的销售；二级配送中心隶属于一级配送中心，主要依据市场销量和行政区划设置，原则上每个省设置 1~2 个，个别省份可以合并；三级配送中心面向主要城市和细分市场，设置依据主要考虑市场容量、物流成本、人工成本等。为了满足上述配送中心的建设，该电子商务企业拟将公司物流配送业务实施信息化管理，信息系统的规划、开发和设计依据企业物流系统建设规划制定，并依据建设步骤有计划地进行，从而实现信息化战略对企业发展战略的支撑，并适度超前。

结合当前的公司战略和发展规划，公司决定进行该信息化项目部分内容的开发，该信息化项目完全按照项目管理的方式进行。按照项目管理方法论体系的要求，项目整体分为三个阶段：项目前期、中期和后期。其中，项目前期为可行性分析阶段，主要进行项目预研、可行性分析、资料采集、详细调查和资料分析，决定项目范围、经济策略、技术策略以及实施策略等问题；项目中期为项目实施阶段，需要按照项目管理的规范，在体系建设、制度建设、过程控制方式和方法等方面建立起完善的管控方法体系，开展项目进度管理、质量管理、成本管理等工作，并在特定的里程碑进行阶段性评价和评估，主要进行系统分析、系统设计、系统实施等软件系统开发的主要工作；项目后期属于后评估阶段，需要对项目的整体实施效果进行评价，力争从投入/产出的角度，评价信息化建设的实施效果和整体效益/效用，从中积累经验和教训，寻找改进的策略，为后续项目建设和项目维护工作提供指导。

---

① 本案例参考百度文库《物流项目管理案例》，https://wenku.baidu.com/view/4c264d55ce84b9d528ea81c758-f5f61fb736280c，有所调整和改编。

为使上述工作顺利开展,该企业计划首先对项目工期进行测算,需要利用计划评审技术(program evaluation and review technique,PERT)。PERT是由美国海军在计划和控制北极星导弹研制过程中发展起来的一种项目网络规划技术,在北极星项目中,应用PERT使得项目周期缩短了两年。

PERT是利用网络分析制订计划以及对计划予以评价的技术。它能协调整个计划的各道工序,合理安排人力、物力、时间、资金,加速计划的完成。在现代计划的编制和分析手段上,PERT被广泛应用,是现代化管理的重要手段和方法。

PERT网络是一种类似流程图的箭线图。它描绘出项目包含的各种活动的先后次序,标明每项活动的时间或相关的成本。对于PERT网络,项目管理者必须考虑要做哪些工作,确定时间之间的依赖关系,辨认出潜在的可能出问题的环节,借助PERT还可以方便地比较不同行动方案在进度和成本方面的效果。

构造PERT图,需要明确3个概念:事件、活动和关键路线。

(1) 事件(events)表示主要活动结束的那一点。

(2) 活动(activities)表示从一个事件到另一个事件之间的过程。

(3) 关键路线(critical path)是PERT网络中花费时间最长的事件和活动的序列。

PERT网络技术的作用:

(1) 标识出项目的关键路径,以明确项目活动的重点,便于优化对项目活动的资源分配。

(2) 当管理者想缩短项目完成时间、节省成本时,就要把考虑的重点放在关键路径上。

(3) 在资源分配发生矛盾时,可适当调动非关键路径上的资源去支持关键路径上的活动,以最有效地保证项目的完成进度。

(4) 采用PERT网络分析法所获结果的质量很大程度上取决于事先对活动事件的预测,若能对各项活动的先后次序和完成时间都有较为准确的预测,则通过PERT网络分析法可大大缩短项目完成的时间。

结合本项目的实际情况,首先需要建立工作分解结构(work breakdown structure,WBS)。工作分解结构就是把一个项目按照一定的原则分解,项目分解成任务,任务再分解成一项项工作,再把一项项工作分配到每个人的日常活动中,直到分解不下去为止。即:项目→任务→工作→日常活动。工作分解结构以可交付成果为导向,对项目要素进行分组,它归纳和定义了项目的整个工作范围,每下降一层代表对项目工作的更详细定义。WBS总是处于计划过程的中心,也是制订进度计划、资源需求、成本预算、风险管理计划和采购计划等的重要基础。

经过分析,系统分析人员将本项目工作主要分为问题界定、系统分析、系统设计、参数收集整理、系统开发、系统测试和系统实施等7个方面,其工作分解结构如图9.10所示。

图9.10展示了项目分解结构图,图符采用两层架构,其中上层结构用汉字表示具体工作内容,下层结构展示项目承担人员。本例中,A—D为项目中按照职能的人员分组,每个组中人员数量不等,例如A组主要负责项目管理和整体规划工作,B组负责系统分析,C组人员负责技术性较强的系统设计工作,D组则为测试人员。在项目具体开展过程中,不同组员承担工作的侧重点是不同的,由于篇幅所限,本案例并未将具体每一项工作落实到具体人员,只是标识到其所在小组。而在实际项目过程中,则需要将每一项工作所需要的人员具体确定,这样才能够更有效地进行人力资源管理和进度控制。

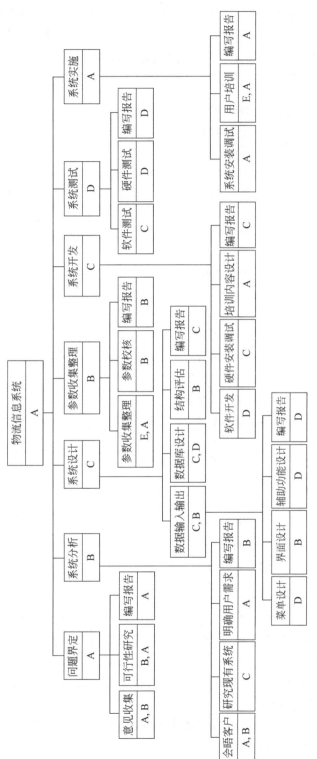

图 9.10 物流信息系统的项目分解结构图

通过 WBS,项目整体工作内容及其分项就一览无余了,后续工作将围绕 WBS 展开。在了解了 WBS 之后,还需要对每项任务之间的关系进行确定,即把 WBS 中的工作进行排序,厘清活动的先后顺序,并做出活动和紧前事件序列表(见表 9.1),并完成图 9.11 所示的网络计划图。

表 9.1 活动和紧前事件序列表

阶段	活动	数据库项目紧前事件
项目准备阶段	1. 意见收集	—
	2. 可行性研究	1
	3. 准备问题界定报告	2
	4. 会晤客户	—
	5. 现有系统分析	—
	6. 用户需求确认	3,4
	7. 准备系统分析报告	5,6
产品研制阶段	8. 数据输入、输出	7
	9. 数据处理与建库	7
	10. 评估	8,9
	11. 准备系统设计报告	10
	12. 培训教程	11
	13. 软件开发	11
	14. 硬件开发	11
	15. 数据收集整理	7
	16. 参数校对	7
	17. 准备报告	15,16
	18. 准备系统开发报告	12,13,14
	19. 软件测试	18
	20. 硬件测试	18
	21. 准备测试报告	17,19,20
项目实施阶段	22. 培训	21
	23. 系统实施	21
	24. 准备实施报告	22,23

在图 9.11 中,不仅标识了各项工作之间的紧前、紧后关系,而且还对各项工作的用工时间进行了估计,在图 9.11 的基础上,运用 PERT 技术,就可以获得关键路径(critical path),从而获得项目总工期,如图 9.12 所示。需要注意的是,由于工作 4(会晤客户)和工作 5(现有系统分析)需要事先进行客户沟通和资料存取权限审批,所以,假设这两项工作的最早开始时间应该从第 7 天开始,而不是第 0 天。

根据图 9.12,绘制了预计工作用时网络计划图(见图 9.13)。在图 9.13 上开展表上作业法,可得出项目研发预计总时间为 239 天。

在图 9.13 的基础上,进一步绘制包含项目每项活动的最早开始时间(ES)、最早结束时间(EF)、最迟开始时间(LS)、最迟结束时间(LF)的网络计划图,得到图 9.14。

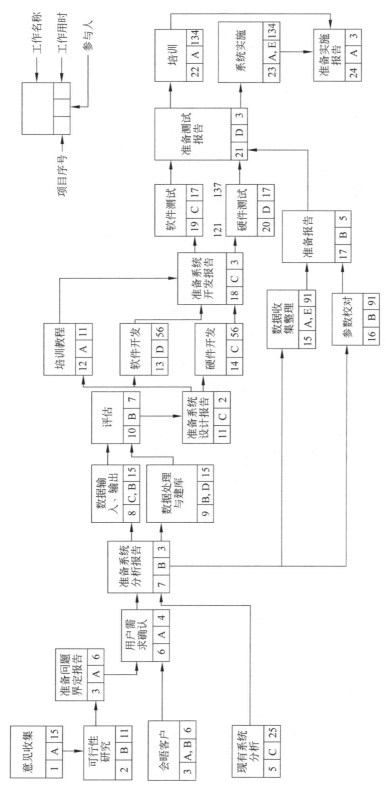

图 9.11 项目网络计划图

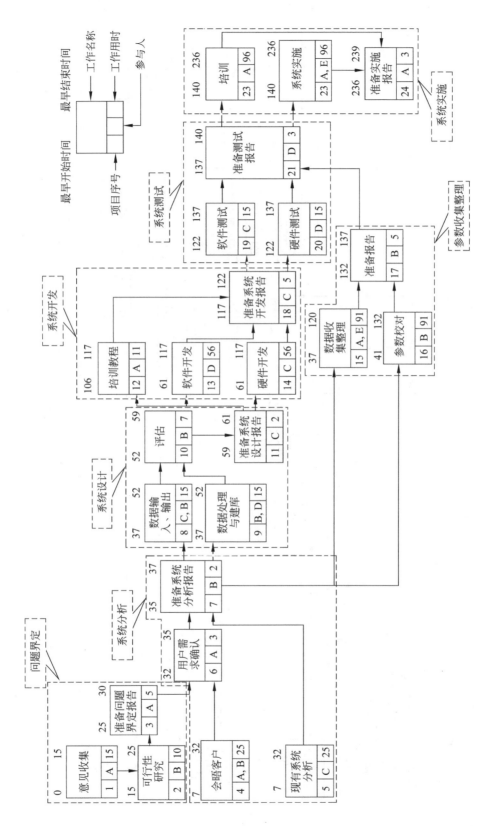

图 9.12 项目预计工作用时网络计划图

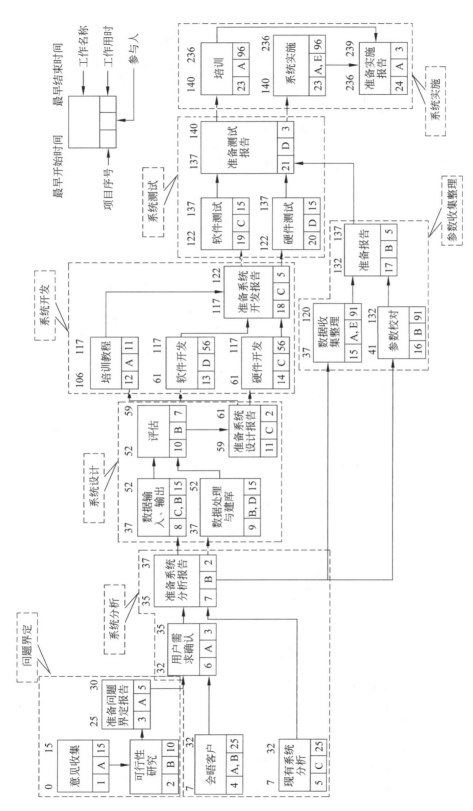

图 9.13 项目预计工作用时网络计划图

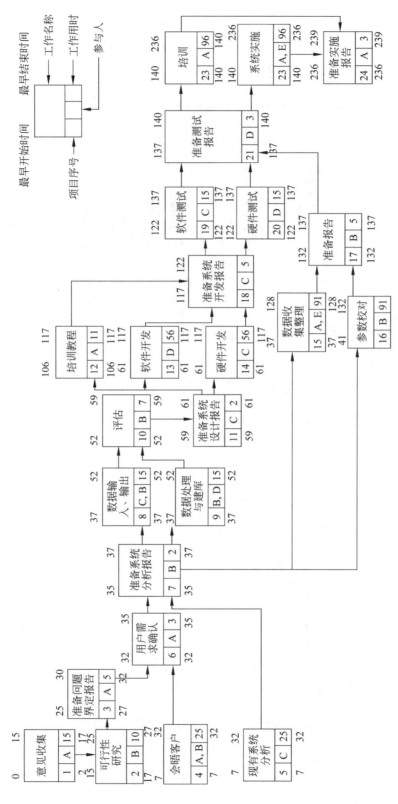

图 9.14 含 ES、EF、LS、LF 的网络计划图

项目经理在了解了项目每项活动的最早开始时间(ES)、最早结束时间(EF)、最迟开始时间(LS)、最迟结束时间(LF)之后,就可以合理地进行人员调配和资源优化工作,通过适时地开展工作,有效降低成本,增加效率,并可以在工期提前或延误的情况下,了解从哪项工作入手进行调整,从而保证对项目整体进度和成本实施有效控制。在完成上述工作之后,就可以知道每项工作的四个关键时间点,从而可以明确给出项目的整体进度,如表 9.2 所示。

表 9.2 项目进度表

活动	负责人	工期估计/天	最早开始时间/天	最早结束时间/天	最迟开始时间/天	最迟结束时间/天	总时差/天
1. 意见收集	A	15	0	15	2	17	2
2. 可行性研究	B	10	15	25	17	27	2
3. 准备问题界定报告	A	5	25	30	27	32	2
4. 会晤客户	A,B	25	7	32	7	32	0
5. 现有系统分析	C	25	7	32	7	32	0
6. 明确用户需求	A	3	32	35	32	35	0
7. 准备系统分析报告	B	2	35	37	35	37	0
8. 数据输入输出	C,B	15	37	52	37	52	0
9. 数据处理建库	B,D	15	37	52	37	52	0
10. 评估	B	7	52	59	52	59	0
11. 准备系统设计报告	C	2	59	61	59	61	0
12. 培训教程	A	11	106	117	106	117	0
13. 软件开发	D	56	61	117	61	117	0
14. 硬件开发	C	56	61	117	61	117	0
15. 数据收集整理	A,E	91	37	128	37	128	0
16. 参数校对	B	91	41	132	41	132	0
17. 准备报告	B	5	132	137	132	137	0
18. 准备系统开发报告	C	5	117	122	117	122	0
19. 软件测试	C	15	122	137	122	137	0
20. 硬件测试	E	15	122	137	122	137	0
21. 准备测试报告	D	3	137	140	137	140	0
22. 培训	A	96	140	236	140	236	0
23. 系统实施	A,E	96	140	236	140	236	0
24. 准备报告	A	3	236	239	236	239	0

9.5 物流信息系统的项目后评价

对物流信息系统项目实施进行评价,一方面是对实施项目进行总结,主要围绕项目的目标、执行情况及所产生的效益、影响等方面工作进行评价分析与总结,分析成败得失;另一方面是通过评价,及时进行信息反馈,从而对被评项目中存在的问题进行研究,并为未来的项目投资决策提出建议,最终达到提高投资效益的目的。本节主要阐述物流信息系统评价的概念和类型、评价需考虑的因素和评价的方法等。

9.5.1 项目后评价的概念和类型

项目后评价是项目过程的最后一个步骤,通常涉及设计中对系统运行及收益的要求与系统实际运行及收益的比较。一个系统输出结果的综合评价主要包括以下两种:

(1) 直接评价输出的结果,而不是转换活动本身。因为输出的结果是既定过程的结果,具有相对稳定性,而转换活动过程存在着许多不可控制的因素,特别是人的活动更具有灵活多变的特点。要达到同样的目的,可以使用不同的方法和手段。所以,对输出进行评价提高了评价工作的可操作性。另一方面,输出结果受系统环境和系统内部状态两方面因素的影响,而起决定作用的是系统内部状态,即决定于系统内部对输入的转换能力和水平,并最终决定于结构的优化程度。这样,通过对输出的评价,也间接评价了转换工作的各种具体活动,达到评价工作的目的。

(2) 评价是按照系统整体性原理来评价系统的输出,而不是仅仅评价工作成果的某个方面或某些部分。根据系统优化原理,最优个体的总和不等于系统的最优,最优化的结果是建立好各要素的最佳结合,并大于部分的代数和,这就要求全面综合评价过程。

物流信息系统是一个综合的计算处理系统,包括自动化的物料流程、共享的信息以及财务资源等,所有这些功能模块基于一个集成的数据库。实施一个成功的物流信息系统方案主要包括两个方面:一是如何选择物流信息系统的建设策略;二是企业流程改造以及检测系统的实用性。同样,一个不适合的建设方案的选择也会造成两种后果:一种是方案本身的失败;另一种会削弱企业系统的能力并导致企业业绩下滑。

有两种项目后评价过程:一种是事件驱动评价,即以计划事件或关键事件的发生作为评价启动的标记;另一种是时间驱动评价,即系统应用持续一段时间后进行评价。许多信息系统软件都是在半年或一年后进行评价。使用这种方法,依据进度监控现存的系统,若发现问题或时机,就可能开始一个新系统的开发周期或进行现有系统的更新过程。

9.5.2 项目后评价过程中需要考虑的因素

项目后评价包括系统目标的完成情况评价、系统运行的性能和实用性评价、系统的直接经济效益评价和间接经济效益评价几个方面。

1. 系统目标的完成情况评价

针对系统所设定的目标,检查已在运行中的系统的实际完成情况。例如,系统的硬件和软件环境是否能够满足系统功能上和性能上的要求;系统是否实现了系统设计提出的所有功能;系统内部各种资源的实际应用情况如何;为了达到系统目标,支出的经费、配备的人员是否超出了计划安排等。

实际上,随着系统开发的不断进行,一些具体目标会因为具体的时间和环境而发生变化。因此,在进行系统目标的完成情况评价时,也要对所设定目标的合理性进行评价,以便为系统的修改与完善提供依据。

2. 系统运行的性能和实用性评价

管理信息系统是一种面向应用的系统,评价系统的性能和实用性是管理信息系统评价非常重要的一个方面。系统性能和实用性评价的内容包括:系统的应用是否使采购、销售、生产、管理等的工作效率有所提高;系统的使用人员对系统的满意程度如何;系统的运行是否稳定;系统的使用是否安全保密;系统运行的速度如何;系统的操作是否灵活、用户界面是否友好;系统对误操作的检测和屏蔽能力如何等。

3. 系统的直接经济效益评价

管理信息系统的经济效益包括直接经济效益和间接经济效益。直接经济效益是应用管理信息系统而直接产生的成本的降低和收入的提高。系统的直接经济效益体现在:由于信息的准确性和及时性,销售收入增加;更合理地利用现有的生产能力和原材料,提高了产品的产量;更有效地进行调度,组织生产,减少了停工产生的损失,提高了生产效率;改善了企业的供应链,减少了物资储备,缩短了生产循环周期;掌握客户信息,及时收回应收账款,降低了费用性支出等。对于直接经济效益可以采用一般的经济效益评价方法进行评价,例如,计算由于系统应用带来的利润增长、计算投资回收期、投资效果系数法等。

4. 系统的间接经济效益评价

间接经济效益是指应用管理信息系统带来了企业管理的一系列变革,促进了企业管理决策水平的提高,从而为企业带来的经济效益。管理信息系统的直接经济效益一般都比间接经济效益小。管理信息系统的经济效益通常主要体现在其运行过程中所产生的间接经济效益。对管理信息系统间接经济效益的评价虽然也有一些估算模型,但是应用信息系统所带来的企业管理水平的提高,以及所带来的综合性经济效益,是很难准确计算的。这种综合性经济效益往往要经过一段时间之后才会反映出来,而且会随着应用向高级阶段的发展而越来越显著。系统的间接经济效益主要表现在以下几个方面:

(1) 系统的应用对企业基础数据管理的科学化和规范化起到推动作用,信息的数量和质量得到了提高。

(2) 管理信息系统的应用往往意味着先进管理思想和管理方法的规范化应用,为企业的发展带来了一系列变革,为企业带来了不可预计的经济效益。

(3) 系统的应用使工作人员从繁重的重复性工作中解脱出来,投身到更有意义的工作中,这不仅提高了劳动效率,更改变了工作的性质。

(4) 系统的应用会提高企业对供应、生产、销售、经营和管理数据的分析能力,结合市场分析、竞争对手分析、行业分析等,为企业制定经营战略、进行经营决策提供更强有力的支持。

总之,由于管理信息系统的应用,数据质量的提高、数据库系统的完善、工作效率的提高和经营战略的正确制定等为企业所带来的经济效益都是不易计算的,这种潜在的经济效益更体现了管理信息系统应用的重要意义。

9.5.3 项目后评价方法和性能度量指标

项目后评价重点研究项目的成功度问题,概括起来,评价包括:基于全生命周期的实施过程评价,即对启动阶段、计划阶段、实施阶段、控制阶段和收尾阶段确定的里程碑节点进行评价;基于项目管理的实施方法评价,即对跨越项目整个生命周期的综合管理、范围管理、进度管理、费用管理、质量管理、人力资源管理、沟通管理、风险管理、采购管理和知识管理进行评价;基于提高企业市场竞争力的实施目标评价,即围绕提高企业核心竞争能力,依靠定量和定性的方法从管理提升、经济效益、远景效益3方面对项目实施结果进行客观评价。

项目后评价可以理解为:根据明确的系统目标、结构以及系统的属性,用有效的标准测定出系统的性质和状态,然后与一定的评价准则相比较并作出判断。

进行评价的方法很多,系统分析评价的类型多种多样,主要取决于评价与系统的关系,如表9.3所示,其中常用的有基于专家知识、数据、模型的综合性评价方法。

表9.3 评价的类型

评价与系统的关系	评价的类型
评价与决策	决策前评价,决策中评价,决策后评价
评价与系统发展过程	事前评价,中间评价,事后评价
评价与信息特征	基于数据的评价,基于模型的评价,基于专家知识的评价,基于数据、模型、专家知识的综合性评价

9.6 物流信息系统项目监理

信息系统监理是一个新的概念,监理内容和工作方法还有待完善。但从物流信息系统的安全角度出发,了解和清楚信息系统监理的含义、目标和作用,并能在物流信息系统的建设和运行过程中采用这种思想和方法来指导实践,对保证信息系统的安全有重要的意义。

9.6.1 信息系统监理的引入

"信息不对称"是信息化建设中众多企业不得不面对的现实。信息化建设的社会效益和经济效益是毋庸置疑的,但由于信息化系统的科技含量极高,而业主单位通常缺少熟悉信息技术的专业人才,也缺乏大型信息化工程的建设经验,故而无法掌控系统开发的过程,也无法监控信息系统的开发实施过程,导致大量开发者与用户之间沟通协作存在问题,严重阻碍了企业实施安全、有效的信息系统。调查表明,大约70%的信息系统工程项目超出预定的开发周期,大型项目平均超出计划交付时间20%~50%,90%以上的软件项目开发费用超出预算,并且项目越大,超出项目计划的程度越高。因此,迫切需要引入第三方监理机构。信息系统建设项目监理的意义及特点主要表现在:

(1) 信息系统建设项目监理基于信息系统的复杂性、多样性和专业性,用来对信息系统安全工程实行项目监督、安全控制、风险管理,确认信息系统的可信性,保证项目的有效控制和顺利进行。

(2) 信息系统建设项目监理在信息化建设中不是独立的实体,而是信息系统工程整体项目中的一个过程。信息建设监理工作贯穿于项目的整个生命周期,从项目论证、立项开始,到项目规划和设计阶段(包括需求分析)、系统实施阶段、实施过程控制、项目各子系统测试验收和整体验收阶段。

(3) 信息系统建设项目监理从技术和管理两个方面,对信息系统的安全策略、安全服务、安全机制、安全管理、安全控制、风险管理及安全技术等按照设计方案保质保量地实施,实现预期的目标。

事实表明,监理在信息化建设中的作用是很大的。它可以弥补业主单位在专业知识方面的欠缺,消除信息不对称带来的隐患。通常在业主单位和开发方签订信息系统工程的开发合同后,主动权就转移到了开发方手中,如果开发方在信息系统的建设过程中直接向业主单位提出技术难题,业主单位常常不知所措。主动权的转移还会带来预算超支、开发周期延长等隐患,甚至带来双方的信任危机以及项目失败的风险。在监理方介入后,这些问题可以先由监理方作出评估,然后提出解决方案。独立的第三方监理能发挥客观公正的作用,协调各方面的关系,消除隐患,降低风险。

9.6.2 信息系统监理的目标和特征

1. 信息系统监理的目标

信息系统监理是为了克服工程建设项目传统管理体制所造成的建设工期长、质量差、造价高的弊端,因此不论是一般的建设工程项目工程监理还是信息系统工程监理,它们的目标是一致的。从总体上说,监理的目标是提高工程建设项目投资的效益,降低风险。具体来说,监理的目标是在信息系统工程项目的方案论证、投资决策、设计、施工、验收、维护等整个过程中,对项目的投资、工期、质量、风险等多目标,在事先、中期、事后进行严格控制,以使项目达到以下三大目标:

(1) 工程质量目标。达到工程所预期的质量水准,即系统的设计、集成、设备安装调试、软件开发质量等都达到预期的水平,系统竣工验收、投入使用后,系统安全可靠,运行良好。

(2) 工期目标。按照计划工期完成信息系统工程项目建设,力求在不增加投入的前提下,提前完成任务。

(3) 成本目标。保证在预定的造价内完成工程项目建设,争取节约投资。

2. 信息系统监理的特点

信息系统监理的特点是由信息系统项目的特点决定的,主要表现在以下几个方面:

(1) 监理的全过程特点。信息系统工程监理的范围应覆盖信息系统实施全过程,从可行性论证、分析设计、项目实施到系统维护评价,需要对每个实施阶段和实施步骤的质量、进度、费用进行监督和管理,控制偏离,协调争议,确保工程项目及资源投入能够实现建设方预期的实施目标和实施计划。

(2) 监理的预防性特点。信息系统项目是一项高风险的系统工程。因此,系统监理应能及时发现已经发生或预警潜在的风险问题。对已发生的风险问题,应能分析原因,分清责任,处理争议,纠正偏离;对潜在的风险问题,应能预先制定防范措施,减少项目的风险性。

(3) 监理的咨询性特点。国外企业在实施信息系统项目时很重视管理咨询的作用,由第三方管理咨询机构对项目的设计、实施提供咨询服务,设计和实施一般是分离的。而我国很多业主单位对管理咨询的作用认识不足,项目的设计和实施一般都是软件开发商提供。

在没有管理咨询机构参与的情况下,更需要监理机构为业主单位提供全过程、全方位的咨询服务,提供有价值的建议或指导意见。即使对具有管理咨询机构参与的信息系统工程,仍需要监理机构从第三方立场出发,对实施过程中出现的偏离加以甄别,产生的争议给予仲裁,提供包含咨询的监理服务。

(4) 目标的动态性特点。业主单位需求目标的不明确性,以及实施过程中需求的变动性,使得信息系统的实施过程往往是一个实施目标不断调整、变动的过程,这就要求系统监理能够适应项目需求目标的动态管理。

9.6.3 信息系统监理的作用

目前还没有关于信息系统监理的确切定义。我们参考工程项目监理的定义,给出信息系统监理的定义为:监理机构按照建设单位的委托和授权,委派监理人员到项目实施现场,依据国家有关法律、法规、各种行业规范、技术标准以及合同规定的技术、经济要求,充分运用项目管理、信息技术以及与项目相关的其他专业知识,综合采取法律、经济、行政和技术手段,针对信息系统工程的可行性研究、总体规划、方案设计、系统安装、调试、竣工验收、工程保质期各阶段,对信息系统工程建设参与者的行为进行监督、约束管理和协调,并采取相应的措施,制止行为的随意性和盲目性,促使信息系统建设保质保量地如期完成。

信息系统项目监理需要多项能力,主要有沟通能力、协调能力、评估与评价能力以及风险分析与管理能力。而信息系统项目监理的主要作用是发现并预警问题,推动问题的解决。信息系统项目监理是咨询建议的提供者,是项目建设的推动者,是各方关系的黏合剂,其主要作用可以概括如下:

(1) 协助客户方与开发方更详细完整地定义业务需求。信息化项目建设方自身的能力参差不齐,可能无法独立形成清晰的需求,也可能由于对信息技术的发展状况不了解,提出一些目前技术上不能实现的需求。在这种情况下,定义完整业务需求的重任自然就落在了开发方的身上,开发方既可能从自身利益出发,定义出不切合用户实际需要的需求,又可能由于自身能力或方法等方面的欠缺而造成需求定义的不完整,给项目的失败留下隐患。通过引入IT监理,监督和指导开发方通过科学的方法和认真负责的工作态度,与用户方密切配合,就可以更详细、更完整地定义出业务需求。

(2) 确保项目的整体解决方案具备先进性、经济实用性、成熟性、可靠性、安全性、可管理性和可扩展性。信息化建设项目的用户方可能IT水平不够高度专业化,不能完全准确地判断开发方提供的整体解决方案好坏与否。因此,监理方要甄别开发方提供的整体解决方案是否满足上述各方面的要求,并给出评估报告和改进建议,提供技术上的保障。

(3) 对项目实施的各个阶段进行有效的监督和控制,确保实现项目各个阶段及整体的质量和进度目标。在项目实施的过程中,监理方需要对各种过程的各个阶段实施有效的监督和控制,确保项目整体质量目标和进度目标的实现。监理方需要凭借丰富的项目管理知识、能力和经验,对项目任务的分解、工期的制定、质量的控制和变更的掌控有准确的预判,对开发方的监督控制能做到精准、到位。

(4) 在项目建设的过程中,对业务需求定义、相关IT技术及项目管理方法等多个方面提供有价值的建议和咨询意见。建设方通常期望监理方除了扮演监督和控制的角色之外,还是一个好参谋。无论是在项目的哪个阶段,无论遇到技术上还是管理上的难题,监理方都能凭借自己的经验,提出有价值的建议,为问题的解决提供参考或指导。

(5) 成为项目各方信赖的愉快的合作伙伴。信息系统项目监理方要求具备高素质的顾问队伍,具备建设方和开发方所期望的优秀的沟通、协调及领导能力,能很好地处理项目中出现的问题,解决争议,从而成为深得各方信赖的能愉快合作的伙伴。在项目进行过程中,建设方和开发方由于各自的利益着眼点、技术及管理知识和经验等的不同,不可避免地会发生一些冲突,这时各方都希望监理方能站在公正的立场上,以客观的态度和灵活的手段来调解双方的争执,促成双方达成妥协。

案例 9-3:信息系统建设项目监理[①]

信息系统项目监理是对于按业务目标、应用需求而构建整个软件系统的工程项目,依据国家批准的信息化工程项目建设文件、有关工程建设的法律法规和工程建设监理合同及其他工程建设合同,尤其是依据软件工程方面的标准和用户需求,在工程建设各阶段向建设单位提供相关咨询,并协助建设单位对承建单位在工程建设中的信息技术服务过程开展咨询和监理的一系列专业化服务活动。

某单位信息化工程主要包括综合布线、软件开发等方面的建设内容。建设单位通过公开招标选择了承建单位和监理单位。为了高质量地做好监理工作,提高客户的满意度,监理方承诺提供咨询式监理,并充分利用监理方测试能力强的优势,在软件开发实施中,将测试作为质量控制的重要手段之一。在项目实施过程中发生了如下事件:

事件 1:工程开工的第一次会议上,建设单位宣布了对监理单位的授权,并要求监理保证进场材料、设备的质量,要求承建单位接受监理的监督检查。

事件 2:布线工程施工中,监理工程师检查了承建单位的管材并签证了合格可以使用,事后发现承建单位在施工中使用的管材不是送检的管材,重新检验后不合格,马上向承建单位下达停工令,随后下达了监理通知书,指令承建单位返工,把不合格的管材立即撤出工地,按第一次检验样品进货,并报监理工程师重新检验合格后才可用于工程。为此停工 2 天,承建单位损失 5 万元。承建单位就此事提出工期和费用索赔申请;建设单位代表认为监理工程师对工程质量监理不力,提出要扣监理费 10 000 元。

事件 3:虽然软件需求已经由用户签字确认,但在后续的实施中,由于市场环境的变化及应对竞争的原因,用户总是对需求提出较大的变更,要求承建单位优先满足。

事件 4:软件开发进入尾声,承建单位提出要进行用户方测试,建设单位领导经与监理单位领导协调后确定由监理单位承担测试方案和测试用例的编制工作,建设单位实施测试。在测试用例的编写过程中,编写人员由于对该项目所涉及的业务流程了解不深,请求建设单位帮助解决,但建设单位的技术负责人认为该问题是由于监理单位的相关人员能力不足所致,应由监理单位自行解决。

对于事件 1,监理工程师应负责保证进场材料、设备的质量,对监理工程师的要求主要有:

---

① 摘自 2016 年信息系统监理师下半年考题。

(1) 熟悉施工图纸,全面了解工程项目中所采用的所有设备材料及其对应的设备材料型号、规格等。

(2) 做好设备材料的封样。设备监理工程师要把握好设备材料的质量,除提醒甲方或总包方慎重选择生产厂家、做好货比三家外,对生产厂家提供的产品按有关程序进行封样,以保证批量生产的设备和样品的一致性,也是对进场设备和材料进行质量控制的非常关键的环节。

(3) 审查进场设备材料质量证明文件是否齐全有效。质量证明文件包括:产品质量合格证、形式检测报告、性能检测报告、生产许可证、安全生产许可证等。

(4) 做好设备材料的进场抽检与复试。

(5) 做好设备材料的试验。进场设备材料经验收合格、允许进入施工现场后,监理工程师应督促施工单位按施工验收规范的要求对产品的性能进行试验,以检验其性能参数是否满足规定的参数要求,是否存在质量隐患。

对于事件2,有如下问题:

首先,承建单位提出工期、费用索赔要求是不合理的,因为在承建单位擅自替换、变更工程材料的情况下,承建单位违反了合同,监理方可以下达停工令,由于停工导致了承建方窝工损失,应由承建方自行承担。

其次,建设单位要扣减监理费的做法也是不对的。监理工程师履行了检验职责,但是没有发现设备材料被偷换,监理工程师应当承担失职责任。但主要责任在承包商,并且监理工程师的失误没有给业主造成直接经济损失,不应赔偿。

对于事件3,有如下问题:

首先,信息系统需求确定后,用户可以提出变更要求,但必须按规范的需求变更控制流程来处置。需求确认意味着软件开发的需求基线已经确立,双方就项目范围达成了一致。

其次,作为监理方,不应轻率同意用户的变更需求,而是需要依据系统需求说明书和相关文档,并与承建方协商解决。如果变更内容会造成额外的工作,则应给予承建单位合理的补偿。

对于事件4,有如下问题:

首先,建设单位无权要求监理方承担用户方测试方案和测试用例的编制工作,因为监理作为第三方,这些工作不属于监理范畴,而是承建方的工作,监理方不能越俎代庖。

其次,建设单位技术负责人不能以测试用例编制人员业务流程了解不深为由责怪监理方,事实上,这个问题应该由监理方召集建设方、承建方等相关人员召开监理协调会,提出此问题的解决方案。

本章小结

物流信息系统的开发是一项复杂的系统工程,在系统开发过程中必须遵循通用性、标准化、完整性、可靠性、经济性和先进性等原则。物流信息系统的开发遵循系统的生命周期思想,主要包括5个阶段,它们是系统规划、系统分析、系统设计、系统实施和系统维护与评价。系统在开发过程中会涉及企业的业务流程再造问题,如手工转自动化过程、业务流程优化过程或业务流程重新梳理再造过程。这种业务流程重组过程会影响企业的组织结构、人员分配或权力机构等,给物流信息系统的开发带来风险。因此,在物流信息系统开发前期进行全面的系统规划是很有必要的。

物流信息系统规划是企业管理系统规划的一个部分,应该为企业管理系统规划目标服务。因此,企业物流信息系统的规划需要与企业战略相结合,需要建立在对企业业务现状调研的基础上。系统规划阶段的评价就是作物流信息系统的可行性评价,包括技术可行性、经济可行性和组织环境的可行性。

经验表明,在新系统开发过程中,对系统造成风险最大的是组织管理环境和经济效益分析,其中的阻力来自于企业中惯有的思维方式和行为方式、数据的不规范性、管理流程的混乱性等,因此,在物流信息系统开发前期需要对企业的管理适应度进行分析,如人员思维方式的适应度、管理流程的适应度和数据规范化的适应度等。企业可以通过培训、管理流程改造和数据整理过程来达到信息系统所要求的管理适应度,但若差距很大,就需要花费很多时间和成本。其次,就是物流信息系统投入产出的分析,因为系统的投资巨大,若管理差距很大,花费在培训和流程梳理上的费用也不少,因此,预测系统的经济效益是进行决策的基础。

物流信息系统实施中存在很多风险,如思维方式、人员素质、管理模式、投入资金预测不准等。因此,对整个系统的开发过程需要相应的项目管理工具和保证质量的控制方法。目前信息系统中的项目管理工具多借鉴于工程管理行业,如甘特图和网络计划法等;而物流信息系统项目实施的不同阶段对其质量起着不同的作用,因此,其质量控制的重点也各不相同。

系统评价是系统开发完成后围绕项目目标、执行情况及所产生的效益、影响等方面工作进行的评价分析与总结,主要有事件驱动评价和时间驱动评价。评价中考虑的因素有完成任务情况评价、经济效益评价、系统性能评价等方面。进行评价的方法很多,常用的有基于专家知识、数据、模型的综合性评价方法。

信息系统的监理是个新概念,目前发展还很不完善,但第三方监理机构的引入对信息系统的安全性有重要意义。信息系统的监理目标是在信息系统工程项目的方案论证、投资决策、设计、施工、验收、维护等整个过程中,对项目的投资、工期、质量、风险等多目标,在事先、中期、事后进行严格控制,使项目达到质量、工期和成本 3 方面的目标。

思考题

9-1 物流信息系统开发的原则和目标是什么?
9-2 物流信息系统生命周期的内容是什么?
9-3 系统规划的内容和主要步骤是什么?
9-4 系统分析与系统设计的区别是什么?
9-5 物流规划制定的方法、步骤和主要内容是什么?
9-6 物流信息系统可行性评价的意义和目的何在?
9-7 物流信息系统可行性评价的内容有哪些?
9-8 系统开发的风险有哪些?

9-9 系统评价的概念与类型有哪些？

9-10 物流信息系统建设项目中引入监理机制的目的是什么？

讨论题

分析一个实际物流系统，讨论其信息系统开发的过程，并分析在开发中可能存在的风险，试写出其可行性分析评价报告。

第 10 章 物流信息系统安全与控制

21世纪以来,伴随着企业信息化步伐的加快,对信息系统安全的威胁也随着企业对信息系统的依赖而加强。随着企业业务越来越依赖互联网,若企业信息系统因接入互联网而感染病毒,则病毒会迅速感染整个企业内部网络,从而有可能摧毁整个业务数据库,导致大量业务信息的丢失或损坏,给企业造成不可弥补的损失。更有甚者,病毒会通过企业的信息系统,传染给与之相连的客户系统,造成更大规模的扩散。据统计,在2000年,由于计算机病毒以及黑客的攻击,世界范围内造成的经济损失高达1.6万亿美元,随着互联网的普遍应用以及移动互联网的发展,今天的损失数字会数倍于此。可见,信息安全问题处理不当,会对企业日常经济活动造成巨大的风险。因此,企业管理信息系统必须对出现的任何信息系统威胁进行防范和控制,必须进行定期或实时的数据备份工作,以保证系统的安全。本章从物流信息系统的潜在问题出发,来阐述物流管理信息系统的安全性问题。

10.1 物流信息系统面临的威胁

冲击波病毒是利用在2003年7月21日公布的RPC漏洞进行传播的。该病毒于当年8月爆发,病毒运行时会不停地利用IP扫描技术寻找网络上系统为Windows 2000或XP的计算机,找到后就利用RPC/DCOM缓冲区漏洞攻击该系统,一旦攻击成功,病毒体将会被传送到对方计算机中进行感染,使系统操作异常、不停重启,甚至导致系统崩溃。另外,该病毒还会对系统升级网站进行拒绝服务攻击,导致网站堵塞,使用户无法通过该网站升级系统。只要是计算机上有RPC服务并且没有打安全补丁的计算机都存在RPC漏洞。

冲击波病毒的工作机理如下:攻击者通过TCP135端口,向远程计算机发送特殊形式的请求,允许攻击者在目标机器上获得完全的权限并执行任意代码。该病毒充分利用了RPC/DCOM漏洞,首先使受攻击的计算机远程执行病毒代码;其次使RPCSS服务停止响应,PRC意外中止,从而产生由于PRC中止导致的一系列连锁反应。针对RPC/DCOM漏洞所编写的病毒代码构成了整个病毒代码中产生破坏作用的最重要的部分。

冲击波病毒长6176字节,是后门和蠕虫功能混合型的病毒,包括三个组件:蠕虫载体、TFTP服务器文件、攻击模块,病毒会下载并运行病毒文件msblast.exe。

冲击波病毒的特征为:

(1) 主动攻击:蠕虫在本质上已经演变为黑客入侵的自动化工具,当蠕虫被释放(release)后,从搜索漏洞,到利用搜索结果攻击系统,到复制副本,整个流程全由蠕虫自身主动完成。

（2）利用系统、网络应用服务漏洞：计算机系统存在漏洞是蠕虫传播的前提，利用这些漏洞，蠕虫获得被攻击的计算机系统的相应权限，完成后继的复制和传播过程。正是由于漏洞产生原因的复杂性，导致面对蠕虫的攻击防不胜防。

（3）造成网络拥塞：蠕虫进行传播的第一步就是找到网络上其他存在漏洞的计算机系统，这需要通过大面积的搜索来完成。搜索动作包括：判断其他计算机是否存在；判断特定应用服务是否存在；判断漏洞是否存在。这不可避免地会产生附加的网络数据流量。即使是不包含破坏系统正常工作的恶意代码的蠕虫，也会因为病毒产生巨量的网络流量，导致整个网络瘫痪，造成经济损失。

（4）反复性：即使清除了蠕虫在文件系统中留下的任何痕迹，如果没有修补计算机系统漏洞，重新接入到网络中的计算机还是会被重新感染。

（5）破坏性：从蠕虫的历史发展过程可以看到，越来越多的蠕虫开始包含恶意代码，破坏被攻击的计算机系统，而且造成的经济损失数目越来越大。

冲击波病毒在很短时间内造成的全球经济损失高达数百亿美元，是有史以来造成经济损失最大的单一病毒之一。

在中国造成很大破坏的病毒还有 CIH 病毒、熊猫烧香病毒，等等。

10.1.1 信息系统的脆弱性

物流信息系统是基于计算机系统实现的数据存储和应用的工具，无论是在信息系统的开发过程中、人-机操作的每一环节中，还是在系统周围环境中可能出现的问题，或是自然灾害，都可能导致信息系统遭到破坏。

管理信息系统的脆弱性来自于很多方面，主要有以下几种。

1. 软件本身不完善

2018 年上半年，业界共发布了 10 644 个漏洞，超过 2017 年同期的 9690 个漏洞。按照当前趋势，2018 年披露的漏洞总数将轻松超过 2017 年全年的 20 832 个漏洞，这个数字比 2016 年增长了 31%。这些软件漏洞中约有 17% 属于严重漏洞，在 CVSS 评级量表上的严重等级在 9.0~10.0 之间。不过这个数字相比 2017 年上半年 Risk Based Security 报告中 21.1% 的严重漏洞占比已经有所下降。

2018 年报告发现的漏洞中，46.3% 与网络应用相关，接近 50% 属于远程利用漏洞。2018 年上半年风险安全数据库中近 1/3 的漏洞都属于公开漏洞，但有 73% 的公开漏洞已有解决方案。

2. 硬件安全问题突出

除了大量设备的质量问题、寿命问题带来的系统安全性问题外，数据通信造成的电磁特征以及物理设备周围的电磁辐射都是不可避免的。尤其是随着网络传输节点数的增加，系统安全漏洞出现的概率增大，这种漏洞为网络侦听、搭线接听、电磁窃听、网络线路的辐射泄密等威胁创造了条件。

3. 恶意代码威胁日趋复杂

随着信息时代的到来，恶意代码已经由惹人讨厌的恶作剧发展成公司运营的重大危害。

早期的病毒主要驻留在单个用户系统中,导致员工短期的生产力下降,但是现在的混合威胁(blended treated),如红色代码(Code Red)和尼姆达(Nimda)等,同时会产生多种安全威胁,并导致重大破坏,给企业造成数十亿美元的损失。混合威胁运用蠕虫、木马等病毒的多种特征来自动发动攻击,不经干预即可传播,并对系统(主要指漏洞)进行多点攻击。图10.1展示了近几年来恶意代码造成的世界经济损失情况。表10.1总结了世界上病毒的发展。

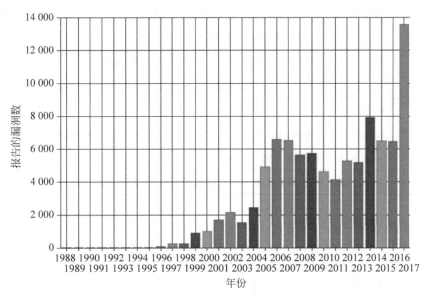

图 10.1　1988—2017 年计算机信息系统漏洞数量情况
（2017 年数据为截至当年 9 月份数据）

表 10.1　世界上病毒的发展

20 世纪 80 年代	流行根病毒,攻击操作系统,且随着人们交换软盘而传播
20 世纪 90 年代	宏病毒盛行,随着人们交换存储盘或带有附件的电子邮件而传播,该病毒是 Word 和 Excel 的一部分
21 世纪	各种各样的蠕虫病毒出现,且很多病毒会伪装其回复地址,难以查明其来源

4. 计算机犯罪、欺骗和滥用增多

计算机犯罪,就是在信息活动领域中,利用计算机信息系统或计算机信息知识作为手段,或者针对计算机信息系统,对国家、团体或个人造成危害,依据法律规定,应当予以刑罚处罚的行为。

互联网的应用和发展带来了老式犯罪行为的电子化延伸,如伪造、诈骗和盗窃。保守估计全球范围内,每年计算机犯罪所带来的财产损失总额高达数百亿甚至上千亿美元。其中,典型的计算机犯罪包括佛罗里达州股票经济人诈骗案,涉案金额 5000 万美元;大众现金公司诈骗案,涉案金额 2.61 亿美元;花旗银行诈骗案,涉案金额高达 1000 万美元。

我国自 1986 年发现首例犯罪以来,利用计算机网络犯罪案件数量迅猛增加。据统计,中国网络犯罪占犯罪总数 1/3 ,并以每年 30％以上速度增长。根据某互联网公司的调研和测算,中国黑色、灰色网络犯罪规模大概在 1000 亿元人民币左右,从事互联网地下黑色产业链的规模大概超过40万人。其中包括触及法律底线、构成网络犯罪的行为，也包括利用网络规则漏洞从事灰色产业的从业者。网络犯罪已经发展为成熟的产业链条，分工明确，环环相扣，各取所需，危害整个网络生态安全。目前以电信诈骗为代表的网络犯罪已成为影响社会稳定和群众安全感的突出犯罪问题。

非法闯入他人计算机系统的人被称为黑客(hacker)。黑客往往是计算机使用高手，他们利用自己的知识非法进入别人的计算机系统，其动机多样。表10.2给出了黑客种类。

表10.2 黑客种类一览表

白帽黑客	寻找系统存在的漏洞并加以弥补，他们是应计算机网络系统组织的邀请工作的
黑帽黑客	侵入别人计算机系统，会到处翻看，偷取别人的信用卡号码，毁坏信息或搞其他破坏
黑客分子	怀有政治或其他原因入侵其他的计算机网络，以丑化一个网站作为抗议
脚本黑客	在互联网上找到系统的缺陷并标注出进入系统的渠道，引起破坏
解密高手	被雇佣的黑客，经常是商业间谍
数字恐怖主义者	总想给别人制造麻烦或破坏重要的系统或信息，把网络作为大规模杀伤性武器

5. 计算机操作不当

计算机操作不当也会给信息系统带来威胁。统计表明，计算机受到威胁的大部分来源于人为因素，如误操作、系统缺省配置、脆弱性口令和信任关系转移等。系统缺省配置主要考虑的是用户的友好性，但方便使用的同时也意味着更多的安全隐患。例如，很多用户习惯使用生日、电话号码等常用信息设置密码，这会给系统安全性造成影响。另外，内部安全管理不当也会造成威胁。据CERT/CC统计，70%的计算机犯罪来自系统内部人员，特别是那些掌握了相当多单位秘密的白领。

10.1.2 常见的信息系统威胁

物流管理信息系统提高了物流活动的生产效率，但是其作用是建立在物流信息系统持续稳定地提供有效数据和操作的前提条件下的。影响信息系统正常运行的因素，称为信息系统的威胁。信息系统受到的主要威胁包括对信息的威胁和对设备的威胁。

对信息的威胁主要是影响信息的安全特征，主要包括：

(1) 保密性(confidentiality)，防止非授权访问；

(2) 完整性(integrity)，防止数据被修改、破坏和丢失；

(3) 可用性(availability)，能否及时存取用户所需的信息；

(4) 可控性(controllability)，对信息和信息系统实施安全监控管理，防止非法利用信息和信息系统；

(5) 不可否认性(non-repudiation)，指在网络环境中，信息交换的双方不能否认其在交换过程中发送信息或接收信息的行为。

对设备的威胁主要是对设备实体及其运行的威胁，例如自然灾害会摧毁通信设备，许多病毒感染即使不影响实体安全，但也会影响设备的正常运行，并对设备安全构成威胁。例如我国1999年4月26日爆发的CIH病毒。CIH病毒属文件型病毒，杀伤力极强。主要表现为病毒发作后，硬盘数据全部丢失，甚至主板上 BIOS 中的启动程序也会被彻底破坏，主机无法启动。只有更换 BIOS，或是向固定在主板上的 BIOS 中重新写入原来版本的程序，才能解决问题。

信息系统的威胁来自于自然因素和人为因素。其中，自然因素主要有硬件故障、软件故障、电源故障、电磁干扰、电磁辐射和各种不可抗拒的自然灾害。电磁辐射并不影响信息的完整性和可用性，但会破坏信息的保密性，破坏者可以通过截获通信或计算机等设备周围的电磁辐射来获取信息。物理故障及自然灾害主要破坏信息的完整性和可用性。

人为因素又可以分为意外损伤和蓄意攻击两类。意外损伤主要包括偶然删除文件、格式化硬盘、带电插拔和系统断电等各种操作失误。操作失误主要会影响信息的完整性和可用性，对保密性影响不大。蓄意攻击则是有意利用软件漏洞、协议漏洞和管理漏洞，绕过系统安全策略，破坏、篡改、窃听、假冒、泄露和非法访问信息资源的各种恶意行为，包括网络攻击、计算机病毒、特洛伊木马、网络窃听、邮件截获和滥用特权等多种类型。

常见的安全威胁分类及破坏目标如图 10.2 所示。

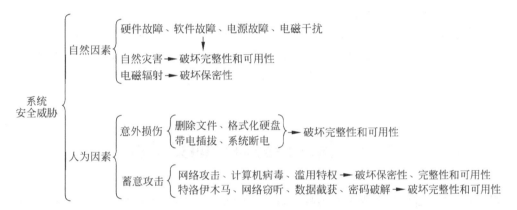

图 10.2　常见的安全威胁分类及破坏目标

根据安全威胁来源于系统内部还是外部，蓄意攻击还可以分为内部攻击和外部攻击。由于内部人员位于信任范围内，熟悉敏感数据的存放位置、存取方法、网络拓扑结构、安全漏洞及防御措施，而且多数机构的安全保护措施都是"防外不防内"，所以内部攻击往往对企业危害较大且难以发现。

外部攻击又分为被动攻击和主动攻击。以蓄意窃取信息为目的的外部攻击一般称为被动攻击，其他的统称为主动攻击。被动攻击主要破坏信息的保密性，而主动攻击主要破坏信息的完整性和可用性。窃取信息的手段主要有利用电磁辐射、搭线接听、无线监控、网络窃听、邮件截获、特洛伊木马、计算机病毒等。主动攻击主要来源于黑客、敌对势力、网络金融犯罪分子和商业竞争对手等，他们主要利用系统漏洞攻击。

10.1.3　物流信息系统的威胁

物流信息系统作为一种软件系统，无法避免软件系统所具有的缺陷和风险；同时，现代物流系统要为供应链中的企业提供协同化能力，对信息的时效性要求较高；此外，物流信息系统所涉及的业务处理环节比较多，需要将各类资源进行集中整合与优化，这就要求数据的集中度和开放性较高。因此，物流信息系统在响应速度、成本节约以及各个物流环节的信息衔接及资源整合等方面，对实体物流系统的运作以及实现其"第三利润源泉"的作用具有举足轻重的影响。物流信息系统的这些应用特性，一方面造成物流信息量非常大，包含如仓储数据、客户服务数据、货物跟踪数据等实体和业务数据，这些数据都存储在系统的数据库中，供企业不同部门调度使用，以优化资源配置；另一方面需要大量的企业内、外的协调过程，这也是靠大量的信息传递来实现的。一旦系统崩溃，联机事物处理系统（OLTP）无法正常存取处理大量数据，即使有副本存档也无法与信息系统处理问题的速度相匹敌，运作优化、订单响应处理速度都会受到巨大影响，客户满意度下降、成本增加的现象会迅速出现，企业竞争力将大受影响。具体的威胁来源有：

（1）物流网络分布广泛。物流信息系统由于物流业的特点，网络分布比较广泛，加上跟踪系统如 GIS、GPS 等空间数据的接入，增加了整个物流系统的节点数目，也增加了系统与威胁的接触面积。同时，众多的节点也要求系统具备良好的实时处理和分布处理能力，这就需要增加系统的性能，这也增加了系统维护的难度。

（2）物流系统业务频繁。物流管理信息系统中的客户订单、客户服务跟踪、客户结算等业务非常频繁，而且这些信息在网上进行传输的安全要求也很高。尤其是很多物流企业为了更好地开展业务，已经着手开展金融业务衔接，大量重要财务数据的传输必然会增加网络信息安全的风险。

10.2 物流信息系统的安全性

现代社会中，信息是企业重要的战略资源。随着人们对信息系统安全的重视，信息安全已经成为一门新的学科——信息系统安全学，它是为信息处理系统建立和采取的技术和管理的安全保护措施，以防范信息系统的硬件、软件、数据遭受偶然或蓄意破坏、篡改、窃听、假冒、泄露、非法访问等的危害，并保证系统持续有效地工作。

10.2.1 信息安全的概念

1. 安全问题的层次关系

信息系统安全与信息安全、计算机系统安全、网络安全和密码安全等密切相关。为理解它们之间的关系，首先需了解不同的安全概念对应的保护范围。

信息安全所涉及的保护范围包括所有的信息资源。计算机系统安全将保护范围限定在计算机系统硬件、软件、文件和数据范畴。计算机系统的安全措施通过限制使用计算机的物理场所和利用专用软件或操作系统来实现。网络安全则是防范这个计算机网络的硬件、软件、数据的威胁。密码安全是信息安全、网络安全和计算机系统安全的基础和核心，是身份认证、访问控制、拒绝否认和防止信息窃听等安全技术的基础。

信息安全主要关注信息本身的安全，而不管是否采用计算机作为信息处理的手段，其主要目的是向合法的服务对象提供准确、正确、及时、可靠的信息服务，而对任何非授权的人员或组织保持信息的最大不透明性、不可获取性、不可干扰性和不可破坏性。因此,可以从功能的角度定义信息安全的概念。

信息安全是对计算机系统、数据处理系统建立和采取的技术以及管理的安全保护,使得系统的硬件、软件和数据不被偶然或故意地泄露、更改或破坏,并保证信息系统能够连续正常地工作。

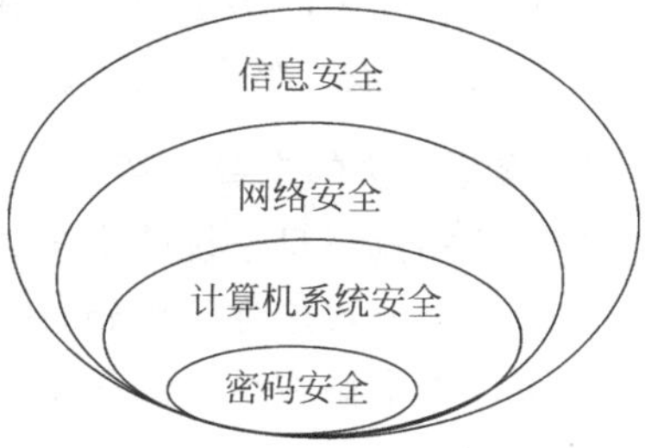

网络安全范围介于计算机和所有资源之间,它们之间的包含关系如图10.3所示。我们所构建的物流管理信息系统安全属于保障所有物流信息资源的信息安全层次。

图 10.3 安全问题的层次关系

2. 信息安全的保护机制

信息安全的保护机制包括电磁辐射、环境保护、计算机技术等技术因素,也包括信息安全管理,由系统安全管理、安全服务管理和安全机制管理以及法律和心理因素等机制组成。国际信息系统安全认证联盟(International Information System Security Certification)将信息安全划分为5重屏障共10大领域,并给出了它们所涵盖的知识结构,如表10.3所示。

表 10.3 信息安全保护屏障

项目 层次	名　称	内　容	角　度
第1层	物理屏障	场地设备安全,含警卫监控等	微观
第2层	技术屏障	计算机、网络通信技术等	微观
第3层	管理屏障	人事/操作/设备等	微观
第4层	法律屏障	民主/刑法等	宏观
第5层	心理屏障	全民国防意识	宏观

信息安全的5重屏障层层相叠,各有不同的保护手段和所针对的对象,完成不同的防卫任务,共同作用达到系统防卫的目的。各层屏障又可以细化以防范某一方面的安全威胁。

(1) 物理屏障层。主要是保证场地、设备、线路的物理实体安全,建立系统容灾和恢复技术。包括自然灾害防范,如水、火、地震;设施灾害防范,如房屋倒塌、电、火、水;设备灾害防范,如故障、解体、老化;人员灾害防范,如外部或内部人员破坏、盗窃。

(2) 技术屏障层。主要研究网络系统、系统与内容等方面的安全技术。网络安全技术研究加密与认证、防火墙、入侵检测与预防、虚拟专用网络(virtual private network,VPN)和系统隔离等技术,系统与内容安全技术则研究访问控制、审计、计算机病毒防范及其他基于内容的安全防护技术。

(3) 管理屏障层。主要涉及操作安全和安全管理实践两大领域,包括:安全政策、法规、大纲、步骤;人事管理,如聘用新人、解雇、分权控制、轮岗及其督察、监督、审计管理;安全教育、训练、安全演练等。

(4) 法律屏障层。主要从法律、取证和道德领域,讨论计算机犯罪和适用法律、条例以及计算机犯罪的调查、取证、证据保管等。

(5) 心理屏障层。主要研究如何培养心理上重视安全保护,加强安全保护意识等。

以上信息安全的多层保护机制中,政策法规以及安全心理屏障层的建立不能单靠一个企业的努力,应该是整个社会共同努力的结果。

3. 信息安全的主要内容

要保证物流信息系统的安全,不仅要从微观(企业)的角度,在物理的、技术的、管理的层次上对信息资源实施保护措施,还要从宏观上加强打击计算机犯罪行为的立法,提高全民的安全意识。本书站在企业的角度,按照物流管理信息系统的构成来研究系统的安全保护,其框架结构如图 10.4 所示。

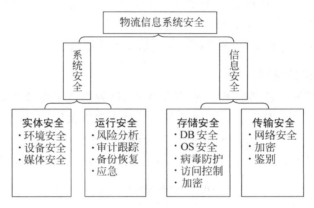

图 10.4　信息安全体系

物流信息系统的安全包括系统安全和信息安全,信息安全是目的,系统安全是信息安全的保证,二者相互作用共同提供信息系统正常运行的安全服务。从静态和动态角度将系统安全分解为实体安全和运行安全两部分,信息安全分解为信息存储安全和信息传输安全两部分,也就是图 10.4 中第 3 层的内容,常采用的安全技术均列在相关框内。

4. 信息系统安全评价体系

为了更好地对信息安全产品的安全性进行客观评价,以满足不同用户对安全功能和保证措施的多种需求,美国国防部早在 1985 年,就颁布了历史上第一个安全评价标准——《可信计算机系统评价标准》(Trusted Computer System Evaluation Criteria,TCSEC),并在 1987 年进行了修改。尽管随后诞生了许多标准,但由于该标准的影响深远,信息技术厂商和用户依然采用 TCSEC 度量产品安全性。该标准根据计算机系统采用的安全策略、提供的安全功能和安全功能保障的可信度将安全级别划分为 D、C、B、A 4 大类 7 个等级。其中,D 类最低,A 类最高,C 类分为 2 个等级 C1、C2,B 类分为 3 个等级 B1、B2、B3,安全级别以 D、C1、C2、B1、B2、B3、A 的顺序依次增高。

1) 无安全保护 D 类

D 类没有任何安全保护功能,甚至没有基本的身份认证和访问控制。早期广泛使用的 MS-DOS、MS-Windows 95、MS-Windows 98 等操作系统属于 D 级。这些操作系统对用户访问系统资源没有任何限制,从操作系统安全的角度属于 D 类操作系统,不适合多用户使用。

2) 自主安全保护 C 类

C 类具有自主访问控制和审计跟踪安全属性,通过将数据与用户靠控制机制隔离实现自主安全保护功能。其中的等级 C1、C2 分别称为自主安全保护和访问控制保护。C1 安全等级通过账号和口令建立用户对数据的访问权限,能够阻止其他非法访问,提供了基本的安全保护。C2 级别除了具备自主访问控制权限外,还要求提供控制访问环境(controlled-access environment),限制用户执行命令和访问文件的权限,并提供了审计跟踪安全属性,要求记录系统中的每个安全事件。C2 比 C1 具有更大的安全保护力度。多数的商用计算机操作系统属于 C2 级。

3) 强制安全保护 B 类

B 类具有强制访问控制安全属性,由操作系统或安全管理员根据强制访问规则确定用户对系统资源的访问权限。B 类不容许用户改变许可权限,提供了强制安全保护功能。

B1 称为标记安全保护等级,要求每个主体和访问对象设置标签,标识被访问对象的敏感级别,以便引入强制访问控制机制。B2 称为结构安全保护等级,强调系统体系结构设计、形式化安全模型、配置管理、可信通路机制、隐蔽通道分析、安全测试和完善的自主访问控制及强制访问控制机制。B3 称为安全区域保护等级,要求使用硬件措施加强保护区域的安全性,防止非法访问和篡改安全区域的对象。

军用操作系统一般都在 B1 安全级别以上。美国政府对 B1 安全级别以上的操作系统具有严格的出口限制,对我国出口的操作系统都在 B 类以下。此外,使用外来的操作系统还会面临软件后门的威胁。因此,研制具有自主知识产权的 B 类安全防护功能的操作系统始终是我国安全操作系统领域的研究热点,也是国家重点支持的研究方向。

4) 验证安全保护 A 类

A 类是 TCSEC 标准的最高安全等级,也称为验证设计等级,主要安全属性与 B3 安全等级相同,要求提供形式化安全策略模型、模型的数学证明、形式化高层规约、高层规约与模型的一致性证明、高层规约与安全属性的一致性证明等,目的是通过形式化设计和形式化安全验证手段,利用强制访问控制机制确保重要数据的安全性。

一般管理信息系统设置的安全级别程度参见表 10.4。选择安全级别时一方面要基于企业的实际需求;另一方面也必须考虑成本和经济效益。安全级别越高,企业的安全运行成本就会越大。因此,本着实用、安全的思想,选择适合本企业生产运营的管理信息系统安全级别是必须考虑的问题。

表 10.4 企业管理信息系统建议设置的安全级别

企业规模	企业经营特点	企业信息系统安全级别设置建议
商贸网站	以多用户访问、发布信息、销售商品为目的	C1~B1
物流公司(运输、仓储、配送等)	主要为地理位置分布广泛的企业内部优化运营使用,涉及企业机密信息,兼有为用户提供查询服务的功能	C2~B2
制造型企业	一般系统比较集中,主要规避内部操作失误	C2~B2
零售业	涉及直接的金融交易,供销数据数量大、流动速度快	C2~B2
军队	涉及关系国家安全的绝密数据,一般系统不对外公开,传输、使用的各方面都要做好安全工作	B1 以上
政府	对外提供相关工作信息发布,对内涉及大量决策信息,安全保密工作根据数据重要性设置	C2~B2

10.2.2 系统和数据的安全性

从前面已经看出,信息安全有两层含义:一是对信息系统整体的安全保护,即确保信息处理系统安全、可靠地不间断运行,为信息系统的所有用户提供应有的有效服务;二是对系统中数据的安全保护,即对系统中以各种形式存在的数据提供应有的有效保护,使其不会因为内部或外部的原因,遭到泄露、破坏或篡改。

系统可靠性是指信息系统连续工作的时间。例如,对于每天需要 24 小时连续工作的系统,系统的可靠性要求很高,为了保证系统的安全连续运行,可以采用硬件备份措施,如双机双工结构方式。另外,一般还需要采用防火墙、防病毒及其他安全防范技术等来加强系统的安全性,这些都属于被动型的安全措施。而数据的安全性也涉及硬件备份措施,如磁带、磁盘阵列、光存储设备等数据管理设备;同时还需要在数据应用过程中采用现代密码技术对数据进行主动的安全保护,如数据加密、数据完整性控制、身份认证等技术。

信息系统安全一方面是数据安全的屏障;另一方面是数据发挥作用的重要工具。数据本身并不能为企业的各种操作和决策提供支持,只有通过信息系统从数据中抽取统计出有用的信息,才能真正发挥信息系统的作用。所以在信息系统的开发运行期间,一定要保障系统的安全。

数据是信息系统安全管理的核心,是信息系统发挥作用的核心,信息系统的安全控制最关键的就是信息系统中数据的访问控制。数据当中包含企业业务开展的很多关键信息,如竞争策略、财务状况、客户资料、订单信息、各种合同信息、银行账号等,这些数据的泄露不仅会给企业造成经济损失,甚至直接关系到企业的生存。

物流信息是伴随着物流活动以及商务交易活动的展开而大量发生的,具有信息量大、更新速度快、来源多样化的特点。物流信息不仅包括各类企业内部的运作信息,如生产信息、库存信息、产品信息、设备信息等,而且包含企业间的运作信息,如相互之间的订单信息、合作信息等。另外,为了加强企业间的合作,企业必须要实现数据的共享和实时处理。因此,要求物流信息系统具有强大的数据存储能力、快速业务处理能力以及网络分布式处理能力。这就对数据安全性和系统安全性提出了更高的要求,需要相关的技术和管理来支持。

10.2.3 安全性防范措施和技术

为了最大限度地减少自然因素、人为因素及系统本身缺陷带来的各种威胁,企业需要对信息系统进行有效控制。只有物流信息系统在企业可控的状态下运行,物流企业的信息化、自动化、智能化发展才对生产效率的提高有意义;而一旦自动化、智能化的系统控制失败,其所造成的破坏作用也是巨大的。因此,我们不仅要建设信息系统,更要做好其安全防范工作。

图 10.5 从物流管理信息系统生命周期的角度说明了安全性防范的措施和技术。一个系统安全与否,首先要看该系统在开发前期可行性分析过程中、在系统开发分析设计过程中以及在后期系统验收运行维护过程中是否建立了一套完整的安全性防范措施和技术。所以,在一个物流管理信息系统开发过程中,针对该系统的相应安全管理措施也需要同步进行

规划,包括各个开发阶段信息系统安全管理的制度和工作规程、根据安全评估结果采购软硬件设备、系统开发过程中基于安全风险测定所进行的系统实施过程的控制和数据管理的需求,并保证相关工作人员在适用的安全操作控制下进行日常业务工作。

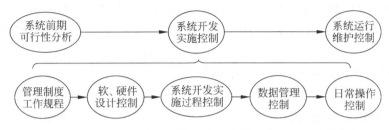

图 10.5　基于物流管理信息系统生命周期的安全防范措施及其技术

1. 系统开发实施过程控制

安全实施控制是贯穿于物流管理信息系统开发实施整个过程的动态控制。在这个过程中,要严格建立审计制度,对每个阶段设立检查点,以审查和评价各阶段系统的情况,确保用户的参与程度和系统安全管理的措施完善实施。

系统实施控制过程还要注意建立相关文档。例如,在需求分析阶段,一定要从用户和技术角度给出需求报告,并从经济、文化、技术、时间各方面衡量系统的可行性,给出可行性报告等文档,以便后期信息系统的维护和使用。

2. 硬件控制

从系统硬件规划的角度来看,应该根据系统和数据安全的需求分析来考虑相关系统安全的设备。例如,为了数据安全,可能会考虑数据存储采用哪种方式比较好,是采用磁盘阵列、光存储介质还是采用磁带等;更重要的安全级别可能会采用实时备份及应急策略,如双机双工方式;为保证系统不间断运行,可能会采用备用电源等硬件保护措施。

采购硬件阶段,需要选择可靠的供货单位,不仅要保证硬件设备的采购符合设计阶段评定的安全等级和质量需求,还要保证货源可靠,避免人为破坏。例如,在 20 世纪 90 年代的海湾战争时期,由于采购失误,伊拉克从法国进口的防空系统打印机中,被美国装入了带有计算机病毒的芯片,导致伊拉克军事中心的计算机系统失灵。因此,对机密设备的采购还要注意货源的安全。

在系统运行阶段,需要确保系统的物理安全性,使计算机硬件正常运行。这里说的计算机硬件在物理上是安全的,是指只有许可使用的人才能接触到硬件。此外还要加强环境的控制,计算机设备管理应当特别注意防火、过潮、过热,对计算机依赖性很强的组织还必须采取措施,以便在停电或电源故障的紧急情况下对数据备份。例如,银行机房必须设置储备电源,以防停电。

3. 软件控制

信息系统的许多安全控制或安全性是通过系统的开发设计实现的。如果在系统设计阶段未对系统安全性给予充分考虑,那么系统本身就存在着先天不足,系统就会向所有威胁敞开。为了确保安全性是信息系统的一部分,组织应在信息系统开发之前或在项目开始阶段,识别所有安全要求,并作为系统设计开发输入不可缺少的一部分进行调整和确认,以便取得一致并形成文件。系统在设计状态下引入控制,其执行与维护费用比执行期间或执行之后引入控制要少很多。当组织开发新系统(例如开发商业应用软件)或扩大(改造)原有系统时,首先要明确商务要求并作为系统设计开发的依据。在商务要求中,不仅要包括系统的功能、性能、开发费用与周期等要求,还要明确规定系统的安全要求。安全要求应该包括两方面的内容:一方面是对系统本身(软件与硬件)的安全要求,即经开发设计的系统应具备一定的安全特性(包括安全法律法规的要求),如系统具备数据通信加密、用户身份鉴别等功能,在确定安全要求时要考虑系统的自动控制和支持人工控制的需要;另一方面,对系统设计开发过程本身也要进行控制,例如在不同设计开发阶段要组织评审与验证,确保设计输出满足设计输入的要求,即确保设计开发的系统满足规定的质量与安全要求,同时通过采用隔离的开发环境,防止对现有系统产生影响。

软件控制就是监控计算机系统软件的使用过程,防止未经授权的人访问系统软件或应用程序。软件控制分为系统软件控制和应用程序安全控制。系统软件控制负责对操作系统软件实施控制,以及对编译程序、实用程序、运行报告、文件建立和传输等进行控制。系统软件控制是软件控制非常重要的一个方面,因为操作系统是规划和管理计算机资源、确保应用程序执行的软件,是负责直接对数据和数据文件进行处理的程序,所以对其控制是必要的。应用程序安全控制是针对已经投入运行的系统实施控制,防止对程序进行未经许可的修改。

4. 数据安全控制

数据安全控制可以分为来源性数据控制和运行过程中的数据控制。来源性数据控制就是指在数据录入时保证数据安全性的控制。例如,数据只能由某一个终端录入,不允许重复录入;限制计算机终端只有得到授权的人才可以接近。运行过程中的数据控制主要指访问数据过程中的访问权限控制。

由于信息系统处理数据的过程对用户不是透明的,因此,用户很难发现输入数据的错误。而且因为物流信息系统的数据处理都是和业务相关的,数据错误将直接导致业务处理的失误,后果的严重性是不言而喻的。因此,为了保证数据是安全的,首先需要保证输入系统的数据是安全的,我们称为来源性数据安全。对于在线和实时处理的系统,当计算机处于数据可输入状态时,必须防止未经许可的人输入数据。为此常采用的保护措施有:

(1) 未经授权不得使用。也就是限制计算机终端只有经过许可的人才可以接近和使用。

(2) 设置口令等识别技术。可在系统软件中使用口令,如生物识别等身份识别技术,确保只有合法用户才能进入系统。

(3) 设置不同权限等级。给不同的用户授予不同的权限,确保具备相应权限的人才能进行相应的数据操作。

此外,系统设计过程中还应该有适当的完整性约束和检验措施,保证数据输入的合理性,减少输入错误。

运行过程中的数据安全性将涉及数据的各种形态,包括数据存取和处理。尤其在实时和在线处理中必须注意共享数据的同步处理、数据用户的身份和权限等,还要注意传输过程的数据安全,可采用加密、数字签名等技术手段确保传输的数据安全可靠。

5. 管理控制与工作规程

管理控制通过正式的控制标准、规则、程序和制度，保证组织中其他控制的执行和实施。管理控制主要通过职责分解、制定工作标准和管理规章制度、监督管理来实施。

职责分解是组织进行内部控制的基本方法，目的是使员工相互监督和制约，使出错或欺骗性操作的风险最小。例如，信息系统部门的人负责数据和程序文件，终端用户负责初始化数据的输入和更改。

为规范信息系统的使用，企业还必须制定正式的控制标准、工作程序和规章制度，并以书面形式正式形成，明确阐明权利、责任和义务，以便把问题的责任落实到具体的责任人。此外，必须根据有关规程、制度做好监督管理工作，确保信息系统连续有效地工作。

6. 计算机操作控制

计算机操作控制主要是防范人为或偶然原因造成的数据存储或处理错误的危害，确保相应的规章制度能够始终准确地应用于数据存储和处理过程。常见的操作控制包括建立运行日志、进行数据和程序的备份以及恢复控制等。

10.3 物流信息系统安全的控制方法

尽管管理信息系统的安全威胁是大量存在的，但物流信息化已是现在及未来企业发展的必然趋势，是企业实现第三利润源泉功能的必要条件。事实上，任何安全措施都是相对的，只要保证管理信息系统在现有技术条件下是相对安全的，在管理信息系统的风险与它带来的竞争优势之间作一个权衡就可以，而目前的信息安全技术、管理能力是可以保证信息的相对安全性的。所以，在管理信息系统的开发与实施过程中，一定要加强技术控制和管理控制。其中，技术控制是指通过与系统直接相关的技术手段防止安全事故的发生；管理控制主要是从企业组织管理上采取措施，它不受系统本身的控制，是施加于信息系统之上的。一般来讲，在信息系统的保护措施中，技术性措施所占比例较小，而管理控制、法律控制等非技术控制会起到很大作用。

信息系统的安全保护目标应包括以下几个方面：

（1）安全保护，包括保护存储、处理、传输和使用中的信息不因内部或外部原因遭到泄露、破坏或删除。

（2）运行检测，即通过一定的手段检查和测试系统的运行情况，及时发出各种入侵和破坏的警报。

（3）异常情况的快速反应，也就是能对系统运行过程中出现的各种异常情况及时作出反应。

（4）信息及系统故障恢复，指当系统遭到破坏或系统不能正常运行时，能及时进行恢复。

为达到信息安全的目标，信息保护应该从整体化的角度来考虑。图10.6描述了一个信息安全防护体系，其中，设计、保护和验证属于静态的保护，其余过程为运行中的保护。

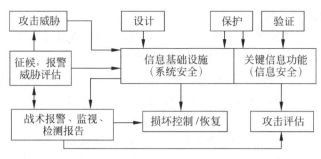

图 10.6　信息安全防护体系

10.3.1　技术控制

为了达到系统安全的防护目标，应在管理信息系统的各个环节设计必要的安全机制，构成一个完整的安全体系，以实现系统的安全运行。设计步骤一般需要经过 5 个阶段：

(1) 需求分析和风险评估。就是确定信息价值，对安全需求进行分析，评估系统设计需求的风险。

(2) 确定安全目标要求和对策。按风险评估所明确的安全风险，以动态变化的眼光确定安全系统的安全目标要求和相应的安全对策。此外，安全对策的确定应尽可能选择成熟的经国家有关部门批准的安全产品。

(3) 安全系统设计。由所选择的完整安全机制和安全产品，按照 TCB(trusted computing base)的设计要求实现有机集成。TCB 指的是计算机内保护装置的总体，包括硬件、固件、软件和负责执行安全策略的组合体。它建立了一个基本的保护环境并提供一个可信计算机系统所要求的附加用户服务，以构成完整的安全运行系统。

(4) 明确相应的安全管理要求。安全管理是安全系统实现安全运行的重要组成部分，是所设计的安全功能得以实现的重要保证，是安全功能的重要补充。

(5) 安全系统测试和试运行。这是检验安全动态系统是否达到所要求设计目标的重要步骤。

接下来从实体安全、运行安全和信息安全 3 个重要方面介绍系统安全设计技术。

1. 实体安全技术

实体安全又称为物理安全，是管理信息系统安全的基础，主要目的是保证计算机及网络信息系统的安全可靠运行，确保其在对信息进行采集、存储、处理、传输和使用过程中，不致受到人为和自然因素的危害，或是信息丢失、泄露和破坏。为此，可采用以下技术措施。

1) 环境安全措施

环境安全问题应从机房地址的选择、通信线路的建设、建筑物结构的抗御自然灾害能力等来考虑。具体要求是：机房场地避开各种自然灾害(水、火、温度、湿度、地震、闪电、风暴、磁场等)的区域，设置避雷针和地线等；建筑物必须有防火通道和灭火系统等，有一定的预测、预报和报警自动排除火情能力；所有关键设备应放置在合适的物理位置，并考虑必要的备份；服务器要考虑完善的容错措施，如电源、硬盘、内存和 CPU 等实现在线冗余，减少单点故障,带电热插拔可实现不间断的更换和维护等;主机与其他设备供电应分开,配备支撑设备(供电、空调等),要有断电应急措施,设备柜架上锁,人员变动应换锁;利用屏蔽、抗干扰器等技术,使用低辐射产品,屏蔽罩、室、线应防止设备电磁泄漏;使用锁、口令、智能卡、声音图像、笔记签名、视网膜等识别技术,设置门卫系统;建筑上单独设置接线井和柜,并单独上锁,等等。

2) 设备安全措施

设备安全措施涉及以下方面:设备保护技术,以避免客观或人为的破坏因素;电源保护技术,以避免电压、电磁频率变化以及电源容量干扰而引起的设备非正常工作或损坏;静电保护技术,以避免来自设备内、外的静电冲击;防电磁技术,以避免信息的电磁泄漏;防线路截获,防短路、断路和防并联窃听技术。

3) 介质安全措施

介质安全措施可以从介质类型、介质拓扑结构、介质保护等方面来考虑。

介质类型与安全有关,应尽量使用光纤,或者使用专为美国电话系统开发的加压电缆,它密封于塑料中,埋置于地下,安全性较好。

介质拓扑应采用结构化设计,使用数据复制、异地存放、建立介质库等技术实现良好的现场介质保护及远地备份介质保护。具体可参照相关技术标准。

2. 运行安全技术

运行安全技术指为保障计算机网络信息系统安全运行而采取的各种检测、监控、分析、审计、备份和容错等方法和措施,以及采取的软件和硬件机制、装置或设备的形式,确保管理信息系统不因人为的或偶然的攻击或破坏而无法正常运行。常用技术包括以下几种。

1) 风险分析技术

风险分析的目的是通过对影响管理信息系统安全运行的诸多因素的了解和分析,明确系统存在的风险,找出克服这些风险的方法。在系统设计前、试运行前、运行期及运行后都应进行风险分析。即采用相应的风险分析工具,收集数据,进行分析,得出结果,从而确定危险发生的可能性及其对策。

常见的风险有后门/陷阱门、拒绝使用、辐射、盗用、伪造、假冒、逻辑炸弹、破坏活动、越级处理、偷窃行为、搭线接听和计算机病毒等。

2) 系统的检测、监控与审计跟踪

系统的检测是指通过扫描分析来发现管理信息系统的弱点和漏洞。检测内容包括用户账号是否有差异、数据是否被修改或删除、系统运行的性能、异常通信模式、异常系统使用时间、登录失败的次数等。常用的检测方法有统计分析法和基于规则的方法。

监控是指通过实时监测,发现入侵行为,并采取一定的应急防范措施。即对监测到的可疑信号进行分析,并及时、自动地作出正确的响应。

审计是一种保证系统安全运行的重要措施。它可以对计算机网络信息系统的工作过程进行详尽的审计跟踪,同时保存审计记录和审计日志,以便追踪调查使用;根据一定的安全策略记录和分析历史操作事件及数据,发现能够改进系统性能和系统安全的地方。

系统从来只有相对的安全,没有绝对的安全,在信息系统安全整体解决方案日益流行的今天,对大多数用户来说,与其花费大量的资源去建立复杂庞大的安全系统,不如根据实际需要,构建经济合理的安全系统,再通过不断弥补漏洞去构建切合实际的安全系统。安全审计系统就是一个发现漏洞的机制,它利用技术手段不断地将计算机信息系统中发生的一切事件记录下来,用事后追查的方法保证系统的安全。虽然审计手段对系统攻击是被动的,但它对追查网上犯罪十分重要,对攻击行为起到震慑作用。

安全监测分析是指对网络系统、操作系统、防火墙和信息系统等进行的安全性监测与分析。它们用各自独立的软件来分析,常见的技术有:基于审计的检测技术,如黑匣子;基于规则的检测技术,如有限状态机、判决树和 AI 等;基于统计的入侵检测技术 IDES (instruction detection expert system);以及正在发展的基于神经网络的检测技术。

3) 容错和网络冗余

性能、价格、可靠性是评价一个管理信息系统的三大要素。提高系统可靠性的技术有避错与容错。避错就是构造一个"完美"系统,使得它尽可能不会出现任何故障;而容错是当系统出现某些软/硬件故障时,系统仍能执行规定的一组程序,或者不会因系统中的故障而中断或被修改,并且执行结果不会包含系统中故障引起的差错。

实现容错的基本思想是在系统体系结构精心设计的基础上,利用外加资源的冗余技术来达到屏蔽故障影响,从而自动地恢复系统或达到安全停机的目的。显然,容错与网络冗余的目的是及时发现故障、及时补救、保护文件数据,以恢复和维护系统正常运行。

常见的容错方法和技术有:采用空闲备件和负载平衡(如对称多处理系统和多路电源供电等);采用镜像技术,一般指磁盘系统镜像;采用复现(即延迟镜像)或冗余系统配件,对关键备件(如主处理器、电源、I/O 设备)实现冗余等。

4) 应急措施、备份与故障恢复

任何信息系统不可能永远没有安全问题,都会遇上各种安全事件,可能是物理安全事件,如自然灾害、意外事故等;也可能是信息安全事件,如敏感信息丢失、泄漏等。为了尽量减少各种安全事件可能造成的影响,应采取一系列预防和应急措施。平时以预防为主,出现故障时采取应急措施。

处理故障的一般原则为:

(1) 区分操作的优先次序。符合公司的安全策略,按人身安全、法律、敏感/机密等特征排出操作优先顺序。

(2) 评估系统入口。从日志统计中检查公共访问点是否有不正常的行为,如在关键服务器上验证基础设施设备和操作系统的安全性,看其是否受到威胁;在基础设施设备和服务器上验证配置的更改,以确认是否有人篡改过它们;检查敏感数据,看是否被访问或更改过;检查通信量日志,看是否有从某个来源发往同一目的地的大量通信等。

(3) 报告和报警过程。按法律程序处理问题。

为了尽快恢复故障后的系统,还必须采用备份和恢复技术,这也是管理信息系统安全的重要组成部分。根据信息系统的安全状况及故障发生程度会有不同的策略与之对应,备份系统是为了尽可能快地恢复计算机或计算机网络系统所需要的数据和系统信息。它恢复的不仅是各计算机文件备份,实际包含了整个网络信息系统的一套备份体系,具体实施时应把握备份系统的复杂性和折中性。备份系统的内容有文件备份与恢复、数据库备份与恢复、系统灾难恢复和备份任务管理。数据的备份技术及其特点如表 10.5 所示。实际中会综合各类技术的特点,制定自己的备份策略。恢复技术及其特点如表 10.6 所示。

表 10.5 数据的备份技术及其特点

技　术	特　点
全盘备份	直接、操作简单,备份所有文件,设备需求大
增量备份	有效、性能与容量统一,备份已更新的文件
差别备份	备份上次全盘备份之后更新的文件
按需备份	正常备份之外,进行额外备份
排除备份	指定不想备份的文件,备份剩余的文件

表 10.6 恢复技术及其特点

技　术	特　点
全盘恢复	一般在灾难发生后或系统升级或重组时使用
个别文件恢复	采用文件系统列表,选择需要恢复的文件进行恢复
重定向恢复	恢复到另一位置或不同系统上,具体可采用全盘恢复和个别恢复

3. 信息安全保护

信息安全保护是确保计算机及网络系统中的信息不被泄露、破坏、更改、删除或使之不可用。实体安全是信息安全的基础,运行安全是信息安全强有力的支持,而信息保护则是整个物流信息系统安全的核心和目标。

信息的形式不同,采取的保护技术和机制也不同。其中,存储和处理的信息由安全操作系统和安全数据库系统加以保护;传输中的信息由加密和安全传输协议加以保护,此外还要防止入侵等。常用的信息保护技术如下。

1) 身份认证技术

身份认证机技术主要是通过标志和鉴别用户的身份,防止攻击者假冒合法用户获取对数据的访问权限。当前用于身份识别的技术方法有:利用口令对用户进行身份识别;利用密码对用户进行身份识别;利用智能卡(如光卡、磁卡)等进行身份识别;利用用户的身份特征(如指纹、声纹、虹膜、视网膜等)进行身份识别;多种方法交互使用识别。

2) 访问控制技术

身份识别的目的是防止入侵者侵入系统,但对系统内部合法用户的破坏却无能为力。

访问控制是数据安全保障机制的核心内容,是实现数据保密性和完整性机制的主要手段。访问控制是为了限制访问期间主体(或称发起者,指主动访问的用户、进程、服务等)对访问客体(指需要保护的数据等资源)的访问权限,从而使计算机在合法的范围内使用。访问控制机制决定用户及代表一定用户利益的程序能做什么,做到什么程度。

目前,对系统内部非授权的访问控制主要用两种类型:任意访问控制和强制访问控制。任意访问控制的特点是用户能自主地将存取权限授予其他的主体,而拒绝那些非授权的访问。常用的方法和技术有目录表访问控制、访问控制表、访问控制矩阵和能力表等。强制访问控制是系统为每个主体和客体分配一个固定的属性,这些属性通常不可更改。在实施访问过程中,通过比较主体和客体的安全属性来决定主体是否有权存取客体。

任意访问控制的优点是方便用户,强制访问控制则通过无法回避的访问控制限制来防止对系统的非法入侵。对安全性要求较高的系统通常采用任意访问控制和强制访问控制相结合的方法——安全要求较低的部分采用任意访问控制,信息密集较高的部分则必须采用强制访问控制。

3) 数据加密技术

在信息的交换和传输过程中,保证信息和数据安全的另一个最重要技术就是加密,对重要数据的存储也会适当采用该技术。数据保密性是数据安全的一个重要特征。应用加密技术不仅可以提供数据的保密性和数据的完整性,而且能够保证通信双方身份的真实性。

目前常用的加密算法分为对称密码体制和非对称密码体制。对称密码体制是加密和解密采用同一把密钥,而且通信双方都必须获得这把密钥,并保持密钥的保密性。对称密码体制的安全依赖于以下两个因素:第一,加密算法必须是足够强的,仅仅基于密文本身解密信息是不可能的;第二,加密方法的安全性依赖于密钥的秘密性,而不是算法的秘密性。对称密码体制不需要算法保密,而且运算速度极快,有利于算法芯片的开发,在实际中得到广泛应用,但是对称密码体制的密钥分发和管理非常复杂。例如,对于一个设计 n 个用户的网络,需要 $n(n-1)/2$ 个密钥。在用户群不是很大的情况下,对称加密体制是有效的;但是对于大型网络,用户群很大,密钥的分配和保存就成了问题。

非对称密码体制的加密(公钥)和解密(私钥)密钥不同。由于加密密钥是公开的,密钥的分配和管理就比较简单。比如对于具有 n 个用户的网络,仅需要 $2n$ 个密钥(每个用户都持有加密公钥和解密私钥)。此外,非对称密码体制很容易实现数字签名,适合电子商务网络应用。缺点是算法基于尖端的数学难题,计算非常复杂,速度慢。因此虽然安全性很好,但不适合大量数据加密。

非对称密码体制用来加密关键性的、核心的机密数据;而对称密码体制通常用来加密大量数据。实际应用中两种算法可以结合使用。

4) 防火墙技术

防火墙是指设置在不同网络(如可信的企业内联网和不可信的公共网)或网络安全域之间的一系列部件的组合。它可以通过监测、限制、更改跨越防火墙的数据流,尽可能地对外部屏蔽网络内部的信息、结构和运行状况,以此实现网络的安全保护。

防火墙的用处在于以下几个方面:

(1) 保护脆弱的服务。通过过滤不安全的服务,防火墙可以极大地提高网络安全和减少子网中主机的风险。

(2) 控制对系统的访问。如允许从外部访问某些主机,同时禁止访问另外的主机。

(3) 进行集中的安全管理。防火墙对企业整个内联网实现集中的安全管理,防火墙定义的安全规则可运行于整个内联网系统,而无须在内联网每台机器上分别设立安全策略。防火墙可以定义不同的认证方法,而不需要在每台机器上分别安装特定的认证软件。外部用户也只需要经过一次认证就可以访问整个内联网。

(4) 增强保密性。防火墙可以阻止攻击者获取攻击网络系统的有用信息,记录和统计通过防火墙的网络通信,提供关于网络使用者的统计数据,并且可以提供统计数据,来判断可能的攻击和探测。

(5) 策略执行。防火墙提供了制定和执行网络安全策略的手段,而未设置防火墙时,网络安全取决于每台主机的用户。

防火墙主要由下列一个或多个功能部件构成：包过滤路由器、应用级网关和电路级网关。防火墙也包括一个或多个软件元素，它们运行在一台或多台主机上。这些主机可以是一般用途的计算机，也可以是专门用途的计算机（如路由器）。防火墙有 4 种重要的类型，分别是包过滤防火墙、双宿网关主机防火墙、屏蔽主机防火墙和屏蔽子网防火墙，具体细节可参见相关文献，这里不再赘述。

10.3.2 管理控制

随着信息技术的发展，信息安全问题逐渐成为关注的焦点，再加上日益严峻的安全形式，促使我们必须从各方面加强管理信息系统的安全工作。目前我国在微观信息安全管理方面还存在严重的问题。安全管理就是指确保计算机安全工作的非技术因素，是通过组织相关的规章制度、规则或流程的贯彻落实来达到保证信息安全的目的。据悉，所有安全事件中 70% 是由安全管理的漏洞引起的，因此，做好安全管理工作对组织信息系统的安全非常重要。一般企业应该树立"三分技术，七分管理"的观念，确保管理信息系统的安全。

1. 信息安全管理方式

信息安全工作只有得到管理层的重视，控制活动才能得以顺利开展。信息安全三分靠技术，七分靠管理，建立有效的信息安全管理组织机构是信息安全管理的基础。安全组织管理涉及人员包括领导、专业技术人员、安全管理员、审计员、系统管理员和其他保安人员等。常用的信息安全管理方式如下。

1) 建立信息安全管理的决策机构

这个决策机构由组织的最高管理层与信息安全管理有关的部门负责人、管理技术人员组成，定期召开会议，就一些重要的信息安全问题，如评审和审批信息安全方针、分配信息安全管理职责、确定风险评估结果、评审和监测信息安全事故、讨论与信息安全有关的其他重要事项（如组织机构调整、关键人事变动、信息系统更改等），进行讨论并作出决策，为组织信息安全管理提供指导与支持。

2) 建立组织内部协调和控制实施的机构

特别是对于规模较大的组织，一项安全控制活动需要多个部门的共同参与才能得以实现。为能迅速解决控制过程中出现的问题，防止内部互相推诿现象的发生，提高工作效率，需要与信息安全有关的部门代表组成一个跨部门的管理机制，解决一些实际的问题，如风险评估的具体方法与程序、信息安全事故的调查与处理等，这是一个进行信息安全管理内部协调的很好方法。

3) 明确保护信息资产和安全过程的职责

职责缺乏或界定不清，就会导致控制得不到有效实施，形成管理风险。组织最高管理者应确保对管理层、部门以及与信息安全有关的管理、操作、验证等人员的职责进行规定并形成书面文件。基本原则就是告知管理层和员工应该做什么，特别是在信息安全通常不被重视的地方。

4) 建立信息处理设施授权程序

信息处理设施（information processing facilities）包括计算机网络设施、通信设施、电子办公设施、网络安全设施、实物安全保护设施等，其中的软件产品、新采购的信息处理设施如果控制不当,会给信息安全带来薄弱点,如与原系统不兼容、产品本身存在安全缺陷等;如果对信息处理设施的使用不加以控制,组织就可能受到信息处理设施被滥用的威胁。应该采用的具体控制措施包括:

(1) 对新购进的信息处理设施履行审批手续,审批内容包括设施的使用目的、场所及安全技术要求。

(2) 设施在正式安装或投入使用前进行安全技术方面的验证,如检查软硬件兼容性问题。

(3) 对信息处理设施的使用要进行授权,明确使用者保护信息处理设施的责任,防止信息处理设施的滥用。

(4) 对于在工作场所使用个人信息处理设施的情况进行评定并予以授权。

5) 建立渠道,获取信息安全的建议

信息技术发展日新月异,信息安全产品与技术也不断翻新,威胁的手段与种类也在不断变化。例如,计算机病毒到目前已发现的就有数万种,而且还在不断地涌现出来。因此,信息安全性的某些方面对于外行来说是复杂和困难的,有时对内行来说同样也是复杂和困难的。可以通过以下方式获取信息安全方面的建议以支持信息安全管理:

(1) 从组织内部挑选懂技术和管理的信息安全方面的专家,为管理层提供信息安全解决方案,参与安全事故的调查,解答内部人员在工作中遇到的实际问题并及时提供预防性的安全咨询建议,如流行病毒的防范措施等。

(2) 从外部专家(如网络设备商、网络安全机构等)那里获得信息安全建议。

(3) 从公开的信息渠道(如专业出版社、网络安全机构的定期公告等)获取有关的信息安全建议。

6) 加强与其他组织间的协作

国家与信息安全有关的执法机构、管理机关有公安部、安全部、保密局、商用密码管理办公室、信息产业部等。

7) 对组织信息安全进行独立评审

为验证组织的信息安全方针及控制程序、安全管理规章制度是否被有效实施,发现安全隐患并采取纠正措施,防止同样的问题再次发生,组织可以通过内部审核或外部审核的方式达到上述目的。

内部审核由组织内部接受信息安全管理体系审核培训的,且有一定经验和技能的内部审核员进行。在正式审核前应成立审核组,任命审核组长,对审核方案进行策划,按计划进行审核。审核的"独立性"就是指审核员与被审核方保持适当的独立性,即审核员不应审核自己的工作,以确保审核结果的公正和可靠。

若组织规模小,也可以从外部聘请专业审核机构或审核人员进行内部审核,进行第三方认证,对于外部审核人员所带来的风险应予以识别,并进行充分的控制。

2. 安全管理的控制体系

安全管理是一个动态的、持续性的控制活动,遵循管理的一般循环模式,即策划(plan)、实施(do)、检查(check)、措施(action)。

(1) 策划。根据法律、法规的要求和组织内部的安全需要,制定数据安全方针、策略,进行风险评估,确定风险控制目标和控制方式。

（2）实施。按照既定方案实施组织所选择的风险控制手段。

（3）检查。实践中检查制定的上述安全目标是否合适、控制手段是否能够保证安全目标的实现，以及系统是否还有漏洞。

（4）措施。采取相应的措施对系统进行改进，进入下一循环。

风险评估也称为风险分析，是确认安全风险及其大小的过程。即利用适当的风险评估工具，包括定性和定量的方法，确定资产风险等级和优先控制顺序。

风险评估的基本步骤如下：

（1）按照组织商务运作流程进行资产识别，并根据估价原则对资产进行估价。

（2）根据资产所处的环境进行威胁识别与评价。

（3）对应每一威胁，对资产或组织存在的薄弱点进行识别与评价。

（4）对已采取的安全机制进行确认。

（5）建立风险测量的方法及风险等级评价原则，确定风险的大小与等级。

风险管理是一个识别、控制、降低或消除安全风险的活动，通过风险评估来识别风险大小，通过制定信息安全方针，采取适当的控制目标与控制方式对风险进行控制，使风险被避免、转移或降至一个可以接受的水平。风险管理的过程如图10.7所示。

本节介绍了各种安全技术与管理方法。在信息安全评估的基础上，比较控制措施的成本及其带来的效益，决定是否采用风险控制措施，或者采用何种风险控制措施是经济的，这是很重要的。如果控制成本大于控制得来的经济效益，则控制是无效的；否则，控制是有效的。在成本有限的条件下，应该根据风险评估结果，优先选择控制能带来较大效益的风险，或者对企业安全威胁大的风险，以充分发挥资源价值。

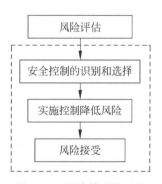

图 10.7 风险管理的过程

10.4 信息系统安全审计

随着信息安全建设的深入，安全审计已成为国内信息安全建设的重要技术手段。信息系统安全审计主要解决取证、威慑、发现系统漏洞和系统异常行为等问题。通过信息系统安全审计，可以保证信息安全的规范性和有效性，为企业信息安全建设提供支持和保障。

10.4.1 信息安全审计的概念和体系结构

信息安全审计是在传统审计学、信息管理学、计算机安全、行为科学、人工智能等学科相互交叉基础上发展的一门新学科。和传统审计概念不同的是，信息安全审计应用于计算机网络信息安全领域，是对安全控制和事件的审查评价。

一般而言，信息安全审计是指根据一定的安全策略，通过记录和分析历史操作事件与数据，发现能够改进系统性能和信息安全的地方。

确切地说，信息安全审计就是对系统安全的审核、稽查与计算，即在记录一切（或部分）

与系统安全有关活动的基础上,对其进行分析处理、评价审查,发现系统中的安全隐患,或追查造成安全事故的原因,并作出进一步的处理。

信息系统安全审计是评判一个信息系统是否真正安全的重要标准之一。通过安全审计收集、分析、评估安全信息,掌握安全状态,制定安全策略,确保整个安全体系的完备性、合理性和适用性,才能将系统调整到"最安全"和"最低风险"的状态。安全审计已成为企业内控、信息系统安全风险控制等不可或缺的关键手段,也是威慑、打击内部计算机犯罪的重要手段。

在国际通用的 CC 准则(即 ISO/IEC 15408—2：1999《信息技术安全性评估准则》)中对信息系统安全审计(Information System Security Audit,ISSA)给出了明确定义:信息系统安全审计主要指对与安全有关的活动的相关信息进行识别、记录、存储和分析;审计记录的结果用于检查网络上发生了哪些与安全有关的活动,谁该对这个活动负责;主要功能包括安全审计自动响应、安全审计数据生成、安全审计分析、安全审计浏览、安全审计事件选择、安全审计事件存储等。

换句话说,信息安全审计就是信息网络中的"监控摄像头",通过运用各种技术手段,洞察网络信息系统中的活动,全面监测信息系统中的各种会话和事件,记录分析各种网络可疑行为、违规操作、敏感信息,帮助定位安全事件源头和追查取证,防范和发现计算机网络犯罪活动,为信息系统安全策略制定、风险内控提供有力的数据支撑。

信息系统安全审计的功能为:取证、威慑、发现系统漏洞,以及发现系统运行异常。

信息系统安全审计的分类:

(1) 按照对象的不同,分为针对主机的审计和针对网络的审计。前者对系统资源,如系统文件、注册表等文件的操作进行事前控制和事后取证,并形成日志文件;后者主要针对网络的信息内容和协议分析进行审计。

(2) 按照工作方式的不同,分为集中式安全审计和分布式安全审计。前者采用集中的方法,收集并分析数据源(网络各主机的原始审计记录),对所有的数据都要交给中央处理机进行审计处理;后者包含两层含义:一是对分布式网络的安全审计,二是采用分布式计算的方法,对数据源进行安全审计。

下面分别阐述信息安全审计系统的组成和体系结构。

1. 信息安全审计系统的一般组成

一般而言,一个完整的信息安全审计系统如图 10.8 所示,包括事件探测及数据采集引擎、数据管理引擎和审计引擎等重要组成部分,每一部分实现不同的功能。

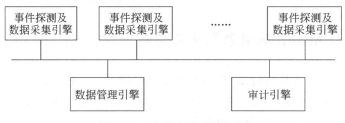

图 10.8　安全审计系统组成

1) 事件探测及数据采集引擎

事件探测及数据采集引擎全面侦听主机及网络上的信息流,动态监视主机的运行情况以及网络上流过的数据包,对数据包进行检测和实时分析,并将分析结果发送给相应的数据管理中心进行保存。

2) 数据管理引擎

数据管理引擎一方面负责对事件探测及数据采集引擎传回的数据以及安全审计的输出数据进行管理,另一方面,数据管理引擎还负责对事件探测及数据采集引擎的设置、用户对安全审计的自定义、系统配置信息的管理。一般包括三个模块：数据库管理、引擎管理、配置管理。

数据库管理模块设置数据库连接信息;引擎管理程序设置事件探测及数据采集引擎的信息;配置管理可以对被审计对象进行客户化自定义,协议审计和设定异常端口审计。

3) 审计引擎

审计引擎包括两个应用程序：审计控制台和用户管理。审计控制台可以实时显示网络审计信息、流量统计信息,可以查询审计信息历史数据,并且对审计事件进行回放。用户管理程序可以对用户进行权限设定,限制不同级别的用户查看不同的审计内容;同时,还可以对每一种权限的使用人员的操作进行审计记录,可以由用户管理员进行查看,具有一定的自身安全审计功能。

2. 集中式安全审计系统体系结构

集中式体系结构采用集中的方法收集并分析数据源,所有的数据都要交给中央处理机进行集中审计处理。中央处理机承担数据管理引擎及安全审计引擎的工作,而部署在各受监视系统上的外围设备只是简单的数据采集设备,承担事件检测及数据采集引擎的作用,如图 10.9 所示。

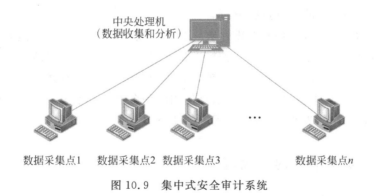

图 10.9 集中式安全审计系统

在集中式审计系统中,系统通过 n 个数据采集点收集数据,经过过滤和简化处理后的数据再通过网络传输到中央处理机。由于收集的数据全部由中央处理机汇总和处理,所以,系统存在一个通信和计算的瓶颈。集中式审计系统适合小规模的网络,对于分布式网络环境而言,则显得力不从心。

3. 分布式安全审计系统体系结构

分布式安全审计系统实际上包含两层含义：一是对分布式网络的安全审计,二是采用分布式计算的方法,对数据源进行安全审计。图 10.10 所示的分布式安全审计系统包括三部分,分别是：

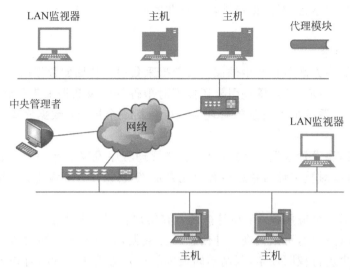

图 10.10　分布式安全审计系统

(1) 主机代理模块。部署在受监视主机上,并作为后台运行的审计信息收集模块。主要目的是收集主机上与安全相关的事件信息,并将数据传送给中央管理者。它同时承担数据采集和部分安全审计工作。

(2) 局域网监视器代理模块。部署在受监视的局域网上,用以收集并对局域网上的行为进行审计,主要分析局域网上的通信信息,并根据需要将结果报告给中央管理者。

(3) 中央管理者模块。接收来自局域网监视器和主机代理的数据和报告,控制整个系统的通信信息,对接收到的数据进行分析。

在分布式系统结构中,代理截获审计收集系统生成的审计记录,应用过滤器去掉与安全无关的记录,然后将这些记录转化成一种标准格式,以实现互操作。然后,代理中的分析模块分析记录,并与该用户的历史映像相比较,当检测出异常时,向中央管理者报警。局域网监视器代理审计主机与主机之间的连接以及使用的服务和通信量的大小,以查找出显著的事件,如网络负载的突然改变、安全相关服务的使用等。

10.4.2　信息安全审计的一般流程

信息安全审计流程图见图 10.11。事件采集设备通过硬件或软件代理对客体进行事件采集,并将采集到的事件发送至事件辨别与分析器进行事件辨别与分析,对于事先定义的危险事件,则将其发送至报警处理部件,进行报警或响应。对所有需产生审计信息的事件产生审计信息,并发送至结果汇总,进行数据备份或报告生成。

图 10.11　信息安全审计流程图

1. 策略定义

信息安全审计应在一定的审计策略下进行,审计策略规定哪些信息需要采集、哪些事件是危险事件,以及对这些事件应如何处理等。因而审计前应制定一定的审计策略,并下发到各审计单元。在事件处理结束后,应根据对事件的分析处理结果来检查策略的合理性,必要时应调整审计策略。

2. 事件采集

事件采集包含以下行为:

(1) 按照预定的审计策略对客体进行相关审计事件采集,形成的结果交由事件后续的各阶段来处理。

(2) 将事件其他各阶段提交的审计策略分发至各审计代理,审计代理依据策略进行客体事件采集。

3. 事件分析

事件分析包含以下行为:

(1) 按照预定策略,对采集到的事件进行事件辨析,决定:①忽略该事件;②产生审计信息;③产生审计信息并报警;④产生审计信息且进行响应联动。

(2) 按照用户定义与预定策略,将事件分析结果生成审计记录,并形成审计报告。

4. 事件响应

事件响应包含以下行为:

(1) 对事件分析阶段产生的报警信息、响应请求进行报警与响应。

(2) 按照预定策略,生成审计记录,写入审计数据库,并将各类审计分析报告发送到指定的对象。

(3) 按照预定策略对审计记录进行备份。

5. 结果汇总

结果汇总主要包含以下行为:

(1) 将各类审计报告进行分类汇总。

(2) 对审计结果进行适当的统计分析,形成分析报告。

(3) 根据用户需求和事件分析处理结果形成审计策略修改意见。

10.4.3 信息安全审计的分析方法和数据来源

1. 信息安全审计的分析方法

1) 基于规则库的安全审计方法

基于规则库的安全审计方法就是将已知的攻击行为进行特征提取,把这些特征用脚本语言等方法进行描述后放入规则库中,当进行安全审计时,将收集到的审核数据与这些规则进行某种比较和匹配操作(关键字、正则表达式、模糊近似度等),从而发现可能的网络攻击行为。

基于规则库的安全审计方法有其自身的局限性。对于某些特征十分明显的网络攻击行为,该技术的效果非常好;但是对于其他一些非常容易产生变种的网络攻击行为,规则库就很难完全满足要求了。

2) 基于数理统计的安全审计方法

数理统计方法就是首先给对象创建一个统计量的描述,比如一个网络流量的平均值、方差等,统计出正常情况下这些特征量的数值,然后用以对实际网络数据包的情况进行比较,当发现实际值远离正常数值时,就可以认为是潜在的攻击发生。

但是,数理统计的最大问题在于如何设定统计量的"阈值",也就是正常数值和非正常数值的分界点,这往往取决于管理员的经验,不可避免地会产生误报和漏报。

3) 基于日志数据挖掘的安全审计方法

与传统的网络安全审计系统相比,基于数据挖掘的网络安全审计系统有检测准确率高、速度快、自适应能力强等优点。

带有学习能力的数据挖掘方法已经在一些安全审计系统中得到了应用,它的主要思想是从系统使用或网络通信的"正常"数据中发现系统的"正常"运行模式,并和常规的一些攻击规则库进行关联分析,并用以检测系统攻击行为。

4) 其他信息安全审计方法

信息安全审计是根据收集到的关于已发生事件的各种数据来发现系统漏洞和入侵行为,能为追究造成系统危害的人员责任提供证据,是一种事后监督行为。入侵检测是在事件发生前或攻击事件正在发生过程中,利用观测到的数据,发现攻击行为。两者的目的都是发现系统入侵行为,只是入侵检测要求有更高的实时性,因而安全审计与入侵检测两者在分析方法上有很大的相似之处,入侵检测分析方法多能应用于安全审计。

2. 信息安全审计的数据来源

对于安全审计系统而言,输入数据的选择是首先需要解决的问题,而安全审计的数据源可以分为三类:基于主机、基于网络和其他途径的数据源。

1) 基于主机的数据源

(1) 操作系统的审计记录:操作系统的审计记录是由操作系统软件内部的专门审计子系统所产生的,其目的是记录当前系统的活动信息,如用户进程所调用的系统调用类型以及执行的命令行等,并将这些信息按照时间顺序组织为一个或多个审计文件。

(2) 系统日志:日志分为操作系统日志和应用程序日志两部分。操作系统日志与主机的信息源相关,是使用操作系统日志机制生成的日志文件的总称;应用程序日志是由应用程序自己生成并维护的日志文件的总称。

(3) 应用程序日志信息:操作系统审计记录和系统日志都属于系统级别的数据源信息,通常由操作系统及其标准部件统一维护,是安全审计优先选用的输入数据源。随着计算机网络的分布式计算架构的发展,对传统的安全观念提出了挑战。一方面,系统设计日益复杂,使管理者无法单纯从内核底层级别的数据源来分析判断系统活动的情况;另一方面,网络化计算环境的普及,导致入侵攻击行为的目标日益集中于提供网络服务的特定应用程序。

2) 基于网络的数据源

随着基于网络入侵检测的日益流行,基于网络的安全审计也成为安全审计发展的流行趋势,而基于网络的安全审计系统所采用的输入数据即网络中传输的数据。

采用网络数据具有以下优势:

(1) 通过网络被动监听的方式获取网络数据包,作为安全审计系统的输入数据,不会对目标监控系统的运行性能产生任何影响,而且通常无须改变原有的结构和工作方式。

(2) 嗅探模块在工作时,可以采用对网络用户透明的模式,降低了其本身受到攻击的概率。

(3) 基于网络数据的输入信息源,可以发现许多基于主机数据源所无法发现的攻击手段,例如基于网络协议的漏洞发掘过程,或是发送畸形网络数据包和大量误用数据包的DOS 攻击等。

3) 其他数据源

(1) 来自其他安全产品的数据源。

(2) 来自网络设备的数据源。

(3) 带外数据源。

10.4.4 信息安全审计的标准和计算机取证

历史上影响较大的两个信息安全评价标准 TCSEC 和 CC 标准,都对审计提出了明确的功能要求。下面作简要介绍。

1. TCSES 对于审计子系统的要求

TCSEC 的 A1 和 A1+两个级别较 B3 级没有增加任何安全审计特征,从 C2 级的各级别都要求具有审计功能,而 B3 级提出了关于审计的全部功能要求。因此,TCSEC 共定义了 4 个级别的审计要求:C2、B1、B2、B3。

(1) C2 级要求审计以下事件:用户的身份标识和鉴别,用户地址空间中客体的引入和删除,计算机操作员/系统管理员/安全管理员的行为,其他与安全有关的事件。

(2) B1 级相对于 C2 级增加了以下需要审计的事件:对于可以输出到硬拷贝设备上的人工可读标志的修改(包括敏感标记的覆写和标记功能的关闭),对任何具有单一安全标记的通信通道或 I/O 设备的标记指定,对具有多个安全标记的通信通道或 I/O 设备的安全标记范围的修改。

(3) B2 级的安全功能要求较之 B1 级增加了可信路径和隐蔽通道分析等,因此,除了B1 级的审计要求外,对于可能被用于存储型隐蔽通道的活动,在 B2 级也要求被审计。

(4) B3 级在 B2 级的功能基础上,增加了对可能将要违背系统安全政策这类事件的审计,比如对于时间型隐蔽通道的利用。

2. CC 中的安全审计功能需求

CC(The Common Criteria for Information Technology Security Evaluation)是美国、加拿大、英国、法国、德国、荷兰等国家联合提出的信息安全评价标准,在 1999 年通过国际标准化组织认可,成为信息安全评价国际标准。CC 标准基于安全功能与安全保证措施相独立的观念,在组织上分为基本概念、安全功能需求和安全保证需求三大部分。CC 中,安全需求都以类、族、组件的层次结构形式进行定义。

3. 计算机取证及其流程

计算机取证也是信息安全保证的一个重要方面。计算机取证是对计算机入侵、破坏、欺诈、攻击等犯罪行为，利用计算机软硬件技术，按照符合法律规范的方式，进行识别、保存、分析和提交数字证据的过程。

计算机取证流程由以下几个部分组成：①保护目标计算机系统；②电子证据的确定；③电子证据的收集；④电子证据的保护；⑤电子证据的分析；⑥归档。

在处理电子证据的过程中，为保证数据的可信度，必须确保"证据链"的完整性即证据保全，对各个步骤的情况进行归档，包括收集证据的地点、日期、时间和人员、方法及理由等，以使证据经得起法庭的质询。

计算机取证的相关技术主要有：

(1) 电子证据监测技术，即监测各类系统设备以及存储介质中的电子数据，分析是否存在可作为证据的电子数据，涉及的技术大体有事件/犯罪监测、异常监测（anomalous detection）、审计日志分析等。

(2) 物理证据获取技术，即依据电子证据监测技术，当计算机取证系统监测到有入侵时，应当立即获取物理证据。它是全部取证工作的基础，在获取物理证据时最重要的工作是保证所保存的原始证据不受任何破坏。

(3) 电子证据收集技术，是指遵照授权的方法，使用授权的软硬件设备，将已收集的数据进行保全，并对数据进行一些预处理，然后完整安全地将数据从目标机器转移到取证设备上。

(4) 电子证据保全技术，即在取证过程中，应对电子证据及整套的取证机制进行保护。

(5) 电子证据处理及鉴定技术，指对已收集的电子数据证据进行过滤、模式匹配、隐藏数据挖掘等预处理工作，并在预处理的基础上，对数据进行数据统计、数据挖掘等分析工作，试图对攻击者的攻击时间、攻击目标、攻击者身份、攻击意图、攻击手段以及造成的后果给出明确并且符合法律规范的说明。

(6) 电子证据提交技术，即依据法律程序，以法庭可接受的证据形式提交电子证据及相应的文档说明。把对目标计算机系统的全面分析和追踪结果进行汇总，然后给出分析结论。

4. 计算机取证工具

(1) 证据获取工具：用来从证源中得到准确的数据。计算机取证的重要原则是，在不对原有证物进行任何改动或损坏的前提下获取证据，否则证据将不被法庭接受。为了能有效地分析证据，首先必须安全、全面地获取证据，以保证证据信息的完整性和安全性。

(2) 证据保全工具：需要证明的是取证人员在取证调查过程中没有造成原始证物的任何改变；或者如果存在对证物的改变，也是由于计算机的本质特征造成的，并且这种改变对证物在取证上没有任何影响。

(3) 证据分析工具：证据分析是计算机取证的核心和关键，其内容包括分析计算机的类型、采用的操作系统类型、是否有隐藏的分区、有无可疑外设、有无远程控制和木马程序及当前计算机系统的网络环境等。通过将收集的程序、数据和备份与当前运行的程序数据进行对比，从中发现篡改痕迹。

(4) 证据归档工具：在计算机取证的最后阶段，也是最终目的，是整理取证分析的结果供法庭作为诉讼证据。主要对涉及计算机犯罪的时间、地点、直接证据信息、系统环境信息、取证过程,以及取证专家对电子证据的分析结果和评估报告等进行归档处理。尤其值得注意的是,在处理电子证据的过程中,为保证证据的可信度,必须对各个步骤的情况进行归档以使证据经得起法庭的质询。

本章小结

  物流信息系统本身是脆弱的,因为目前的软件产品本身并不完善,存在很多漏洞,而硬件问题和大量的恶意代码威胁也很多,由计算机犯罪、欺骗和操作不当引起系统瘫痪的例子越来越多。因此,物流信息系统受到的威胁日益严重,这些威胁源于自然因素和人为因素,其中自然因素主要有硬件故障、软件故障、电源故障、电磁干扰、电磁辐射和各种不可抗拒的自然灾害;而人为因素又可以分为意外损伤和蓄意攻击两类。物流信息系统中网络分布广泛且数据量大,业务频繁,因此,对其信息系统的安全性就应该更加关注,否则一旦破坏损失巨大。

  信息系统安全与信息安全、计算机系统安全、网络安全和密码安全等密切相关。信息安全的保护机制包括电磁辐射、环境保护、计算机技术等技术因素;还包括信息安全管理,含系统安全管理、安全服务管理和安全机制管理以及法律和心理因素等机制。物流信息系统的安全包含系统安全和信息安全。美国国防部早在1985年就颁布了历史上第一个安全评价标准——《可信计算机系统评价标准》(Trusted Computer System Evaluation Criteria, TCSEC),并在1987年进行了修改。该标准根据计算机系统采用的安全策略、提供的安全功能和安全功能保障的可信度将安全级别划分为 D、C、B、A 4 大类 7 个等级。信息系统的系统安全用系统的可靠性来衡量;而数据安全用数据的访问控制来管理。强调从物流管理信息系统生命周期的角度来分析安全性防范的措施和技术。常用的信息系统技术控制手段有系统设计技术、实体安全技术、运行安全技术和信息安全保护技术;管理控制手段包括建立信息安全组织机构和安全管理控制体系两部分。

  信息安全审计是根据预先确定的审计依据(信息安全法规、标准及用户自己的规章制度等),在规定的审计范围内,通过文件审核、记录检查、技术测试、现场访谈等活动,获得审计证据,并对其进行客观的评价,以确定被审计对象满足审计依据的程度。信息安全审计对于信息系统的运营和维护具有非常重要的价值和作用。

思考题

  10-1 信息系统的脆弱性主要来自哪些方面?分析为什么会出现这些问题。

  10-2 常见的信息系统的威胁有哪些?物流信息系统与其他信息系统相比,为什么威胁更大一些?

  10-3 信息系统的安全性主要包括哪几方面的内容?根据国际上对信息系统安全性规定的标准,需要从哪几个方面来定义?

10-4　什么是系统的安全性和数据的安全性？两种安全性的保障措施是什么？

10-5　信息系统安全性技术控制方法有哪些？其中运行安全技术指什么？有哪些常用的技术手段？

10-6　数据备份是数据破坏后尽快恢复的常用手段，常用的数据备份方法有哪些？它们的区别是什么？

10-7　常用的信息保护技术有哪些？

10-8　身份认证和数据签名的含义是什么？它们应在什么情况下使用？

10-9　什么是任意访问控制和强制访问控制？谈谈它们的区别。

10-10　数字加密技术是采用什么原理来保证数据传输过程中的安全性的？常用的加密技术有哪两种？

10-11　为什么说企业应该树立"三分技术，七分管理"的观念来确保管理信息系统的安全性？

10-12　信息安全审计的概念是什么？为什么要进行信息安全审计？

10-13　信息安全审计的数据来源有哪些？

10-14　信息安全审计中计算机取证的方式有哪些？

讨论题

通过本章的学习，试讨论如何理解信息系统安全性具有相对性的具体含义。（提示：信息系统的安全防范技术总是滞后于所遭受的威胁，同时选择何种安全防范措施还需要考虑其经济性。）

参 考 文 献

[1] BOWERSOX D J,CLOSS D J,COOPER M B,BOWERSOX J C. 供应链物流管理[M]. 4版. 马士华,张慧玉,译. 北京:机械工业出版社,2014.

[2] 思默克,鲁兹基,罗格斯. 基于需求的供应管理[M]. 王鹏,陈向东,于晓丹,等译. 北京:中国财富出版社,2015.

[3] FAWCETT S E,ELLRAM L M,OGDEN J A. 供应链管理:从理论到实践[M]. 蔡临宁,邵立夫,译. 北京:清华大学出版社,2008.

[4] 物流管理专业系列教材编写组. 物流导论[M]. 北京:清华大学出版社,2010.

[5] 王凤山,叶素文. 供应链管理[M]. 北京:机械工业出版社,2010.

[6] HOPP W J. 供应链管理:获取竞争优势的科学方法[M]. 徐捷,吴琼,译. 北京:机械工业出版社,2009.

[7] SANDERS N R. 大数据供应链:构建工业4.0时代智能物流新模式[M]. 丁晓松,译. 北京:中国人民大学出版社,2015.

[8] 施耐德,申作军. 供应链理论基础[M]. 冉伦,钟华,李金林,译. 北京:清华大学出版社,2016.

[9] WEBSTER S. 供应链管理原理与工具[M]. 蔡三发,邱灿华,王晓强,译. 北京:机械工业出版社,2009.

[10] 骆温平. 物流与供应链管理[M]. 北京:电子工业出版社,2013.

[11] HAAG S,CUMMINGS M. 信息时代的管理信息系统[M]. 9版. 颜志军,译. 北京:机械工业出版社,2016.

[12] 黄梯云,李一军. 管理信息系统[M]. 6版. 北京:高等教育出版社,2016.

[13] 薛华成. 管理信息系统[M]. 6版. 北京:清华大学出版社,2012.

[14] 王珊,萨师煊. 数据库系统概论[M]. 5版. 北京:高等教育出版社,2014.

[15] 王珊,陈红. 数据库系统原理教程[M]. 北京:清华大学出版社,2014.

[16] 甘仞初. 信息系统分析设计与管理[M]. 北京:高等教育出版社,2009.

[17] 罗鸿. ERP原理·设计·实施[M]. 4版. 北京:电子工业出版社,2016.

[18] 张涛,邵志芳,吴继兰. 企业资源计划(ERP)原理与实践[M]. 北京:机械工业出版社,2010.

[19] 仲秋雁,等. 管理信息系统[M]. 北京:清华大学出版社,2010.

[20] 蔡淑琴,夏火松,梁静. 物流信息系统[M]. 北京:中国物资出版社,2010.

[21] 吴信才. 地理信息系统原理与方法[M]. 3版. 北京:电子工业出版社,2014.

[22] 刘基余. 北斗卫星导航系统的现况与发展[J]. 遥测遥控,2013,34(3):1-8.

[23] 周兵. 北斗卫星导航系统发展现状与建设构想[J]. 无线电工程,2016,46(4):1-4.

[24] 孟小峰,慈祥. 大数据管理:概念、技术与挑战,计算机研究与发展[J]. 2013,50(1):146-169.

[25] 张铎. 电子商务物流管理[M]. 3版. 北京:高等教育出版社,2011.

[26] TURBAN E. 电子商务:管理与社交网络视角[M]. 7版. 时启亮,译. 北京:机械工业出版社,2014.

[27] 燕春蓉. 电子商务与物流[M]. 2版. 上海:上海财经大学出版社,2010.

[28] SIMCHI-LEVI D,KAMINSKY P,SIMCHI-LEVI E. 供应链设计与管理:概念、战略与案例研究[M]. 季建华,邵晓峰,译. 北京:中国人民大学出版社,2010.

[29] 陈月波. 电子商务实务[M]. 北京:清华大学出版社,2010.

[30] 左美云,邝孔武. 信息系统开发与管理教程[M]. 北京:清华大学出版社,2006.
[31] 华一新,赵军喜,张毅. 地理信息系统原理[M]. 北京:科学出版社,2012.
[32] 张树山. 物流信息系统[M]. 北京:国防工业出版社,2014.
[33] 刘基余. 全球导航卫星系统及其应用[M]. 北京:测绘出版社,2015.
[34] STEVENSON W J. 运营管理[M]. 张群,张杰,马风才,译. 北京:机械工业出版社,2016.
[35] 华中生. 物流服务运作管理[M]. 北京:清华大学出版社,2009.
[36] 李波,王谦. 物流信息系统[M]. 北京:清华大学出版社,2008.
[37] 徐国爱,陈秀波,郭燕惠. 信息安全管理[M]. 2版. 北京:北京邮电大学出版社,2016.